中国管理科学研究院学术委员会｜编著

深稽博考的
能源人

——林昌荣传

新华出版社

图书在版编目（CIP）数据

深稽博考的能源人：林昌荣传 / 中国管理科学研究院
学术委员会编著. --北京：新华出版社，2023.3
ISBN 978-7-5166-6750-7

Ⅰ．①深… Ⅱ．①中… Ⅲ．①林昌荣（1916-1941）
—传记 Ⅳ．①K826.16

中国版本图书馆CIP数据核字（2023）第048198号

深稽博考的能源人：林昌荣传

编　　著：中国管理科学研究院学术委员会

出 版 人：匡乐成　　　　　　　　　　责任编辑：齐泓鑫
封面设计：李尘工作室

出版发行：新华出版社
地　　址：北京市石景山区京原路 8 号　　邮　　编：100040
网　　址：http://www.xinhuapub.com
经　　销：新华书店、新华出版社天猫旗舰店、京东旗舰店及各大网店
购书热线：010-63077122　　　　中国新闻书店购书热线：010-63072012

照　　排：李尘工作室
印　　刷：天津钧亚印务有限公司

成品尺寸：170mm×240mm
印　　张：17.75　　　　　　　　　　字　　数：350千字
版　　次：2023年5月第一版　　　　印　　次：2023年5月第一次印刷

书　　号：ISBN 978-7-5166-6750-7
定　　价：58.00元

序 言

八闽大地，有他成长的故里。海峡西岸，是他扬帆起航，驶向人生目标的地方。南安一中、同济大学和中国石油大学，铺就了他执着求知求真之路。家国情怀，是他永远牢记的责任担当。他是能源战线不屈不挠的战士和勇往直前的奋斗者，他不为优厚待遇和优越工作条件所动，不止一次毅然拒绝国外的聘请。他上下求索，开拓创新，取得许多不凡的业绩，渴望用更多的专长和成果，报效哺育他生于斯长于斯的祖国……

这就是《深稽博考的能源人》一书的编著者，为读者所展现的主人公林昌荣教授的风采。

供职于中国海洋石油总公司的林昌荣教授，是中央电视台和诸多媒体广泛报道的影响力人物，是一位享誉海内外的能源专家。本书的着力描述和刻画，使他的形象更加具体和饱满，更加丰富而多彩。通过本书读者可以看到，林昌荣教授在许多院士、专家的心目中，是行业翘楚和科技人员中的佼佼者，被他们誉为找油的"中国神探"。他把自己的理论创新、发明专利和软件设计等方面的成果，应用于油气藏的探测和开发实践，取得了骄人的成绩和巨大的经济效益，为祖国的石油事业做出了杰出贡献。

本书是一部带有传记色彩的励志性著作。通过对林昌荣教授40年学术生涯的回顾，系统展现了他在石油科学研究与勘探开发工作方面所取得的斐然成就，大力弘扬了他勇于拼搏、勇于创新的精神。

编著者通过匠心独具的结构安排，情真意切的娓娓叙述，不同笔法、图文并茂的运用，电视和其他媒体专访或报道的重现，发明专利的展示，论文的选粹等等，把林昌荣教授的科研、工作、生活和精神风貌，真实、可信、生动地呈现在读者面前，让读者充分了解他的概况、工作业绩、发明专利、学术研究、社会活动、媒体报导、探索追求和人生感悟。

编著者期待，本书的编写和出版，能使读者充分领略优秀科技工作者的风采，能通过科技界典型人物和典型事迹的传播使读者受到感染，让读者从中获得激励、启迪和力量，并进而对他们的行为和表现产生积极而良好的影响。

书中有关石油开采业绩、发明专利和石油未来研究等方面的内容，令人印象深刻，非常值得关注。无论是在南海发现中国海上第一个上亿立方米大气田的荡气回肠，攻破世界难题普光"有毒气田"高效开发的惊心动魄，塔里木盆地先导试验巨大成功的神来之笔，还是国际会议上"中国不是贫油国"声音的铿锵有力，都让读者身临其境，深深动容。笔者细腻的笔触和真挚动人的感情流露，更是贯穿整本著作始终，达到润物细无声的效果。读者可以从中深切地感受到优秀科技工作者不畏艰辛和默默奉献的难能可贵，领悟重大科研成果的来之不易。

林昌荣教授的成就，是数十年专业知识积累、理论开拓创新、为开发实践足迹遍布祖国各地的产物。他为中国石油事业做出的卓越贡献，突出地体现在他于1988年正式提出的"应用地震体波形结构特征预测油气"的方法和相关的两项发明专利上。他的方法，被广泛推广应用于中国的中石油、中石化和中海油三大石油公司，使石油勘探预测的成功率，由原本的百分之二十提升至百分之七八十，不但极大地节省了人力物力和财力，而且创造出巨大的经济效益。

预测科学研究认为，预测结果的准确率和成功率，是和预测对象的复杂程度、系统大小、时间跨度的长短等成反比的。林昌荣教授运用的预测方法的不同凡响和令人难以置信的成功率，引起国内外同行的关注和重视，也就不足为奇了。他对我国不是"贫油国"的论断和对能源未来的分析和探索，显示了他扎实的理论功底和专业水平。他的面向未来的研究成果，对我国的能源发展战略决策，具有重要的参考价值。林昌荣教授在石油领域的预测实践证实：科学的未来研究和预测具有强大的社会功能，不但可以带来巨大的经济效益和社会效益，而且有助于经济和社会的发展。可以说，一切英明的决策，都建立在直接或间接吸收运用科学的未来研究和预测的基础上。

林昌荣教授的业绩与贡献和我国科技战线众多典型人物与典型事迹一样，也凸显了科技人才对推动国家发展的重要作用。我们今天所处的时代，是科技人才大有可为、大放异彩的时代。我们的国家，英雄辈出，群星灿烂。勤劳勇敢的各族人民，在党的带领下，意气风发，斗志昂扬，创造了一个又一个彪炳史册的人间奇迹。我们没有忘记，在奇迹的背后，是无数科技工作者的艰苦奋斗与付出。

2021年是极不平凡的一年，它不但是党的百年华诞，也是"十四五"开局之年。而我们的这本著作，就精心酝酿于这一年。2022是寓意大吉祥的虎百年，是中国空间站建成之年，是许多关系国计民生的大事、赓续传承的事业汇聚之年。我们以史为鉴，开创未来，为实现党的"两个一百年"奋斗目标，为中华民族的伟大复兴，为构建人类命运共同体，昂首阔步，并藉由本书的出版，衷心祝愿各个领域的科技工作者和读者，在未来的日子里，为党的事业，为祖国的繁荣富强，做出更加灿烂、更加辉煌的贡献！

　　本书的主人公，既是中国管理科学研究院学术委员会的智库顾问，也是中国未来研究会的常务理事。中国管理科学研究院学术委员会负责本书的编写和出版，并为此专门成立了编辑委员会，以领导编写工作的实施和出版事宜的协调。在本书出版之际，笔者向编委会各位成员和编著者致以由衷的祝贺，并对他们的辛勤付出表示诚挚的感谢和敬意。

中国未来研究会首席顾问、中国社会科学院研究员　秦麟征
2022 年 7 月于北京

目 录

第一章　能看穿地层的一双"神眼" / 1

第一节　史无前例的预测——南海浅层有个大气田　/ 1
第二节　渤海湾盆地 900 米深处有个大油层　/ 7
第三节　塔里木盆地塔河油田的先导试验　/ 13
第四节　地震数据体波形结构特征异常的秘密　/ 17
第五节　为石油而生的人——多家国家权威新闻媒体的报道　/ 25

第二章　十年磨一剑　/ 40

第一节　大口吞钱的油气井　/ 40
第二节　南海多年潜心研究的科学家　/ 44
第三节　心中有只熊在低吼　/ 49
第四节　被石油公司广泛采用的油气预测技术　/ 55

第三章　峥嵘岁月　/ 61

第一节　再上塔河油田　/ 61
第二节　进军大牛地气田　/ 66
第三节　攻破世界难题——普光大气田的高效开发　/ 72
第四节　川东北河坝地区的气藏预测　/ 78
第五节　钻前预测准确率超过 70% 的神探　/ 85
第六节　方法比技术更重要　/ 90

第四章　两大发明专利 / 99

第一节　国际首创的精妙理论 / 99

第二节　知名院士和专家学者的赞誉 / 110

第三节　获诸多奖项而少为人知的科学家 / 112

第四节　对我国石油事业所做的主要贡献 / 115

第五节　2018 年度中国经济十大创新人物 / 124

第六节　最喜欢看地图的"老中医" / 125

第五章　谁与争锋 / 135

第一节　国际会议上的中国声音 / 135

第二节　"中国不是贫油国" / 142

第三节　中国未来到深部去找大油气田 / 146

第四节　国外各大公司伸出的橄榄枝 / 149

第五节　参与国家重大科研攻关项目的成果 / 155

第六章　以国家利益为重的科学家 / 161

第一节　放弃仕途的"书呆子" / 161

第二节　搞科研的好材料 / 166

第三节　学院刮起石油风 / 172

第四节　加拿大油气田里的中国牛人 / 177

第五节　《名家讲坛》的邀请 / 184

第七章　"工业血液"的前世今生 / 190

第一节　油气成因的新理论 / 190

第二节　油气分类与特性 / 196

第三节　中国油气开采简史 / 211

第四节　世界油气开采简史 / 218

第八章 现代工业离不开石油 / 226

第一节 石油与我们的生活 / 226

第二节 石油引发的国家间的战争 / 230

第三节 美国与我国打贸易战的底气 / 233

第四节 石油能源"新宠"国家变迁对我国的警示 / 236

第五节 我国石油能源安全的战略思考 / 242

第六节 被《加西周末》连续报道的石油预言家 / 248

第九章 铁汉柔情 / 253

第一节 九牧传芳 / 253

第二节 被妻子扔在一边的奖杯 / 258

第三节 名家三博士 / 263

主要参考文献 / 270

第一章　能看穿地层的一双"神眼"

第一节　史无前例的预测——南海浅层有个大气田

1991 年深秋，向来静谧、幽深的中国南海沸腾了。一个让国人为之欢欣鼓舞、让世界为之侧目的好消息传来——在南海被公认为是"油气禁区"的莺歌海盆地浅层，发现了超大规模的油气田！

世界上的油气田虽然数目繁多，但蕴含油气储量占油气总储量很大比重的大型油气田却相对较少。参考目前的国际标准，被确认为石油储量在 1 亿吨以上的油田，和储量相当于 1000 亿立方米及以上的气田才能被称之为大型油气田。

众所周知，无论是石油资源还是天然气资源，对一个国家经济的发展都至关重要。因此，大油气田的发现对任何一个国度来说，都是一件足以让全国上下为之振奋欢腾的盛事。

作为世界上人口最多的国度，因为资源的消耗巨大，中国一直缺油少气，只能很大程度上依仗进口，这种局面非常不利于中国经济的可持续发展。

而在南海莺歌海盆地发现的这个被赋予响亮名字的大型油气田——东方 1-1 大气田，不仅增加了中国天然气的储备量，让周边省份民用燃气的进口问题得到了很大的缓解，而且它的诞生具有划时代的重大意义——这是中国在海上发现的第一个上千亿立方米的大气田，它揭开了中国近海油气资源勘探和开发的崭新一页。

更为重要的是，它是用中国人自主创新的"利用地震数据体波形结构特征异常预测油气"的理论钻前预测出来的！

"利用地震数据体波形结构特征异常预测油气"是国际上史无前例提出的新理论，一出手就表现非凡，成功预测出了石油探明储量规模高达上千亿立方米的大气田东方 1-1，而且是在被公认为"油气禁区"的莺歌海盆地浅层里实现零的突破。要知道，当时国际油气行业内已经有一个共识，莺歌海盆地浅层不成岩的砂泥中是不可能形成大气田的，因为天然气成藏的主要条件是要"供大于散"，也就是聚集而成的天然气，数量要多于散失掉的天然气，形成动态平衡。而浅层不成岩的砂泥，不具备用岩石形成天然"容器"，来储藏天然气的环境。因为砂泥松软，天然气又无孔不入，而且断层发育，所以很显然，这样的浅层就算是有天然气生成，也会很快散逸，根本不可能形成大规模的气田。

这可并不只是理论推断，而是经过了很多次实践得出的结论。莺歌海盆地位于中国海南岛以西、中南半岛以东海域，面积辽阔，有近 13 万平方公里。在这片辽阔的海域里，曾经进行过很多次地质勘探。从国外聘请来的专家们，先后在南海的莺歌海盆地，做过浅尝辄止的勘探，而他们预测的结果出奇一致——这里浅层是没有大型气田存在的，只有些小型气田，但规模小，分布不集中，没有任何开发的价值。

就这样，莺歌海盆地成为了被国外众多专家们宣判的油气禁区，从此无人问津。

而现在，在用中国人自创的"利用地震数据体波形结构特征异常预测油气"理论进行油气勘探时，却得出了和外国专家们异口同声的结论完全相悖的预测：莺歌海盆地浅层有超大规模的油气田！

在质疑和期待交织的目光中，东方 1-1 大气田庄重而热烈地"浮"出水面，宛如出水的蛟龙。为了这一天，这条蛟龙已经在海水中寂寥地苦等了多年。那些外国专家的宣判让它又一次失望，而今天，蛟龙终于等来了自己的伯乐——一位年轻的中国小伙子，他的名字叫林昌荣。

东方 1-1 大气田的横空出世，不仅仅是一件轰动全中国甚至是世界的盛事，更是一个转折点。中国近海的油气勘探还处于早期阶段，远低于世界海洋石油资源探明率。而莺歌海盆地和中国近海很多盆地的构造，与已经发现大气田的东方 1-1 气田的盆地构造很相似。东方 1-1 气田的成功开发，对类似莺歌海盆地构造的盆地勘探具有重要的指导意义，很可能促进一批天然气田的发现。

可以毫不夸张地说，东方 1-1 大气田的出现，不仅改写了南中国海浅层不成岩的砂泥中没有大气田的历史，同时也宣告着一个时代的到来——中国的海洋油气藏勘探前景广阔，可以开启大规模找油找气的新阶段的到来。

一夜之间，"利用地震数据体波形结构特征异常预测油气"的理论，如同它的名字，在世界范围的石油和天然气勘探界掀起了一场强地震。而"利用地震数据体波形结构特征法预测油气"理论的创立者林昌荣，如同中国石油勘探领域一匹脱颖而出的黑马，迅速赢得了国外各大石油公司的关注。

也难怪满座皆惊。

石油被称为"黑色的金子"，它不仅是意味着巨大财富的重要商品，还是一种重要的国家战略资源，可以被用来威慑或制约其他国家，达到某种经济或政治目的，重要性可以与我们人类赖以生存的食物相提并论，正如美国前国务卿基辛格所说的那句名言：谁控制了粮食，谁就控制了人类。谁控制了石油，谁就控制了所有国家。

正因为这无法比拟的重要性，长期以来众多国家对油气勘探都高度重视。而石油和天然气勘探的投入是一个天文数字，打一口探井，需要少则几百万、多则上千万甚至上亿元的投入。如果预测失利，那么钻头就会打空，根本打不出油气，所有的前期投入都会付之东流，损失巨大。

因此，钻井之前准确预测、判断油气层，对石油、天然气开采至关重要。而目前，世界各国对探井钻前预测油气的准确率大约在 20% 左右。20% 是什么概念？花巨资打十口井，只有两口会出油出气，而剩余的八口什么都没有发现，血本无归。

而现在，这个理论的创立者林昌荣称，根据他的"利用地震数据体结构特征预测油气"的方法来寻找油气，可以使油气预测的成功率提升到 70% 以上。

70%？这是什么概念？它意味着一种完胜世界目前油气预测准确率 50% 以上的找油技术横空出世。而谁若掌握了这门技术，就相当于拥有一双可以看透厚重地层和深邃海洋的神眼，让深埋的油气资源无处遁形，一找一个准！这足以撼动全世界的能源市场，在全球范围内，无论是天然气还是石油资源都会面临重新洗牌。

其实早在 1989 年，林昌荣就提出了"南海的莺歌海盆地浅层存在着一个大气田"的判断。

当时通过研究南海海域大量的地震资料，仔细观察、深入探索后，林昌荣发现有一处构造，存在着与周边环境不同的局部的地震数据体波形结构特征异常。

"这处构造里有油气层！而且规模不小！"林昌荣兴奋地根据异常特征所在的位置，绘制出几幅莺歌海盆地存在着一个大气田的油气分布图，包括平面气田分布面积和剖面气层分布的所在位置，并勾画出油气分布范围、深度和厚度等各种详细的数据。

可惜的是，人们对这个当时还是"无名小辈"的年轻人的预测不以为然，毕竟"浅层不成岩的砂泥中不可能形成大气田"的论断，已经在业界统领了很多年，岂会因为一个寂寂无名的年轻人的一句预测，就推翻先前的"权威结论"，兴师动众地前去莺歌海盆地进行勘探？

再说了，用"地震数据体波形结构特征法"直接预测出油气难度非常大，可是属于世界级大难题，在国际上还没有先例呢。很多科研人员、专家先前也做过一些相应的研究，但得出的结论却是地震的波形结构异常特征有无数种，并没有什么规律可言，也没办法进行归纳整理，而且更要命的是地震数据体波形结构异常特征无法量化研究，而现在，一个 30 多岁连普通话都说不标准的农村小伙子，却大言不惭地提出地震数据体中波形结构特征并不是随机的，没有任何章法可循，而是有规律的，而且波形类型总计有 840 种不同的地震数据体波形结构特征异常。

这样的世界级别的大难题，竟然被你一个无名小卒破解？！光是想想就觉得难以置信。

此外，作为世界第二大石油进口国，中国不仅长期以来都需要进口原油，被行业内戏称为"中国的巨大需求就是支撑国际油价的关键因素"，在油气预测技术方面更是基本上都引用国外的，每年都要花巨资购买国外的硬软件，少有重大自主创新的科研成果。

在这样的局势下，一个来自中国的"无名小辈"的创新理论，怎么可能引起人们的重视？

就这样，一项原本足以让全世界石油资源重新洗牌的高新技术，被束之高阁。而林昌荣绘制出的几张原本可以早早创造出巨大价值的莺歌海的油气图，也被随手堆放在南海研究院图书馆的一旁，无人问津。

是金子总会发光的。

时间行进到了二年之后的 1991 年 11 月，人们准备在莺歌海盆地钻探第一口探井——东方 1-1-1 井。之前之所以一直没有做这种尝试，除了因为对外国专家们的论断毫不质疑，还有另一个重要原因：莺歌海盆地海域不仅台风频繁，而且是世界上三大超高温高压区域之一，钻探井遇到的压力是家用高压锅压力的几百倍，钻井作业很容易造成井喷、井壁失稳甚至船毁人亡等重大事故。因此，面对这片禁地人们一直望而却步。

而现在，伴随着多年研究，中国抗高温、高压钻井技术已经成熟，可以在这片禁区里一探究竟了。

开始钻探探井前，自然要做常规预测，推断气层的位置和深度。用国外引进的常规油气方法预测，在 2000 米以下才有油气层，而用林昌荣提出的"利用地震数据体波形结构特征法预测油气"的方法，钻前预测东方 1-1-1 井在深部 2000 米以下并没有气层的存在，反而是在井深 1300 多米处存在气层，并向两侧加厚，气层厚度达 40 ~ 80 米。

"一个预测 2000 米以下才有可能发现油气，另一个预测 1300 多米就有个大气田的存在，差别很大啊！"有人皱眉。

"1300 多米的浅层有大气层？这绝不可能！"有人把脑袋摇得像拨浪鼓。

"而且还说形状是中间薄，两边厚。"有人一边嘀咕一边不屑地耸肩。

"要是气层厚度真达到 40 米到 80 米，那可不得了！"，完全不符合常规成油理论，有人的表情又纠结又怀疑。

一种是从国外引进的通用的比较成熟的常规油气预测技术，另一种是由一个名不经传年轻的小伙子自主创新的理论，而且是第一次用在海上钻前预测上。在油气勘探方面，中国一直扮演着对国外科技的"跟随者"和"追赶者"的角色，当时几乎没人敢想过当"同行者"或"领跑者"，又怎么会质疑用国外技术得出的预测结果？

人们在心中暗暗一对比，高低立现了。他们一致得出的结论，是这个叫林昌荣的毛头小伙子想出名想魔怔了，故作惊人之语。

在人们的议论纷纷中，钻井开始了，那特有的声响打破了南海的宁静，引得一群海鸥好奇地张望着。

1200米，1250米，1300米，1310米，1320米、1325米、1326米……

"井下出东西了！"

就在井钻到1326.5米的时候，伴随着钻头继续往下的声响，一直紧张地观察着钻井动静的工人，突然大声地嚷了起来。

"井下出的是什么东西？"现场的监督官难掩声音里的激动："是油还是气？"

"现在还看不清。"

"肯定是水。才钻到1300多米，这么浅的地方，还能喷出什么来？"有人小声嘀咕着。

"快，用油气分离器试测！"监督官果断下令。

立即有人跑去试测，结果很快就出来了。

"井里喷出来的，全是气！"

钻探现场顿时沸腾了："钻头遇到了大气层！就在1326.5～1333.0米的钻井深度！"

1300多米的浅层，真的有大气层？！跟林昌荣的预测一模一样？这个钻探的结果，让所有人瞠目结舌。

林昌荣这个初出茅庐的小伙子，竟然真的颠覆了统领业界多年的"浅层不成岩的砂泥中不可能形成大气田"的理论？这太不可思议了！

"一定是瞎猫碰到了死耗子。"错愕之后，新的质疑声又来了。

"对对对，肯定是凑巧而已！外国专家都说不行的事，一个从来没听到的理论怎么可能就轻而易举做到了？"

"就是，一口井不能说明什么。"

"接下来要打第二口探井了，我们拭目以待！"

"不可能每次都蒙对，这下那家伙可要丢人了！"

用国际通用的常规方法预测第二口探井可以钻遇4套砂岩气层目的层，其中第一层砂岩的深度是1275.0～1297.8米，而第四层深度为1538.0～1627.2米。而林昌荣却说，在1627.2米之前的三层砂岩里，是没有任何油气存在的。

对第二口探井的预测，"利用地震数据体波形结构特征法预测油气"的理论再次给出了"雷人"的结论：可钻遇 A、B 二层气层，其中 B 气层储量丰富，深度相当于常规方法预测的第一层砂岩的深度，也就是只要钻到 1275.0～1297.8 米的深度，就能得到储量丰富的气层。

"在 1200 多米的盆地浅层就有储量丰富的天然气气层？"这个预测结果又引起一片哗然。第一口探井预测 1300 多米浅层有气层，而这次的预测更加出人意料，比之前的 1300 多米还要浅上不少，直接到了 1200 多米的浅层了。

"我可以断定，林昌荣那小子是想出名想疯了！"

"可不！很明显，他想一步登天。"

"等第二口井的探测结果出来，那小子就知道自己有多么不知道天高地厚了！"

2 号探井的探测结果，却再次让所有人大饱眼福——钻头果真遇到了 A、B 二层气层，遭遇的地层深度与"利用地震数据体波形结构特征法预测油气技术"的方法预测的结果完全吻合。而其中的 B 气层，实钻井深在 1284 到 1296 米处，是天然气层，经测试能日产天然气 33 万方！

33 万方啊，这可不是一个小数字，它意味着这是一口高产能的钻井，而这口高产能钻井就如林昌荣预测的那样，就位于地下埋藏 1200 多米深度的盆地浅层！

众人还没从震惊中回过神来，3 号探井、4 号探井、5 号探井相继开钻，而传来的结果再一次在人们心中掀起了惊涛骇浪——4 号、5 号探井实钻的气层厚度，与林昌荣"利用地震数据体波形结构特征法预测油气"的理论所预测得出的数据分毫不差！

"这怎么可能？！"人们彻底傻眼了。

用这个以前闻所未闻的"利用地震数据体波形结构特征法预测油气"的方法来预测油气，准确性竟然高达 80% 左右？！是目前国际上准确率平均水平为 20% 的标准的整整 4 倍？！

那如果以后采用这套理论和技术预测油气层，得节省多少油气勘探开采的巨额成本，为国家节省多少费用啊？

消息传来，整个业界都沸腾了。

"80% 的准确率？这简直是传奇，是之前谁也想都不敢想的神话！"

"研究者林昌荣提出的'利用地震数据体波形结构特征法预测油气'的方法是前所未有的，是符合用地震勘探资料研究油气储层的客观规律的。"

"这是一项很有价值的研究成果，应该被石油工业界广泛应用！"

"林昌荣提出的这项具有中国自主知识产权的创新专利技术，不仅大大提高了油气探测的成功率，较大幅度提升了中国油气预测能力的国际地位！"

与两年前林昌荣刚刚提出"利用地震数据体波形结构特征法预测油气"理论

无人问津时形成了鲜明的对比，现在等待他的是权威的认可，以及潮水般涌来的各种赞美之词。

此时有人想起了林昌荣两年前绘制出的几张莺歌海的油气图，赶紧派人翻找出来，顿时倒吸一口凉气。那个连普通话都说不好的小伙子当初绘制的油气图，与现在打井证实的油田的实际情况，简直一模一样！

"天哪！这个林昌荣简直是个天才！"

面对这一切，林昌荣却淡然一笑，就像他之前遭遇各种质疑的声音时一样从容而平静。

对这个从 80 年代初就开始研究油气预测的年轻人来说，他心心念念想的全是为国家多找几个大油气田，所以把全部心思都放在了研究和探索上，并不在意他人的评说。而现在，打井证实的结果，从实际上证明了应用地震数据体波形结构特征异常预测油气的有效性，更加坚定了林昌荣继续深入研究的信心。

油气预测技术一直是个世界级的难题，因为自己创立的这项油气预测技术，以前只能听从外国专家声音的中国，再也不是那个在油气预测方面没有丝毫话语权的国度了，它已经创造出并掌握了世界上最先进的油气预测的理论和技术，这让林昌荣倍感欣慰。

"莺歌海盆地的东方 1–1 只是开始。有了'利用地震数据体波形结构特征法预测油气'理论的加持，一个又一个大型油气田会相继被发现。"站在实验室墙壁上悬挂的中国地图前，林昌荣深情地凝望着祖国辽阔的山河："会有那么一天，全世界都会知道，中国不是'贫油国'，而是'中等含油国'到'富油国'！"

第二节　渤海湾盆地 900 米深处有个大油层

1995 年，林昌荣由广东省中海油南海分公司调到北京总公司生产研究中心，继续从事石油地质研究。

"我这一生，就是为做'油气预测'这一件事情而来的！"从中国的南端不远万里，迁徙到北京的林昌荣，还没褪去一路跋涉的风尘仆仆，就一头扎进了新办公室里。他打开电脑，饱含深情地凝视着电脑上的各种数据。

做学术是非常枯燥的一件事情，还要忍受经年累月的寂寞和孤独，可林昌荣一看到那些密密麻麻的数据就心生欢喜。在他眼里，它们可不是没有生命力、盯久了就双眼发涩的数字，而是深埋地下的油气藏的说明书，正在发出热烈的呼唤：我就在这里，快来开采呀！

喝水小憩时，林昌荣想起小时候看的古代神话小说《封神演义》，里面有这样一个情节让他记忆犹新：商朝的上大夫杨任因直谏商纣王而被剜去双目，后有道德真君念其忠肝义胆，怜救万民，遂施仙术还他一双"神眼"，可"上看天庭，下观地穴，中识人间万事"。

"我也要练就一双'神眼'，能穿透地层、看清海底的'神眼'。"

对于从事石油勘探的科研人员而言，终极目标就是找到石油，因此，能拥有一双"神眼"，可以穿透地层并准确找到油气的位置，是林昌荣一直以来的夙愿。

这种名为石油的从地下深处开采出来的可燃性液体，既是国家财富的象征，也是国家科技水平发展程度的象征，因为开采石油是个技术密集型行业。有人甚至提出，谁占有石油，谁就占有了世界。

也是在这一年，在中国渤海，响起了钻井那独特而铿锵的韵律。科技人员在这片蔚蓝的海域里，在地下 1300 到 1500 米深处，发现了一个亿万吨级的大型油田。油田的位置位于渤海湾中部，海域水深 19.6 米，被起名为渤海 QHD32-6 油田，也就是秦皇岛 32-6 海相油田。

在北京听到这个喜讯的林昌荣很是高兴，为渤海湾盆地石油的勘探和开采揭开了崭新的一页高兴，为海相油田的开采因为思路的调整未来可期而高兴。

"陆相"和"海相"这两个名词对大众来说并不完全陌生，因为有关油田的报道必然会提到它是海相油田还是陆相油田，但大多数人并不清楚它们的具体分别。

一言概之，在古大陆形成的沉积叫陆相沉积，在古海洋形成的沉积叫海相沉积。

放眼全球，北美、北海、北非、苏丹、里海、中亚、西伯利亚等世界主要的油气地带，所开采出来的油气基本都是海相油气田。而世界产油规模最大、储量最丰富的中东地区，更都是海相地层。

中国的油气开采遵循着由浅入深的规律，随着油气勘探开发的深入，海相地层的勘探越来越受到重视。

在距今大约两亿年前的侏罗纪、白垩纪时期，渤海湾因为受到太平洋板块的俯冲而抬升。时间缓缓流逝，到了距今 6500 万年前至 260 万年前的第三纪，渤海湾盆地具备了油气聚集的条件。几百万年过去了，专家们达成了共识：渤海湾盆地具有储存油气资源的优势条件。简单点儿说，就是渤海湾有丰富的油气藏。

既然海里有宝贝，那就赶紧去探寻一番呗！想法很好，但想要探测出这些位于深海的油气宝藏的具体位置，可又是一个世界级的难题。

首先是技术难题。大海表面风平浪静，实则波涛暗涌，复杂的深海环境使得不少陆地上可用的技术都受到了限制，比如重力勘探、磁力勘探等，必须到勘探船上才能正常进行。而且就算有勘探船做支撑，测量出来的结果也会受到海水环境的影响，很容易不准确。

其次是深海油气探测的安全问题。海上勘探不仅要考虑到潮汐、洋流、水深、风浪等各种自然环境的影响，还需要全面、综合考虑各种难以预测的风险因素。一个看似毫不起眼的失误，都可能造成无法挽回的灾难，甚至导致大型的井喷事故。国外海洋石油开采时发生泄漏、井喷，导致整个海域被污染的事情，并不罕见。

像 1969 年 1 月，美国加州石油联合公司的一名工人，在圣巴巴拉海峡进行平台作业时，发现天然气泄漏，就用盖子将漏口盖住。这一举动造成海底压力骤增，地层裂开了 5 条大缝隙，造成 1 万多吨原油从海底涌出。

绵延几百里的海面，燃起了熊熊的烈火。不知道发生了什么事情的海豚、海豹们惊恐不已，它们唯一能做的就是拼了命地奋力游动，想逃离那足以瞬间把它们烧成焦炭的烈火。但即使它们用尽全力，又怎么可能躲得掉蔓延开足有几百里海面的大火？

无辜的海洋生物们痛苦地哀嚎着死去，直到咽下最后一口气，它们也不知道到底发生了什么，而它们的尸体被包裹了一层漆黑的原油后冲到岸边。

事发后油田被迫封闭，但每天仍有 2 吨左右的原油喷出，油田附近的整片大海都从湛蓝变成了黑色，海面上覆盖着足有 2 厘米厚的原油。

海洋开采造成的事故的可怕之处，在于它不仅会引起海底的原油或天然气不受控制地喷涌而出，造成宝贵的石油资源浪费，而且会给海洋环境造成不可逆的伤害，比如物种灭绝、海洋污染等各种问题。饱受重创的大海，可能需要几百年甚至上千年的时间才能够一点点清除掉这种伤害带来的各种影响，但也只能是部分消除而已。

由于在漫长的地质历史期里遭遇复杂的升升降降，加上渤海湾盆地是我国东部地区晚第三纪以来构造活动最为强烈的地区之一，断层构造复杂，储层分布更复杂。有人做过一个形象的比喻，说渤海湾盆地的地质结构就像"摔碎的盘子，又被狠狠踩了几脚"，这给石油预测带来了很大的困难。

刚开始时，地质专家们都认为渤海湾的深埋油藏属于古生代寒武、奥陶纪（5.4 亿～4.4 亿年），被后续其他第四纪尤其是中生代（2.5 亿年后），几亿年累积的陆相沉积致密地层所覆盖。

这个预测可难倒了科研人员。要是专家们的预测是对的，那就意味着渤海里的油气藏不仅埋藏得很深，而且上面覆盖着几亿年累积而成的致密地层，就像在头顶戴了一层坚硬的钢盔。这层钢盔到底有多硬？基本上一个钻井钻头打井 50 米，就要被折磨得彻底报废了。而要钻透这足有几百米厚度的"钢盔"，就需要报废几个甚至十几个钻头，而一个钻头的成本得十几万，这得多大一笔费用？

不仅如此，在那么深的钻井里如果报废了一个钻头，就要起钻、换钻头，这需要近两天的时间。而海上钻井平台就像一个吞钱的巨嘴，每天综合费用需要百万。这样算下来，换一个钻头要耗费多少钱？

也就是说，一口井钻下去能不能见到油还不一定，但几百万已经砸进去了。

因为这个原因和其他各种原因，渤海湾油田的开发前前后后已经进行了 40 年，却始终没有大型油气田现身。

走了很多弯路后，渤海油田的地质专家和勘探者们逐渐找到了一些门道，摸清了渤海油气藏的富集规律和勘探方向，做出了"晚期成藏"的推断。也就是说，渤海海域油气成藏的时间并不像先前想的方向那样，形成于早期，相反成藏时间较晚，主力勘探地层应该放在上第三系的馆陶组和明华镇组，而不是最初以为的往海洋深处年代古老的地层进行挖掘。

找油人都知道，20 世纪 50 年代一位美国石油地质专家有一句名言：归根到底，首先找到石油的地方是在人们的脑海里。也就是说，找油人的思路至关重要。

果然，按照"晚期成藏"这个思路在渤海湾盆地寻找油气藏，很快就传来了好消息。渤海石油公司研究人员在地下 1300–1500 米深处，发现了这个亿万吨级的大型油田——秦皇岛 32–6 油田。

"真好！思路被打开了，渤海湾盆地会陆续有大型油气田浮出海面！"林昌荣欣慰地感叹着，坐在电脑桌前，神情专注地用自己创立的"利用地震数据体波形结构特征法预测油气"的方法，预测起渤海湾盆地的油气情况来。

时间不知不觉地流逝，一直保持着一个姿势如雕塑般端坐不动的林昌荣眉头突然跳了一下。他眨动了一下因为长时间盯着屏幕有些酸涩的眼睛，再次看向电脑上显示的数据。

没错了，屏幕上的数据的确显示有油气异常，一处构造存在着与周边环境不同的局部的地震数据体波形结构异常特征，"利用地震数据体波形结构特征法预测油气"的方法千真万确地显示出一个让人惊讶的预测结果：秦皇岛 32–6 海相油田在浅层 900 米左右，还有一个大油层！

"利用地震数据体波形结构特征法预测油气"的理论是林昌荣一手创立的，宛如他的孩子。作为"父亲"，林昌荣深知它的秉性和优势。这项技术绝对可以充分挖掘地震资料所包含的丰富的信息，提高地震资料的应用潜力，精细研究地下复杂构造特征及刻画储层分布的规律。而且这项技术还有一个超牛的优势：避免了单项技术预测时，需要很多人为进行推断的主观性和偏差，提高了预测的精度。

因此，尽管现在看到的预测结果颇让人感觉意外，林昌荣却坚信自己这个"孩子"的实力。要寻找深埋在大海里的油气藏，从地质特征到勘探方法都具有复杂性，必须形成一套特殊的勘探技术组合，开展地球物理新技术，以全新的思维和先进的技术手段去研究。而"利用地震数据体波形结构特征法预测油气"的方法，就是这样一套拥有全新思维和先进技术的理论！

为了验证这个听起来有些匪夷所思的预测，林昌荣的生活变成了二点一线，早出晚归匆忙地穿梭于家和办公室之间，看地震资料、分析地层相位的变化情况，通过黑白地震剖面图，来看局部波形结构特征的差异，有时候忙到彻底忘记了时间，等到从地震剖面图里回过神来才发现已经太晚了，怕回家打扰到家人，干脆就直接睡在办公室里。

再次仔细研究了相关数据后，1996年林昌荣明确提出了自己的预测：秦皇岛32-6海相油田在浅层900米左右还有一个大油层！

这个预测一出来，掀起了轩然大波，但并没有引起决策者的采纳和重视。林昌荣并不气馁，他对此早有心理准备。在自主知识产权和科技创新的核心技术上，中国目前的现状是缺乏自信心，往往自己搞出来的东西，自己都不敢相信或是不愿意相信，再加上用"地震数据体波形结构特征法"直接预测出油气难度大，属于原创性，国际上还没有先例。

此时的决策层，坐立难安。到底采不采纳林昌荣的预测，在秦皇岛32-6号油田再次挖井？

开挖，总觉得有些匪夷所思。在一个刚刚发现了大油田的地方，浅层还有大油层？不开挖吧，做出这个预测的林昌荣早已经不是无名小辈，当年他预测出南海莺歌海盆地的东方1-1超大气田，可是引起巨大轰动。

"宁可白挖，不能错过！"决策层最终下定了决心。

夜深了，渤海湾上的一个海上钻井船却灯火通明，丝毫没有停歇的意思。石油钻探需要24小时连轴转，机器一旦开动就不能停下来，相关人员轮班工作、休息，保证24小时都有人值班，以保障机器的顺利运转。

负责值班的孟师傅抬头看了看钻井船半空高耸的火炬。那里没有灯光，火炬更是毫无动静，越发显得黑魆魆的。

钻机的响声，伴随着海风的呼啸声，敲打在孟师傅的心头——很快就要打到此次挖井预定的目标油层了，地下900米。多年的勘探打井生涯，孟师傅已经习惯了十井八空的局面，但他每一次还是会在心中默默祈祷：希望这次地质学家的预测是对的，希望这口井能打出新油层来！

这一次，孟师傅的心格外忐忑。900米的深度就有油层？在这茫茫大海里要把那油龙擒出来，怎么着也得钻它个几千米，秦皇岛32-6号油田在1300米到1500米就出油，已经是个例外。而那位叫林昌荣的地质专家预测说900米的深度就有油层，还是较大规模的？900米是个什么概念？还不到1公里呢。油层会藏在那么浅的地方吗？怎么听都觉得有些悬乎。

就在这时，钻井船上高耸在半空的火炬，前一刻还在夜色中悄无声息，一丁点儿火星子都没有，此时却突然被点燃，熊熊跳动的火苗照亮了半空中的黑暗，也在钻井人员的心头激起了巨大的波澜——天然气火炬被点着了，表示有油气流显示！

"900米的深度真的有油气！"另外几个在现场的工作人员心头也是一片火热。

孟师傅心头喜悦，却依旧面色平静。多年钻井的经验，让他知道只有油气显示是不够的，还要看油气含量是否充足，有没有值得开采的价值。

就在此时，耳边已经习惯了的海风的呼啸声，突然被一阵急促而响亮的"呜——呜——呜"的声响淹没。这声音在海面上显得如此嘹亮，甚至都盖过了钻井船上设备运作的轰鸣声。

前一秒还很是淡定的孟师傅，抬头看了一眼半空中火苗蹿得老高的火炬，脸色巨变。这"呜呜呜"的声音意味着什么，他这个经验老到的钻井师傅实在是再清楚不过了。正常情况下，火炬的火焰变大需要一个过程，如果猛然间就发出这样大的动静，只有一种解释：井下油气含量非常充足！

孟师傅的脸色从震惊变成了狂喜。挖井人最激动人心也最幸福的时刻，就是刚挖的井获得高产油气流。而他和几位同事，是现场亲眼见证了这一时刻的幸运的人儿。

"啊呀，那个预测900米深度有油层的专家可真神啊！"孟师傅和几位同事击掌相贺，心中对那位未曾谋面的地质专家充满敬意。

"小林啊，可真有你的！"第二天一大早，林昌荣的手机就被打爆了，呼叫他的有同为找油人的同事，有领导，也有他的研究生导师。捷报传来，大家纷纷打来电话祝贺、道喜。

"你的预测现在被证实了，它可是意义重大，不仅为油气世界打开了一扇门，也一定程度上刷新了石油工作者对渤海湾盆地油气资源的认知。"

"林教授啊，看来我们得重新认识渤海湾盆地的油气资源和构造。"

"小林啊，你这出人意料的预测现在被验证，各大油气田公司在渤海湾盆地，即将掀起新一轮的勘探热潮。"

"勘探路上没有孤胆英雄，这次钻井成功离不开各级领导、同事们对渤海湾油气勘探的

关心和支持。"刚到办公室的林昌荣神色如常，对这个钻井结果一点儿也不意外，更没有因为自己再次获得掌声雷动而面有得色。

渤海湾盆地是一个不折不扣的油气富集区，可中国的海洋地质勘探还处在初期阶段，任重而道远，要做的事情还有很多。那些尚没有机会浮出水面的油气田，依旧静静沉睡在海底，等待着他和同行们去发现。

林昌荣打开电脑开始工作，崭新的一天又开始了。

第三节　塔里木盆地塔河油田的先导试验

1999 年的一个黄昏，大漠的落日，把余晖散落在塔河油田上，林昌荣的脸庞被映得红彤彤的。

作为勘探开发的一名工程师，林昌荣时常要到一线去勘探，因为经受风吹日晒、严寒酷暑，原本白皙、书卷气浓郁的脸庞，变成了黑红色，多了一些粗犷。

"林教授，荒漠的日子苦，难为你了。"塔河油田的同行虎子笑着递过来一张馕——这就是他们的晚饭了。

野外工作风餐露宿难免，更何况石油人忙起来常来不及吃饭。而馕抗干燥、耐储存，吃起来速度又快，三五分钟就能搞定，于是成为大家一日三餐最常见的食物。

一阵风沙吹来，热情的沙漠来给他们"加餐"了。众人熟练地用袖口遮挡住刚咬了几口的馕，免得待会儿会吃到沙子，把牙齿硌得生疼。

"哈哈，这是只有石油人才能体会到的浪漫。"性情乐观的林昌荣爽朗地笑了起来："你看，这沙漠落日'长河落日圆'的壮观多赏心悦目啊，普通人可没机会看到。"

虎子看向林昌荣的目光充满了尊敬和信服。他早就听说过，眼前的这位可是从海洋里找油的神探。他的足迹已经遍布南海、渤海、东海的辽阔海域，而林教授在几大海域找油的预测准确率，是一个高得让人瞠目结舌的数字——70% 以上！

像南海的东方 1-1 气田，那个中国在海上发现的第一个上千亿立方米的大气田，就是被这位林教授从广袤无垠的海底搜出来的。

而这次，林教授来塔河油田肩负着神圣的使命，他将在这里进行先导实验。

伴随着经济的快速发展，中国的油气消耗量剧增，油价一路攀升，油荒多次出现。石油牵动着每一位国人的神经，油价的浮动让寻常百姓坐立不安，更让林昌荣感到了肩头责任的沉重。

之所以选择塔河油田进行先导实验，是因为当时塔河油田的勘探面临着又一个世界级的难题，常规油气预测方法束手无策，已经不适应塔河油田当时找油找气的需要。

首先塔河油田埋藏深度大，超过 4000 多米，从深部传到地面的地震信号比较弱；其次油田储集层岩性为碳酸盐岩，像一个个深埋在地下的桂林山水的溶洞，它既不是构造油气藏也不是地层圈闭油气藏，没有统一油水界面和层状地层横向可以进行连续追踪；第三，塔河油田不是常规的油气藏，而是属于缝洞型油气藏，储层均质性非常差，一口井就是一个小油藏，可能钻上口井刚刚遇到了油藏，可在距离只有几百米甚至几十米的地方再钻一口井，可能就见不到油藏了；第四，塔河油田不仅埋藏深度大，储层非均质极差，没什么规律可循，而且地层古老，属于奥陶系地层，距离现在已有 6 亿年。

地层古老意味着什么？时代古远，地震传播速度就大，速度大，地震信号反映油气的信号就不敏感，所以常规油气预测方法就难于适应。

虽然多年来陆续引进了国内外许多不同的油气预测方法，但有效性都很差，一直没有什么突破，成功率一直徘徊在 20%-30% 左右。所以，多年来塔河油田一直停留在年产石油 20 万吨左右，让人很是恼火。

塔河油田产量低，是多年以来压在人们心头的一块巨石。背井离乡、抛家舍业跑到大漠里来工作的人们，吃再多苦也不会觉得有什么，可是每天都被"欠产！欠产！欠产！"这个揪心的字眼压着，那种滋味苦不堪言。

"哎，到底怎样才能让塔河油田的石油产量上去啊？"塔河油田的员工们个个愁眉苦脸。

就是在这样的情况下，林昌荣临危受命，出现在这片位于戈壁荒漠的油田里，利用"地震数据体波形结构特征法预测油气的方法"，研究塔河油田奥陶系油层分布，以及提供优化井位建议。

此时的林昌荣，已经在海上石油勘探领域取得了让业界瞠目的准确率，但他并不想止步于此。作为"利用地震数据体波形结构特征法预测油气的方法"之父，林昌荣深知，他创立的这项新理论，拥有一个其他任何理论都无法媲美的巨大优势——适应性非常广泛。"利用地震数据体波形结构特征法预测油气的方法"不仅可以预测多种多样的储层岩石类型，包括陆源碎屑岩（砂岩），碳酸盐岩，火成岩，而且预测深度范围极大，可以涵盖从南海 100 多米到塔里木盆地和四川盆地的 8000 ~ 9000 多米。而林昌荣这位"父亲"，很希望自己的"孩子"在陆地油气预测方面大展身手。

英国首相丘吉尔曾经说过这样一句话：我的国家有一颗雄狮的心，而我有幸唤醒它的咆哮。

对林昌荣来说，他要做的就是为了祖国这头东方雄狮在世界油气行业里，能傲视群雄而日夜兼程。于是，这位在海域找油实战中百战百胜，声名鹊起的石油神探，开始投入到对陆地油气的预测研究上。而陆地油气预测进行先导试验的地点，就选在了塔里木盆地的塔河油田，因为如何在塔里木盆地高效地找到塔河油田，是个棘手的世界级难题也就解决了。

塔河油田位于天山南麓，被称为"死亡之海"的塔克拉玛干沙漠北缘的戈壁荒漠地区，地处新疆塔里木盆地北部沙雅隆起阿克库勒凸起的西南部。塔里木盆地是世界上距离海洋最远的地方，它经历了多期构造运动，地质构造复杂，形成了多个区域性不整合面和多种类型的圈闭（圈闭是指地下适合油气聚集的场所），油气藏类型多样，成藏模式也多样。要在塔里木盆地勘探和开发油田，面对的问题复杂而多样，需要从多方面考量、勘探开发中所面临的一系列难题。

久经海洋找油考验的石油神探，转战大陆后到底身手如何？所有人都翘首以待。

戈壁滩一间简易办公室里，四面的墙壁上挂满了大大小小的有关塔里木盆地的各种图表，其中一张放大的地质构造图尤为醒目。窗外有一棵红柳，在大漠长风里傲然挺立。

"不识沧海变化，焉得油气万斛？"办公室里，林昌荣正聚精会神地研究着地震剖面图，奥陶系地下岩溶洞穴反射影像形成"串珠"状，像羊肉串一般排列着，仿佛在发出挑衅：嘿嘿，想征服我这个刺头？想得美！这么多年过去了，各种国内外找油的方法你们都在我身上试了个遍，结果怎么样？还不都一个个灰溜溜地败下阵去。

也难怪塔河油田这么嚣张，身为奥陶系碳酸盐岩溶缝洞型底水型油藏的它，的确是一块难啃的硬骨头，开采面临着很多棘手的难题：缝洞型油藏具有较强的非均质性、油藏埋深较大（4000 米以上）、储层在平面上分区、纵向上分带；而且地震信号很弱。

在石油开采过程中会遇到很多问题，其中油层的非均质性会经常遇到。如果同一油田在纵向上由很多不同介质组成，就会给开采带来很大困难，因为介质不同会导致开采方法不同。遇到这种非均质性的油田，开采方法需要根据介质变化不停地进行调整，这样一来就要比平常的开采多花费很多时间。

有经验的开采人员都知道，储藏层的层次厚度不均匀，不仅容易导致开采时机器不易进行控制，增加工作量，而且会让出油率降低。油藏储藏层层数对开采效率影响很大，层数越多、厚度越薄，开采难度就越大，因为厚度变薄不仅预测准确率就会变低，还会让油的储层物性变得很差，出油率大大降低。

因此，不均质性一直制约着人们对石油的开采，严重影响着出油率。

而对着这块硬骨头，平日里用的储层预测的一些技术已经不能满足开发需要，所以，如何准确地划分出油藏区、带的分布范围是当时研究的主要任务。

这一次，塔河油田这个刺头却碰到"克星"。林昌荣利用其独立研发的"地震数据体波形结构特征法预测油气"的方法，初步应用于塔河油田奥陶系油藏油层识别的预测。充分考虑到油藏圈闭、油藏类型以及油井距离等多种具体情况后，林昌荣决定首先要搞清楚含油面积（边界），再解决提高钻井成功率的问题，并提供出了探评井的准确位置。

　　一场无声的较量开始了。时间，将会给出答案，告诉我们在油田刺头和找油人这场无声的角逐中，谁将胜出。

　　这个答案没有让大家等很久。2000年，塔河油田的年产石油量就有了巨大的突破，从20万吨飞升到了30多万吨。此后的年度里，如2001、2002继续保持着稳步上升的趋势，等到了第五年年产石油就达到了50万吨。从20万吨到50万吨，是一个质的突破。从困在20万吨一直没有任何进展，到足足增长了2.5倍，而且只用了短短5年的时间，这个振奋人心的变化让所有塔河油田的人们热血沸腾。

　　"林神探，您真是敢为人先，创新不止啊。"大家看向林昌荣的目光里，带着崇拜的小星星。因为他和他独立研发的"地震数据体波形结构特征法预测油气"的理论，破解了一直困住他们的地下溶洞系统储层预测的"地下方程式"，为缝洞型油藏的开发，做出了精准的井位部署，让塔河油田打了一个漂亮的翻身仗。

　　时至今日，国人都知道新疆塔河油田是我国最重要的油田之一，却鲜有人知道它曾经走过的很艰难的这一段路。如果当时没有林昌荣的先导实验，没有敢为天下先的"地震数据体波形结构特征法预测油气"的理论，塔河油田会在年产20万吨的困境中再持续多少年？

　　先导实验取得了巨大的成功，林昌荣却深刻体验到了作为一名科技研究工作者的艰辛。从他1991年发现的海上第一个大气田，再到1999年，经历了8年之久。如果这套油

　　气预测方法是国外的，只要是理论上说得过去，我们早就引用了，也不会太多地去考虑它的实际应用效果。但是对于我国自己发明创造的产品，哪怕证明是有实效的，也很难一下子推广应用，这是当时我国大环境所决定的。

　　林昌荣心中感慨，如果他的这套油气预测方法不是有大量的成功案例，并且创造出极高的经济效益，而且得到非常多的大牌专业科研人员的赞赏，包括知名院士、知名教授、专家、学者等的极力推荐，在当时大的国际背景下（我国广大科技人员，在当时国际科技大格局中只充当"跟随者"、或"追赶者"，不可能前进到"同行者"，更不敢想是"领跑者"——新华社记者语），自己这套具有我国自主知识产权的创新发明创造的专利产品，也很难在我国广泛地推广应用。

　　自从1989年提出"地震数据体波形结构特征法预测油气"的技术，林昌荣心之所向就是通过试验，检验和完善自己的理论和方法。进行油气预测的实践性是非常强的，行不行生产上一试便知。从1989年到1999年的十年间，林昌荣先后多次在南海、渤海、东海的中海油海域的陆源碎屑岩进行油气层试验，而他创立的"地震数据体波形结构特征法预测油气"的技术也不负众望，用预测准确率高达70%以上的完美表现，沉默无声而又铿锵有力地验证了它的实力。

　　"太不可思议了！"

面对所有人投来的热切而震撼的目光，林昌荣却无暇留意，他的脑海中不断在盘旋一个问题：自己独创的技术预测海洋里的油气田表现优异，那如果用它来寻找陆地上的油气田，又会是怎样一番场景呢？

可是，应用地震数据体波形结构特征异常预测油气在陆上油田的推广，却举步维艰。

林昌荣创立的应用地震数据体波形结构特征异常预测油气的方法，虽然在海上油气预测已有非常成功的实例，但是这种油藏预测在陆上油田还没有成功案例。虽然理论推导认为，海相陆相它都适应，但是在当时这种油藏预测的方法并不是国际上主流传统的油气预测方法，只能算"小众"，而且又是国产产品，要马上推广应用，对油田领导来讲是很有压力的。

塔河油田在当时也曾经在全世界范围内引进不少不同油气预测方法，但效果都不理想。油公司高层领导就想出了这样一个办法，就是先搞个试验田，成功了再推广应用。新疆塔河油田的先导试验，就是在这样的历史背景之下诞生的。

而林教授和他的应用地震数据体波形结构特征异常预测油气的方法，在先导实验中交付了一份完美的答卷，不仅让塔河油田的石油年产量从20万吨提升到了50万吨，而且促使我国的油气预测技术走到了世界的前列。

新的突破令人振奋，但林昌荣知道，这仅仅是个开始，未来会继续不断地创造新的惊喜和奇迹。

第四节　地震数据体波形结构特征异常的秘密

"无论是在海洋还是陆地，林教授找油的准确率都这么高，真是名副其实的石油神探啊！"赞美声纷至沓来，同样被盛赞的还有林昌荣创立的"地震数据体波形结构特征法预测油气层的理论与方法研究"。

经过这么多年的、长期连续性的科学攻关，和大规模的对不同盆地、不同岩性类型以及不同油气藏圈闭类型的油气田的实践，表明关于"地震数据体波形结构特征法预测油气层理论与方法研究"的研究课题，不仅在地震勘探理论上有全新的认识和突破，而且对石油公司有极高的实用价值，其研究成果已经为中国众多的油田带来了明显的经济效益。同时，利用地震数据体波形结构特征法预测油气层的预测软件本身，也有很高的商业价值。

作为"地震数据体波形结构特征法"之父，林昌荣对这个结果并不意外。他深知这项自己一手创立的油气预测技术注定能够历经考验，并且可以在海洋和陆地的石油勘探中大显神通。它简捷、适应性广、准确率高，这些优点可以有效弥补一些传统油气预测方法的不足。

这种新型油气预测方法的适应性到底有多广呢？无论是海相、陆相、以及海陆过渡相的油气区，甚至是火成岩，它都可以进行精准预测，而且能预测的深度范围跨度极大，可以从南海的100多米，直到四川盆地和塔里木盆地的8000～9000多米。

不仅如此，这种新型油气预测方法还能对付多种多样的储层岩石类型，无论是陆源碎屑岩（砂岩）、海相碳酸盐岩、还是火成岩。

地球物理勘探的最终目的，是要为油气田勘探与开发提供能够找到含有油气区块的有效证据，找到具有商业价值的油气富集区。经过几十年的发展，地震勘探应用现代信息和计算机技术得到了极大的提高，对于构造成像来说已经相当成熟了。

石油地球物理勘探的方法，不管是找构造还是找储层，连片研究都是油气勘探开发必不可少的最基本的资料。但由于调查面积广大，从中提取的各种信息目前还不充分，如果能够挖掘出更多、更有效的信息，必将为寻找油气提供更有价值的信息。

应用地震资料进行油气预测的传统方式，是通过不同手段处理资料后，将地震物理参数的变化，用一种人们能理解的相变色彩图显示出来，进而对不同相变色彩图进行推理、分析、判断。虽然色彩图对地层解释很有用，它直接又美观，使得人们很快就能从图上（平面、剖面）识别出地层的走向、形态、断层、类型和连续性等，但是，利用色彩图识别油气却是不敏感的，而用数据结构（而不是数据数值）则可直接在地震数据体上（只要地震数据品质是好的）就可直接定量解释出油气层，而且准确率要比传统的用数值预测法高出三倍以上。

应用地震资料进行钻前油气藏预测的研究，从自上世纪40年代以来，先后出现过很多技术，如"亮点""暗点"、AVO、模式识别和神经网络等诸多试图直接显示油气的技术。

历经半个世纪的实践验证，人们逐渐意识到油气藏所赋存的地质圈闭条件有别，致使不同类别的油气藏呈现其自身特性的差异，因此，现有成型技术的应用效果差异甚巨，从而促使科技界为认识现有用地震反射波资料显示油气方法和技术中的局限性及影响因素，开展了深入研究，以期借以有效地提高钻探成功率。

应用传统的地震相变，即数据数值变量法识别油气层不敏感的原因至少有如下三条：

一是相变图增加了对油气判别的不确定性因素。带色彩的地震相变图虽然增强了光学动态范围（消息量不增加），图形漂亮直观，但同时也增加了对油气判别的不确定因素。而油气检测的原则，要求人们应尽可能减少不确定因素。用不同的色彩图表示不同的数值，因为不能把每个数值点用一种颜色表现出来，所以，颜色只能反映一个数值段，它不能反映某个数值点与上下数值点排列的结构变化特征，和横向相邻道数值段排列的空间波形结构变化特征。

用地震数值预测油气，因为油气的信号在大量地震信息中只占很小部分，所以还是用波形结构异常这种微妙的变化特征来反映油气更为现实。

二是相同或相似色调的地震相有不同的地质内涵。相变图显示有相同或相似色调的不同部位、不同深度、不同圈闭的等的地质体，所包含的地质含义是不同或完全不同的，即相同地震相可有不同的地质内涵。因为只要地质体与其围岩数值相差一样的二个地质体，就会出现相同的色彩显示结果，比如"亮点"可以含气也可以不含气，就是个例证。

三是相变图反映不出波峰、波谷的地震数据体波形结构特征。常用的黑白地震剖面图，其对于追踪层位、构造研究是合适的，但很难用于油气预测，因为它不仅不能反映出不同的波峰、波谷的波形结构特征，而且不同的波峰、波谷波形特征所代表的地质含义也是完全不同的，所能反映的这种变化特征的数据体波形结构也是不同的。

可见，传统的油气预测方法已经适应不了寻找越来越复杂的油气藏的钻前油气预测要求了，必须寻找新的油气预测方法来适应面临不断更加复杂的油气藏的要求，所以，地震数据体波形结构特征异常预测油气的方法应运而生。

利用地震数据体波形结构特征异常预测油气层的思想，其发展过程也是从早期的亮点、波形、AVO、模式识别、神经网络等油气预测过程发展起来的，其难度是比较大的，只有通过大量实践后才能投入生产应用中来。它与其它方法的不同之处在于，研究时不受地质、构造、沉积地层、储层等因素的影响，并排除了人为的一些干扰因素，如储层反演层位解释和受井控制的影响等等。所以，利用地震数据体波形结构特征异常预测油气层的优点是，可与地质、以及其它物探和测井相对比，相互验证，从而大幅度地提高了钻前预测成功率。

林昌荣通过长期深入地研究地震数据体波形结构特征异常，并且应用 10 多种预测方法，如回归分析法、趋势外推法、指数平滑法和灰色预测法等，经过上千次油气预测实验，发现了地震数据体波形结构特征异常与油气关系极为密切。通过研究地震数据体波形结构，并引入新型的灰色计算模型（Grey Modeling），完全可以在地震剖面图上准确地识别出油气层，还可以定量地确定油气层分布面积、厚度，最后算出储量。

地震数据体波形结构特征，是指地震数据体中每一地震道振幅离散数据点按时间顺序排列所显示的波形特征。地震数据体结构特征时空关系与含油气性预测

```
                    地震数据体
                   ╱          ╲
            数据结构              地震数值
                   ╲          ╱
              异常值段（按系统－时间系列，2D）
                        ↓
              矢量关联（3D，排序）
                        ↓
                   确定油气
```

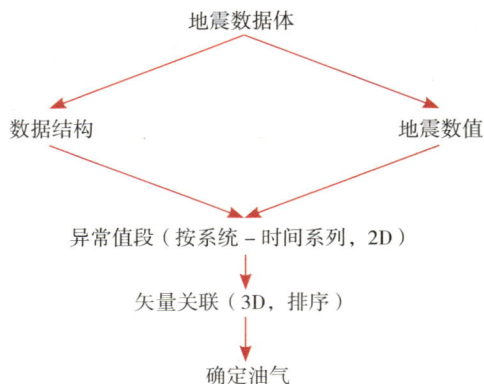

图1-1　地震数据体结构预测油气流程图

的结果，可以在地震剖面上定量解释出油气层，平面上指示含油气分布规律，为油田进一步提高油气储层预测精度，合理布置井位，降低风险，提高钻井成功率提供有益的帮助。

利用地震数据体结构特征法，进行含油气预测的基本思想及油气预测技术方法为：将地震数据体的每一个地震道，通过数学拓扑变换成为类似一条条的测井曲线，进而计算出其地震数据体振幅结构特征异常值段（控制参数包括振幅数值、拐点、斜率、夹角等），然后进行矢量关联分析、排序，最后，预测出油气层剖面所在位置和平面分布范围（图1-1）。该方法的优点在于，对数据不作很多的条件限制，应用范围较广泛，可用于各个勘探和开发阶段，而且预测的结果较为可靠。

本方法的原理为：地震记录的总信息量是很大的，它至少包含数据值和数据结构两个方面的内容。利用差异信息原理（即地震相变原理）显示数据值差，只是展示总信息量中的一部分，而数据体结构则是另一部分。因数据体结构较为稳定，所以可以较好地用来预测油气。由于含油气砂岩储层、碳酸盐岩储层、或火成岩储层的物性和其中的流体性质与围岩不同，不仅可以使地震波穿过油气层时地震属性发生变化而出现不同的地震相，而且还会改变地震数据体波形结构。

对于一个事物，我们有不同的描述方法，如数的表述——通常用数值大小来表征，和质的描述——通常用结构点或线之间关系来论述。它们有最基本的描述方法，或者说，也只有在这种情况下，所描述的事物才是唯一不变的，即时间和空间同时同等数量变化时，结构特征才不发生变化（按现有一般认识事物的理论水平），否则结构特征将发生变化。

上述定义已经提到，地震数据体波形结构特征，是指地震数据体中每一地震道特性相同的离散数据元素（数据点）按时间顺序排列所显示的波形特征。这里有二层意思：1. 纵向上的时间顺序排列特征；2. 横向上的空间组合变化特征，有了时空关系，就可以作研究。

可见，利用地震数据体结构特征法预测油气层，就是研究地震数据体的排列组合特征与含油气性的关系，如拐点、斜率等，以便达到预测油气层的目的。其研究思路是通过提取每一地震道的振幅数值、速度或频率等地震属性参数值，以此来建立每一地震道的灰色GM模型，并确定其灰色异常时段，通过灰色关联分析，最终达到预测可能的含油气剖面层位和平面分布范围，为油气勘探开发提供有效的钻井井位。

它不是传统的一种数理统计方法，而是从研究一个地震道建立一维 GM 模型开始，到二维灰色关联（GR），最后达到全区数据体三维空间油气识别的一种连续性动态预测过程。所以，该方法可以应用到从油田勘探到开发不同阶段的勘探井、评价井和生产井等的油气层识别上。

利用拓扑变换的 GM（1，1）模型进行数列预测，得到一条比较光滑的曲线，可以预测趋势值，但一次性计算有时精度不高，且很难反映数列的随机波动变化。所以，需要利用 GM（1，1）模型进行回代检验，得到模型计算值与实际值之间的误差，称之为残差。为了提高 GM（1，1）模型预测精度，常需要对残差进行分析，并建立残差模型，以充实或修正原模型。残差修正模型有以下几种：

①残差序列的 GM（1，1）模型；

②残差序列的周期或半周期修正模型；

③残差序列的正交多项式修正模型。

究竟用什么残差修正模型合适，要根据具体情况作具体分析。为简化计算，振幅大小可统一取残差绝对值之平均值。这样，不仅使残差值普遍减小，而且有了波动变化，使拟合曲线更加逼近原始数据曲线，从而提高了模型的精度。

进行预测时，同样也应考虑到未来序列的波动变化。未来序列变化的周期可以参照已知序列的残差周期变化趋势而定，或对已知序列残差周期大小建立 GM（1，1）模型进行预测，变幅大小可以根据系统允许或可能变化的幅度作合理的选择与控制。确定了未来序列的周期与变幅后，便可以计算未来各个时刻的残差修正值，然后迭加到同时刻的预测值上，这样就使预测值落在了一个灰区间中，从而也提高了预测的实用性与科学性。

一个事物、一个系统往往是由众多因素构成的。这些因素的组合决定着事件或系统内部结构和它的基本功能。一般来说，因素在系统中所起的作用是不一样的，有的作用大些，有的小些。

那么，哪些因素影响居中，哪些因素影响最小？这就是关联度分析法要解决的问题。关联度分析法是灰色系统分析的基础，是最基本的方法之一。因素作用的大小，在静态中是无法判别的，只有在系统的变化中，运动中，即在动态中才能充分的显示出来。因此，关联度分析法是一种历史分析法，它是依据历史上的数据，对其各因素和整体的变化态势作历史性的分析，从而判断某一因素对系统的影响的大小。因此，灰色系统的关联度，是按因素发展变化态势的类似情况来判断，按时间序列几何形状相似程度来区别的。

灰色系统理论的关联分析不同于回归分析，它采用关联度分析的方法具有方向性，对因素的相关性进行分析和研究。作为一个动态发展的系统，关联度分析事实上是动态过程发展态势的量化分析。再具体地说，是发展态势的量化比较分析。这种分析的基本点是按各因素统计数列的几何关系进行比较研究。

所以，因素的比较分析，在这里实质上是一种曲线间几何形状的比较分析，即认为几何形状越接近，则发展变化态势越接近，关联程度就越大。依据这种方法进行因素分析，有多方面的优点：对数据没有太高的要求，数据多，数据少，均可以进行分析；不要求数据有典型的分布规律，这样就扩大了数据分析的范围；相对来讲，这种分析计算量较小；不至于出现与定性分析不符合的结果。

关联分析要通过计算关联系数、关联度、关联序和关联矩阵等项内容来完成。

应用地震数据体波形结构分析方法，对地震数据体在时空上的变化进行了实际的分析，并提供了相应的油气预测结果。下面以新疆克拉 2 大气田的克拉 2 井（图 1-2 ~ 图 1-4，表 1-1）及四川普光大气田的普光 5 井（图 1-5 ~ 图 1-7，表 1-2）的应用实例，结合实际钻井结果来看本方法的预测效果。

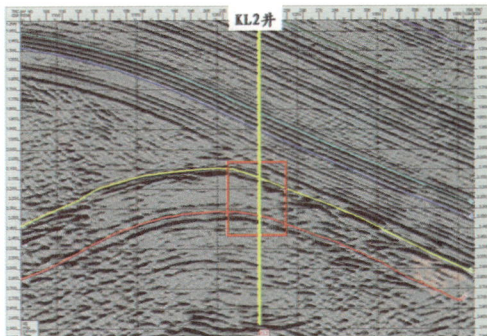

图 1-2　克拉 2 大气田过 KL2 井的地震剖面

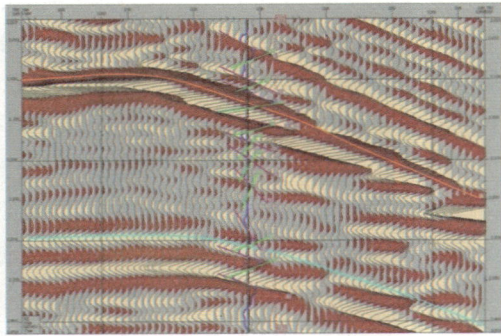

图 1-3　克拉 2 大气田目的层地震数据体结构的斜率变化图

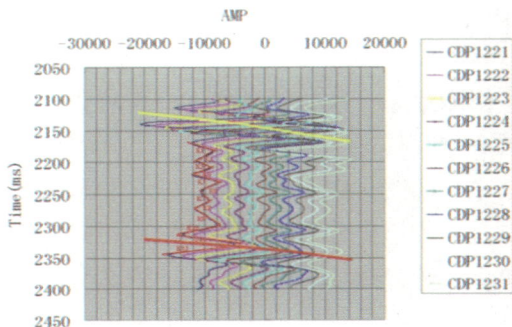

图 1-4　克拉 2 大气田 KL2 井旁 11 道目的层附近的波形特征

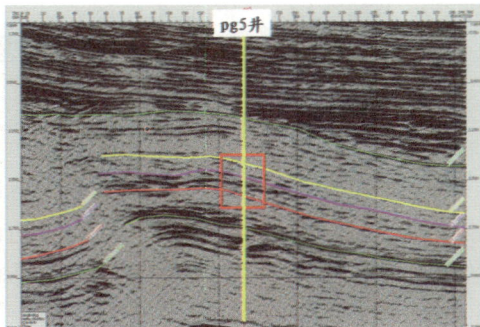

图 1-5　普光大气田过普光 5 井的地震剖面

表 1-1 克拉 2 大气田 KL2 井旁 11 道目的层附近的波形斜率变化表

斜率＼CDP	1221	1222	1223	1224	1225	1226	1226	1228	1229	1230
K1	−0.0033	−0.0029	−0.0034	−0.0031	−0.0021	−0.0019	−0.0017	−0.0015	−0.0012	−0.001
K2	0.0048	0.0052	0.0046	0.0039	0.0027	0.0026	0.0031	0.0038	0.0044	0.0043
K3	−0.0043	−0.0057	−0.0044	−0.0036	−0.003	−0.0039	−0.004	−0.0036	−0.0033	−0.004
K4	0.0034	0.0034	0.004	0.0048	0.0122	0.0105	0.0086	0.0063	0.0021	0.0019
K5	−0.0025	−0.0029	−0.0055	−0.0124	−0.0041	−0.0031	−0.0031	−0.0031	−0.0045	−0.0037
K6	0.0063	0.0133	0.0069	0.0046	0.0036	0.0036	0.0033	0.0031	0.003	0.0036
K7	−0.0083	−0.0108	−0.0068	−0.006	−0.0045	−0.0054	−0.0058	−0.008	−0.0091	−0.007
K8	0.0059	0.0064	0.0062	0.006	0.0016	0.0108	0.0093	0.0083	0.0069	0.0069
K9	−0.0061	−0.0071	−0.0089	−0.0133	−0.0054	−0.0037	−0.0033	−0.0031	−0.0029	−0.003
K10	0.0025	0.0027	0.0028	0.0036	0.004	0.0032	0.0025	0.002	0.0019	0.0021
K11	−0.0015	−0.0015	−0.0016	−0.0026	−0.0037	−0.0046	−0.0044	−0.0043	−0.004	−0.003
K12	0.0012	0.0013	0.0018	0.002	0.0015	0.0015	0.0015	0.002	0.0026	0.0028

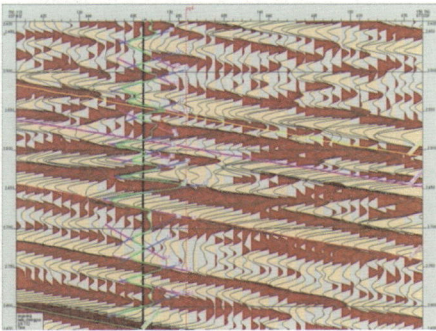

图 1-6 目的层地震数据结构的斜率变化图

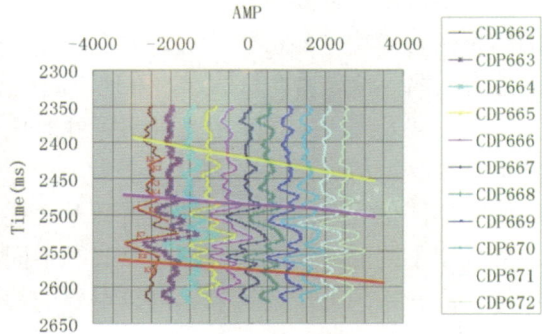

图 1-7 普光 5 井井旁 11 道目的层附近的波形特征

表 1-2 过普光 5 井附近 11 道目的层附近的波形斜率变化表

斜率＼CDP	662	663	664	665	666	667	668	669	670	671
K1	0.0294	0.0702	0.0269	0.0255	0.0213	0.048	0.0667	0.0844	0.0509	0.0421
K2	−0.0525	−0.0714	−0.0413	−0.0503	−0.0715	−0.0611	−0.0279	−0.0214	−0.0212	−0.0334
K3	0.0446	0.0626	0.0407	0.0353	0.0636	0.1984	0.0036	0.0224	0.018	0.0208

续表

CDP 斜率	662	663	664	665	666	667	668	669	670	671
K4	−0.0668	−0.0302	−0.0306	−0.0331	−0.0282	−0.0367	−0.031	−0.0235	−0.0303	−0.0221
K5	0.0211	0.0199	0.0172	0.0148	0.0146	0.0137	0.0161	0.0191	0.0155	0.0123
K6	−0.02	−0.0171	−0.0122	−0.0135	−0.0278	−0.0283	−0.0305	−0.0222	−0.0122	−0.0146
K7	0.010	0.0085	0.008	0.0092	0.0197	0.0222	0.0272	0.024	0.0214	0.0177
K8	−0.0242	−0.0325	−0.0299	−0.0329	−0.0142	−0.0118	−0.095	−0.0141	−0.0242	−0.021
K9	0.1171	0.0892	0.071	0.0548	0.0334	0.0254	0.0197	0.0544	0.0382	0.0313

在图 1-2 克拉 2 气田过 KL2 井及图 1-5 普光气田过 PG5 井的变面积地震剖面上，由于波峰相互叠置，因此无法显示不同地震道之间波形的微细变化，也无法区分目的层与其它层的地震道间波形结构特征的差异，强振幅波峰反映的是砂岩层与围岩（泥岩）间的变化，而不是同一砂岩层内含气与含水的变化；双极性彩色剖面增强了光学动态范围，从而提高了判断振幅异常范围的效果，但它在某些方面也增加了识别油气水关系的不确定因素；图 1-3 及图 1-6 为目的层的局部放大地震剖面图，地震波从波峰变化到波谷（或从波谷变化到波峰）时，波形曲线的斜率变化较快，显得较杂乱，没有规律，通过地震波斜率的定量分析，可以很好地看出同一地震道在目的层内外地震波形的变化。

图 1-4 及图 1-7 显示的是抽出了井旁地震道目的层时间段附近的十一道地震波形结构特征图，表 1-1 及表 1-2 为定量计算了图中对应的斜率值，它更清楚地说明了不同地震道之间波形结构特征及地震数据体结构特征的细微变化，同时也充分说明不同的波形结构特征必然具有不同的地震数据体结构。通过对同一目的层地震波斜率的分析及计算，可以更好的找到目的层内横向上的微细变化，更有利于地震横向分辨率的提高。

利用地震数据体波形结构特征预测油气层，在引入灰色模型的基础上，通过对地震数据体时－空关系的研究，可以明显地发现，地震数据体波形斜率的变化及时－空变化关系来进行含油气预测是一种全新的油气预测研究方法，其对油田油气层的钻前油气预测是非常有效的和很有必要的工作之一。

传统的地震层位解释针对的主要是反射界面的性质及其变化特征，它并不能直接反映出地层中的含油气特性，而地震数据体波形结构的特征变化关系，才是直接与地层是否含油气相关联的。所以，通过研究地震道的数据体结构特征在时间及空间上的微细变化，能够有效地进行钻前油气预测。

第五节 为石油而生的人——多家国家权威新闻媒体的报道

1-5-1 中央电视台 CCTV《影响力人物》专访

2018 年 05 月 18 日，大型高端电视人物对话访谈栏目——中央电视台 CCTV《影响力人物》，对林昌荣进行了人物专访。

这个权威的央视栏目有着强大的影响力，得到了一大批社会名流的充分肯定和高度评价。它讲述各行各业成功人士的传奇故事，分享影响力人物的人生感悟，打造中国人榜样，记录人物风采，构建中国精神，传递正能量。

而林教授的故事，足以构成一部精彩异常的传奇，因为他不仅在油气预测方面，曾在中海油，中石油和中石化众多油气田钻前预测过 800 多口探井、评价井、开发井，预测符合率均可达 70% 以上，远高于当前世界石油探井油气预测平均预测成功率 2 ~ 3 倍（当今世界探井油气预测成功率平均为 20% ~ 30% 左右），为中国石油工业创造了很高的经济效益。而且在计算机软件开发方面，他创造性地成功开发出具有中国自主知识产权的地震数据体波形结构特征预测油气的软件，并熟练掌握当今世界大型地震数据体和资料处理软件的应用。

与石油有关的话题，已经成为人们长期关注的焦点，如油价的一路飙升。而国家之间，从二十世纪初开始的一百年内的战争，说到底也都是争夺石油资源的博弈。石油已经成为影响世界政治格局的关键因素之一，当前石油市场的供求早已经不只是一个经济问题，它直接影响着一个国家的实力，以及国际政治、经济形式的稳定与动荡。

从某种程度上来说，石油已经扼住了现代文明发展的咽喉。

而这期专访的主人公，竟然是一位身怀找油绝技的石油神探，这让很多人都对 5 月 18 日的访谈节目充满期待。

中央电视台专访总计对林教授提出了 12 个比较尖锐的问题，大部分都是当今人们对石油能源最为关心的问题，如：石油开发对于我们大多数人来说都是很陌生的，您能给我们讲讲我国石油勘测的现状吗？推进问题：石油勘探是一个艰难又耗资巨大的复杂工程，在油井的选择上您采用的是什么方法？推进问题：效果如何？

石油资源总有枯竭的一天，在您看来，中国需要尽快实现能源的转型吗？推进问题：现有的石油替代能源有哪些？现在中国的新能源研究现状如何？未来中

林昌荣在中央电视台CCTV《影响力人物》采访演播室，
2018年

国能源的走向如何？

如今世界能源战争如此盛行，就中国目前的形势来讲，会有一天卷入能源战争吗？以及等等。

主持风格落落大方的主持人顾倩提出了第一个问题："林教授，您是如何与石油结缘的呢？"

自己是如何与石油结缘的呢？林昌荣的思绪回到了很多年前的青葱岁月。

1978年林昌荣高中毕业，正好是全国恢复高考的第二年。从上学开始就一直是学霸，一直"霸占"班级甚至年级前三名的林昌荣，高考成绩也是毫无悬念地优异，很顺利地考上了名牌大学。19岁从来没离开过家的年轻人告别故土，从家乡福建泉州风尘仆仆地赶往上海同济大学，就读海洋地质专业。

有意思的是，选这个专业是林昌荣的高中班主任一手操办的，并不是他自己用笔勾画的。冥冥之中仿佛有一只无形的手，在下一盘大棋。又像上天安排好了媒人，铁了心要凑成林昌荣与石油的天作之缘。根据当时林昌荣的高考成绩，完全达到了北大或清华大学的录取分数，但因为路途遥远，加上气候寒冷和南北饮食习惯的差异，班主任老师细细思量后，就近填了理工科比较出名的同济大学。

不过，那时候只有十几岁的林昌荣并不知道这些，他在象牙塔里如饥似渴地学习着专业知识。四年的光阴如白驹过隙，日历很快翻到了1982年，林昌荣从大学毕业了，面临毕业分配的问题。

这一年的2月15日，中国海洋石油总公司成立，需要大批大学生。天时地利全都具备，林昌荣顺理成章地被分配到中海油总公司下属二级单位——南海西部研究院，从事石油科研工作。

从此，林昌荣和石油的不解之缘，缓缓拉开了序幕。这种选择现在回想起来完全是机缘巧合，林昌荣对此深有感触：世人要在事业上有所成就，皆始之以文化当启蒙，继之以思想为先导，再继之以实践作检验，终成之于天时及地利（天命和时运）。

倘若自己高中毕业时还没有恢复高考，倘若当时班主任没有给他选海洋地质专业，倘若中国海洋石油总公司不是这一年成立，倘若……任何一个倘若的发生，都会让命运拐一个大弯，林昌荣和石油就会失之交臂。

截止到现在接受中央电视台 CCTV《影响力人物》的专访，林昌荣从事石油研究已经有 36 年了，步履不停。当年那个从上海同济大学海洋地质系毕业，被分配到中海油南海西部石油勘探开发科学研究院的年轻小伙子，早已是教授级高级工程师、油气预测专家。36 年的时光，可以改变太多东西，当年那个长身玉立的青年，早已人到中年，年龄变了，气质变了，地位变了，可他与枯燥的学术研究朝夕相伴、长相厮守的情怀却一点儿也没改变。

从一见倾心，到相守多年依旧痴心不改，石油早已经融入了林昌荣的血脉，不仅是他生活中不可或缺的一部分，更和他的生命一样重要。把青春奉献给石油科研工作，爱石油、爱科研，林昌荣无怨无悔。

接下来的岁月，林昌荣打算继续为我国的油气勘探事业再做点儿事，为年轻的找油人留下点什么。一代又一代人找油人前赴后继的努力，才能让中国的油气勘探事业一直保持长足的发展。林昌荣希望自己能为年轻的找油人留下一些前行的"脚印"，让他们得到启发和借鉴。在林昌荣眼中，这是他的使命，也是他作为一个找油前辈义不容辞的责任。

主持人顾倩开始进行下一个问题的采访："您未来的研究方向是什么？"

林昌荣深情而爽朗地笑了："既然我已与石油结下了不解之缘，我想我会从一而终的。"

"从一而终？"这个诙谐的比喻，引得主持人会心一笑。

每个人都有与生俱来的使命，而林昌荣的使命，就是找油。或者更准确地来说，自己就注定是为石油而生的。从他对石油一见倾心开始，这一生都注定与石油紧紧联结在了一起。

"'老马识途'，我未来的研究方向仍然朝油气预测领域进行。虽然'地震数据体波形结构特征法预测油气'的方法已经取得点儿成绩，但还有很多问题还需要进一步深入研究，比如油气成因的问题，油气预测人工智能化、程序化等等的问题。"

"结合本人一直设想的关于油气成因的碳氢说，将来也许有一天我们可以人工的进行石油制造。二战的时候德国科学家已经有人利用煤炭制造石油，那么这些技术就从一个侧面证实了我的设想，就是碳氢说，所以，将来一旦有机会我会继续朝这个方向研究。"

油气的成因问题一直是石油地质学研究的重大理论课题之一，同时也是历史上自然科学界长期争论的一个课题，直到现在仍有着争议。

19 世纪 70 年代以来，对油气成因问题的认识基本上可归纳为无机生成和有机生成两大学派。无机生成认为石油及天然气是在地下深处高温、高压条件下由无机物合成的；有机生成认为油气是在地质历史上由分散在沉积岩中的动物、植物等有机物质，经过漫长的历史复杂的化学演变，再形成石油天然气的。

无论是有机生成石油或无机生成石油，都无法自圆其说地解释百年来发现的油气藏，尤其是大型特大型的油气田成藏的诸多疑难问题。于是，林昌荣教授关于油气的成因，就提出了自己的"碳氢说"的理论，希望将来一旦有机会，继续朝这个方向研究。

"还有，近两年的热门话题，人工智能，机器学习和深度学习。其实在石油行业，神经网络这个词汇并不陌生，我们一直有相关的研究人员在从事利用神经网络进行波形识别，地震相分析，波形分类等等。但是基于本人的研究方向——如何利用地震数据体波形结构特征直接进行油气的预测，所以如何利用当今最先进的技术，将这些先进的技术引入到预测和寻找油气领域，也是我未来的研究方向。"

"对于上述这些问题的解决，我现正在与加拿大有关大学讨论合作的意向，因为这些都是前沿科学，我一个人解决不了，需要整合国内外资源合作共同完成，任何哪一项任务的完成，在石油行业都有重大意义。"

"这么多年来，一直支撑着您钻研石油勘探的信念是什么？"主持人追问道。

"中国石油作为关系国民经济命脉和经济安全、能源安全的国有重要骨干企业，在推动中华民族伟大复兴历史进程中，使命光荣、责任重大。站在'十三五'发展新起点，中国石油正以'四个全面'战略布局（全面建成小康社会、全面深化改革、全面依法治国、全面从严治党）、'五大发展理念'为引领（引领发展行动的：创新、协调、绿色、开放、共享），坚持稳健发展方针，大力实施资源、市场、国际化和创新战略，全力推进世界一流综合性国际能源公司建设。要实现这一宏伟目标，仍然需要当年石油会战那种誓死改变我国石油工业落后面貌的坚定信念，仍然需要有当年'甩掉贫油帽子'的豪情壮志，仍然需要老一辈石油人为国争光、为民族争气的爱国情怀。"

"从事科研这么久，有什么心得想分享给刚刚加入到这个行业的年轻一辈科学家？"

"首先要有民族精神，爱国情怀。要深刻学习笃行习近平总书记系列重要讲话精神，坚定'石油工人心向党，坚决听党话跟党走'的思想信念。石油精神的永恒生命力，来自坚定的理想信念和不断的生产实践。例如在面对低油价异常严峻形势带来前所未有压力时。越是在发展面临困难的时候，越需要精神的力量。"

"第二，弘扬石油精神，牢牢把握'苦干实干''三老四严'（三老四严，是我国石油工人在会战实践中形成的一种工作作风，具体指对待革命事业，要当老实人，说老实话，办老实事；对待工作，要有严格的要求，严密的组织，严肃的态度，严明的纪律）这一主线，紧紧围绕'爱国、创业、求实、奉献'着力点进行。如果抛开这些内在优秀品质和丰富内涵，割断历史联系谈发展，就会使石油精神失去特色，失去鲜活生命力，还可能出现变异危险。另一方面，石油精神作为石油人的灵魂，又要随着时代变化不断创新，才能跟上时代步伐。如果光有继承，没有创新发展，精神就会变得呆板、僵硬。因此，在继承传统精神同时更要与时俱进，不断吸收新思想新观念，增强石油精神的时代。传承弘扬石油精神，必须把握石油精神与具体实践的关系，通过'实践—认识—再实践—再认识'多次循环往复的螺旋上升过程，使石油精神更加与时代合拍共振。虽然长期以来我们大力倡导，

林昌荣（左）与 CCTV 采访主持人顾倩（右）在演播室合影，2018 年

林昌荣在 CCTV 演播室接受主持人顾倩的采访，2018 年

石油精神得到广泛认同并积极付诸实践，但面对新的形势任务，还应继续加深员工对石油精神的认识理解，把石油精神真正融入推进石油事业发展的新实践。"

"第三，加强自我培养，练好内功，打铁还需自身硬。一是要有自己的爱好，要有自己的思想；二是要博览群书，要在扎实的专业知识基础上追求博闻；三是要意识到方法比技术更重要，因为如果方法错误，技术搞得再深也无法解决问题。比如，没有飞船，骑自行车永远也骑不到月球上。"

对于青年科技工作者，林昌荣建议他们要有自己的爱好，树立自己的远大思想；要博览群书，在扎实的专业知识基础上追求博闻；要意识到方法比技术更重要，因为如果方法错误，技术搞得再深入也无法解决实际问题。

而关于"目前中国的能源研究现状水平如何？推进问题：参与能源研究的人才多吗？"的提问，林昌荣也做出了自己的剖析。

"在越来越复杂的国际形势下，更多方位地思考能源问题，应该是一种必然的

选择。中国海外石油资源开发战略被通俗地称之为'走出去'的战略。其实，我国早就已经'走出去'了，但是，为什么在许多方面都不尽人意，或做的很不好呢？尤其在管理人才和企业经营经验方面。国际上能源缺乏的发达国家的企业在本国政府大力支持下，经过几十年的不懈努力，不但占据了世界较好能源资源与市场，而且也获得了管理经验和大批经验丰富的人才。

我国参与能源研究的人才很多，尤其是科技人才，短于缺少战略型人才，长于技术，缺乏战略思想就是当今中国石油能源企业的短板，所以，今后可以有意识地多培养一些战略大师们。"

这期的《影响力人物》播出后，引起广泛关注。这位享誉海内外的能源专家林教授，充分展现了他深稽博考的风采和求索精神，很多科研工作者深受感染，立志以林教授为榜样，为中国的发展和繁荣尽自己的一份绵薄之力。

1-5-2 新华通讯社《瞭望》新闻周刊人物专访报道

2010 年 03 月 22 日 总第 1360 PP.49-51

《瞭望》新闻周刊，是由新华通讯社主办的大型时事政经新闻周刊，为中华人民共和国最早的新闻周刊。创刊时的"中南海纪事"是著名专栏，高层决策背景、专访、特稿等是《瞭望》的名牌栏目。

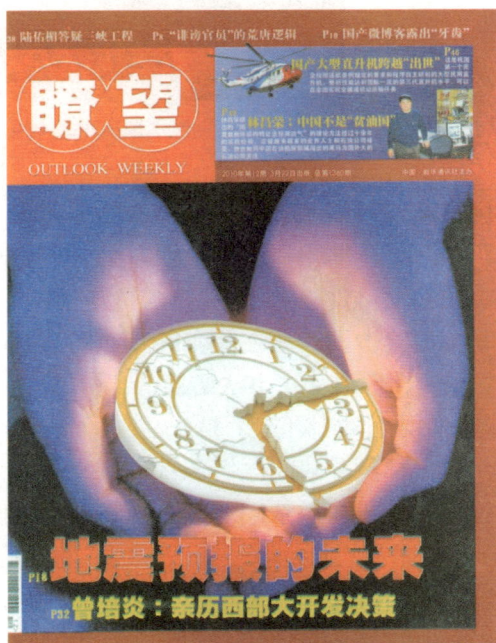

林昌荣被选入新华通讯社《瞭望》周刊的封面，2010 年

《瞭望》：林昌荣 中国不是"贫油国"

http://www.lwgcw.com 2010-3-22 9:52:14《瞭望新闻周刊》孙英兰

"我们不会在短期内出现石油危机，至少不会在几十年内出现石油危机。关键在于如何将石油预测资源量转化为探明储量和可采储量"

看过我国古代神话小说《封神演义》的人一定还记得这样的情节：商朝的上大夫杨任因直谏商纣王而被剜去双目，后有道德真君念其忠肝义胆，怜救万民，遂施仙术还他一双"神眼"，可"上看天庭，下观地穴，中识人间万事"。

对于从事石油勘探的科研人员而言，能有一双"神眼"，可以穿透地层并准确找到油气的位置，是他们一生的梦想和追求。因为他们科研的终极目标就是找到石油。

"石油勘探的投入很大。打一口油井，少则几百万、多则上千万甚至上亿元的投入。如果钻头下去，没看到油，那损失就太大了。所以，准确的预测判断油气层对石油勘探开采至关重要。"我国著名的石油地质专家、北京石油勘探开发科学研究院教授裴怿楠近日告诉《瞭望》新闻周刊，"'地震数据体结构特征法预测油气'的理论和方法，经过多年的实践，几百口油井检验。通过对300多口井的统计，总体钻井符合率高达70%以上，经济效益显著，非常值得大力推广应用。"

钻研：渴望一双"神眼"

裴怿楠教授向本刊记者介绍的"地震数据体结构特征法预测油气"的理论方法，是他的弟子林昌荣率先提出来的。"他是我的硕士研究生，后来又去中国石油大学读了博士。这个学生非常好学，肯吃苦，肯钻研，就是不太善于表达，写的文章也不够多，为此我说过他几次……"

坐在本刊记者面前的林昌荣是穿着随意、身高足有一米八的大块头，年过半百的他，脸上挂着腼腆的微笑。1959年8月出生的林昌荣自幼受当教师的父亲的影响，酷爱学习。1978年9月，他以优异成绩进入同济大学海洋系海洋地质专业，从家乡福建泉州赴上海学习。1982年，大学毕业的林昌荣被分配到中海油南海西部石油勘探开发科学研究院（广东湛江）从事海洋石油地质研究。

林昌荣说，搞石油地质的人，最终目的就是要找到油气田，为国家找到更多的油气（石油、天然气）。自上世纪40年代以来，应用地震资料进行钻前油气预测的研究中，曾相继出现"亮点"、"暗点"等试图直接显示油气的技术，但应用效果不很理想。而传统的地质预测通常是通过露头、钻井等技术手段采集样品，结合石油地质等一些理论进行分析、研究，推理、判断含油气性，十分复杂繁琐。

"能不能有一种简洁有效的方法，可以直接寻找到地下油气呢？"林昌荣找来南海西部石油勘探开发科学研究院（下称南海分公司）保存的大量地震勘探原始数据进行研究，通过提取每一地震道的振幅数列，研究其离散数据点排列、组合的结构特征与含油气性的关系。采用这种方法的目的，在于通过研究地震资料预测油气，提高钻前油气预测成功率。林昌荣最终于1985年提出了在地震资料上直接预测油气的"地震数据体结构特征法"。

为了更系统地拓展自己的知识面，1985年林昌荣考入北京石油勘探开发科学研究院，师从裘怿楠攻读石油地质专业的研究生，读研期间，他翻阅了国内外大量的石油地质和地球物理勘探方面的资料，在完成研究生规定课程的同时，埋头钻研地球物理学。研究生毕业不久，林昌荣就写出两篇很有分量的论文，一篇是研究储层的《牛庄油田沙三段砂体成因类型及其形成机理探讨》，另一篇是预测油气的《地震数据结构特征与油气预测》，实现了从早期提出"地震数据体结构特征法预测油气"到实际应用的质的飞跃，这为他此后形成的"地震数据体结构特征法预测油气"的理论方法奠定了更扎实的基础。

1988年7月，研究生毕业的林昌荣回到湛江，继续从事石油勘探研究。根据自己提出的理论，1989年，林昌荣在南海分公司首先提出莺歌海盆地浅层存在着一大气田的判断。而在当时，"浅层不成岩的砂泥中是不可能形成大气田的"论断已是业界的共识，林的预测在当时并没有引起重视。时隔二年的1991年，我国海上第一个上千亿立方米的东方1-1大气田被发现，实现了海上浅层大气田存在零的突破。林昌荣的预测在钻井实践中得到了验证，但很多人更愿意相信林昌荣是"瞎猫碰上了死耗子"，是"撞上的"，是运气。

为了检验和完善自己的理论和方法，从1989年到1999年的十年间，林昌荣先后多次在南海、渤海、东海的中海油海域的陆源碎屑岩油气层试验，其预测准确率达70%以上。近几年，林昌荣又投入到对陆地油气的预测研究上，2002年以来，又陆续对塔里木盆地、四川盆地、鄂尔多斯盆地的深层碳酸盐岩储集层或浅层砂岩储集层含油气性进行研究，对中石油、中石化所属的克拉2气田、柯克亚油气田、阿克气田、塔河油田、大牛地气田、河坝气田等进行研究预测，都取得很好效果，获得巨大的经济效益。

从2005年开始，"地震数据体结构特征法预测油气层"技术在中原油田得到推广应用。由林昌荣领衔的"普光气田地震数据体结构特征法油气储集层预测研究"和"普光气田地震数据体结构特征法含气性预测及气田地质储量评价"两项研究成果，为普光气田的滚动勘探开发、为大气田主体开发方案部署的52口开发井提供了有力的科学依据，同时成为气藏工程的重要参考资料。

在川东北地区发现的普光气田是迄今为止国内规模最大、丰度最高的特大型整装海相气田。林昌荣对普光气田钻前含气性预测，成功率达80%以上。

2007年8月19日，教育部组织的鉴定会出具报告，称林昌荣提出的"地震数据体结构特征法预测油气"从理论方法研究、油气预测技术和实际应用效果三个方面都取得了新的突破：

在理论方法研究方面，林昌荣在国际上首次将灰度理论引入天然气预测，提出"地震数据体结构特征法预测油气层"的基本原理和算法，以及油气层划分标准，较大幅度地提高了油气预测的准确率。

在油气探测技术上，创造性地实现了油气预测过程中，可以从纵向与横向上同时量化标定、图与表可以相互对比的定量解释油气层的新技术，解决了长期以来纵向上与横向上油气预测时有不和谐的难题，拓宽了油气预测技术手段，增加了油气预测的显示方式。

在油气预测成果表达方面，采用无量纲黑白标定，有利油气区分布范围、特征和规律不用太多的人为推理判断，尽量减少对油气检测的不确定因素，研究结果简单、明了。

在应用效果和推广方面，此项油气预测技术推广应用于渤海湾、南海、四川、鄂尔多斯和塔里木盆地等中国三大石油公司不同沉积盆地、不同岩性和不同圈闭类型的油气田上，成为油公司布井或优选井位的重要参考依据。通过对 300 多口井的统计结果，钻井符合率总体高达 70% 以上，取得了显著经济效益。

执著：任由他人评说

裘怿楠告诉本刊记者，20 年前，林昌荣的这一理论是不被业界认可的，"但最可贵的是他非常执著，20 年多年来一直坚持研究、探索，甘坐冷板凳"。

林昌荣说，自己是搞石油预测的，只要能为国家多找几个大油田，即使承受再大的压力也值得。"我在南海的 13 年，基本上是与外界隔离，不问世事，心思全用在研究油气预测上了。当年提出莺歌海盆地浅层存在大气田的判断时，是顶着巨大压力的，说什么的都有，因为此前从没有在海上浅层发现过大气田。"

1995 年，林昌荣由中海油南海分公司调到北京总公司生产研究中心，继续从事石油地质研究，"油气预测"仍是他的"最爱"。同年，我国科技人员在地下 1300-1500 米处发现了渤海 QHD32-6 油田。通过对相关数据的研究，1996 年，林昌荣明确提出，QHD32-6 油田在浅层 900 米左右还有一个大油层。按照林昌荣给出的具体建议，很快就在井深 900 米左右发现了一个规模比较大的油层。

能用自己的理论和技术预测油气层，就如同生就一双能够穿透地层的"神眼"，这让林昌荣很自豪，因为"这不仅提高了找油气的准确率，也节省了巨大的油气勘探开采的成本，可以为国家节省一大笔费用"。

1996 年林昌荣应邀参加了在美国举行的国际海洋技术博览会（OTC）。1999 年，在印尼召开的由国际石油工程师学会主办的亚太石油会议（SPE99）上，林昌荣代表中国作了 15 分钟的大会报告，反响热烈。

此时，林昌荣提出的"地震数据体结构特征法预测油气"的理论方法已经经过十余年的实践检验，正被越来越多的业界人士和石油公司接受。林昌荣也如同中国石油勘探领域突然闯出的一匹黑马为国外大的石油公司关注，加拿大石油公司最早向林昌荣伸出橄榄枝。"直到去年，还有美国的大公司力邀我加盟，还有一些国外的大公司出高价要买我的技术，都被我谢绝了。我就想用我的所学为自己国家服务。"

坚持：国家利益为重

林昌荣告诉本刊记者，根据全国最新油气资源评价结果分析，我国石油地质资源量近千亿吨，石油可采资源量超过200亿吨，迄今只探明几十亿吨，石油资源探明程度不到30%，远低于64%的世界平均探明率；我国石油平均采收率也不到35%，远低于45%的世界平均水平。

"这说明，我国拥有丰富的石油资源潜力，我们不会在短期内出现石油危机，至少不会在几十年内出现石油危机。关键在于如何将石油预测资源量转化为探明储量和可采储量。"林昌荣说。

他十分肯定地表示，中国并不是"贫油国"。"在中国，至今没有发现大规模或多个大型油气田，并不能说明中国地底下缺少油气，只是中国油气成因极为复杂，一方面，塔里木盆地、柴达木盆地、四川盆地、黄河三角洲等沉积盆地基底都很深，加之中国的地形复杂，沉积盆地受到太平洋、大西洋和印度洋三股力量的混合作用，使得油气成藏分布规律十分复杂；另一方面，我国油气藏类型多种多样，勘探开发有很多理论技术问题需要突破"，"地下有石油，但还没有被发现，或由于当前的技术问题，无法拿到地面上来使用，那是可以通过理论创新、技术进步得到改善或消除的，中国正处于此阶段"。

我国著名的海洋地质与地球物理学家刘光鼎院士曾对我国油气资源作过一个形象的比喻，他告诉本刊记者，"中国的油气好比是四层楼，最底下是早古生代的，依次是晚古生代的，中生代的——我称之为前新生代残留盆地，随后才是新生代陆相碎屑岩沉积盆地，中国50年的油气勘探只停留在浅层，还有三层没有挖掘和开发，应该到古代的海相地层里去找油气。"

刘光鼎说，"两次油气资源评价都说明，中国油气资源的潜力巨大，目前探明储量不到1/3，至少前新生代海相碳酸盐岩领域就有待于勘探开发。……中国油气资源的前景是美好的，只要我们针对中国的地质情况，大力发展地球物理方法，就一定可以找到并开发出更多的油气资源。"

相关资料显示，中国作为世界第二大石油进口国，对石油进口依存度高达45%以上，已超过国际石油安全警戒线（40%），这在一定程度上造成我国石油的对外长期依赖性和负面作用。而我国在石油勘探方面的研究还很薄弱，装备制造能力还很不够，这导致石油公司每年都要花巨资购买国外的设备和软件。

"加快提升我国石油工业自主创新的能力，加强油气勘探、预测技术理论体系的创新，研发具有自主知识产权并符合中国油气分布规律的新的油气理论、方法、技术并以此指导我国的石油勘探，将地下石油资源量转化为地面可用能源，应是打破目前这种尴尬局面的最佳途径。"

林昌荣不无遗憾地说，"长期以来，在自主知识产权和企业创新的核心技术上，我们缺乏自信心，往往自己搞出来的东西，自己不敢相信或是不愿意相信。而在没有外部坏境的推动下，再好的东西也难以实现。所以创新环境建设亟待加强。"

许多跨国公司抢滩中国，要联合开发中国的油气田，这让林昌荣忧心忡忡。

"有关方面一定要清醒地认识到，石油是战略物资，是我国经济未来发展的重要支撑。绝不能因为眼前利益而损害国家的长远利益。我国现在的经济技术实力已具备了独立开采油气的能力，绝不能轻言与国外的合作。否则，我们丢掉的不仅仅是市场，更是国家未来发展的命脉。"林昌荣说。

新华社《瞭望》人物专访——林昌荣教授关于《中国不是"贫油国"》已经被新华社收入到现代科学家行列之中，并已翻译成多国文字。

1-5-3 科技部《科技日报》报道

2009 年 09 月 25 日 总第 8292 第 6 版

科技日报
SCIENCE AND TECHNOLOGY DAILY
己五年八月初七 总第 8292 期 今日 12 版 国内统一刊号 CN11-0078 代号 1-97
http://www.stdaily.com
2009 年 9 月 25 星期五

告别贫油的路径
—— "地震数据体结构特征法预测油气"技术

发布时间：2009-09-25 ｜ 作者：本报记者 晏燕 实习生 冯婷婷

来源：科技日报

"地震数据体结构特征法预测油气"技术告诉世人，中国不是贫油国，而是"富油国"。

■ **新闻背景**

当世界经济陷入阴霾，新一轮"石油恐慌"论无异于给这一暗淡的天空涂上了一笔更为阴沉的色彩。于是，在美国的新能源新政推动下，全球对大力发展新能源的呼声日响。诚然，新能源产业的兴起，可以获得更为清洁的能源动力，同时在这个与世界几乎同步发展的新兴技术领域里，我们能够直接参与全球竞争并因此获得更多的发展机遇。这一切都为新能源产业在中国方兴未艾提供了合理的解释。于是新能源热一路走高，且行情不断看涨。但是，如果我们深入细想一下：假如中国并不贫油，那么在这一传统能源领域我们多年的投入和相对成熟的产业结构和就业环境，就有可能成为中国及早走出经济疲软最主要的能源支撑。

■ **专家点评**

著名石油物探学家、同济大学海洋地质与地球物理系教授马在田院士：

这是一项很有价值的研究成果，被石油工业界广泛应用，并得到实际效果。研究者提出的"地震数据体结构特征法预测油气"的方法是前所未有的，是符合用地震勘探资料研究油气储层的客观规律的。

中石化副总工程师何生厚：

尽管理论上还有待进一步完善，但林昌荣的"地震数据体结构特征法预测油气"方法实际效果很好，这个方法已经成功应用于许多油气田，并得到了较好的开采效果，这个方法有很好的发展前景，值得在我国油气资源开发领域内推广。

■ **将新闻进行到底**

假如中国并不贫油，那么，我们将不再会因为"石油恐慌"论调而恐慌，我们的经济发展将会顺利得多。中海油能源发展股份有限公司北京分公司中国油气预测专家、高级工程师、同济大学兼职教授林昌荣教授，利用他在国际上首先提出的，具有我国自主知识产权的"地震数据体结构特征法预测油气"技术告诉世人，中国不是"贫油国"，而是"富油国"！

创新：通过地震原始数据来找油气

多年以来，我国油气资源的勘探一直是依据"背斜理论"为指导。这是国内外通用的比较早也比较成熟的主要找油理论。利用这个原理，我们从储油气的背斜地方确实发现并开采出了大量石油和天然气。但是，当我们按照这一理论把国内适宜的区域都找完后，尤其是到了20世纪90年代以来，油气勘探难度越来越大时，中国"贫油论"开始被国内越来越多的群体接受。

于是林昌荣从80年代初开始研究继而提出了"地震数据体结构特征法预测油气"的新理论。这一理论是通过地震原始数据来找油气，即通过提取每一地震道的振幅数列，研究其离散数据点排列、组合的结构特征与含油气性的关系，最后达到在地震资料上预测油气层的目的，并由此尽可能地推广应用到从勘探到开发各个阶段的探井、评价井、生产井或调整井的油气层识别上。这种方法的最终目的，在于直接在地震资料上预测油气，提高钻前油气预测成功率。

结论：中国是油气能源大国

"地震数据体结构特征法预测油气"研究结果显示，中国是油气能源大国，中国并不缺油气。为了验证这一研究成果，林昌荣在20年的时间里，从南海到东北，从渤海湾到塔里木的几十个盆地进行实地考察，对其成油的地震数据体结构特征异常做了深入研究后认为，中国三大沉积盆地群都具有丰富的油气资源，是大型、特大型油气田集聚地，从东往西依次为，东部盆地群：松辽盆地—渤海湾盆地—东海—南海盆地群；中部盆地群：鄂尔多斯盆地—四川盆地群；西部盆地群：准噶尔—塔里木盆地—柴达木盆地群。

林昌荣根据全国最新油气资源评价结果分析后称，我国石油地质资源量近千亿吨，石油可采资源量超过200亿吨，迄今只探明几十亿吨，石油资源探明程度不到30％，远低于64％的世界平均探明率；我国石油平均采收率也不到35%，远低于45％的世界平均水平。这说明，我国拥有丰富的石油资源潜力，关键在于如何将石油预测资源量转化为探明储量和可采储量。

实践：总体成功率达到70%—80%

自从1982年提出了"地震数据体结构特征法预测油气"方法后，林昌荣开始进行艰苦的探索和大量的试验工作。从1989年到1999年的10年时间里，他曾先后多次在中海油从南海到渤海，在陆源碎屑岩油气层试验，都取得了成功。

林昌荣根据自己创建的"地震数据体结构特征法预测油气"理论，于1989年在南海就首先提出莺歌海盆地浅层存在着一大气田。在当时，有很多人认为，浅层不成岩的砂泥中是不可能形成大气田的，时隔二年，于1991年在随后钻井中得到了验证，发现了我国海上第一个上千亿立方米的东方1-1大气田，实现了海上浅层大气田存在零的突破。2005年，该技术应用到四川盆地深部碳酸盐岩普光气田钻前含气性预测，成功率达80%以上。现在，林昌荣并不仅仅满足于对陆源碎屑岩和碳酸盐岩含油气性预测的成果，正在加强对火成岩体里含气性的深入研究。

突破：理论、技术、应用多方实现

在2007年8月19日由教育部组织的鉴定会所出具的报告上显示，林昌荣的"地震数据体结构特征法预测油气"从理论方法研究上、油气预测技术上和实际应用效果上三个方面都取得了新的突破。

该鉴定意见称，首先在理论方法研究方面，他在国际上首先提出"地震数据体结构特征法预测油气"的基本原理和算法，以及油气层划分标准，把它应用到生产实践中去，较大幅度地提高了油气预测的准确率。

其次，在油气探测技术上，创造性地实现了油气预测过程中，可以从纵向上和横向上同时量化标定、图与表可以相互对比的定量解释油气层的新技术，解决了长期以来纵向上与横向上油气预测有时不和谐的难题，拓宽了油气预测技术手段，增加了油气预测的显示方式。在油气预测成果表达方面，采用无量纲黑白标定，有利油气区分布范围、特征和规律不用太多的人为推理判断，尽量减少对油气检测的不确定因素，研究结果简单明了。

其三，在应用效果和推广方面，此项油气预测技术推广应用于渤海湾、南海、四川、鄂尔多斯和塔里木盆地等中国三大石油公司不同沉积盆地、不同岩性和不同圈闭类型的油气田上，成为油公司布井或优选井位重要参考依据。通过对 300 多口井的统计结果，总体钻井符合率高达 70% 以上，取得显著经济效益。

■ **相关链接**

期待：全面提升找油技术自主创新能力

"长期以来，我国在油气预测技术方面，基本上是引用国外的，而国外的东西并不完全适应中国的国情。在自主知识产权和企业创新的核心技术上，我们缺乏自信心，往往自己搞出来的东西，自己不敢相信或是不想相信自己，在没有外部坏境的推动下，再好的东西也难以实现。另外，我们还要克服拿来主义的思想。近些年来中国少有重大自主创新的科研成果。

还有一点，我们要大量提倡自主创新，提高自主创新的能力。这种自主创新包括两个方面：首先就是要加强理论体系方面的创新，不断研究新的理论。

此外，就是在技术方面我们也要加强自主创新。研发、应用具有自主知识产权，并符合中国油气分布规律新的油气理论、方法、技术指导石油勘探，还要定期全面开展油气普查、细查、精查。据了解，我国石油公司每年都要花巨资购买国外的硬软件，而且，中国作为世界第二大石油进口国，现在我国对石油进口依存度高达 45% 以上，已超过国际石油安全警戒线（40%），这在一定程度上造成了我国对外的长期依赖性和负面作用。所以，如何采用新技术、新方法，有效地将地下石油资源量转化为地面可用能源，已成为保障我国能源安全和经济可持续发展的重大战略问题之一。林昌荣认为我国油气领域现状堪忧。

■ **数字**

1000 亿

根据 21 世纪可再生能源理事会估计，新能源仅占世界能源产出的 1% 左右，市场规模不到 1000 亿美元。即使未来新能源的产业 50% 由中国来做，也就 1 万亿美元的市场容量。对于目前一些省、市已经提出上万亿的发展规划，国家发改委能源研究所副所长李俊峰研究员提醒，按照中国现在规划的速度，前三五家、至多七八家就能全部满足，产能还会过剩。而我国对于石油的巨大缺口却无法在短期内得到满足。

■ 延伸阅读

观点：中国在几十年内不会出现石油危机

"在中国，至今没有发现大规模或多个大型油气田，并不能说明中国地底下缺少油气，因为中国油气成因极为复杂：首先，中国的沉积盆地基底都很深，如塔里木盆地、柴达木盆地、四川盆地、黄河三角洲等；其次，中国的地形复杂，沉积盆地受到太平洋、大西洋和印度洋三股力量的混合作用，使得油气成藏分布规律十分复杂；第三，油气藏类型多种多样，教科书上所有的油气藏类型，我国均有，教科书上没有的油气藏类型，我国也有。"林昌荣教授进一步解释说，我们头脑一定要清醒地认识到这一点，中国现在自产的石油不够用，与其他国家地下没有石油可开采而出现的石油危机是两个完全不同的概念。地下有石油，但还没有被发现，或由于当前的技术问题，无法拿到地面上来使用，那是可以通过理论创新、技术进步得到改善或消除的，中国正处于此阶段。

林昌荣认为，中国拥有众多的沉积盆地，如塔里木盆地、鄂尔多斯盆地、四川盆地等均为大型油气田富集所在地，中国已在最近几年发现了越来越多、越大的油气田。他根据"地震数据体结构特征法预测油气"理论分析称，中国在未来十多年里，应该是进入大型、特大型油气田的发现期。"它们埋藏于古隆起之上、膏盐之下，成藏于碳酸盐岩体、砂岩体之中。塔里木盆地、柴达木盆地、四川盆地、鄂尔多斯盆地等众多盆地都具有形成上万亿方特大型油气田的条件。所以，我们一定要改变'贫油国'的理念，中国不会在短期内出现石油危机，至少在几十年内不会出现石油危机。"

有关国家众多权威新闻媒体对林昌荣教授采访的报道还有很多，这里不一一列举说明了。

第二章　十年磨一剑

第一节　大口吞钱的油气井

对赌玉石的人来说，有"一刀天堂一刀地狱"的说法，因为隔着石层，谁也看不清楚所买的原石里面到底有没有翡翠，翡翠的品质又是如何。花重金购买的原石，很可能切开之后什么也没有，彻底赌垮了，血本无归。

而石油勘探，是远比赌石风险性更大的一场"豪赌"。隔着厚达几千米的大地和海洋，底下到底有没有油气层，油气层是厚是薄，分布面积有多大，谁也不知道。而要验证地质学家们关于这里或者那里有油气层预测的准确性，唯一的办法就是打井。

可是打一口井的成本，动辄几百万，上千万，甚至要花上亿元。石油人拿着大把大把的钱，与大自然设下赌局，来赌谁输谁赢。赢了，大自然会很慷慨，把远远超过打井投入的丰厚回报慷慨相赠。但如果石油人赌输了，就意味着不仅数不清的钞票白白砸了进去，还要搭进去无数人用在打井上的时间和血汗。

而在跟大自然的这一场又一场豪赌中，人类赢的概率远远小于输的概率。打十口探井，能有两口井出油出气就不错了。

因此，决策者们每打一口井都很是慎重，因为这意味着要担很大的风险。

南海莺歌海盆地，东方1-1的钻井船上。东方露出了一丝晨曦，黎明即将到来。翻来覆去还是睡不着的林昌荣起身，爬上了钻井平台，俯瞰着脚下的海洋。腕上一块老式手表，"吧嗒吧嗒"有条不紊地前进着，显示着时间的流逝。而此时的每一分钟，对林昌荣来说都度日如年。

虽然当着别人的面林昌荣始终看起来很平静，其实他心里担着很大的压力。

从成本上来讲，在水深300米的海上钻井，投资费用是陆地的5倍，而300米——1500米水深的钻井成本，又是深水300米以上的5倍，后面的钻井成本也是以此累加的。

在海上钻井，小型钻井平台每钻一米的成本大约需要 1 万美元——2 万美元，大型钻井平台的成本每米需要 3 万美元以上。而在南海这些地区钻井，肯定是需要大型钻井平台的。算上平台本身的造价还有钻井深度，每钻一口深井的成本就需要上亿美元。再加上一个油田不可能只是打一口井，所以，简单算算这个成本，就会忍不住咋舌。

也就是说，在南海的莺歌海盆地打这一口井可需要上千万、几千万、甚至上亿元，如果钻井队日日夜夜忙活，钻到目的层后却一无所获，或者虽然发现了油气，但很稀少，根本没有开发的商业价值，那么这口钻井就变成了废井，堆积如山的血汗钱就这样被填进在海里自己挖出的这个"大窟窿"里了。

此外，就算挖井后能发现油气，如果规模不大，开采出来的油气很少，整体算下来也是亏本开采，那么这些钻井也就变成了吞钱的油井或者气井。哎，那该是多么让人憋气和痛心的事情啊。

林昌荣的一位好友曾经打来电话，声音里满是担心："昌荣啊，你真的有底？"

对石油人来说，找油就如同在海上捕鱼。无论是陆地还是海洋，根据油田规模的不同，石油人风趣地把寻找大规模的油田比喻为捕捉大鲸鱼、大鲨鱼。

如果这一炮无法打响，现在钻的这口井不争气地没出油，那么林昌荣这个初出茅庐的找油人也就彻底栽在这口井上了。以后，他很难在这个行业再有话语权。

再次研究了圈定位置的石油地质情况后，林昌荣坚定地表态：按照原定计划钻井！在这片海域，一条硕大的鲸鱼已经等待良久。

沐浴在晨曦中的南海，静谧而温柔，只有钻机的隆隆声回想在耳畔。林昌荣知道，在海面之下，已经有不少废弃的探井。其中一口，距离这里并不远。那些都是先前的那些年里，因为开钻后未见油气，或者油气层薄根本没有开挖的商业价值，而被永久废弃的。而那些挖井的投入，也就这样付之东流。

打一口井太烧钱了，所以井不能布得太多，但又丝毫不能影响开采效果。

既要多产出、高效益，又能少投入的优化方案，可是需要全力以赴的。正式开发前的探井和评价井很是重要，它们很像探路石。林昌荣需要根据油藏评价和开发准备阶段少量探井、评价井所取得的资料，尽快搞清楚这个油藏的类型，储层的主要参数，预估产能的大小，从而对油藏做出一个客观的评价。这个评价只是初步评价，还需要对油田开发设计的一些关键问题做初步论证，然后针对油藏特点来写正式开发方案。

现在已经有两口探井钻出了油气，但是林昌荣悬着的心仍然没有放下来。用真金白银挖出的油井，找到的究竟是不是中国石油人在南海苦苦寻觅了几十年的大型油气田？他力主了捕鱼地点的这次海捕行动，捕捉到的到底是大鲸鱼、大鲨鱼还是只是一条小鲢鱼？

这一切必须等到油气流慢慢流畅起来之后进行测试，得出结果后才能见真章。

先前的井都钻遇到了较厚油层。钻井船上，穿着工作服的众多汉子热泪盈眶。男儿有泪不轻弹，可此时此刻，他们根本忍不住！所有人都有一种预感，一个整装大油田即将浮出水面。

工作人员夜以继日，一口井一口井、一个油层一个油层地详细核算，大家都迫切想知道东方 1 号这个大型油田的储量规模。

"上千亿立方米！"

"多少？！"众人几乎不敢相信自己的耳朵。

再计算，还是上千亿立方米。

"会不会算错了？再去！"

第三次计算，还是上千亿立方米。

所有人都屏气凝神。这意味着什么？他们在海上发现了第一个上千亿立方米的大气田，揭开了中国近海油气资源勘探和开发的崭新一页！

石油人苦苦寻觅几十载，终于在海上找到了一条堪称巨无霸的大鲸鱼！而这一刻，将成为中国石油勘探史上的一个里程碑，被永远铭记。

因为打井，林昌荣遇到过各种各样的考验，比如某油气田钻井过程中，打到目的层后竟然毫无反应。

"林教授，咋没出油呢？"一脸期待的人群，难掩脸上的失望。

"这口探井是继续往下钻，还是就此打住？"钻探工人停止了手下的动作，等待着决策层的指示。

决策层把目光看向了林昌荣："继续打井，还是放弃？"

"赶紧停下吧。看来这次是瞎子点灯白费蜡了。"有人主张道。他们的意见是这口井不要再打了，要懂得及时止损。已经有那么多钱打了水漂，如果继续打投入更多。

也有人认为应该继续打，总不能这么多钱砸下去，连点儿动静都没听到，就收手吧？

林昌荣陷入了沉思。他采用"地震数据体波形结构特征法预测油气"的新理论，预测这里有高质量的油气层，怎么却是这个结果？已经具备了丰富的勘探智慧的林教授，经过深思熟虑，慎重地推断出了目前陷入这种困境的原因。

"从构造图上来看，这口井应该是打到了油田的边边上，我主张上钻，我们调整一下位置，继续打。"

有人暗自撇嘴："什么打到构造的边边上了？就那么巧？这位地质学家可真能给自己找理由！瞧瞧，现在还不肯承认自己的错误预测，还坚持要继续往下打井。

这不是摆明了骑虎难下吗？"

可要是继续往下钻，要费更多的钱不说，等到最后还是找不到油气，这位地质学家又打算怎么收场？那时候，还能继续拿着"打到边边上了"当借口？

"哎，看来这是一口干窟窿井了。"有人摇头："可是却还打算继续上钻，这样一来，又要继续浪费人民的血汗钱了。"

决策层下定了决心："我们就听林教授的，在这个构造的中心制高点上继续打井，摸摸情况。"

在众人各异的表情中，钻井的隆隆声再次响起。调整位置后只往下打了不到一百米，就见到了明显的异常显示。

"林教授，你的预测中了！如果先前不是打到了构造的边边上，在你预测的深度，就可以见到油气层了！"

"幸好坚持没放弃，要不然就等于和这么大一条油龙擦肩而过了。"

林昌荣弯下腰，把耳朵紧贴在采油树油嘴套管上倾听。滚滚原油"嗯哧——嗯哧哧"喷流而出的声音，在林昌荣看来就是来自地层深处的油龙的吟唱，高亢而明快，宛如天籁。

采油树是石油人给井口一套设备起的昵称，因为那套设备上面布满了各种压力阀门和各个方向的管线，很像一棵树，所以人们就亲昵而又形象地称它采油树。

石油原来所埋藏的地层深处，有来自上面覆盖的岩层和地层水的巨大压力。钻井打开油层之前，压力处于平衡状态。一旦油层之上的地层被打开，这种平衡就被打破，石油就会从井的四周向压力突然降低的油井底部流动。许多油藏的地下油层压力很大，只要一打开采油树的闸门，地下的石油就会不停地往外喷，这就是自喷井，也就是说，自喷井是完全依靠油层天然能量将油采出地面的。

石油中还常常含有许多天然气，钻井就像是打开了汽水瓶的盖子，油层里的石油随着溶解气体的膨胀，先涌向井孔，然后由井筒喷出井口。

而油龙就这样唱着独属于它的音乐，通过地下漫长而曲折的管道，日日夜夜源源不断地流到四面八方，为中华民族的经济、工业、民生不断注入新鲜的"血液"。

伴随着在中国石油界名气越来越大，林昌荣也越来越忙。不只是中海油疑难的油田研究工作要做，中石油的油田也要研究，中石化的油田研究工作也要做。而中国油田那么多、分布又那么广，国家又那么缺油，林昌荣随时都要听从三桶油的召唤，忙得脚不沾地是常事。

有时忙起来，林昌荣一天要跑三个油气田，比如上午在四川普光气田开会，下午就要在广东番禺油田开会，晚上必须赶到华北油田参加会议。而且搞石油的，晚上开会是家常便饭，行程都要按小时计算，甚至按分钟计算。

而每个石油项目都是国家级大项目，而保证石油资源的正常供应，不仅关系到我国工业的顺利运转、关系到国家经济的正常发展，还关系到千家万户衣食住行的民生问题。因此，作为一个石油人，就像时刻等待召唤的战士，对油田在任何时候提出的任何需要，都得随叫随到，如同行军打仗，一刻都不能耽误。

于是，石油人们诙谐地说他们的行业有三管之：上管天、下管地、中间管人喘大气。

林昌荣大致算过，他最忙碌的十几年，正是我国经济大发展的时候，同时还是我国最缺油气的阶段。林昌荣一年到头，在家里呆不上二个月，有时候在外面待了一个月，刚进家门，凳子还没坐热乎，又被一个电话派出去了。家里的事情一点儿也指望不上，惹得媳妇戴素伟多了一个习惯——经常自己表扬自己。

"林昌荣，就你这整天不着家的表现，也只有我才能跟你过在一起。"媳妇戴素伟平时称呼丈夫"昌荣"，认真起来的时候就会连名带姓地叫他。

"就是就是，我媳妇对我的工作百分之百的支持，我是非常感激的。"林昌荣亲昵地回应一句，充满歉意地看了妻子一眼，拿起简易的行李包又出门了。

第二节　南海多年潜心研究的科学家

实验室里，一个胡子拉碴的青年在电脑前端坐，修长的手指如弹奏钢琴般娴熟而优美地落在键盘上。因为连续睡眠不足，他的脸色有些憔悴，眼睛里也布满了血丝。

林昌荣已经在办公室里待了一个月了，这一个月来全靠方便面果腹，已经吃得他只要一闻到方面便的味道，就有些反胃。原本按照一天三顿，一顿一包方便面的量准备了一个月的食粮，但忙起来的时候林昌荣哪里还有一日三餐的概念，基本上饿得厉害了才泡上一包，胡乱扒拉上几口，就又跑回了电脑前。因此，一个月的时间过去了，方便面还剩下一大堆。

这一个月来，林昌荣都过着这种一天只吃一顿，两天只睡几个小时的生活。其余的时间，他全用在了"捕捉"和分析来自地面和地下的每一条信息，科学地论证每一个技术参数，去构思开发过程的每一个环节，周密地研究和设计开发过程的点点滴滴，方方面面。

"石油是你的另一个爱人，你对她可比对我要上心多了！"戴素伟帮着丈夫搬方便面的时候，半真半假地嗔怪道。对丈夫这种时不时就要闭关的日子，她早已经习以为常了。

林昌荣充满歉疚而又亲昵地蹭了一下妻子，然后开始"闭关不出"，全部时间都用来收集、整理和分析一手资料。

办公室很是简陋，书柜里整齐堆放着一大叠厚厚的笔记本，本子上密密麻麻地记录着很多地质资料，那些都是林昌荣整理的笔记。可能每个人都有过记笔记的经历，但是如林昌荣那样从小学就开始，几十年如一日地保持这个习惯，就很难能可贵了。而良好的习惯让人受益终生，在林昌荣勇攀科学高峰的路上，这样的好习惯"润物细无声"。

老人们常说，好记性不如烂笔头。林昌荣通过整理笔记，不仅加深了记忆，对相关知识进行了归纳整理，更在这个过程中把读到的知识进行了系统化的吸收，精准掌握，融会贯通。

办公桌最中间，放着一张张黑白地震剖面图，林昌荣经常对着一张黑白地震剖面图发呆地看上一整天，有时候一天一夜都没吃上多少东西也不觉得饿。原因是这位科学家工作的时候太聚精会神了，人的能量全部调动了起来。

妻子戴素伟很是不解，一张黑白地震剖面图要嘛黑要嘛白的，有什么可看的，还一看一整天？可对于象林昌荣这样的物探专业人员来讲，这张图可是一个世界，里面信息量大的很，比如地震振幅的强弱、频率的高低、相位的连续性、剖面的杂乱程度、以及波形结构特征的差异等等都会有所不同。

通过看图发现问题，是林昌荣发明创造的启蒙思想。

对于一张黑白地震剖面图来讲，地震振幅的强弱、频率的高低、相位的连续性等，可以用一些数值特征、数值大小来描述，或者用数理的方法通过计算或者逻辑推演量化地表达出来，但对于林昌荣发明创造的世界首创的核心技术——地震波形结构特征的差异，就不能用一些数值特征、数值大小量化来描述了。

没有人能随随便便成功，该如何准确地描述地震波形结构特征的差异呢？林昌荣冥思苦想，并为之苦闷了好几年，却始终不得其解。

角落里放着一张行军床，它对林昌荣这个身材魁伟的男子汉来说实在是太窄也太短了，睡觉时林昌荣只能蜷缩起来，凑合着对付一下。

只要一坐到电脑前，外面的世界就潮水般退去了，林昌荣从现实进入了另一个世界。那个世界神奇而博大，任由林昌荣探索。这样的投入和专注，使得林昌荣练就了一项特殊的本领，就是只要他一开始看书或者工作，无论身处多乱多闹的环境，甚至是在菜市场，也丝毫不会影响林教授的思考。

一个月来，林昌荣几乎断绝了与外界的一切联系。隔壁办公室的一位中年人，见他进了办公室后就再没出来，很是好奇。有一次还故意走得很晚，想看看林昌荣是不是在他走后出了办公室，第二天又一大早赶来，通过现场勘察看起来像是从来没离开过办公室的样子。一直等到晚上 10 点，中年人也没看到林昌荣办公室的门有任何动静，到了天黑后灯亮了起来，最后判断他人就在办公室里。

中年人又困又乏，一步三回头地走了。等他走出很远，回头看到林昌荣办公室的灯光还亮着，忍不住摇了摇头："竟然真的一个月闭门不出！那家伙真是个科学怪人。"

中年人不知道的是，他眼中科学怪人办公室里的灯光，直到他走后三个小时，也就是凌晨1点，才熄灭。而第二天的凌晨四点，这盏灯又被点亮了，林教授端坐在计算机前，又开始了新一天的工作。而这对林昌荣来说，只不过是寻常的一天，深夜才眠凌晨就起的作息规律，不过是林教授的日常。

为了早日解决让他苦闷了好几年的科学难题，这样连续闭关一个月，不过是多年隐居于南海专心搞科研的林昌荣，生活中的一个小片段而已。

林昌荣的手指时而快捷地抬起，时而舒缓地落下，屏幕上出现了一组组数字和符号，伴随着林昌荣敲击键盘的哒哒声，新的数字和符号不断出现。

为何用地震数据体波形结构特征异常预测油气让林昌荣苦闷了好几年？因为用此方法预测油气，老传统老方法已经表达不出来，这就是困难的地方，用数值大小的数学方法计算不出来，必须用全新的方法来解决。

林昌荣教授举了几个例子，通俗易懂地说明为什么老传统、老方法已经表达不出来：

例子1——数值结构问题：$3 \times 5=15$ 和 $5 \times 3=15$，在没有赋予属性量纲之时，两组相乘数15结果的含义、功能和作用是一样的，这是小学水平的知识，也是我们当今对数值的一般认识水平；但是，当两组相乘数值赋予有属性量纲时，对于15相同数值相同结果的含义、功能和作用等是不一样的，比如：两个年收入15万元的家庭，一个家里3个人，每人年收入5万，而另一家有5个人，每人年收入3万。虽然两家的家庭收入数值一样，但意思是不一样的，也就是 $3 \times 5=15$ 万元（5人）的家庭收入不能等同于 $5 \times 3=15$ 万元（3人）家庭收入的生活水平。

同理，物探地震波阻抗 $\rho \times v$：$2.38 \times 4632.35=11025$ 数值（灰岩密度最小值模型）不能等同 $2.45 \times 4500=11025$ 数值（白云岩化密度值模型）。

例子2——文字结构问题：结构特征不仅存在于各个科学学科中，如物理、化学、计算机、基因研究、地质科学等。中国字也是个结构字问题，如：日—曰；未—末；太—犬；天—夭；王—壬；戍—戌；白—臼；刀—刁；寸—才等等。英文字也是个结构字问题，如：east—seat；team—meat；keep—peek；name—mane；rat—tar；eat—tea；mid—dim 等等。

例子3——话语结构问题：不只科学上有结构，就连日常生活说话中也有结构问题，如打井A和B两口井，从A到B点越打越好，从B到A点越打越差（意思不同）；"拨乱反正"（中国大陆从左到右读法）——"正反乱拨"（中国台湾从右到左读法）含义的不同；又如"屡战屡败"，"屡败屡战"（组合一样，排列不一样，意义也不一样）等等。

终于，天不负有心人。通过多年大量实践，林昌荣经历了上千次的试验，终于找到了用指数函数预测方法，来表达他发明的 840 种地震数据体波形结构异常特征。当然，也许还有更好的数学方法林教授还没有找到，还有待于研究发现，因为世界上关于预测的数学方法有上百种，要找到适合油气预测的数学方法也并不容易。

有了合适的数学表达预测方法，林昌荣的科研行进到了一个新的阶段，他的整个研究和油气预测工程才算基本完成。

"人类发明创造是多么的不容易啊。本来发明创造就不容易，发明创造出来的东西又要找到合适的数学方法，把它量化地表达出来就更不容易了。"林昌荣深有感慨。

林昌荣提出的"地震数据体中有 840 种不同的地震数据体波形结构特征异常"的结论，在学术界引起巨大的轰动。先前所有的科研人员、专家、学者都普遍认为，波形结构异常特征有无数种，并没有什么规律可言，也没办法进行归纳整理。而现在，林教授却不盲从这种声音，通过多年潜心研究，总结归纳出了 840 种波形结构特征的异常，这是多大的突破和创新！

林昌荣的核心专利一出，很多数学家、物探专家重新推导演算，证实地震数据体波形结构特征基本类型，千真万确就是 840 种。这在全国掀起了一轮探索热潮，研究波形结构特征甚至成了全中国、甚至是全世界的另一种学派，不仅石油院校，其他高校如，北京理工大学和北京科技大学（原首都钢院）等等高校先后找到林昌荣进行咨询，以至于现在很多研究生都选择这方面的题材进行专项研究。

林昌荣这位在南海潜心多年研究的科学家，带给大家极大的震撼。

用一些数值特征、数值大小来预测油气，通过上百年的实践经验已经告诉人们，它可能不是从地震上预测油气的本质，因此全世界各大油公司的探井勘探成功率，上百年来一直停留在 20 ~ 30% 的水准上。始终不得真髓实在是让人沮丧，虽然人们始终不懈地努力，上百年来一直在不断通过新思想、新方法来提高勘探成功率，但始终进展不大。

而用地震数据体波形结构特征异常预测油气，一出手成功率就能提高到 70 ~ 80%。很多院士拍案而起，他们激动地达成了共识——用地震数据体波形结构异常特征预测油气，才是真正掌握了地震上预测油气的本质，因为 70 ~ 80% 的预测成功率本身就是很好的证明。

石油早已经是每一个国家政府首脑和普通民众的"心上人"，它的一颦一笑，一举一动，都足以让世界风云突变，让民生大事辗转动荡。对国家的政府首脑来说，石油价格的变动直接影响着国家的经济增长，通货膨胀和社会稳定。而作为基础能源，石油价格的变动和石油供给的充足与否，直接关系着普通民众的生活成本。油价上涨，生活成本上升，人们的生活压力就会加大，幸福指数和安全感会相应下降。

而林昌荣，竟然参悟透了石油这位颠倒众生的绝代佳人的脾气秉性，把找寻佳人芳踪的成功率，从上百年来停滞不前的 20% ~ 30% 左右，生生地提高到了 70 ~ 80%？！

所有人都倒吸了一口冷气。

声名鹊起的林昌荣，却依旧过着简单而朴素的生活，和之前全心搞科研的他并无分别。有熟悉他的人，看到这家伙如此不开窍，忍不住苦口婆心地劝道：

"你就是太低调了。换做是我，发现了这么天大的秘密，早就去申请诺贝尔奖了。"中国石油大学（北京）有一位教授如是说。

"还有啊，听说有些院士想联合推荐你去聘院士，换做是我立即答应。"

"要是我，第一时间就把这样的专利卖给世界各大油公司，狠狠赚它一大笔！"

林昌荣礼貌地笑笑，他的心思，早就跑到找油大事上去了。

在南海潜心研究的 10 年，是林昌荣发明创造最为关键的时期，也是他最为幸苦的 10 年。因为这位科学家满心满眼想的都是他的科研，所以闹出了不少笑话。

有一次，林昌荣的妻子戴素伟上班出门前，把干净的衣服放在丈夫面前，并再三叮嘱，让他把身上已经连续穿了几天又脏又皱的衣服换了再去上班。林昌荣答应一声，结果脑子开小差的他，把刚换下来的脏衣服又再次穿上就出门上班去了。

等到了班上，班里的一个老师傅忍不住好心提醒道："小伙子，回去叫你媳妇把衣服洗一洗、熨一熨再穿吧。"

"啊？我今天早晨刚换的呀。"林昌荣疑惑地看向自己，这才发现身上穿的竟然还是昨天那件。

有一天林昌荣下班后准备回家。他家位于单位东侧，结果林昌荣又开小差了，一出单位径直朝着西面走去，直到一口气走到电影院门口，他才如梦初醒。

"啊呀，我不是要回家吗？怎么把方向走错了？"

隔了几天，林教授又上演了一次找错家门的"戏码"。这次回家的方向倒是走对了，但林昌荣依旧没摸着家门，却径直骑车来到了位于家属区的西部公司医院的门口。

回到家后，戴素伟把丈夫好一顿数落，"你以后骑自行车的时候，能不能专心点儿呀？幸好从单位到医院，都在一个厂区里，一路上没有多少车辆经过。要不然得多危险啊，骑着车却走神，还不知道会发生什么事情呢！"

自知理亏的林昌荣，知道妻子是担心自己的安全，赶紧好脾气地道歉。

还有一次闹笑话是过年的时候。大年30这天，几家朋友按照广东当地的习惯，约好在外一起吃年夜饭，并说好吃完饭后，一起回家打牌和看电视。

林昌荣当时在公司实验室里搞研究，因为太过投入了，压根没听到窗外的鞭炮声，也早把和朋友们的约定抛到了爪哇国。大家左等不来右等不来，急得戴素伟直跺脚，接连给丈夫打了3次电话催促。等到林教授这家伙终于姗姗来迟的时候，大家已经足足等了一个小时。

"昌荣，平时见不着你也就罢了，这么重要的年夜饭你竟然也放我们鸽子？"

看到朋友们气不打一处来的样子，林昌荣为表示歉意，在接下来的年夜饭上，只好自己把自己给灌醉了，才总算平息了"众怒"。

第三节　心中有只熊在低吼

中国既是世界产油大国，又是石油消费大国。

自从 1993 年成为原油净进口国，当年对进口原油的依存度 6%，此后该数据不断飙升，2009 年首次突破国际石油安全警戒线（40%），对石油进口依存度高达 50% 以上，成为世界第二大石油进口国。

对外长期依赖石油进口的负面作用，不言而喻。全球石油的供应链和价格形成机制，并不只是受市场经济规律运作的影响，国际政治因素的制约同样对它起到至关重要的作用。石油的价格，早已不只是反应商品的价值，比如，中东产油国一桶石油成本价不到 10 美元，现在可以买到 100 多美元，还常常表现为"政治价格"。一旦出现"风吹草动"，全球石油价格很可能一夜暴涨，甚至即使你愿意出高价，也依旧无油可买，石油供应链暂时中断。

作为一个长期以来依靠石油进口的国度，当中国面临石油价格的剧烈波动，以及供应中断的局面时，整个国家的经济发展、社会稳定都会遭受巨大的冲击。

如何采用新技术、新方法，有效地将地下石油资源量转化为地面可用能源，已成为保障我国能源安全和经济可持续发展的重大战略问题之一。

全世界所有的石油公司，从石油勘探、到石油评价，再到油田的开发，每个阶段都需要用到油气预测。钻前油气预测不仅应用范围广，而且难度特别大，所以，钻前油气预测技术不仅是石油行业中核心关键技术，也是石油行业中的世界级难题。

搞石油地质的人，最终目的就是要找到油气田，为国家找到更多的油气（石油、天然气）。传统的地质预测通常是通过露头、钻井等技术手段采集样品，结合石油地质等一些理论进行分析、研究，推理、判断含油气性，不仅操作起来十分复杂繁琐，而且效果并不理想，往往十钻八空。

"能不能有一种简洁有效的方法，可以直接寻找到地下油气呢？"这个念头逐渐在林昌荣的心里扎了根，他觉得自己的胸口宛如住进了一头熊，时时刻刻都在低吼。

当时在南海西部石油勘探开发科学研究院（简称南海分公司）就职的林昌荣，从资料室里找出里面保存的大量地震勘探原始数据，埋头研究起来。

为何要研究地震勘探原始数据呢？这是因为林昌荣有一个重大发现：地震测线上记录的总信息量里，包含有对油气预测很有帮助的油气信息。

当地震波穿过油气层时，不仅地震参数发生了变化，而且也出现了不同的地震数据体波形结构特征的变化，含油气砂岩储集层物性与围岩物性的不同，以及流体性质的不同，不仅可以使得地震纵波穿过该油气层时地震参数的变化，而出现不同的地震相，而且也会出现不同的地震数据体波形结构特征的变化。利用差异信息原理显示数值差（即地震相变原理）来预测油气，只是展示这总信息量中的一小部分，而利用地震数据体波形结构特征预测油气则是另一部分，因为地震数据体波形结构较为稳定，所以，理论上讲它可以较好地用来预测油气。

世界如潮水般地退去，林昌荣的眼睛里全被这些地震数据所填满，提取每一地震道的振幅数列，研究其离散数据点排列、组合的结构特征与含油气性的关系。他忘我地在地震勘探的原始数据里探索着，想通过研究地震资料预测油气，提高钻前油气预测成功率。

1982 年，林昌荣提出了"地震数据体结构特征法预测油气"这个概念，开始继续研究它的基本算法和物理模型。

提出用前人从来没有想过的角度和方法去预测油气很是难能可贵，是一个重大的突破和创新，但提出概念只是第一步。林昌荣深知路漫漫兮，还有很多事情等着他去做，才能把这个概念完善成一个理论，比如当下就要着手的对采取什么算法进行深入探索，以便做出成熟的物理模型。

1985 年，林昌荣正式提出了用地震资料直接预测油气的"地震数据体波形结构特征法"。理论虽然提出来了，但还不能直接拿来实际应用，需要进行完善的东西仍然很多。此时的林昌荣，觉得自己所掌握的知识不够用了。为了更系统地拓展知识面，同年林昌荣考取了北京石油勘探开发科学研究院的研究生，师从裘怿楠导师，攻读石油地质专业。

1985 年的金秋时节，北京石油勘探开发科学研究院的校园里迎来了一个挺拔的身影，导师裘怿楠也从此有了他从教以来见过的最勤奋的弟子。

读研期间，林昌荣争分夺秒，翻阅了国内外大量的石油地质和地球物理勘探方面的资料。他还同时攻读了两个专业，不仅完成了石油地质专业研究生规定的课程，还抓紧一切时间埋头钻研地球物理学专业。

研究生规定的课程原本就很紧张，还要同时研习另一门专业，而且要和本专业一样研究透、研究细，学好学精，所面临的难度可想而知。

研究生时代的林昌荣最深的体会，就是时间不够用，恨不得把一分钟的时间掰成八瓣来花。二十几岁，正是重仪表爱风度的年纪，别的同学都穿戴得体面考究，林昌荣却没心思想这些，随意一件 T 恤或者白衬衫，搭上一条黑裤子，只要保持干净就好。

除了每天早出晚归，林昌荣还把吃饭的时间也压缩到了最短，要么饭点儿快要过了，才到食堂打一点儿"残羹剩饭"随便对付几口，要么人虽然按时到了食堂，身体端坐在饭桌旁，眼睛却片刻也没离开书本，筷子伸在半空，好半天也不动一下。

"小林子，吃饭不专心容易得胃病的。"裘怿楠无奈又宠溺地拿走了爱徒的书本。

"小林子"是裘导师给林昌荣起的昵称，对其他学生他都是称呼全名，唯独给林昌荣起了这个诙谐的绰号。

"裘老师，我得抓紧时间，让心中那只熊平静下来。"林昌荣幽默地回答道。

裘怿楠轻轻叹了口气。一位国际著名影星说过，"我的心里有一只熊在低吼，不知道怎样才能平息。"曾经做过多年找油人的裘怿楠知道，要让爱徒心中那只熊的低吼平息下来，只有一个办法，那就是找到一种简洁有效的方法，可以用来直接寻找到地下油气。

裘怿楠也很是期待，能让学生心中的熊安静下来的日子早些到来。可是这谈何容易？人类对石油进行勘探和开采已经经历了非常漫长的一段时间，多少人都想揭开深埋地下油气的神秘面纱，可现有的各种方法和理论，最多只能算略窥一斑，始终没有触碰到本质。

林昌荣无暇去想自己正在做的事谈何容易，对他来说现在最重要的事情，就是全力以赴多学本领，掌握更多的知识。而关于自己的那个想法，往前走就是，可以走得很慢，但绝不会退缩。

三年的时间就在这样的夜以继日中流逝，1988 年 7 月，林昌荣研究生毕业了，他跟导师裘怿楠依依惜别。

"决定回湛江？不后悔？"裘怿楠留恋地看着这位得意门生。三年前林昌荣就是从位于广东省湛江市的南海西部石油勘探开发科学研究院来的，三年学成，他毫不犹豫地选择回到原单位，继续从事石油勘探研究，和他同届的学生几乎没有人做这样的选择。

读完研究生后又回到原工作单位？林昌荣当时自身条件那么好，又是出国热，他却既没想换个单位也没想出国深造，在很多同学看来都有些不可思议，觉得这位学业成绩一直遥遥领先地同窗，脑筋也太古板了。还有，从大学到研究生，学习的专业为石油地质专业，而最后却成名于石油物探专业，这也是我国从事石油行业中广大科研工作者的一大奇迹。

"是的。老师，您和师母多保重。"林昌荣的眼神里同样充满了不舍。和裴导师三年朝夕相伴，他们之间已经结下深厚的情谊，师母待他也极好，跟对自家孩子一样亲切，时常招呼老伴带林昌荣来家里吃饭。如今一朝分别，从此一个在南一个在北，以后想见一面都很难。

"等回了单位，不能光想着埋头苦干，要加强表达。还有啊，多写些文章，让大家都知道你在做什么。"裴怿楠眼圈微红，细细叮嘱着。

眼前这个一米八几大个子的学生哪里都好，非常好学，肯吃苦，肯钻研，就是有些腼腆，不太善于表达，写的文章也不够多，为此以前裴怿楠说过他几次。现在要告别了，忍不住再次叮咛。

林昌荣（前排右二）与裴怿楠老师、师母及同学合影

林昌荣一一答应着，一步三回头地走了。

"这小子一定大有出息！我就等着听好消息了！"看着学生远去，裴怿楠的目光充满期待和信任。

这一天没让裴导师等很久。研究生毕业不久，林昌荣就写出两篇很有分量的论文，一篇是研究储层的《牛庄油田沙三段砂体成因类型及其形成机理探讨》，另一篇是预测油气的《地震数据结构特征与油气预测》。

这是一个巨大的飞跃，是从早期提出"地震数据体结构特征法预测油气"理论，到实际应用的质的飞跃，为林昌荣此后形成"地震数据体波形结构特征法预测油气"的系统理论方法奠定了更扎实的基础。

但新的问题来了——这个已经可以拿来实际应用的理论，真的好用吗？它在预测油气方面，到底能表现如何？

1989 年，在南海分公司的办公室里，林昌荣正根据自己提出的理论，在研究南海的莺歌海盆地油气分布时，眼睛突然蓦地瞪大了——他发现了明显的油气异常。

"莺歌海盆地浅层，存在着一个大气田！"林昌荣兴奋而激动地做出了判断。

这是一个"惊世骇俗"的预测。"浅层不成岩的砂泥中，是不可能形成大气田的"论断已是业界的共识，林昌荣的预测在当时并没有引起任何人的重视。

看到自己的油气预测被彻底忽略掉，林昌荣有些黯然。而他倾尽多年的时间，研究出的"地震数据体结构特征法预测油气"的理论也被束之高阁。

但让林昌荣更难过的，在于长期以来，在自主知识产权和企业创新的核心技术上，我们中国缺乏自信心，往往自己搞出来的东西，自己不敢相信或是不愿意相信。而在没有外部坏境的推动下，再好的东西也难以实现。

"创新环境建设亟待加强啊。"

林昌荣轻叹一声，但他心中始终有一个坚不可摧的信念："地震数据体波形结构特征法预测油气"的理论方法，一定可以经得起现实的考验，放射出本属于它的光芒。这一天，一定会到来的。

时隔二年，也就是 1991 年，我国海上第一个上千亿立方米的东方 1–1 大气田被发现，实现了海上浅层大气田存在零的突破。而这个大气田的位置和气层的深度与状况，和林昌荣二年前提出的预测一模一样。

预测在钻井实践中得到了验证，林昌荣本以为这下子已经蒙尘两年的理论要被重视起来了，真正有了它的用武之地，结果却是议论声四起，很多人更愿意相信林昌荣是"瞎猫碰上了死耗子"，纯粹是运气好而已。

"彻底忽略掉你提出的理论的精妙，却莫名其妙地归功于好运气？这是哪门子的逻辑？"裴导师很为自己的爱徒叫屈："纯粹是运气？那得有多好的运气，才能如此准确地预测出油气禁区里，一个上千亿立方米的大气田？！"

"就让事实来说话吧！"林昌荣也有一些黯然，但他很快就收拾好心情，继续专注于手头的工作。

1995 年，林昌荣由中海油南海分公司调到北京总公司生产研究中心，继续从事石油地质研究，"油气预测"仍是他的"最爱"。同年，我国科技人员在地下1300–1500 米处发现了渤海 QHD32-6 油田。通过对相关数据的研究，1996 年，林昌荣明确提出，QHD32-6 油田在浅层 900 米左右还有一个大油层。按照林昌荣给出的具体建议，很快就在井深 900 米左右发现了一个规模比较大的油层。

为了检验和完善自己的理论和方法，林昌荣先后多次在南海、渤海、东海的中海油管辖的海域的陆源碎屑岩油气层试验，其预测准确率均达 70% 以上。

近几年，林昌荣又投入到对陆地油气的预测研究上，2002年以来，又陆续对塔里木盆地、四川盆地、鄂尔多斯盆地的深层碳酸盐岩储集层或浅层砂岩储集层含油气性进行研究，对中石油、中石化所属的克拉2气田、柯克亚油气田、阿克气田、塔河油田、大牛地气田、河坝气田、元坝气田等进行研究预测，都取得很好效果，获得巨大的经济效益。

从2005年开始，"地震数据体结构特征法预测油气层"技术在中原油田得到推广应用。由林昌荣领衔的"普光气田地震数据体结构特征法油气储集层预测研究"和"普光气田地震数据体结构特征法含气性预测及气田地质储量评价"两项研究成果，为普光气田的滚动勘探开发、为大气田主体开发方案部署的52口开发井提供了有力的科学依据，同时成为气藏工程的重要参考资料。

在川东北地区发现的普光气田是迄今为止国内规模最大、丰度最高的特大型整装海相气田。林昌荣对普光气田钻前含气性预测，成功率达80%以上。

大浪淘沙，历经考验每次都表现优异的"地震数据体结构特征法预测油气"的理论，终于等来了独属于它的高光时刻。

2007年8月19日，教育部组织的鉴定会出具报告，称林昌荣提出的"地震数据体结构特征法预测油气"的方法，在理论方法研究、油气预测技术和实际应用效果三个方面，都取得了新的突破。

在理论方法研究方面，林昌荣在国际上首次将灰度理论引入天然气预测，提出"地震数据体结构特征法预测油气层"的基本原理和算法，以及油气层划分标准，较大幅度地提高了油气预测的准确率。

在油气探测技术上，林昌荣创造性地实现了油气预测过程中，可以从纵向与横向上同时量化标定、图与表可以相互对比的定量解释油气层的新技术，解决了长期以来纵向上与横向上进行油气预测时，经常出现不和谐的难题，拓宽了油气预测技术手段，增加了油气预测的显示方式。

在油气预测成果表达方面，林昌荣采用无量纲黑白标定，有利于油气区分布范围、特征和规律，不用太多人为进行推理判断，尽量减少对油气检测的不确定因素，研究结果简单、明了。

在应用效果和推广方面，此项油气预测技术推广应用于渤海湾、南海、四川、鄂尔多斯和塔里木盆地等中国三大石油公司不同沉积盆地、不同岩性和不同圈闭类型的油气田上，成为油公司布井或优选井位的重要参考依据。通过对300多口井的统计结果，钻井符合率总体高达70%以上，取得了显著经济效益。

"小林子你做到了！"听到喜讯的裴怿楠忍不住红了眼眶。爱徒的这一理论在长达20多年的时间里，都是不被业界认可的，冷板凳坐了这么长时间，小林子却初心不改，一直执著地坚持研究、探索。

这份坚守，这份甘于寂寞的耐受力，多么难得可贵。这可不是 2 年 3 年，而是二十几年！如今，终于守得云开见月明了。

"只要能为国家多找几个大油田，即使承受再大的压力也值得。"电话里，传来林昌荣轻松而平静的语调。

"你这孩子……"裴怿楠欣慰地擦了擦眼睛："对了，老师很想知道，你心中那只熊现在还低吼不？"

"不吼了。"面对自己尊敬的导师，林昌荣的声音孩子般地雀跃起来："老师，我一直想有一双能够穿透地层的'神眼'，现在我做到了！"

"是是是，我的大神探！以后不叫你小林子了，改称林大神探！"裴怿楠开怀大笑起来。

第四节　被石油公司广泛采用的油气预测技术

林昌荣教授的两项专利发明，形成独立的"地震数据体波形结构特征法预测油气层"技术，被中国的三大石油公司——中石油、中石化和中海油，广泛采用到中国大部分沉积盆地的不同岩性类型的油气田上，为我国直接创造了数以千亿元计的经济效益。

利用地震数据体结构特征法预测油气层的研究结果，已经被众多油田领导、专家和科研人员认为是布井或优选井位重要参考成果之一，如中石化很多领导和专家们，都认为这对钻前布井很有指导意义，所以，已经被广泛采用。

中海油采用此项技术的海域有南海、渤海和东海，油气田包括南海西部东方 1–1 气田等 15 个大、中、小型油气田的预测；渤海湾的秦皇岛 32–6 油田等 15 个大、中、小型油气田的预测；东海海域的平湖油气田等 8 个中、小型油气田的预测。

中石油采用此项技术进行研究的盆地有塔里木盆地、四川盆地和鄂尔多斯盆地等，油气田包括克拉 2 气田，柯克亚油气田，阿克气田，广安气田和苏里格气田等油气田的预测。

中石化采用此技术进行研究的盆地有塔里木盆地、四川盆地、济阳拗陷、松辽盆地和鄂尔多斯盆地等，油气田包括塔河油田，普光气田，元坝气田，河坝气田，双庙气田，胜利油田，秦家屯油气田，松南气田，大牛地气田等。

为何中国的三大石油公司对同一个理论如此情有独钟？因为通过上述油气田的钻前油气预测，均取得了很大的成功，创造出了极高的经济效益。通过我国著

林昌荣（中）与国际著名院士亲切交谈（左——马在田，
右——汪品先），2007年

名石油物探学家，同济大学教授马在田院士，对林昌荣的研究工作给予的充分肯定和极高的评价，可以洞悉其中原因。马院士在接受《科技日报》记者采访时说，这是一项很有价值的研究成果，被石油工业界广泛应用，并收到实际效果。

马在田院士认为，林昌荣创立的"地震数据体结构特征法预测油气"的方法是前所未有的，是符合用地震勘探资料研究油气储层的客观规律的。它抓住了地震波与油气层的客观关系，特别是时间－空间上的相关性，原理部分是世界上首创。

"地震数据体波形结构特征法预测油气层"的技术，也的确不负众望，在中国三大石油公司所有勘探区域的油气开发中，立下了一个又一个赫赫战功，取得了前所未有的成功。

它为何有如此斐然的战绩？这是因为利用地震数据体波形结构特征法预测油气有一个所向披靡的优势，那就是从理论的提出到生产实践上，实现了油气预测过程中纵向上和横向上油气预测方法的统一。

"地震数据体波形结构特征法预测油气层理论与方法研究"的研究成果，不仅仅是在概念上或理论上有别于一些传统的油气预测方法——传统油气预测法主要基于地震发射离散数据、数值油气预测法，而地震数据体波形结构特征异常油气预测法主要基于数据点根据不同排列、组合的时间－空间结构特征连续动态油气预测法过程，而且在产生实践中解决了地震数据体结构特征与含油气性的量化关系。

采用地震数据体波形结构特征异常预测油气，在实际操作过程中，要注意划分不同地震数据体波形结构特征系统。在进行油气层预测的过程中，要注意剖面上的不同结构特征，和平面上具有分块的现象，这是由于同一个地震数据体，可能具有多个地震数据体波形结构系统，不同的地震数据体波形结构系统，其在各个含油气区块划分标准是不一样的。

在剖面上，依据单道数据点的连续动态变化结构特征异常，可以较为准确地预测地层含油气性的位置（时间段或深度段）。在平面上，通过地震道与道之间无量纲化的矢量关联分析，可以较为准确地预测出油气层分布范围（油气层边界），实现了油气层预测过程中纵向上和横向上的油气预测方法的大统一，克服了一些纵向预测和横向推测技术方法、物理参数和机理公式推导等不一致所带来预测准确率不高的困苦，从而实现了纵与横、图与表可以联动对比的新型物探油气预测技术手段。

基于这些独有的优势，应用该油气预测方法，可以减少人为的一些推理判断，尽可能多地减少对油气检测的不确定因素，较大地提高了钻前油气预测成功率，因为"地震数据体波形结构特征法预测油气"是一种连续型动态预测模型，而不是一种离散型油气预测。这么出色的研究方法，获得各大石油公司的鉴定认可和推广应用，这也就是意料之中的事情了。

林昌荣获得的各种推广应用证明、推广应用效益证明和权威单位对其研究成果的鉴定认可，堆得像小山一样高，我们仅随机抽取，看一下其中的中石化油田事业部、普光气田开发项目管理部、华北石油分公司和西南油气分公司对此的评价。

2-4-1 中石化油田事业部出具的一份《推广应用证明》材料，显示林昌荣教授对中石化的主要贡献为：

2004 年至 2007 年，以林昌荣教授为课题攻关负责人，把其多年自主研发的"地震数据体结构特征法预测油气层技术"推广应用到中石化下属多家油气分公司，先后在普光气田（包括周边区块）、河坝气田、长岭腰英台气田、新场气田和大牛地气田等区块，开展了"应用地震数据体结构特征法预测油气层和井位建议"的研究工作，共处理、解释三维地震资料上千平方公里，优选出探井、评价井、开发井井位上百口，总体钻前预测成功率明显提高，为公司油气田的勘探、开发提供了有力的科学依据，研究取得了丰硕的科研成果以及显著的生产效果。

"地震数据体结构特征法预测油气层技术"经过多年生产实践检验，它具有广泛的适用性。可以适用于不同岩石类型，如陆源碎屑砂岩，碳酸盐岩和火成岩；和不同的沉积环境，如海相、海陆过渡（三角洲）、陆相（河流相、湖泊相）等；预测深度可达到 7000 多米深度；预测厚度为 5m-10m 以上。尤为突出的是研究紧密结合生产，把研究的科研成果及时应用于实践中去，并取得了显著的经济效益。比如，2005 年 4 月对普光主体气田的研究，依照"普光气田地震数据体结构特征法油气储集层预测研究"项目的研究成果，在随后部署勘探井中都得到了证实，即在飞仙关组～长兴组获得了巨厚的深部海相碳酸盐岩气层，后经测试均获得了高产，进一步落实并扩大了研究工区内目的层各主力气层平面发布格局及形态，搞清了研究工区内主力气层储层纵向上、横向上的展布规律，较大幅度地扩大了普光气田储量；又如，2004 年 11 月，对大牛地气田主体开发区陆相含煤碎屑岩系隐蔽气藏的研究，依照"地震数据体结构特征法油气预测技术在大牛地气田气层识别中的应用及井位建议"项目的研究成果，油田及时调整原开发方案的井位设计，实施见效快，确保了油田第一个 $10×10^8m^3$ 天然气产能建设的顺利实施。

总之，上述多个项目的预测准确率较高，研究结果对气田开发方案提供有力依据，对钻前选区选层和布井具有很好的指导作用，是布井或优选井位重要参考成果之一，研究成果所带来的经济效益十分显著，值得进一步推广应用。

2-4-2 中原油田为林昌荣教授出具了一份普光大气田《推广应用效益证明》，表扬其在高效开发普光大气田中所作的主要贡献：

中海实业公司技术信息开发分公司以林昌荣教授为课题负责人，其自主研发的"应用地震数据体结构特征法预测油气层"的油气预测技术从 2005 年 04 月—2006 年 06 月在我公司推广应用，先后在 $150km^2$ 三维地震资料上，开展了"普光气田地震数据体结构特征法油气储集层预测研究"和"普光气田地震数据体结构特征法含气性预测及气田地质储量评价"两个项目的研究工作。项目利用地震数据体结构特征法预测油气层技术，进一步落实并扩大了研究工区内目的层各主力气层平面分布格局及形态，搞清了研究工区内主力气层储层纵向上、横向上的展布规律，较大幅度地扩大了普光气田储量，为普光气田的滚动勘探开发提供了有利的科学依据，研究取得了丰硕的科研成果以及生产效果。

依照"普光气田地震数据体结构特征法油气储集层预测研究"项目的研究成果，在普光气田主体区块部署勘探井的普光 5、6、8 和 9 井 4 口井都得到了证实，即在飞仙关组～长兴组均获得了较厚的气层，其中，普光 5 井气层厚度 366.3m、普光 6 井气层厚度 411.2m、普光 8 井气层厚度 102.6m、普光 9 井气层厚度 204.2m。经测试，普光 5 在飞三段气产量 $15.52×10^4m^3/d$；在长兴组气产量 $67.42×10^4m^3/d$。普光 6 在飞三段，飞一～二和飞一～二中，测试气产量分别为 $40.22×10^4m^3/d$，$128.15×10^4m^3/d$ 和 $75.25×10^4m^3/d$。普光 7 直井不在有利结构特征含气分布范围之内，后经侧钻也取得很好的效果。经过综合评价，普光气田飞仙关组及长兴组气藏最终落实未开发探明含气面积 $45.58km^2$，天然气未开发探明地质储量 $2510.70×10^8m^3$，天然气探明技术可采储量 $1883.04×10^8m^3$，技术创新成果新增净现值达 5470450.1（万元人民币）。随后的"普光气田地震数据体结构特征法含气性预测及气田地质储量评价"项目的研究成果，为普光气田主体开发方案部署的52 口开发提供了有力依据，同时成为气藏工程重要的参考资料之一。总之，项目研究成果所带来的经济效益十分显著，详见 2006 年 2 月普光气田新增探明可采储量资源类成果评价信息附件附表 1。

林昌荣的研究成果，为普光气田技术创新成果新增净现值达 547 亿元人民币。

仅一个普光气田，经济效果高达 547 亿元人民币，这是一个多么让人震撼的数字！

言而总之，林教授的研究成果给本项目所带来的经济效益十分显著。

2-4-3　华北油田推广应用效益证明材料，油田所在地处鄂尔多斯盆地的大牛地气田，出具的《推广应用效益证明》材料，显示林昌荣教授主要贡献为：

兹有中国石油大学（北京）以林昌荣教授生为课题负责人，将其多年自主研发的"地震数据体结构特征法预测油气层技术"的有关科研成果，于 2004 年 11 月—2006 年 09 月，在我公司展开了"地震数据体结构特征法油气预测技术在大牛地气田气层识别中的应用及井位建议"项目的研究工作，该项目研究成果为大牛地气田第一个 $10 \times 10^8 \mathrm{m}^3$ 天然气产能建设的顺利实施作出了较大贡献。

鄂尔多斯盆地大牛地气田二叠系气藏为陆相含煤碎屑岩系隐蔽气藏，主力气层为上古生界二叠系下石盒子组陆相含煤碎屑岩盒 2 和盒 3 等七个主力气层，它具有：成藏控制因素不是很清楚，背斜构造特征不明显，无断层作用；隐蔽气藏，属于地层——岩性圈闭砂岩隐蔽气藏；储层非均质性强，横向变化非常大；气层厚度普遍较薄，小于 20 米，一般 5-10 米；受到煤系地层影响，储层预测难度加大；普遍含气丰度较低，含气特征不明显等诸多具有世界级的技术难点。研究结果表明，大牛地气田 200km² 研究工区内的盒 2 和盒 3 二个主力气层主要分布在 DK2-DK12-DK13 井区、DK18-DK24-DK19 井区和 D16-DK4-Dk15 井区，以及 D15 井区、D30 井区和 D4-3-2 井区的六个有利含气区（圈闭）之中；平面上分布在东西两个条带上，呈带状南北方向和东西方向展布；尤其以 DK2-DK12-DK13 井区、DK18-DK24-DK19 井区和 D16-DK4-D15 井区的地震数据体结构特征最为明显。研究成果紧密结合生产实践，根据上述气层储层预测结果，油田及时调整原开发方案的井位设计，其中，对主力气层盒 3 气层调整生产井数 39 口井；主力气层盒 2 气层调整生产井数 9 口井（直接节省投资资金达 28800 万元），并先后共优化部署 233 口开发井，在这一系列二百多口开发井中，除个别井，绝大部分井，只要井打在有明显的地震数据体结构特征上，都达到目前投产的要求（$5 \times 10^4 \mathrm{m}^3$ 以上），一般可达 $5 \times 10^4 \mathrm{m}^3$ 以上，个别井可达 $20 \times 10^4 \mathrm{m}^3 \sim 30 \times 10^4 \mathrm{m}^3$。根据实际钻井情况统计结果表明，在 200km² 三维地震研究工区内所部署的并已完钻的二百多口生产井中，总体钻井成功率达到 82%，取得了显著的经济效益，确保了中石化华北分公司第一个 $10 \times 10^8 \mathrm{m}^3$ 天然气产能建设的顺利实施。特此证明华北油田仅就此这一个项目，通过林昌荣调整原项目开发方案后，直接节省投资资金 2.88 亿元人民币。还没有计算高达 82% 的钻井成功率，为油田节省了至少超过 50 亿元人民币的钻井费用。

2-4-4 另外，还有一份应用证明材料显示：隶属于西南油气分公司河坝气田的《推广应用证明》材料，显示林昌荣教授主要贡献为：

2006 年 10 月至 2007 年 6 月，中国石油大学（北京）林昌荣教授生，在校学习期间，将其基础研究"地震数据体结构特征法预测油气层理论与方法研究"有关的科研成果应用于川东北河坝地区气藏预测中，取得了很好的实际效果，研究成果得到了中石化司西南分公司的认可。

通过展开"河坝地区地震数据体结构特征与气层分布规律预测"项目的研究工作，确立了河坝地区主力气层的地震数据体结构响应特征；指出了该区飞仙关组三段和嘉二段有利气层的分布规律；并根据地震数据体结构特征，预测了有利含气面积的分布范围，在 $248km^2$ 三维地震数据体研究范围内，预测飞仙关组三段有利含气面积可由原来的 $144km^2$ 上升到 $180km^2$；预测嘉二段有利含气面积可由原来的 $122km^2$ 上升到 $172km^2$，为公司在河坝地区对下步气田的开发提供了有力的科学依据。

在搞清河坝地区深层海相碳酸盐岩气层的展布规律的基础上，进一步指明了河坝 1 井位于有利含气的地震数据体结构特征上，后经进一步测试，测试井段 4970—4984 m，无阻流量达 $130 \times 10^4 m^3/d$（原测试气产量 $29.60 \times 10^4 m^3/d$），证明了研究结果的可靠性，经综合评价，预测可获天然气储量上千亿立方的大气田（已获控制天然气储量 $743.4 \times 10^8 m^3$）。截至 2007 年 5 月底，有 3 口勘探井正在钻探，并已优先选出 10 口开发井位准备投入开发。所以，该项目的研究成果，已经成为河坝气田编制开发方案地质方面的重要参考资料之一，根据地震数据体结构特征评价出的各类有利含气区／块已经作为西南分公司近期河坝气田产能建设的有利目标区。特此证明

这只是林昌荣众多成功案例中的又一个成功案例，类似的成功例子还有很多。

总之，通过三大石油公司上述部分项目《推广应用证明》和《推广应用效益证明》证明材料来看，和林昌荣多项研究成果充分表明，该方法的预测准确率高，研究结果对气田开发方案提供有力依据，对钻前选区、选层、布井具有很好的指导作用，是布井或优选井位重要参考成果之一，研究成果所带来的经济效益十分显著，值得进一步推广应用。

第三章　峥嵘岁月

第一节　再上塔河油田

2002 年一个春日的上午，塔河油田出现了林昌荣魁梧的身影。一别经年，再回到这里林昌荣有种与老友重逢的感觉。矗立在金黄色沙海里的钻塔，巍峨耸立，宛如行驶在大海上的巨型舰船上的桅杆，上面的旗帜迎风飘扬。一群群戴着头盔穿着信号服的石油人，英姿勃勃地坚守在自己的岗位上。好一幅人类征服大漠长沙、开启地下宝藏的磅礴画面，让人看得热血沸腾。

林昌荣此行的目的，是要好好"调教"塔河油田 4 区、8 区和 9 区这三个捣蛋区。这三个家伙一个比一个脾气古怪，给石油人出的难题也一个比一个棘手。

"林教授，您回来了！"刚记录完采油树油压套压数字的虎子，一眼就认出了林昌荣，兴奋地跑了过来。1999 年林教授在这里做先导试验时，他们相处过一段日子。在林教授的部署下开挖的那些油井，仍在日日夜夜地高产着，黑色的液体源源不断地从地底涌向祖国的四面八方。再次见到这位让他心悦诚服的找油神探，虎子难掩心中的激动。

采油树也发出颇有韵律的声响，用它们独特的方式表达着对这位找油神探的欢迎。

此时，正是塔里木的春天。这里的春天总比其他地方来得要晚些，却孕育着无限的希望。

开采油田，和开荒种地很像。对一片看似荒芜的土壤，采用合适的方法进行开垦，它很可能就变成了万顷良田。但是，如果方法不给力，不仅开垦时耗费的大量时间和精力将付之东流，前期打井的巨额投入也会打了水漂，就像开荒时播撒下的种子会白白搭进去，却颗粒无收。

"哇，那位很会开荒的林教授又来大漠啦！"很快，在塔河油田的先导试验中大获成功的林神探回来了的消息，传遍了整个油田，大家忙不迭跑上前来，那股

61

热情劲仿佛见到了阔别的挚友。

石油是工业的血液，一个国家要发展，要全方位的强大，片刻也离不开石油。石油是国家经济的血脉，没有石油就等于贫血。一个贫血的国度，何谈发展和壮大？没有充足的石油供给，国富民强就变成了空谈。

绝不让自己的国家贫血，是林昌荣坚定不移的信念和使命。作为一个找油的地质学家，林昌荣深知只有创造性地执行开发方案，才能取得优异的油田开发效果。深感责任重大的林昌荣当天上午就投入了紧张的工作，白天跑现场，晚上挑灯夜战。他一定要不辱使命，驯服棘手的塔河油田四区、八区和九区，让它们为我国国民经济发展的"血液"提供丰富的石油资源。

夜深了，林昌荣却还在凝视着一张塔里木的古地理挂图。5亿年前，塔河油田所在的塔里木盆地还是中国古海洋的一部分。那个时候，现在早已经是巍峨高山的昆仑山、天山等山脉，还是中国古海洋里深深的海槽。5亿年的沧海桑田，早已经物是人非，以前地中海的这一部分，早就变成了四周都环绕着高山，远离海洋的塔里木盆地。

林昌荣再次来塔河的路上，车子从一片古老而苍劲的胡杨林里穿过。世界百分之90%的胡杨在新疆，新疆百分之90%的胡杨在南疆。在蓝天白云之下，历经三千年的胡杨屹立不倒，无声地诠释着让人动容的胡杨精神——一生只做一件事，在沙漠里守护这抹绿色，抵御风沙，不畏严寒，不畏酷暑。林昌荣也心甘情愿做一株坚毅的胡杨，这一生只做"找油"这一件事，为了祖国的石油事业默默付出，无怨无悔。

根据多年油田生产实际效果，经过慎重考虑，林昌荣做出了对部分油藏首先"扩边"然后再寻找新油田的决定。

油田扩边是石油勘探和石油储量计算时经常碰到的一个比较复杂的地质、油藏问题。含油面积是指具有工业油流平面分布范围的面积，含油面积随机性很大，既不直观，也无法通过反复测试、精心统计计算等方法获得，可含油面积的准确性和可靠性又直接影响着石油储量计算的结果和准确性，不仅影响着开发方案的设计，还影响着国家投入资金费用多少的最终决策。因此，在储量计算时，确定含油面积的关键，是对已知油井控制面积的扩边，或者勘探区域如何扩边。含油面积不仅跟油藏类型有关、而且与储层物性平面变化趋势、油水分布规律等有着密切的关系，在确定油水边界时更是困难。

而探评井是探井的一种，它的确认知难度大，却直接影响着钻井成功率。边勘探边生产，石油人称之为"滚动勘探"，林教授能否摸透这三个刺头地区的脾气，成功地制定出驯服它们的方案，就看这些"扩边"探评井的表现了，它们可以直观显示林昌荣提供的方案是否能够精准高效地布井。

"汉子们，鼓足干劲儿，我们要甩开膀子向地球开战了！"钻井队的头儿是在钻井前线摸爬滚打了十几年的老队员了，扯着嗓子嘶吼着，黝黑的脸庞上充满了期待。

在无数双眼睛的注视下，隆隆的钻井声响起。

当沉睡亿万年的高压油气流，在一口口井中呼啸而出时，现场响起了经久不息的掌声和欢呼声。

"出油了，出油了！"

"黑色液体黄金你终于涌出来了，我们等你等得好苦！"

"不愧是我们的石油神探，果然是技高一筹啊！"

虎子激动极了，忍不住跑上前一把抱住了林昌荣："林神探，您跟齐天大圣孙悟空一样，有一双火眼金睛！"

他实在是太喜欢这位林神探了，有一身如此让人叹为观止的本事，工作起来一丝不苟，却从来不摆架子，为人风趣又热情，性格又很是爽朗。油田的人们和虎子一样敬重和爱戴林教授，无论他走到哪里，哪里就笑声不断。

针对塔河油田四区，林昌荣预测五个有利含油圈闭（区块），迭合面积为35.75平方公里，并提供探评井12口。实际钻探时，12口井有11口井见油，而且这11口井的日产量高达200多吨！

看到11口探评井都产量很高，众人对林教授的高效勘探水平叹为观止。

"这可不只是技高一筹！12口井有11口井见油，这意味着什么？91.7%的准确率！"

"探评井钻井结果与钻前预测吻合良好，对下一步指导钻井具有非常积极的意义。"

"还有更了不起的呢，塔河油田四区开发井建产成功率，以前可只有61%左右。而现在有林教授这位神探给我们保驾护航，开发井的建产成功率提高到了80%以上！"

驯服了塔河油田四区的林昌荣，却丝毫不敢懈怠。后面还有两个更棘手的区域在等着和他"对弈"呢。

如果说塔河油田四区是块难啃的硬骨头，那塔河油田八区就是块超级难啃的硬骨头。同属奥陶系缝洞型油藏的它，不仅具有很强的非均质性，而且油藏埋深比四区还大，高达4000到5000米深，储层在平面上分区分带更加明显，同样，地震信号很弱。

碳酸盐岩的油藏深度超过4000米意味着什么？国外专家一致认为，碳酸盐岩埋深超过4000米是储层死亡线。如果油田埋藏深度超过4000米，国外石油公司就认为是超深度油田了。"深"，会直接导致圈闭目标识别落实难、钻井测井及测试工艺难、勘探开发作业成本高等一系列异常棘手的难题。因此，面对碳酸盐岩埋深超 4000-5000 米的油藏，如果油田规模不够大，他们会直接建议放弃。

此外，塔河油田八区为碳酸盐岩裂缝——缝洞型储层，具有很强的非均质性，对这样的储层进行油气预测很有难度。

面对又一个世界级难题，勇于攻关探索和创新思维的林昌荣毫无惧色，利用他研发的"地震数据体波形结构特征法预测油气"的方法，开始拓展碳酸盐岩勘探开发的新阵地，而如何准确地划分出油藏平面上区、带的分布范围，是研究的主要任务。

林昌荣建立了塔河油田八区奥陶系储层与地震数据体波形结构的响应特征模型，在平面分布上，预测了 7 个有利含油单元，对指导油田分区开发具有积极意义，并提供了 26 个钻井井位，预测储层钻井成功率达 90% 以上。

又是超过 90% 的准确率！

同行们彻底折服了："林教授，怎么感觉我们找油是摸着打井，而你是在'看着打井。"

"可不嘛。这么复杂的碳酸盐岩油藏，找起来很像盲人摸象，误打钻井不可避免。怎么到了你手里，就了然于胸，跟庖丁解牛一样游刃有余。"

林昌荣被他们夸得不好意思得垂下了头，一米八几的大个子，腼腆得像个少年，跟那个工作起来冷静果断的林神探判若两人。

厚储层、薄油层的低幅度油藏圈闭，对石油人来说很是头疼，因为钻起来费劲，出油又困难，而塔河油田九区三叠系油层就属于这种。它与塔河油田四区和八区不同，储油层属于砂岩储集层，它不仅构造幅度小（复合构造圈闭类型），含油圈闭面积小，油层有效厚度小，储层厚度虽厚，但是油层分布规律性较差（成藏圈闭类型识别较难），采用常规物探识别油气方法效果差。此外，它还有含油特征差（不明显所致）和储层物性均质性不好的特点。

归纳起来，塔河油田九区三叠系油层这块刺头存在着岩性圈闭和复合型（构造、岩性）圈闭的识别问题，不解决圈闭问题，就很难下决心布井上钻，因此必须搞清圈闭的基本要素。林昌荣面对的挑战，是虽然能发现和落实的低幅度构造圈闭都已落实，不再存在低幅度构造圈闭的发现问题，因为这些构造圈闭是否含有油气，就需要精细落实、和钻前含油性预测、还有比如层位精准标定等。此外，还有砂岩储集层的含油气性研究识别标准、以及含油性级别分类等问题。

林昌荣果断出手，研究结果开阔了找油领域，扩大了含油面积。研究发现塔河油田九区三叠系有较大油层分布范围，预测五个有利油圈闭（区块），I 类含油面积 18.4 平方公里，并已在后来打井中得到证实，钻井成功率达 85% 以上。

林昌荣在预测平面的五个含油圈闭中，提出了钻探建议井位 7 口。至今为止钻探队在三个含油圈闭（区块）中打了 5 口井，全部见到了油层，个别井日产量可达 100 多吨。打井已经证实，这个区域的油气储量由研究前的 425×10^4 吨增加到研究后的 887×10^4 吨，再次证明了林昌荣研究成果的可靠性和高效性。

从 2002 年至 2006 年这四年，林昌荣步履不停，连续对中石化所管辖的塔河油田四区深部奥陶系碳酸盐岩储集层含油性研究、塔河油田八区深部奥陶系碳酸盐岩储集层含油性研究、塔河油田九区上部三叠系陆源碎屑砂岩储集层含油性研究、和中石油所管辖的克拉 2 气田做出了卓越贡献。

随着塔里木盆地勘探思路的变化和地质理论的突破，在先进技术的支撑下，在前陆盆地勘探中，石油人围绕前陆冲断带勘探获得重大突破，发现了克拉 2 大气田。

而开采这个下第三系背斜构造砂岩气藏的技术难点，是根据地震数据体波形结构特征异常油气预测方法，如何建立起一套能识别本区深层下第三系白云岩段之下白垩系巴什基奇克组的厚层砂岩气层（指 T8–T81 主力气层），和巴什基奇克组第三岩性之下薄层砂岩气层（指 T81 之下次要气层）气层平面和剖面模型，以及统一的地震数据体波形结构特征值量化含气性划分标准。

林昌荣开阔找气领域，扩大含气面积，提高钻井成功率，在克拉 2 气田开发区周边及外围（深部 T8 以下），预测有大范围气层的存在，分别为 Block1 和 Block2。气田开发区外的北部，平面分布有独立的 1 块，预测层段纵向上 T8 ~ T81 自上而下有两套地层含气。储量计算得出，Block1 的储量为 3550.5×10^8 立方米，而 Block2 的储量为 473.4×10^8 立方米。

"将来钻探重点可集中精力，重点解决一下北面深部背斜构造 Block2 圈闭含气问题，如有新的发现，前景将会非常可观。"林昌荣预测道。

林昌荣建立了克拉 2 气田砂岩储层气层与地震数据体波形结构的响应特征模型，在平面分布上，预测的主体有利含气区块 Block1 的分布范围，对指导油田分区开发具有积极意义，并已于钻井得到证实，扩大了含气面积。

在塔里木盆地塔河油田的油气开采中，再次大展身手的林昌荣并没有停下脚步，他接下来陆续对四川盆地、鄂尔多斯盆地的深层碳酸盐岩储集层，或浅层砂岩储集层含油气性进行研究，被他研究过的盆地还有济阳拗陷、松辽盆地等，并对中石油所属的柯克亚油气田，阿克气田，广安气田，龙岗气田和苏里格气田等，中石化所属的普光气田，河坝气田，元坝气田，双庙气田，胜利油田，秦家屯油气田，松南气田，大牛地气田等进行研究预测，都取得很好效果，获得巨大的经济效益。

作为石油人，林昌荣是参与中国油气田的会战和研究，所到过的足迹最多的科研人员之一。这位威震石油界的林神探，让自己的科研从海洋走向陆地，足迹遍及中国的东、西、南、北、中，几乎参加了中国所有大中型油气田的会战或油气预测的研究工作，大型油气田有中海油的东方1-1大气田、中石化的普光大气田、中石油的克拉2大气田。他用熠熠闪光的成绩，先是征服了海洋，紧接着征服了大陆，成为名副其实、海陆通吃的找油神探。无论油气藏埋得多么深隐多么蔽，多么不符合常规，它们在林神探面前都会无所遁形，以最快的速度现出真身。

第二节　进军大牛地气田

在蒙古语里，"鄂尔多斯"的意思是"美丽的草原"。700多年前，一代天骄成吉思汗曾经率领着千军万马在此地征战。鄂尔多斯是我国第二大沉积盆地，而隶属于华北油田的大牛地气田位于鄂尔多斯盆地北部，陕西、内蒙古交界处的毛乌素沙漠东部，地下铺设有纵横交错4800多千米的输气管道，是国内最有影响力的气田之一，满足了京、鲁、豫、蒙等地区上亿户居民的生活用气，是大华北地区主要气源地之一。而当初它的开发，却是棘手的世界级难题。

大牛地气田是上古生界大型煤成气气田，构造条件比较简单，自然条件很是艰苦，位于毛乌素沙漠。近些年在退耕还牧政策的指导下，这片沙漠已经有了很大变化，变成了毛乌素沙地，但在当时，却是不折不扣的沙漠，寸草不生不说，脾气还暴躁得很，动不动就飞沙走石，林昌荣就是在这样的情况下来到了鄂尔多斯大牛地气田的。

鄂尔多斯盆地大牛地气田的含气层从二叠系下石盒子组至石炭系太原组，共七套地层，处理目的层段跨度大；储层非均质性强，横向变化非常大，含气砂岩与泥岩速度相近（波阻抗差值小），含气层厚度较薄，小于20米，一般只能达到5-10米左右；受到煤系地层影响非常大，如山西、太原组处于煤层之下，储层预测难度大。

先不管大牛地气田是条大鲨鱼还是条大鲸鱼，就眼前而这一大堆问题，拿出来任何一条，都是世界级的技术难点，严重制约了勘探开发的进程。

2004年11月—2006年09月，林昌荣将其多年自主研发的"地震数据体波形结构特征法预测油气技术"的有关科研成果，应用在了大牛地气田上，展开了"地震数据体波形结构特征法油气预测技术在大牛地气田气层识别中的应用及井位建议"项目的研究工作。

针对勘探开发遇到的难点，林昌荣在应用了"地震数据体波形结构特征油气预测法"预测本区气层分布规律的基础上，有针对性地选用了自主研发的储层物性参数预测技术，这套技术是建立在双相介质的理论上，根据微观非均匀介质弹性波传播的机理，把静态地震数据反演成动态的地震应力。因为地震应力与地层物性参数及所含流体有关，因此可以由此建立地层物性参数新的数学模型，反演出物性参数。

这些物性参数是开发地震不可缺少的数据，它们的数据剖面或平面能更细致地说明一般地震资料无法说明的地质问题，揭示了隐蔽、复杂的地质现象，研究这些数据不仅可以分析储层的储集性能，及其空间变化，发现新的含气富集区，还可以估算油气藏的地质储量，进一步指导气田的有效开发。

当今世界，沉积盆地构造格局已是定数，进一步查找的目标都较小，特别是那些隐蔽的、复杂的地质体。常规的、单相均匀介质的理论已难适应这种需要。利用储层物性参数预测技术，查找地下油气藏的方法，已摆脱了常规勘探程序，首先查找的不是背斜构造，而是查找与油气相关的储集层，不管这些储层是属于构造圈闭还是岩性圈闭。这就简化了油气勘探的环节，可大大地降低生产成本，提高钻探成功率。

"地震数据体波形结构特征油气预测法"这项技术在海上和陆地油田勘探开发中使用十多年来，根据不同的地质条件和油气勘探开发的需求不断发展，使该方法对各种复杂的油气藏有了较强的适应能力，可以有效地进行储层油气预测。

根据储层物性参数预测技术的特点，林昌荣在进行大牛地气田开发地震处理时采用了下面的流程，如图3-1所示：

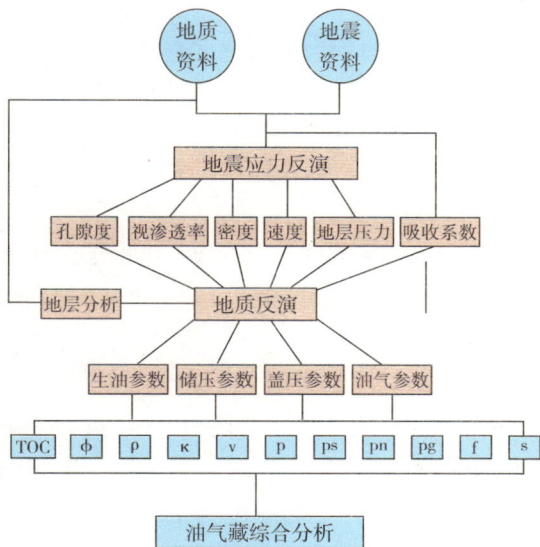

注：TOC—有机碳总量；φ—地震孔隙度；ρ—地层密度；κ—视渗透率；v—层速度；pg—压力梯度；ps—岩石地震应力；pn—压力系数；P—孔隙流体压力；f—流体密度；s—饱和度

图3-1 大牛地气田开发地震处理流程图

整个处理过程可分为三个阶段：

第Ⅰ阶段是地震应力和物性参数反演。

在这个阶段要输入两类地震数据，一类是经精细保幅处理的地震纯波数据，另一类是用前述的地震数据经子波处理并作标定的反射系数数据，并用已知地质数据等参数作为输入初值，求得解式，再由地震应力分别计算地震孔隙度、地层密度和流体密度，这三者应符合一个关系式。同时，应与已知目的层的数据相符，或者在允许的误差之内，则这个过程就完成，否则，就需要重新调整处理参数，重复上述过程的计算。这个过程我们称为地震应力反演。

这个过程一般要用过井地震测线来做，当符合要求时，这些约束参数，边界条件就作为三维地震数据体反演的控制参数。

地震应力的反演是本方法的关键。调整处理参数的实质，是把先验地质数据参加反演过程，不断矫正或弥补地震信息的缺陷或不足。

第Ⅱ阶段是地质反演，即利用地质测井信息对单个物性参数进行标定、修正，取得与井资料相符的物性参数，或计算新的参数，如压力梯度、含油气饱和度、含油气层厚度等。

第Ⅲ阶段是利用平面图绘制技术，拾取目的层物性参数分别绘成物性参数平面图，分析目的层物性的空间变化、预测油气富集区、估算地质储量、为油气勘探、开发提供最有油气希望的井位等。

地震孔隙度反映储层流体可以相对流动的那部分孔隙，近似于地质上的有效孔隙度。林教授根据它们的相对大小，把其分成五个级别，从大多数油气田井资料检验在碎屑岩沉积盆地这五个级别的数据，基本上对应砂岩储集层。按地震孔隙度这个特点，可以预测储层。

考虑到大牛地气田的处理目标，有些地质层位含有煤层，煤系地层与含气储层有类似性。但由于煤层具有低密度、低速度和低孔隙度的特点，与含气储层是有区别的，在物性参数剖面和平面上都可以区分。

储层是否含气，林昌荣用压力梯度和流体密度这两个参数，进行综合预测。

图 3-2 是过 D23-1 井的压力梯度剖面，在时间深度 1457～1462ms 处，发现有一薄层压力梯度低值，林昌荣和其团队预测是太 2 含气层。它与后来 D23-1 井钻遇的气层相符。

采用林教授的方法计算气层的厚度，精度很高。例如 D23-1 井钻遇太 2 气层，用这个方法找到产层顶、底的时间深度为 1457～1462ms，换算深度为 2729.389～2741.449 米，厚度为 12.06 米，钻井实测厚度为 12.1 米，误差仅 0.04 米，也就是只有 4 厘米的误差！埋藏深度 2729.3 米钻前预测深度，与实际钻后深度对比误差仅为 4 厘米，那是相当的精准的。

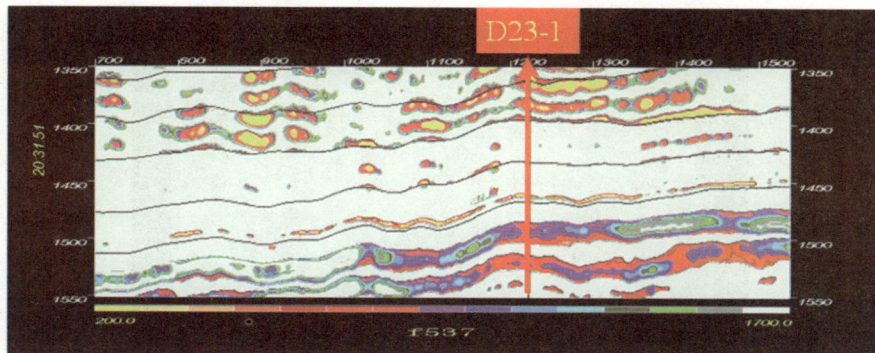

图 3-2　大牛地气田过 D23-1 井的压力梯度剖面

　　图 3-3 为仔细对比过 D23-1 井的气层预测剖面后，并在气层预测的三维数据体中追踪该气层，绘制成太 2 气层平面分布图，清楚地反映出气层的平面变化，它在东部的含气面积比其它地质层位含气面积都大，是这次预测的新发现。相关人员统计了 28 口井预测结果，其中只有一口井预测不准，其余的 27 口井全部吻合预测，预测成功率达 96% 以上，较大幅度地扩大了华北油田太 2 气层的地质储量。

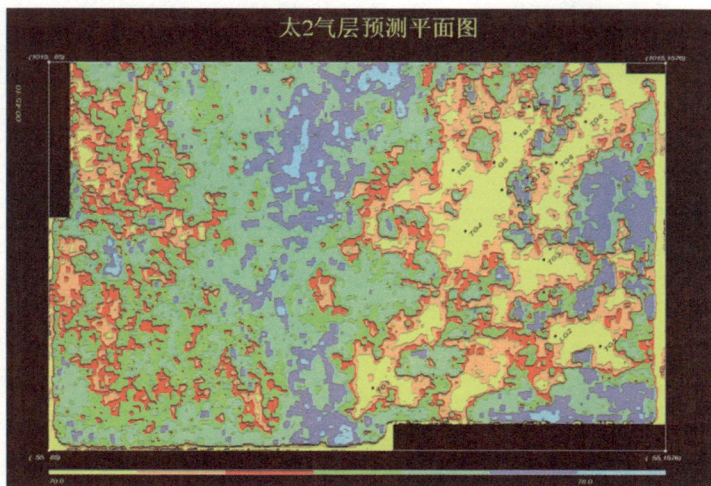

图 3-3　大牛地气田太 2 气层平面分布图

　　大牛地南区天然气富集的控制因素不是构造，计算油气藏地质储量的含气面积不能根据构造等高线来确定，所以在计算油气藏的地质储量之前，要根据储层的含气饱和度、孔隙度和流体密度等参数，对储层进行分类评价。林昌荣和其团队采用综合物性参数平面图（图 3-4）计算油气藏储量。

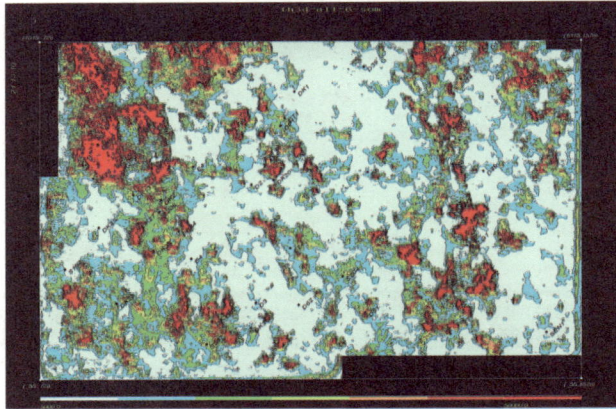

图 3-4　大牛地气田综合物性参数平面图

上图 3-4 是大牛地气田南区综合物性参数平面图，林昌荣把物性参数平面图分成五类含气储层，见下表 3-1。

表 3-1　大牛地南区有利气层综合分类

储层分类	物性参数			在综合参数平面图中的表示
	Sg (%)	Φ (%)	ρf (g/cm3)	
Ⅰ	大于 80	大于 9	小于 0.3	红色
Ⅱ	80 ~ 60	9 ~ 7	0.3 ~ 0.6	橘黄 ~ 黄色
Ⅲ	60 ~ 50	7 ~ 5	0.6 ~ 0.9	草绿 ~ 绿色
Ⅳ	50 ~ 30	5 ~ 3	0.9 ~ 1.02	天兰色
Ⅴ	小于 30	小于 3	大于 1.02	白色

Ⅰ、Ⅱ类是可靠含气区，Ⅲ、Ⅳ类是可能含气区，Ⅴ类是可疑含气区。油气藏地质储量计算，可选用Ⅰ、Ⅱ类含气区，并用下面的公式进行计算：

$$Q = \sum_{i=1} (A.H.\phi.S_g)_i$$

在这个公式式中：

Q 是地下油气藏储量（指地下油气藏储量，可以根据气态方程，换算为地面储量）；

A 是目的层综合物性参数平面图的面元面积；

H 是 A 的产层厚度；

ϕ 是 A 的产层平均孔隙度；

Sg 是 A 的平均含油气饱和度；

这种计算方法有两个特点：

第一、含气面积是综合物性参数平面图上Ⅰ～Ⅳ类有效面元的积分，这就剔除了无效面元的储量，使含气储量更符合实际。

第二、三维综合物性参数数据体是平均孔隙度、平均含气饱和度和气层厚度三个参数的乘积，这个乘积再与有效面元面积相乘，林昌荣称它为储量预测面元。把这些面元累加起来就是气藏储量，计算简单、快速，工作效率高。

若参加计算的参数不一样，油气藏储量是不同的，这就要合理选取参加计算的参数。

对大多数人来说，他们并不关心计算方法的特点，也就是不关注过程，而是更想亲眼看到结果。那"地震数据体波形结构特征油气预测法"这项技术，在大牛地气田的开发中到底带来了怎样的效益？

在一份大牛地气田《推广应用效益证明》材料中，显示林昌荣和他创立的"地震数据体波形结构特征油气预测法"主要贡献为：仅此这一个项目，通过调整项目方案后直接节省投资资金2.88亿元人民币，而且钻井成功率一下子提高到了80%-90%。

"地震数据体波形结构特征油气预测法"如此身手不凡，表现主要有三点：

一是出手快。能及时地提供最有油气希望的勘探开发井位，加速了气田勘探开发的速度，为这项新技术展示了良好的应用前景。

采用滚动开发时，要在发现井周围找出最有油气希望的井位，需要勘探开发专家费一番思索。而采用这种技术，可以设计一种能自动寻找最有油气希望井位的方法，能快速提供勘探开发井位，既不与已知井位重叠，保持一定的距离，又是油气预测的富集区，能够快速地把井位坐标，测线位置都列出来，提供勘探开发专家决策。

例如，D23-1井在太2获工业气流后，用户要求在该井周围，井距大于1000米的地方找出建议井位。林昌荣利用太2综合物性参数平面图，很快找出太2面元预测储量较为丰富的五口较有利的井位。

"若调整井位距离和面元预测储量的期望值，建议井位会增多或减少。"林昌荣采用这项技术，提供勘探开发井位的方法和速度，让人大为叹服。

二是出手准。如上文提到相关人员统计了28口井的预测结果，其中只有D62井预测不准，预测成功率达96%以上。接近100%的预测成功率，是多么让人震撼的数字，这项技术出手的准确性由此可见一斑。

大牛地气田200平方公里研究工区内的盒2和盒3二个主力气层，主要分布在DK2-DK12-DK13井区、DK18-DK24-DK19井区和D16-DK4-Dk15井区，以及D15井区、D30井区和D4-3-2井区的六个有利含气区（圈闭）之中；平面上分布在东西两个条带上，呈带状南北方向和东西方向展布；尤其以 DK2-DK12-DK13 井区、DK18-DK24-DK19 井区和 D16-DK4-D15 井区的地震数据体波形结构特征异常最为明显。

林昌荣把研究成果紧密结合生产实践，根据上述气层储层预测结果，及时调整了大牛地气田原开发方案的井位设计，其中，对主力气层盒 3 气层调整生产井数 39 口井；主力气层盒 2 气层调整生产井数 9 口井（直接节省投资资金达 28800 万元），并先后共优化部署 233 口开发井，在这一系列二百多口开发井中，除个别井，绝大部分井，只要井打在有明显的地震数据体波形结构特征异常上，都达到目前投产的要求（3×10^4 立方米以上），一般可达 5×10^4 立方米以上，个别井可达 20×10^4 立方米～ 30×10^4 立方米。

三是巨省钱。在大牛地气田面积为 200 平方公里的三维地震研究工区内所部署的并已完钻的二百多口生产井中，总体钻井成功率达到 82%，取得了显著的经济效益，确保了中石化华北分公司第一个 10×10^8 立方米天然气产能建设的顺利实施。

而在这次开发应用中，还有一个意外之喜——发现了新的含气砂体，扩大了天然气的地质储量。

这样的出手不凡绝不是偶然，而是必然。

打个形象的比喻，林昌荣这个找油人虽然加入"海上捕鱼"的行业没有多少年头，却身怀绝技，捕捉起大规模的"大鲸鱼"、"大鲨鱼"来目光独具，出手又快又准。

第三节　攻破世界难题——普光大气田的高效开发

2007 年 5 月，四川省达州市宣汉县普光镇的群山里，传出一个爆炸性的消息：在这里发现了特大型天然气田——普光气田！

四川盆地几十亿年前是海洋，伴随着地壳运动，原来位于海底的陆地隆起，大量的石油、天然气资源也随之被带了出来。过去的中国，只在从湖泊、沼泽、河流等陆地环境沉积下来的陆相地层里找到过大型油气田，而在由海洋环境沉积下来的海相地层里却一无所获。

从 20 世纪 50 年代开始，科研人员开始了在海相地层找油的尝试。历经半个多世纪，终于攻下了这个世界级难题。

发现普光气田具有重大意义，这是中国第一次在海相地层里找到大规模气田，而且普光气田也被国家当做"川气东送"重大工程的主攻天然气来源。"川气东送"工程被国务院列为"十一五"国家重大工程，惠及长江经济带的6个省2个直辖市，总计70多个大中型城市、上千家企业和2亿多居民。也就是说，这项工程将改变无数个家庭和无数人的生活。

普光大气田是中石化开发的第一个高酸性大气田，它的开发成败直接关系到国家计划川气东送工程的成果和效益。但开发普光大气田却是一个极其艰巨的任务，面临着五个世界级的难题：

首先，特高含量的硫化氢，平均浓度高达15%，并含有中等浓度的二氧化碳（平均8.1%）。二氧化碳的含量，直接影响着天然气处理装置的制冷温度。而硫化氢是一种剧毒气体，危害性和危险性巨大，并具有极强的腐蚀性。这种腐蚀性到底强到什么程度呢？即使是坚固的钢材，遇到它也会在短短的几小时之内就被腐蚀到开裂。

而当硫化氢浓度达到10%时，会瞬间让人死亡。那么，我们人类的血肉之躯，面对15%的硫化氢含量又会怎样？后果不堪设想。

所以，硫化氢含量特高的普光大气田，就是一个天然的有毒气田。

此外，含有这么高硫化氢的天然气，如何深度净化？又怎样安全储运？这些都是很棘手的问题。

其次，开发普光大气田要面对的世界级难题是，气藏目的层飞仙关组和长兴组埋藏深度为4800-6000米，钻井深度达5300-7000米，属于超深气藏，开发难度很大。

难题三，储层厚度变化快，从118米到419.1米，非均质性强。飞仙关储层整体似块状，长兴组为生物礁体分布，Ⅰ、Ⅱ、Ⅲ类储层交错复杂，储层各向异性严重；

难题四，储集空间类型多，有原生孔有次生孔，以裂缝－孔隙为主的多种储集空间类型等特点；

难题五，存在多套气水系统，气水关系复杂，如果采用常规油气预测技术对气水边界进行预测，很难预测精准。

面对这个摆出各种世界级别的难题，只能用绝无仅有来形容棘手程度的"毒气田"，所有人都感觉压力山大，怎么办？当今世界上常规的油气预测技术，已经很难满足开发这种如此复杂程度的气田的需要。就像一个医生虽然行医多年手艺不错，但面对同时得了五种疑难杂症，其中任何一种都是不治之症的超级棘手的病号，只能宣告无能为力。

而如何开发这种深度超深、同时高含硫化氢的特大型碳酸盐岩气田，国内没有成功先例，更缺乏超深层碳酸盐岩有毒气藏开发的经验。也就是说，这是我国首次开发这样的气田。

"气层超深、高含硫、地处复杂山地，周围人口密集，没有任何可借鉴经验……"

"这真的是在闯龙潭虎穴啊！"

面临着如此严峻的挑战，大家心里都很明白，其中最为核心的关键技术之一就是钻前气层预测。因为如何准确地预测好气田的规模、储量、厚度、埋藏深度和气组分等等一些地质参数，这不仅牵涉到国家投资规模的大小、还涉及到投产建设中所采取的生产措施等重大工程问题。具体地讲，能否准确预测储层含气分布特征、气层分布范围、气层厚度和深度、取全取准物性参数，以及准确确定气、水边界，提高开发钻井成功率，降低风险，满足开发需要，是目前能否征服这个正得意地叫嚣着，向人类示威的"毒气田"的关键核心。预测准确，就迈出了坚实的第一步，也是最为关键的一步，它将直接决定中国能否从此实现对此超深气藏的高效开发。预测不准，不仅浪费了国家大量的人力、物力和财力（每口井要花费近 2 亿元人民币），还会一开始就脚步虚浮，征服这种超深、高含硫化氢的特大型碳酸盐岩就彻底变成了一个空想。

所有人的目光，都聚集到了担任这个棘手项目技术负责人的林昌荣身上。

从 2004 年开始，林昌荣就作为主承担人，参与了中国石油化工股份有限公司重大科技专项攻关项目的研究，该攻关项目为《普光气田地震数据体结构特征法油气储集层预测研究》和《普光气田地震数据体结构特征法含气性预测及气田地质储量评价》，后来两项合一统称为《普光气田地震数据体结构特征法油气储集层预测研究》。

普光气田的开发，在 2005 年之前为先导试验，因为如何有效开发像普光气田这种特高含硫化氢和超深气藏的大气田，国内没有成功先例，面临的众多问题都是世界级难题，世界很多石油大公司都积极参与竞标以一显身手，所以，没有正式立项确定由哪家公司负责进行开发前的含油气性攻关研究。

通过优选竞标，林昌荣有幸跻身中石化《普光气田开发重大科研专项攻关项目》的研究，并在两个项目中担任第一位技术负责人和行政负责人。

在项目攻关研究过程中，林昌荣及时将研究成果应用到普光气田开发中来，及时调整井位，优化钻井设计，利用其自主研发的"利用地震数据体波形结构特征法预测油气层"的油气预测技术，先后在 150 平方公里的三维地震资料上，开展了"普光气田地震数据体结构特征法油气储集层预测研究"和"普光气田地震数据体结构特征法含气性预测及气田地质储量评价"两个项目的研究工作。

项目利用"地震数据体结构特征法预测油气层技术"，进一步落实并扩大了研究工区内目的层各主力气层平面分布格局及形态，搞清了研究工区内主力气层储层纵向上、横向上的展布规律，较大幅度地扩大了普光气田储量（图3-5），为普光气田的滚动勘探开发提供了有力的科学依据。

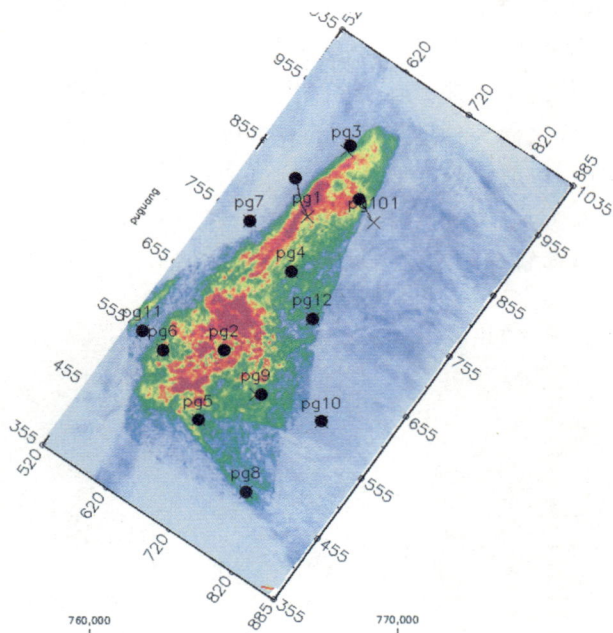

图 3-5　普光气田地震数据体波形结构特征异常含气面积平面分布图

现在，项目进行到钻探这一步了，验证林教授研究成果的时刻即将到来，这也同样是决定普光气田能否成功高效地被开发的关键时刻。

所有相关人员的心都被提到了嗓子眼。

"5 号井发现气层，气层厚度为 366.3 米！"

"6 号井发现气层，气层厚度为 411.2 米！"

"8 号井发现气层，气层厚度为 102.6 米！"

"9 号井发现气层，气层厚度为 204.2 米！"

"哇，在主体区块部署的 4 口评价井全部都得到了证实，获得较厚气层的厚度，正是之前林教授所预测的飞仙关组到长兴组！"

群情振奋，大家不约而同把关注点放到下一个重要问题上："快测试看看，它们的产气量怎么样？"

"普光 5 号井在飞三段日气产量 15.52 万方。"

"普光 5 号井在长兴组日气产量 67.42 万方。"

"普光 6 号井在飞三段日气产量 40.22 万方。"

"普光 6 号井在飞一～二段日气产量 128.22 万方。"

"普光 6 号井在飞一～二段中段日气产量 75.25 万方。"

普光 8 号井和普光 9 号井在飞仙关组和长兴组投产后同样也得到了高产气流。听着一个个振奋人心的数字，周围响起此起彼伏的掌声和欢呼声，经久不息。

"7 号井什么情况？"林昌荣却没有喜形于色，表情郑重地问道。因为之前中石化决定打 7 号井打的是探井（属于扩边井），钻前预测不在有利地震波形结构特征异常含气分布范围之内，林昌荣对中石化领导建议，如果要把此井变为开发井，可以采用侧钻方式，也就是打水平井。

"改用侧面钻探方式后，也在预测的位置，发现了厚气层！"

"后来经过测试，日气产量 57.34 万方（图 3-6）！"

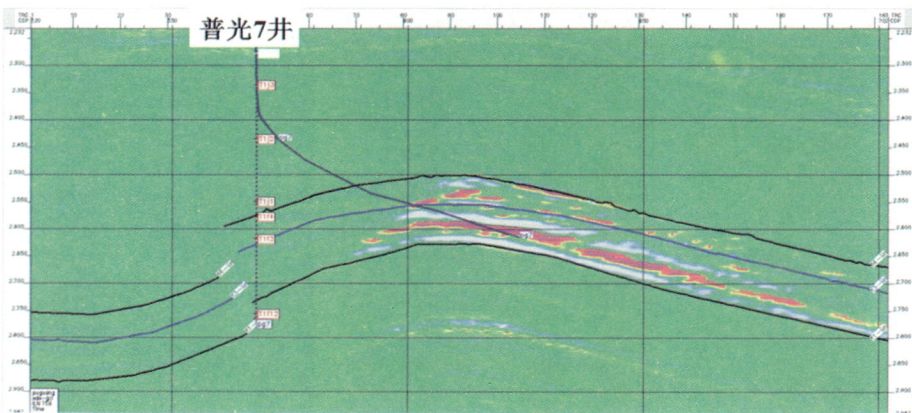

图 3-6　过普光 7 井地震数据体波形结构特征异常气层剖面图

"那也就是 5 口井全中！"林昌荣的脸上，这才露出一丝微笑，他疲惫地揉了揉因为熬夜，而布满血丝的眼睛。

而接下来的消息，更是大快人心：经过综合评价，普光气田飞仙关组及长兴组气藏，最终落实未开发探明含气面积为 45.58 平方公里，天然气未开发探明地质储量为 2510.70 亿方，天然气探明技术可采储量 1883.04 亿方，技术创新成果新增净现值达 5470450.1 万元人民币。

这是多么让人心脏狂跳的地质储量，这又是多么让人振奋的新增净现值！普光，你果然没让人失望，你果然是气田里的巨无霸。只要驯服了你，你就乖乖奉上了如此丰厚的回报。只是，你是如此桀骜不驯，除了林教授，还没有人有能力驯服你。

初战告捷，原本忐忑不安的人们吃了定心丸，对林教授这个仿佛长了双能穿透地层神眼的"大侦探"接下来的预测更加充满期待。

在普光气田打开发井，首要问题就是安全控制，这样一来导致投资巨大。在这里打一口井需要投资两亿元。要获得高效益，只有一条路可走——少打井、打高产井。

可是这谈何容易？

要打出高产井，就要对地下气藏的分布情况摸得准、认得清。而少打井，又会对这种摸索和认识制造很大障碍。

最初的开发方案里，部署了 52 口开发井。

林昌荣却提议："根据我们'普光气田地震数据体结构特征法含气性预测及气田地质储量评价'项目的研究成果，把 52 口开发井通过优化井位调整为 40 口井即可，还能达到更好的开发效果。"

现场鸦雀无声，落针可闻。

如果能达到同样甚至更好的开发效果，却可以减少钻探 12 口井，光这一部分节约的直接投资资金，就高达 24 亿元人民币以上！

24 亿元，那可是能堆成一座山的巨额资金！

众人看向林教授的目光各异，有的激动，有的担心，有的半信半疑。

林昌荣胸有成竹。他做这个项目的创新内容之一，就是海相储层开发精细描述技术。这种技术就如同医院给病人看病时，对人体进行扫描的ＣＴ，能看穿厚厚的地层，精准地进行定位。林昌荣坚信，有了这些科研成果的指引，井位会定得更准，开发方案更加优化。

在林教授的这份坚信里，钻头的隆隆声响起，按照调整后的开发方案部署的40 口井开钻了。

而最后的实际结果，再一次让人们震撼了：普光气田 40 口开发井，均钻遇优质气层，成功率 100%！

钻遇储层符合率 86.5%，气井产能达标率 100%！

好一个百分百，林教授又创造了一个神话！

"林教授啊，"激动的人们把林专家团团围住，眼神里全是信服和仰慕："您对付普田这块超级难啃的骨头，还真是有一堆法宝啊！"

"性子再坏的油气田，遇到了林教授都没了脾气，因为它们有多大能耐，多大潜力，是个啥子性格脾气，我们的林神探全都了如指掌，保准把它们调教得乖乖听话。"

"那我们叫林神探是林神医，是不是更贴切？"

有人很认真地问道，引起现场一片笑声。林昌荣也笑了。明朝的冯梦龙在《警世通言》中说过，"男儿不展风云志，空负天生八尺躯"。能给这些难啃的骨头开出不同的药方，药到病除，做到因地制宜、分而治之，的确是他这个热血男人的志向。如今，心愿得偿，甚是欣慰。

《普光气田开发重大科研专项攻关项目》项目完成后，中国石油化工股份有限公司（中石化）组织有关知名院士、专家、学者对该研究成果进行鉴定，成果鉴定一次性通过，并获得高度的评价。

鉴定专家委员会一致认为：项目研究取得了丰硕的科研成果以及生产效果；项目研究成果所带来的经济效益十分显著，成为气藏工程重要的参考资料之一。

业内人士评价说，高含硫气田的成功开发是我国石油工业的一大创举，所形成的技术、标准、管理经验，使我国成为世界少数几个掌握开发特大型超深高含硫气田核心技术的国家之一。

面对掌声雷动，向来淡泊名利的林昌荣还是和平日一样，踏踏实实工作，他更关注的是普光气田的成功开发，给国民的生活带了怎样的便利。

"在四川，来自普光气田的天然气为驻地达州跨入'千亿元 GDP 俱乐部'输进了工业腾飞的血液；在江西，来自普光气田的天然气结束了该省没有管道输天然气的历史……在重庆、在武汉、在杭州、在上海，来自普光气田的天然气成为优化能源消费结构、节能减排、提升经济运行质量的有力支撑。"

捧着报纸看到这里的林昌荣，舒心地笑了。

第四节　川东北河坝地区的气藏预测

"我希望这项技术受到重视，而且广泛应用于海上、陆上，并作为我国的自主创新核心技术参与国际市场竞争，不仅可以提高我国在油气预测方面整体科研水平，同时还可以提高我国同类研究中的国际竞争力。"这是林昌荣对其所创立的"地震数据体波形结构特征法预测油气层"科研成果提出的期望。

而林昌荣自己，并不满足于对陆源碎屑岩和碳酸盐岩含油气性预测的成果，正在加强对火成岩体里含气性的深入研究。

"地震数据体波形结构特征法预测油气层"的科研成果，给全世界的油气预测打开了一片广阔的天地，中国油气工业迎来了一个盛大的春天。而石油的重要性，对于国民经济是"牵一发而动全身"。这样一个期待已久的春天的到来，对中国国民经济的发展意味着什么，不言而喻。

2006 年 10 月至 2007 年 6 月，正在中国石油大学（北京）读博士的林昌荣，把他基础研究"地震数据体结构特征法预测油气层理论与方法研究"有关的科研成果，应用于川东北河坝地区气藏预测中，确立了河坝地区主力气层的地震数据体结构响应特征，指出了该区飞仙关组三段和嘉二段有利气层的分布规律，并根据地震数据体结构特征，预测了有利含气面积的分布范围。

川东北地区经历了燕山期及早、晚喜山期多期的构造变形，使得沿用传统的、以原始地震剖面进行地震相解释变得复杂和不太现实。为了消除后期构造变形对原始地震波形的影响，林昌荣采取层拉平技术，将三叠系下统飞仙关组四段底部作为基准层进行拉平，全面恢复了原始地层的地震反射特征，拉平后采用"频率＋振幅＋连续性＋构型"的复合命名原则，将研究区划分为中高频低振幅亚平行地震相、低频低振幅中连续弱反射地震相、"S"斜交前积—叠瓦前积地震相和中低频中振幅亚平行地震相四大类，同时根据临区钻井资料，研究区的岩相古地理特征以及威尔逊及关士聪等人沉积相模式（20世纪70年代，威尔逊综合大量前人研究资料，建立了碳酸盐标准相带模式即威尔逊模式。中国学者关士聪在综合研究了我国当年大量地层研究成果和编制1:100万全国范围的古海域沉积相图的基础上，结合威尔逊模式概要和综合了中国元古宙晚期至三叠纪古海域总体特征，提出针对中国古海域的特点的沉积模式即关士聪模式。这个模式非常符合我国南方晚古生代和早三叠世常出现的碳酸盐台地与台内槽盆错综复杂的交错格局，具有重要的理论创新和实践意义。）

林昌荣认为，川东北河坝地区以台地陆棚相组沉积为特征，发育台地边缘滩相带、台地边缘礁相带、台地边缘斜坡相带和陆棚内缘斜坡相带。

地震反射特征主要是指地震反射结构和地震反射构型。地震反射结构是指同一地震地层单元范围内地震剖面各个组成部分（即同相轴）的代表性物理地震学特征，包括其视振幅、视周期（视频率）和连续性三个方面。地震反射构型是厚度大致与准层序（以海洋洪水面为界的地层单元）或成因层序（以沉积环境突变面为界的地层单元）相当的岩层的叠加模式的直接表现，反映的是宏观沉积作用的性质和沉积补偿状况等。地震反射构型受地震资料采集、处理过程的影响较小，且一般都具有显著的沉积相意义，因此在地震相分析中占十分重要的地位。

地震相就是在地震反射时间剖面上所表现出来的反射波的面貌，一般用地震反射结构和地震反射构型两方面内容进行描述。地震相分析则是根据地震相特征进行沉积相的解释推断。

那川东北河坝地区的地震反射特征有哪些呢？

研究区位于川东北断褶带的东北段，主要经历了燕山期及早、晚喜山期三期构造变形，主要形成有北北东、北西向构造，总的特点是褶皱强烈，断裂发育。发育三套脆性变形层、三套塑性变形层，以嘉陵江组上部至雷口坡组下部膏盐岩为最主要的滑脱层，志留系页岩为次要滑脱层，形成了上、中、下三个变形层，具有不协调变形特点。

为了消除后期构造变形对地震原始波形的影响，林昌荣在进行川东北地区飞仙关组的地震相分析时，没有沿用传统的以原始地震剖面来进行地震波组频率、振幅及连续性的划分，而是采用层拉平技术，恢复原始地层的地震反射特征，同时结合地震反射特征在平面上组合关系，进行地震相的识别和划分。根据前人的研究成果，三叠系下统飞仙关组末期为准平原化时期，因此拉平飞四段的底能相对真实的反映原始地层沉积时的古地貌特征，如下图 3-7。

根据川东北地区飞仙关组的地震剖面结构和地震参数特征，包括地震反射结构和地震反射构型，结合前人工作成果，林昌荣在研究中采用"频率＋振幅＋连续性＋构型"的复合命名原则，对该区的地震反射特征进行分析研究。

拉平飞四段之后，川东北地区飞仙关组地震反射总体以中振幅中低频率为主，连续性相对中等，同相轴以亚平行反射为主，"S"斜交前积和叠瓦前积反射构型在本区也较发育，在部分地区可见弱的空白或低振幅低频的杂乱反射，将这几种地震反射特征投影到平面上，可得到该区的地震相平面分布图。

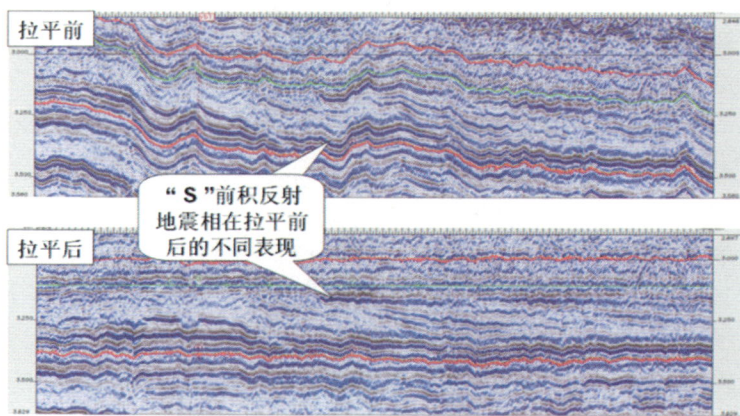

图 3-7　层拉平前后地震反射特征的变化对比

地震相是指有一定分布面积的三维地震反射单元，其地震参数，如反射结构、振幅、连续性、频率和层速度，与相邻单元不同，它代表产生其反射沉积物的一定岩性组合、层理和沉积特征。因此，地震相是地下地质体的一个综合反映，可以认为地震相是沉积相在地震剖面上表现的总和。由于岩相的变化会引起反射波的一些物理参数改变，因而，地震相可以在一定程度上表现岩相特征，从而将同一地震层序中，具有相似地震地层参数的单元，划为同一地震相。

地震相分析的目的是通过对地层单元内各地震相带的识别及划分，即将地震剖面划分为性质各异的地震相区，用以恢复沉积环境和确定盆地内层序岩相特征。为分析地层单元内沉积环境及古地理，重塑盆地的沉积史和构造史，预测生、储油气相带、地层和岩性圈闭等提供前提条件。

　　研究地震相的关键是找准研究区地震反射特征、认清地震地层的上下接触关系，根据地震反射结构进行不同地震相区带的划分，然后再依据地震波组构型和反射终止特征细分地震相，这样就可以准确的来划分地震相。在完成地震相划分的基础之上，根据地震地层参数的变化，将同一地震层序中具有相似参数的地层单元连接起来，做出地震相的平面分布图，对它进行分析，再通过钻井资料进行沉积相解释，进而找出地震相与沉积相之间的对应关系，同时以研究区岩相古地理特征和古水流方向来划分沉积体系为基础，来预测沉积相的展布规律，以此将地震相图"转相"而形成沉积相图。

　　如果钻井数量比较少，不足以在每种地震相区都有一口井时，则有些地震相就无法"转"为沉积相。更重要的是，即使每种相区中都有钻井控制，但由于同一种地震相完全可能对应于不同的沉积相，因此这种机械地"转相"的结果很可能导致低级错误。

　　面对这些问题，林昌荣对本次川东北地区地震相分析的思路是：

　　以威尔逊和关士聪等人沉积相模式为指导，以地震相平面展布特征为基础，综合研究区的区域沉积背景，参考临区已钻探井的沉积特征，及其与地震波形的耦合关系，同时考虑因构造变形和层拉平技术导致的地震波组特征的变形而对地震相解释造成的影响，恢复研究区的沉积相。

　　层拉平后，川东北地区飞仙关组地震剖面具有如下几种典型地震相：

Ⅰ——中高频低振幅亚平行地震相

　　该地震相主要分布于研究区的西南部，平面上以中高频低振幅反射为主，在拉平剖面上为亚平行反射，如下图 3-8，解释为台地边缘滩相带的地震相。

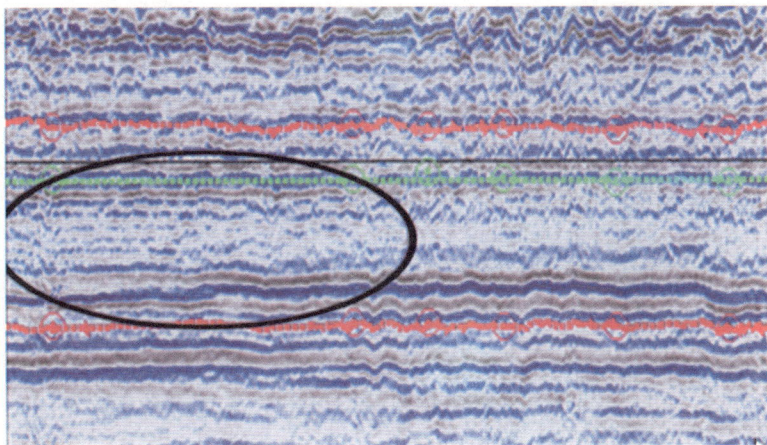

图 3-8　中高频低振幅亚平行地震相

II ——低频低振幅中连续弱反射地震相

该地震相与 I 类地震相相邻，位于该相带的向海一侧，呈丘形外形，具有微凸起的正向构造特征，频率振幅均较低，连续性较差，其内部为无反射结构，其地震反射特征与围岩差别明显，底部为较强的反射界面，其平面形态为长条形环状，外侧常发育超覆现象，顶部可见披盖构造（图3-9），根据其发育部位和地震反射构造特征，以及结合钻井资料，解释为台地边缘礁相带。

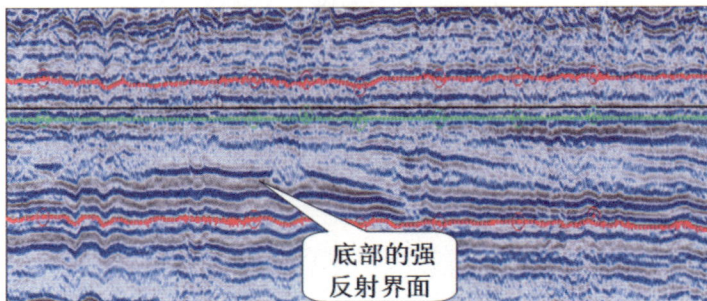

图 3-9 低频低振幅中连续弱反射地震相

III ——"S"斜交前积－叠瓦前积地震相（低振幅、弱振幅、中高振幅）

地震反射构型为"S"斜交前积型，振幅由中到低变化不等，相对较连续，该地震相在纵向上的明显特征是沿走向或斜切走向方向都是前积结构，其前积角度随着向海方向的延伸而逐渐减缓，地震反射构型由"S"前积逐渐变为叠瓦前积，其振幅也有原来的弱低振幅变为中高振幅（图3-10），根据该相带的发育位置及平面分布规律，同时综合钻井资料，将该地震相解释为台地边缘斜坡相带。

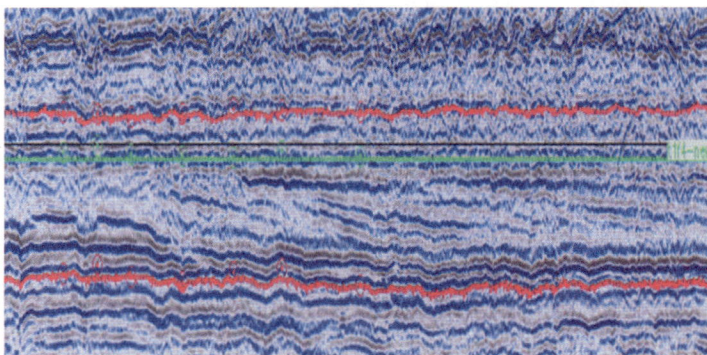

图 3-10 "S"斜交前积－叠瓦前积地震相

川东北地区台地边缘斜坡带的沉积过程与海平面相对变化有着非常密切的关系。当海平面相对静止或缓慢上升时期，陆坡表现为强烈进积，形成"S"型或顶超型前积构型，这与海相河控三角洲的剖在特征极为相似，区别在于三角洲的前积相带在平面上呈扇状，而斜坡带的前积相带则呈伸长的带状。

Ⅳ——中低频中振幅亚平行地震相

该地震相是"S"斜交前积—叠瓦前积地震相向海方向的延续，与该相紧邻发育，主要分布于研究区的东北部，地震参数以中低频中振幅反射为主，拉平后地震剖面上为中连续亚平行反射（图3-11），相对平行的波组特征反映了水动力环境逐渐趋于稳定，根据沉积相带的平面模式和演化规律，解释为陆棚内缘斜坡相向浅海陆棚相的过渡带。

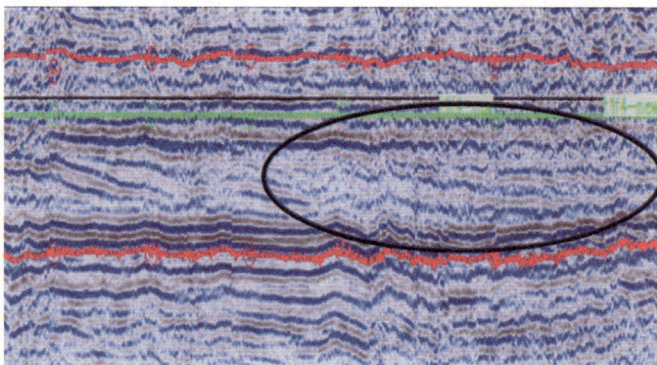

图3-11　中低频中振幅亚平行地震相

典型剖面地震相的识别为恢复平面地震相分布特征奠定了基础，将个剖面依次投影到工区平面图上，根据地震相平面分布规律和演化趋势，结合工区的地质背景以及沉积相的相模式，可得到研究区沉积平面分布图（图3-12）。

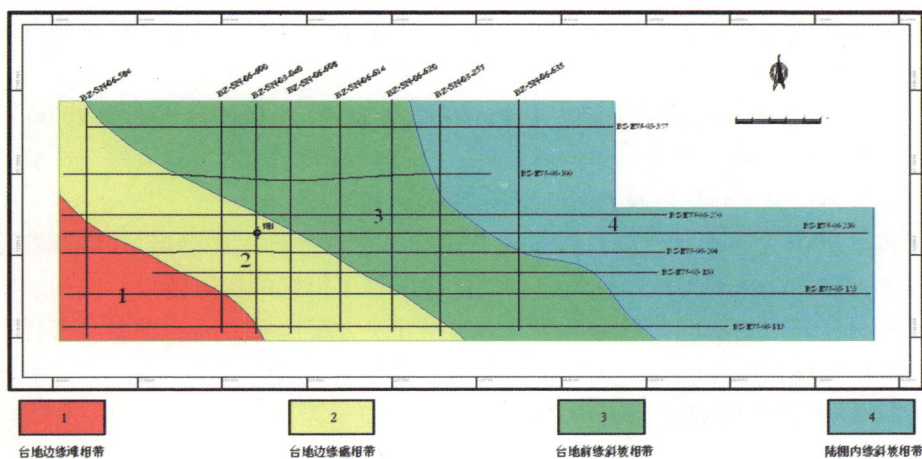

图3-12　川东北地区某区块地震相平面分布图

研究区以台棚相组沉积为特征，从工区的西南向东北地区依次发育台地边缘滩相带、台地边缘礁相带、台地前缘斜坡相带和陆棚内缘斜坡相带，各相带呈条带状呈北西向展布。

林昌荣把辩证的思想带入了自己的分析中，他认为任何事物都是有两面性的，由于在地震相分析过程中，对飞四段的底界拉平，将会改变原始的地震波形，无论是地震反射终止特征、反射结构还是反射构型，都发生了某种程度的变化，有的由于拉平各种地震现象变得更加明显，更容易识别，而有的则由于这种变形使得反射特征变得更加复杂，从而影响地震相的分析。

另外，不同方向的测线，其地震相特征也不尽相同，不同年度采集处理的测线的波组特征也会存在差别，一般来讲平行物源走向的地震测线能够更好的反映原始沉积特征。另外在地震相向沉积相转相向过程中，除考虑钻井证实的资料以外，还要充分考虑研究区的岩相古地理特征和典型相模式，综合分析沉积相。

因此在地震相的分析过程中，要综合考虑各种因素，有效的提取有效信息，同时要剔除不利信息的影响。

林教授通过展开"河坝地区地震数据体结构特征与气层分布规律预测"项目的研究工作，确立了河坝地区主力气层的地震数据体结构响应特征；指出了该区飞仙关组三段和嘉二段有利气层的分布规律；并根据地震数据体结构特征，预测了有利含气面积的分布范围。

在248平方公里三维地震数据体研究范围内，预测飞仙关组三段有利含气面积可由原来的144平方公里上升到180平方公里；预测嘉二段有利含气面积可由原来的122平方公里上升到172平方公里，为公司在河坝地区对下步气田的开发提供了有力的科学依据。

在搞清河坝地区深层海相碳酸盐岩气层的展布规律的基础上，林昌荣进一步指明了河坝1井位于有利含气的地震数据体结构特征上，后经进一步测试，测试井段 4970 — 498 米，无阻流量达 130×10^4 立方米/天（原测试气产量 29.60×10^4 立方米/天），证明了研究结果的可靠性，经综合评价，预测可获天然气储量上千亿立方的大气田（已获控制天然气储量 743.4×10^8 立方米）。

截至 2007 年 5 月底，有 3 口勘探井正在钻探，并已优先选出 10 口开发井位准备投入开发。林教授此项目的研究成果，取得了很好的实际效果，得到了中石化司西南分公司的认可，成为河坝气田编制开发方案地质方面的重要参考资料之一。根据地震数据体结构特征评价出的各类有利含气区/块，已经作为西南分公司近期河坝气田产能建设的有利目标区。

第五节　钻前预测准确率超过 70% 的神探

前面提过，林昌荣教授开发出的此项独立的油气预测技术，已被中国三大石油公司广泛采用，并快捷、方便、高效地被石油公司广泛应用到中国大部分沉积盆地的不同岩性类型的油气田上，钻前油气预测成功率均达到 70 ~ 80%，远高于 20 ~ 30% 的国际平均勘探成功率。

根据统计数据显示，共预测的探井、评价井和开发井井数近 800 口，统计预测准确率可达 80% 以上。其中，开发井井数近 500 口（仅大牛地气田开发井井数就达 300 多口），统计总体预测吻合率（准确率）可达 80 ~ 90% 以上；探井、评价井 300 多口，统计总体预测吻合率（准确率）可达 80% 以上。

林昌荣利用地震数据体结构特征预测油气层，通过 40 年来（1982 年 -2021 年）大量的油田生产实践表明，其预测准确率基本可达 80% 以上，取得了巨大的经济效益。

在海上，此项油气预测技术继 1991 年发现了我国海上第一个上千亿立方米的东方 1-1 大气田，实现了海上浅层大气田存在零的突破后，对南海、渤海、东海海域里隶属中海油的 38 个构造 89 口探井的油气钻前预测统计结果表明，其预测准确率可达 80% 以上。

从 1990 年 1 月到 1998 年 6 月中海油的部分统计表（表 3-2）可以看出，钻前油气层地震数据结构特征预测效果，与实钻结果大部分都是完全吻合，吻合程度相当高。

表 3-2　中海油早期部分钻前油气层地震数据结构特征预测效果统计表

（1990 年 1 月 -1998 年 6 月部分统计表）

序号	井号	层位	预测		实钻与预测吻合程度
			含气情况（烃类气）	组份（CO_2）	
1	YC21-1,2,3	三亚、陵三	范围小、层薄、含气特征不明显		吻合
2	YC7-4-1	三亚顶、T100 之下	三亚顶有一薄气层 T100 不是花岗岩基底		不完全对
3	YC19-2-1		井超出气层范围		吻合
4	YC.35-1-1	莺黄组振幅异常体梅山组顶（T40）	无气表现特征无气特征		吻合未测试

续表

序号	井号	层位	预测		实钻与预测吻合程度
			含气情况（烃类气）	组份（CO$_2$）	
5	DF1-1-1,2,3,4	莺黄组	Dno.1-1-1 一气层，往两侧加厚至 30 — 40 米		吻合
			Dno.1-1-2 二气层		吻合
			Dno.1-1-3 低烃气	高 CO$_2$	吻合
			Dno.1-1-4 主力气层（2）气组	高 CO$_2$	吻合（组分不吻合预测气吻合）
6	LD15-1-1、2	莺黄组	Lno.15-1-1 二层气层		吻合
			Lno.15-1-2 顶层好气层	下层高 CO$_2$	吻合
7	LD20-1-1	三亚、陵水组	含气超出构造圈闭范围		吻合
8	LD14-1-1	莺黄组	T10 有一薄层小气层		未证实（井位偏离）
9	LD34-1-1		无气层（干井）		吻合
10	LD13-1-1		无气层（干井）		吻合
11	QHD32-6-8	明化镇组	油层		吻合
12	PH-A6	平湖组	油气层		吻合

在陆上，此技术连续十多年投入到陆上中石油和中石化的应用，比如，从 2002 年到 2013 年陆续对新疆塔里木盆地、青海柴达木盆地、四川盆地、东北松辽盆地、内蒙古鄂尔多斯盆地、华北平原和云贵中心盆地群的碳酸盐岩储集层、砂岩储集层或火成岩含油气性的研究。2005 年，该技术应用到四川盆地深部碳酸盐岩普光气田钻前含气性预测，成功率达 100%。

对中石油进行研究的克拉 2 气田、柯克亚油气田，阿克气田和广安气田等，对中石化研究的塔河油田、大牛地气田、河坝气田、元坝气田和近两年来中石化发现并投入开发的普光大气田等，都取得了很好的效果，准确率均达到 80% 以上。

从 2005 年开始，"地震数据体波形结构特征法预测油气层"技术在中原油田得到推广应用，为普光气田的滚动勘探开发、为大气田主体开发方案部署的 40 口开发井提供了有力的科学依据，同时成为气藏工程的重要参考资料。在川东北地区发现的普光气田是迄今为止国内规模最大、丰度最高的特大型整装海相气田，用该法对普光气田钻前含气性预测，成功率达 100%。

在海外，林教授的技术被推广应用到中东和北美有关油气田的开发中，比如，2010 年叙利亚油田的应用，2016 年乍得油田的引用，都取得了很大的成功，到得到用户的高度赞赏。现在，正投入北美一个油田的应用，初步也得到很好的效果。

下面仅以叙利亚 Tishrine 油田海外项目的开发的成功案例，进一步证明"地震数据体波形结构特征法预测油气层"技术的广泛实用性：

叙利亚 Tishrine 油田的开发是我国对外合作油田的一个重要项目之一，也是我国对外油田开发的一个窗口。它属于海相碳酸盐岩储层，开发面临四大攻关难点：

（1）平面上，岩性、岩相变化较大，沉积相带关系复杂，所以，精细刻画 Tishrine 油田海相碳酸盐岩储集层含油性问题难度很大。

（2）纵向上，埋藏深度虽然不大，但油层分布跨度大（三个层位），比较分散不集中，含油性识别困难大。

（3）油水关系复杂，相带变化大，分割性强，所以，各个区块没有统一的划分对比标准，不同的划分标准给各区含油性的量化标定带来困难。

（4）井与井之间可对比性比较差，所以，会给地震数据体结构特征划分含油类型识别、类型划分带来很大困难。

林昌荣通过对叙利亚 Tishrine 油田三个主要目标层位、三维地震资料面积约 290 平方公里的"地震数据体结构特征预测裂缝系统和含油性研究"，给出了如下五项研究结果：

（1）油田的三个主要目标层的局部含油性与有利的含油地震数据体波形结构异常具有响应特征。

（2）平面上，地震数据体结构特征异常总体呈北东——南西向条带状分布，三个条带状分布的地震数据体结构特征内部仍有较大变化，研究区除三个条带状分布地震数据结构特征显示比较明显外，其他部位均比较弱。

（3）纵向上，研究区七个小层有利含油结构特征裂缝系统单元具有相当的复杂性，具体表现为有多个的地震数据结构特征异常显示，各个含油区块标准划分不一样。

（4）根据叙利亚 Tishrine 油田七个小层开发层系有利含油性裂缝系统单元的地震数据体结构特征值的量化标准，研究区范围之内，圈定了共 25 个有利含油分布范围的地震数据体结构特征异常的面积。

（5）扩大了研究区含油面积；为公司打好开发井提供科学依据，对指导油田多打高产井，少打低效井，不打无效井具有现实意义和经济价值。

林昌荣通过对叙利亚 Tishrine 油田"地震数据体结构特征预测裂缝系统和含油性研究"的五项研究结果，给石油公司带来了巨大的直接经济效益。

通过对叙利亚 Tishrine 油田的项目攻关研究，石油公司及时调整井位，在井区内部署加密井，在井区外部署增加新钻井，效果由原来攻关研究前的年产油量 20 万吨，到攻关研究后的产油量增加至年产量油 80 万吨，给公司带来了很大的经济效益。

这份近乎满分的答卷，不仅赢得了叙利亚相关科研人员的赞不绝口，而且极大地提高了我国油气预测技术的国际地位。

林昌荣自从 1982 年提出了"地震数据体波形结构特征法预测油气"方法后，林昌荣教授就开始进行艰苦的探索和大量的试验工作。从 1989 年到 1999 年的 10 年时间里，他曾先后多次在中海油从南海到渤海，在陆源碎屑岩油气层试验，都取得了成功。

接着，从 2000 年到 2009 年这 9 年时间里，林教授把此项理论进行了推广应用：从单纯在中海油海上的应用，发展到陆上的中石油、中石化等单位的应用。接触到的岩石类型更是多种多样，包括陆源碎屑岩、碳酸盐岩、火成岩；沉积环境——海相、海陆过渡相、陆相等；预测深度从 100m 到 8000m 以上，总体成功率基本能稳定在 70%-80%，甚至更高，均获得了非常好的经济效益。

几十年一路走来，林教授最终取得了巨大成功，但是早期所承受的压力和质疑非常人能够承受。面对压力，他坚持走独立思考的道路，坚持研究、不断探索，任由他人评说。面对质疑，林教授的做法是"掌握好两端走中庸之道"。所谓"两端"，一端是不消极怠慢，不气馁不放弃（即使短暂的休息也是暂时规避极端争议而已），另一端是不激进对抗，不争辩（合适的时机会做出解释）；"走中庸之道"的意思是"多说无用"，时间会证明一切。在不消极怠慢和不与他人争辩的同时，继续认认真真地深入作研究，用事实说话，因为油气预测实践性是非常强的，行不行生产上一试便知。

利用地震数据结构特征研究油气层，不仅适用范围极其广泛，岩石类型为陆源碎屑岩、灰岩；沉积环境为海相、海陆过渡（三角洲），陆相（河流相、湖泊相）；深度范围为从 600 米 ~ 8000 米预测厚度为 10 米以上砂岩层（主频 50Hz 左右），而且它是一种连续性动态的油气识别过程，所以，可以作较长距离的预测。对于新区即使没有井资料，只要地震资料品质是好的，都可作预测。1991 年对东方 1–1 大气田 1 号井浅层气藏的预测就是一个很成功的例证。

利用地震数据结构特征研究油气层其适用范围：虽然采用灰色计算模型（GM）等已部分实现计算机程序化，但是一些地质因素，如系统划分、数值的相对性概念等还不能完全实现计算机程序化，这也是诸多技术关键之一，因为数值在研究中是相对的、次要的，主要是研究结构。

下面以东方 1–1 大气田 1、2 井详细预测过程为实例，我们来看看林教授这个方法的预测效果。

东方 1–1 大气田　1991 年 11 月钻探第一口井东方 1–1–1 井，钻前用常规方法预测气层在 2000 米以下（1.5msT23 以下），而用本法预测该井气层在时间 1.31 秒，井深 1300 多米处，并向两侧加厚，达 40 ~ 80 米，实钻在 1326.5 米见到电测解释

6.5 米气层，厚度变薄，主要原因是该井打在气层厚度最小的位置上，地震剖面上显示为一缺口（图 3-13）。

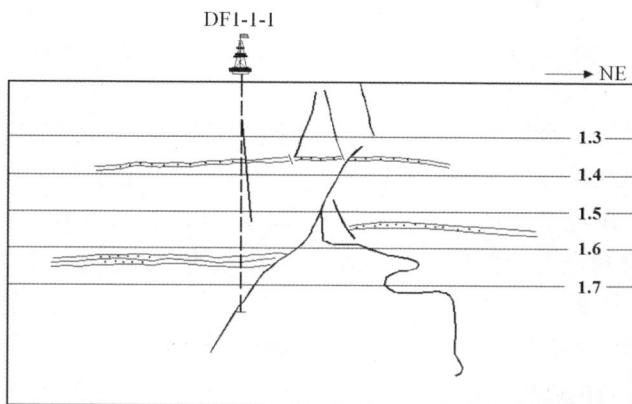

图 3-13　过 Y3489 地震测线 DF1-1-1 井钻前预测气藏剖面示意图

继东方 1-1-1 井后不久，1992 年 7 月继续钻探第二口井东方 1-1-2 井，原设计可钻遇二、三、四、五共四套砂岩目的层，实钻井深分层数据分别为 1275～1297.8 米（22.8 米），1318.5～1362.4 米（43.9 米），1414.2～1507 米（92.8 米），1538～1627.2 米（89.2 米）。而用本方法进行钻前预测，其可钻遇 A、B 二层气层，时间剖面上分别约在 0.95s 秒和 1.28 秒（相当于原设计井的第二目的层），实钻井深在 1284～1296 米（1.28 秒）处钻遇第二层（B 层）为天然气层，经测试日产天然气 33×10^4 立方米，而上部 A 层实钻在 922 米到 926 米处，厚 4 米的粉砂岩，见有气测异常（气测值从小于 1% 上升至 2.4%），声波时差也有较大的跳跃，且上、下围岩变细为泥岩，道积分剖面上也有类似于第二层的特征显示，因该层不在原井设计的目的层之中，故没有测试。继后 4、5 井实钻气层厚度更进一步证实了原先预测的准确性，最后落实此气田为储量达到 1000×10^8 立方米的大型气田（图 3-14）。

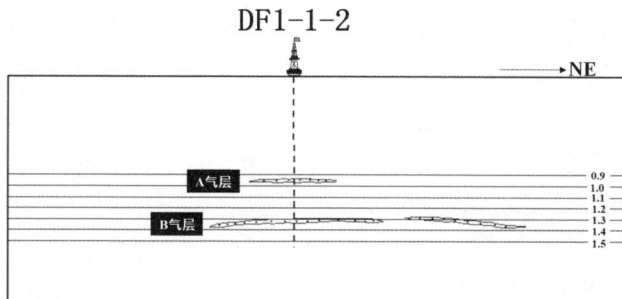

图 3-14　过 Y3485 地震测线 DF1-1-2 井钻前预测气藏剖面示意图

上述预测结果为钻前预测的，预测气层基本上是准的，也就是说钻前预测气层位置、厚度、发布范围与实钻效果吻合很好，或气测高的层段与预测层段相一致。

大量的生产实践证明，林昌荣的该油气预测方法，完全可以广泛地应用到钻前油气预测中去。

几十年来，林教授以地震数据体波形结构特征异常的特殊处理、分析研究、类比比较、推理判断等严密的逻辑思维方法为指导思想，从特征是个开放体，推断并不是结论的命定，而是结论的选择出发，即从推断的目的，是为了从特征所提供的分析事物的全方位角度，研究地质体存在的各种可能，再从诸种可能中，选择出最有利、诸多条件最完备、不大相矛盾的一种为出发点；并引入灰色系统理论的灰色预测作为数学计算模型，完满地解决了利用"地震数据体波形结构特征法预测油气"的全过程。

林教授还曾单独对中国九个不同沉积盆地的200多口探井、评价井作过钻前预测和钻后结果的对比统计，即进行过井剖面钻前目的层（油气层）预测统计。统计结果表明，所钻遇油气层，与钻前预测吻合还是非常好的，即预测的油气层绝大部分也都能对应到钻井气测值高的砂岩层或碳酸盐岩层上，探井、评价井总体成功率同样高达80%，取得了显著的经济效益。

第六节　方法比技术更重要

全世界所有石油公司进行石油地质研究工作，中心任务之一是如何提高钻井成功率。多年的实践经验，使我们有一个较深刻的体会是：往往我们集中大部分精力对于新理论的吸收，新技术新方法的引用，而很少注意到思想方法和思维方式的改进，同时也缺少对地下地质实体、地质/物探特征以及推断结果之间关系的研究。如果我们能改变一些思维方法，根据不同工作阶段、不同盆地、不同油气藏类型，用不断变化着的动态思维方式，在充分理解地质实体、地质/物探特征、推断结果之间的辩证关系之后，也就是我们经常说的具体问题具体解决，不仅要了解问题的普遍性也要了解问题的特殊性，配之以新技术为解决手段，是可以事半功倍的，是可以提高勘探成功率的。

正是由于林昌荣这种独特逻辑思维方式的创新，强调方法比技术更重要，所以，"地震数据体波形结构特征法预测油气"理论的创新成为了必然，并且问世之后在传统油气预测方法无能为力的地方，大显身手，比如孔隙型、裂缝型、缝洞型储层或隐蔽油气藏的油气预测，均取得巨大的成功就成了必然。

随着世界油气勘探事业的纵深发展，在碳酸盐岩孔隙－裂缝－缝洞型和致密储层中得到的油气储量和产量越来越大，使得孔隙型、裂缝型、缝洞型和致密储层的油气预测倍受关注。对于这类非均质性很强的复杂的碳酸盐岩储层的储集空间类型，一些传统的油气预测方法因受其独特性质的影响（如 AVO 技术在碳酸盐岩储层中的应用，时好时坏），往往不能取得好的应用效果。

而林昌荣创立的"地震数据体波形结构特征法预测油气层"理论，就是研究每个地震道的地震数据元素之间的相互关系（即地震数据体结构特征）与地层含油气性的关系。应用该方法预测油气，就是通过提取每一地震道的振幅数值，研究其数据的组合、排列特征与含油气性的关系，最后达到预测油气的目的。其预测准确率高、简单快速、适应性广等优点弥补了传统预测方法的不足，在孔隙－裂缝－缝洞型和致密碳酸盐岩储层中取得了良好的油气层预测效果。

每个地震道的地震数据元素都不是孤立的，在它们之间存在着某种关系，这种数据元素相互之间的关系称之为地震数据体结构。根据它们之间关系的不同性质特性，大致可分为三类：①线性结构；②树形结构；③网状结构。上述定义已经提到，地震数据体波形结构特征是指每一地震道离散数据点按时间顺序排列所显示的波形特征，分单道和多道两种表现形式。单道的地震数据体结构特征，是指每一地震道离散数据点按时间顺序排列所显示的单道波形特征。多道的地震数据体结构特征，是指道与道之间离散数据点按时间顺序排列所显示的众多波形组相邻数据点集的结构特征。

下面我们仅选取三个比较典型的不同储集空间类型的碳酸盐岩储层油气预测的成功案例，它们分别是以孔隙型储集空间为主的普光气田，以裂缝型储集空间为主的河坝气田，和以缝洞型储集空间为主要的塔河油田，利用地震数据体波形结构特征法预测油气层的应用实际效果，来说明该理论在孔隙型－裂缝型－缝洞型不同储层不同处理方法中的预测油气应用效果，进一步阐述了方法比技术更重要。

成功实例一：储层呈块状分布的孔隙型气层—以普光大气田为例

普光气田位于四川盆地东北部，川东断褶带与大巴山冲断褶皱带的双重叠加构造区，整体呈 NEE 向延伸，北侧为大巴山弧形褶皱带，西侧与川中平缓褶皱带相接，主要由一系列轴面倾向南东或北西的背向斜及与之平行的断裂组成。总的特点是褶皱强烈，断裂发育，圈闭个数多。普光构造是一个构造—岩性碳酸盐岩复合圈闭，主要储集空间类型为孔隙－缝洞型，以孔隙型为主。碳酸盐岩储集层含气性变化较大，岩性岩相复杂，储层横向变化快，呈块状分布；埋藏深度大

（4500 米以上，一般在 4500 ~ 5500 米之上），地震信号强弱参差不齐；含气饱和度极度不均，且物性与含气性没有完全必然的对应关系。

根据普光气田的特点，林教授利用地震数据体波形结构特征法进行气层预测，取得了非常好的应用效果。这里仅以较为典型的普光 2 井的附近地震道利用地震数据体波形结构特征法进行含气预测的简要过程情况进行说明：

图 3-15 显示了过普光 2 井主测线的叠偏地震剖面图，井点位于背斜构造上。图 3-16 为普光气田过普光 2 井的地震数据结构特征剖面模型图，在含气层段中，地震道的数据体结构特征变化大（其斜率及夹角变化都比较大），自上而下一致性较差，没有规律可循，在不含气的层段，自上而下地震道的变化不大，无论斜率或夹角均较为规律、一致。这就说明了地层含气影响了地震数据体结构特征的变化，不含气层段的地震数据结构特征变化小。而此时波形和振幅值的大小都变化无常，这也说明数据结构变化与波形变化是有区别的。

图 3-15 过普光 2 井地震剖面

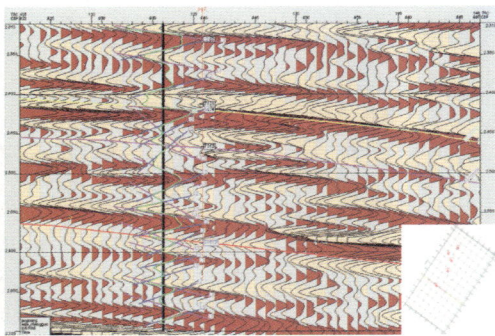

图 3-16 过普光 2 井地震数据体结构特征
剖面模型图

图 3-17 和图 3-18 为普光气田过普光 2 井井约束地震反演属性剖面与地震数据体结构特征剖面对比图（Iln596）。其中，图 3-17 为过普光 2 井气层井约束地震反演属性剖面图，图 3-14 为过普光 2 井气层地震数据体波形结构特征异常剖面图，从两张剖面对比图可以明显看到，普光 2 井气层（T1f4-T1f3-T1f1，飞仙关组）地震数据体波形结构特征异常剖面含气特征突出、明显，而井约束地震反演属性剖面含气特征不明显。图 3-18 更为清晰地体现出了含气层段在纵向上所具有的数据体结构异常变化，并由此可以准确地圈定出的含气层段的数据体结构异常边界（图 3-19）。

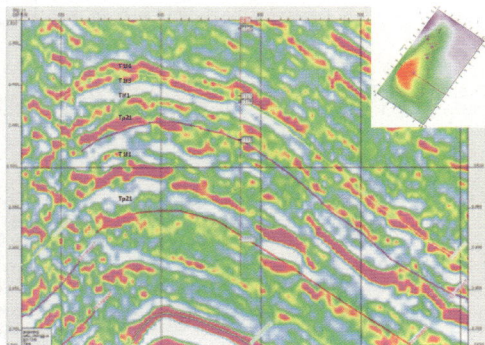

图 3-17 普光气田过普光 2 井气层
井约束地震反演属性剖面图

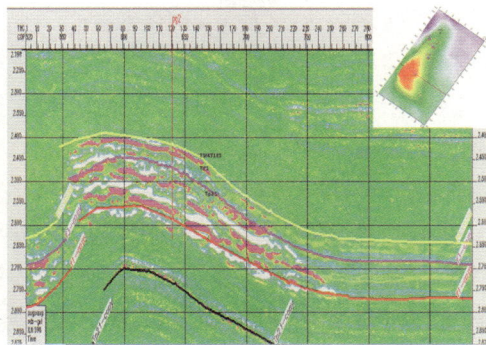

图 3-18 普光气田过普光 2 井气层
地震数据体波形结构特征异常剖面图

林昌荣将全区的地震道经过上述流程进行处理，最终得到了普光气田全区的地震数据体波形结构特征异常值分布边界图，界定了有利含气平面分布范围的边界（图 3-19）。依据这些地震数据体波形结构异常的变化特征，林神探在普光气田主体区块提前部署的四口探井，在飞仙关组~长兴组均获得了较厚的气层，经济效益十分显著，为后来普光气田主体开发提供了有力的科学依据。

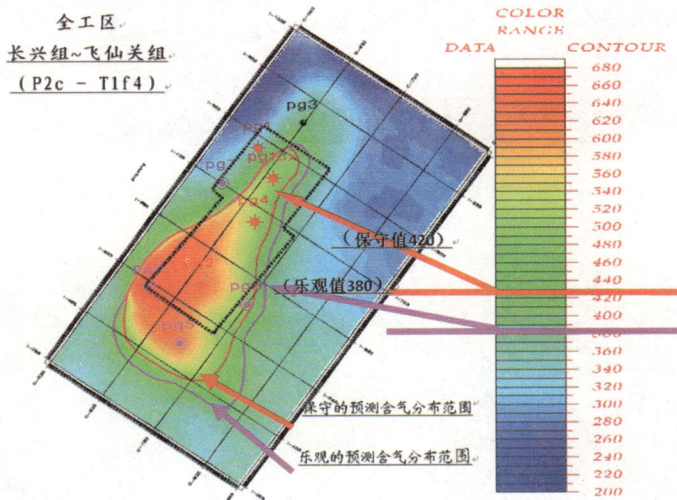

图 3-19 普光气田全区地震数据体波形结构特征异常值分布边界图

成功实例二：储层呈层状分布的裂缝型气层—以河坝气田为例

河坝地区位于通南巴构造带中部，是四川富油气盆地的一部分。河坝地区属致密碳酸盐岩裂缝性储层，储层呈层状分布。纵向和横向上气层分布比较复杂，具体表现为：①岩性致密，气层薄（小于 20 米），储集层物性、含气性变化较大；

②储层埋深较大，大于 4000 米，含气特征不明显；③储集空间以裂缝 – 孔隙为主的多种储集空间类型。

由于河坝气田主体属于致密碳酸盐岩裂缝性储层，储层物性较差，传统的油气预测方法往往不能够获得较好的钻前预测效果。因此，在该地区引用了地震数据体波形结构特征法来进行油气的预测。图 3-20 为河坝地区过河坝 1 井一条南北向 Iln652 地震剖面图，从图中可以看到三维地震资料频率适中，成像效果较好，基本能够满足目前地震数据体波形结构特征的特殊处理任务的要求和油层解释的需要，研究结果也是可信的。图 3-21 为过河坝 1 井经过处理后的地震数据体结构特征剖面图。图中清楚的显示了目的层段地震数据体结构特征的变化，林昌荣认为高异常结构特征值处为气层。通过河坝 1 井实钻的解释对比发现，实钻气层与处理过的地震数据体波形结构特征异常层段吻合很好。

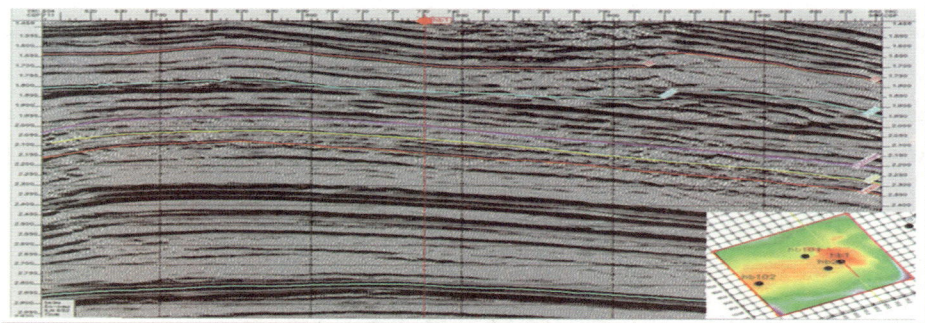

图 3-20　河坝地区过河坝 1 井南北向 Iln652 地震剖面

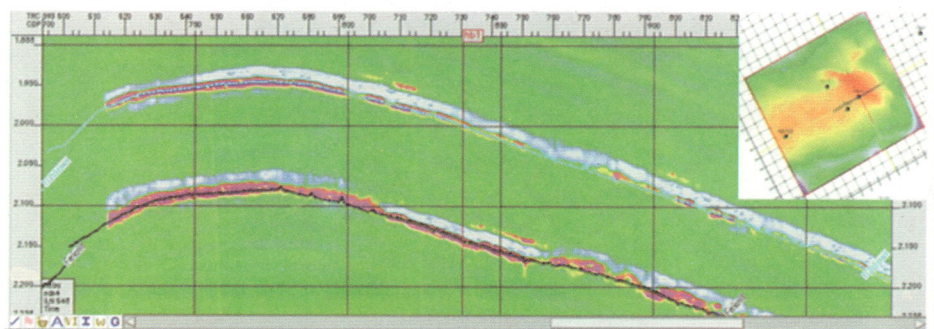

图 3-21　河坝地区过河坝 1 井地震数据体结构特征属性剖面图

研究结果表明，河坝气田与其它气田的情况类似，可以利用地震数据体结构特征的异常值，清楚地判断目的层段是否含油气（表 3-3）。表 3-3 为河坝地区过河坝 1 井的地震数据体波形结构特征异常值表，从表上可以看出：河坝 1 井气层段的地震数据体波形结构特征表现为高异常结构特征值（红色标注的数值为含气层段）。由此建立起了河坝地区气层地震数据体波形结构特征异常预测模型，确定了河坝地区 13 个有利含气区块，表 3-4 为嘉二段和飞仙关组 13 个有利含气区块地震数据体结构异常特征综合数据表。依据这些数据体结构异常的变化特征，在河坝地区主体区块部署了河坝 2 井探井，在嘉二段和飞仙关组同样获得了较好的气层，证明了研究结果的可靠性。

表 3-3　过河坝 1 井的地震数据体结构特征异常值表

t	1	2	3	4	5
实测值	5542	7094	5099	9533	8868
模型值	7869.5	14076.75	20783	29041.25	38422.25
还原值	5209.5	6207.25	6706.25	8258.25	9381
误差	332.5	886.75	1607.25	1274.75	513
相对误差 (%)	6.38257	14.28571	23.96645	15.43608	5.4685
t	6	7	8	9	10
实测值	10255	12689	10863	7538	
模型值	48939	60563	71051.25	79420.5	
还原值	10516.75	11624	10488.25	8369.25	
误差	261.75	1065	374.75	831.25	
相对误差 (%)	2.488887	9.162079	3.573046	9.932192	

表 3-4　河坝地区地震数据体结构异常特征综合数据表

层位	区块	总异常值分布	有效异常值分布	类型	面积（km²）
飞仙关组	S1	925-1175	250-1175	I 类	163
	S2			I 类	2.8
	S3		725-925	II 类	1.7
	S4			III 类	10.6
	S5		550-725	III 类	2.6
飞仙关组面积（km²）小计					180.7
嘉二段	S1	175-1100	725-1100	I 类	137.8
	S2			I 类	16.6
	S3			I 类	3.5
	S4			I 类	1.9
	S5			I 类	1.6
	S6		600-725	II 类	8.5
	S7		425-600	III 类	1.7
	S8			III 类	1.1
嘉二段面积（km²）小计					172.7
飞仙关组和嘉二段面积（km²）总计					353.4

成功实例三：储层呈串珠状分布的缝洞型油层—以塔河油田为例

塔河油田位于塔里木盆地塔北隆起区南坡阿克库勒凸起的西南部，因依塔里木河北岸而得名。其各油区均在主力产油层奥陶系碳酸盐岩储层中获得较高的工业油流，所以，统称为塔河油田。由于塔河油田经历了多次的构造运动，使得区内发育着不同级别、层系、组段叠加的大小几十条断裂，储层的非均质性很强，属碳酸盐岩裂缝—孔洞—缝洞型油层，其中以串珠状分布的缝洞型为主要的储集空间；埋藏较深，一般都在4600米以下。

由于塔河油田的主力产油层为碳酸盐岩缝洞型储层，具有很强的非均质性，应用传统的储层预测方法很难准确预测出油区内油藏的油、水界面及储层的分布发育规律。

从图3-22地震剖面上来看，油层1和2的同相轴连续性较差（黄色线和粉色线），地震响应特征也不明显，用常规的地震解释很难确定油层的分布情况（图3-22），而含油层与非含油层在地震数据体结构预测模型的地震剖面上却存在着很大的差异（图3-23）。图3-23为过井I/WS-oil1井井旁地震道的地震数据体的波形结构特征异常剖面模型图（图中实线椭圆为含油层段，虚线椭圆为不含油层段）。其中，加粗的绿色地震道为过井的井旁原始地震道，粉红色和蓝色表示波峰与波谷处（拐点）斜率及两直线夹角（把计算结果通过人工标在原始地震剖面上）。从图上可以看出自上而下波形变化大，斜率、夹角自上而下一致性差；而不含油气层段自上而下波形的变化不大，无论斜率或夹角均较为规律一致。说明油气藏（油气层段）的数据结构变化大，不含油气段数据结构变化小。图3-24为过井I/WS－oil1井油层地震数据体结构特征图，与图3-22的地震剖面相比，图3-24更为清晰的显示出了储层呈串珠状分布的特点，可见，地震数据体结构特征在非均质强的储层中能够获得较好的应用效果。

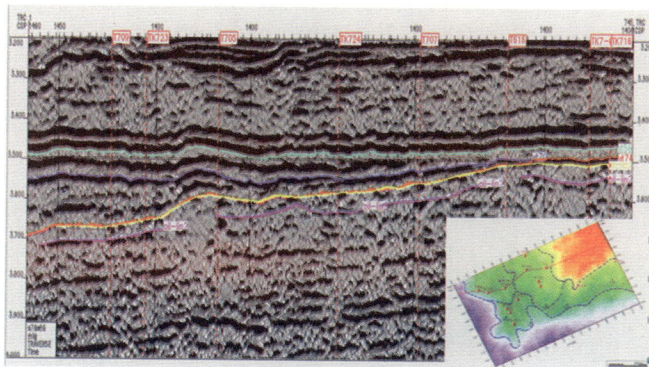

图3-22　塔河八区过井叠偏地震剖面

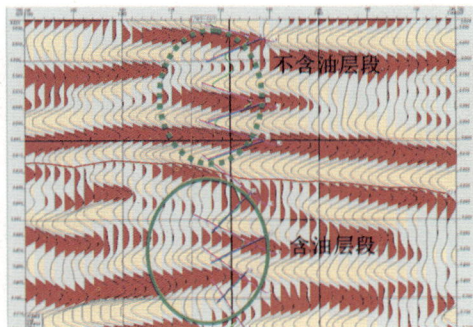

图 3-23 过井 I/WS - oil1 井地震数据体
结构特征剖面模型图

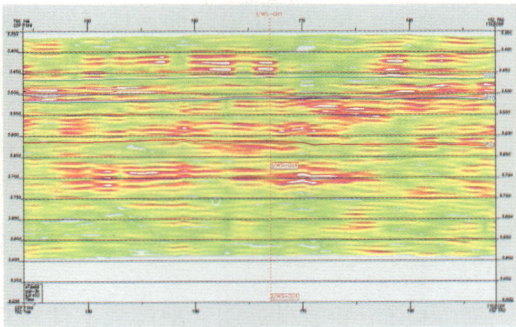

图 3-24 过井 I/WS - oil1 井油层地震
数据体结构特征图

林神探通过对该区地震数据体的波形结构特征异常分布情况（图 3-25）的预测结果认为：塔河油田八区开发区内和外围均有较好的油层存在。开发区内预测油层平面上可划分为七个有利的含油圈闭（区块），主体部分有五个有利的含油圈闭（区块），开发区外围预测油层有二个有利的含油圈闭（区块）（图 3-26），并在八区主体部位提出下步钻探井位 18 口。依据这些地震数据体波形结构异常的变化特征，为塔河油田八区部署开发井提供了有力依据。其在随后所部署的一系列开发井中，都得到了证实，经济效益十分显著。

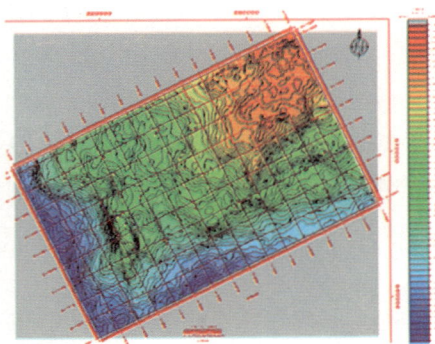

图 3-25 塔河油田八区地震数据体
结构特征分布图

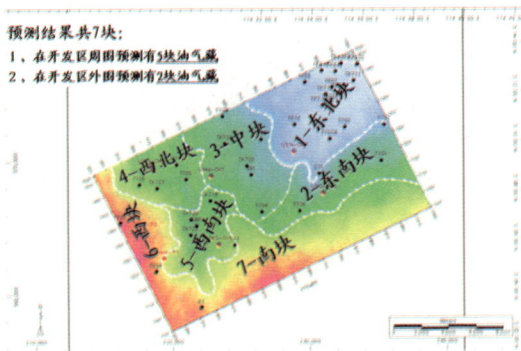

图 3-26 塔河油田八区预测
有利油层分布图

通过上述三个具有代表性的不同储集空间类型孔隙型、裂缝型、缝洞型和致密碳酸盐岩储层（储集空间类型分别为块状、层状、串珠状分布）的应用实例分析可知，碳酸盐岩储层横向变化大，非均质强的孔隙 - 裂缝 - 缝洞型储层，利用地震数据体波形结构特征法预测油气层，可以有效地检测到不同储集空间类型的含油气性；它不仅对裂缝 - 缝洞型储层的油气预测有效果，而且对非裂缝 - 缝洞型（孔隙型）和致密储层的油气预测同样具有很好的应用效果。

利用地震数据体波形结构特征目的层段的异常值，可以对不同储集空间储层中的含油气性进行识别，因为，当地层含油气时，该层段的地震数据体波形结构特征往往会出现较高的异常值，地震数据体波形结构特征异常比较明显。上述三个不同油气田的应用实例，经钻井证实，均获得了很高的钻探成功率，所以，实践再次表明，地震数据体波形结构特征法适用于孔隙－裂缝－缝洞型和致密储层中的油气层预测。

实际应用的效果表明，地震数据体波形结构特征法不仅适用于孔隙型、裂缝型和缝洞型碳酸盐岩储层的油气预测，而且预测准确率高，应用简单有效，经济效益显著。

有了"地震数据体波形结构特征法预测油气层"理论这艘"飞船"，不管是孔隙型、裂缝型还是缝洞型和致密碳酸盐岩储层的油气层"星球"，都无处遁形，翘首以盼我们的造访。

所以，林昌荣教授曾经在不同场合多次强调说过，方法比技术更重要，因为如果方法错误，技术搞得再深也无法解决问题。就像没有飞船，骑自行车永远也骑不到月球上。

第四章 两大发明专利

第一节 国际首创的精妙理论

多年以来，我国油气资源的勘探理论很长一段时间一直是主要依据国际上"背斜理论"为主要指导理论。这也是国内外通用的比较早也比较成熟的主要找油理论。利用这个原理，我们从储油气的背斜地方，确实发现并开采出了大量石油和天然气。但是，当我们按照这一理论把国内适宜的区域都找完以后，尤其是20世纪90年代以后，油气勘探难度越来越大，主要表现为油藏隐蔽，构造特征不明显，深度加大等等非常规油气藏的出现，中国"贫油论"开始被国内越来越多的群体接受。

历经半个世纪实践验证，人们逐渐意识到油气藏所赋存的地质圈闭条件有别，致使不同类别的油气藏（田）呈现其自身特性的差异，因此，现有成型找油技术的应用效果差异甚巨。从而促使科技界普遍认识到现有用地震反射波资料显示油气方法和技术中的局限性及影响因素，开展了长期而深入研究，以期借以有效地提高钻探成功率。

1982年，林昌荣提出了"地震数据体波形结构特征异常预测油气"的新理论，这不仅是国际上首次提出的全新的油气预测理论，而且为"地震数据体波形结构特征法预测油气"的方法详细阐述了基本原理和实现油气预测的基本算法。

"地震数据体波形结构特征异常预测油气"的基本概念

就是提取每一地震道的离散振幅数值，把离散振幅数值通过数学变换，把地震原始离散数据列变为比较有规律数学模型数据列，研究其数据的排列、组合的结构特征与含油气性的关系，最后达到在地震资料上定量预测油气层的目的（图4-1）。

从上述概念可以看出，这一油气预测理论是通过地震原始数据体波形结构特征异常来实现找油气的，通过拓扑变换研究、分析、处理其波形结构特征离散数据点的排列、组合与含油气性的关系，并结合 840 种地震数据体波形结构特征模型与含油气波形结构特征异常模型的量化标定，最后达到在地震资料上预测油气层的目的。并由此可以推广应用到从勘探到开发各个阶段的探井、评价井、生产井或调整井的油气层识别上。可见，这种全新的油气预测方法的最终目的，在于直接在地震资料上预测油气，大幅度地提高了预测的科学性，最大限度地减少了人为的干扰因素，提高钻前油气预测成功率。

一言概之，林昌荣的新理论，就是通过地震原始数据体来找油气。

为什么用地震的原始数据体就能找到油气呢？

通俗点儿讲，地下沉积岩在沉积过程中，是由老到新一层层沉积下来的，不同的岩层由于其沉积时代、岩石孔隙内所含流体（油、气、水）不同、以及岩层松软程度的区别等等各种原因，使得各岩层之间存在性质不同的岩性分界面。当然，不同时代沉积岩石的时代界面，是地震反射的主要分界面。

而后来的构造运动，又使这些分界面形成高低起伏的形状。遇到适当条件时，油气就储存在起伏地层的高部位，它被称为构造圈闭。

那么，我们怎样找到这些构造呢？

地震波在地下传播过程中，如果遇到多个分界面，就会形成一个个的地震反射波，由浅至深按顺序返回地面。这些波可了不得，它们就是地下情况的详细说明表，携带着很多与地层性质有关的信息。如果对这些信息进行深入研究，不仅可以看到地下几千米深处，地层是如何高低起伏的，还可以判断出我们肉眼无法看到的地下，到底是什么内容的地层，松软程度如何，孔隙中含有什么流体，是石油、是天然气还是水等等。因此，我们不仅可以利用这些地震反射波的信息，把地下构造反推出来，而且可以确定地下是否储存油气。

从"地震数据体波形结构特征异常预测油气"理论的提出，到投入生产实践应用中去，整个研究过程，整整进行了三十一年之久——从 1982 年到 2013 年，现在还在继续研究、完善之中。

整套从理论的提出到投入生产应用主要分三个重要阶段：

第一阶段为 1982 年理论的提出；

第二阶段到 1999 年完成了基本算法，并在《SPE》国际会议（国际石油工程会议）上首次公开发表，国内首次在学术期刊上公开发表是 2000 年（详见《中国海上油气》2000，Vol.14,No.6）。

这近 20 年的研究最为辛苦，因为世界上关于预测的数学方法有几百种，要找到适合油气预测的数学表达方式并不容易。通过大量实践，林昌荣最后找到了预测方法效果最好的指数函数；

第三阶段到了 2013 年完成了物理模型的研究，包括完成绘制了 840 种地震数据体波形结构特征异常预测模型，并申请了一个发明专利，至此，整个研究才算基本完成。

地震数据体波形结构特征异常的油气预测方法，为什么地震数据体波形结构特征异常的油气预测方法可以达到在地震资料上定量或半定量预测油气层的目的，并由此尽可能地推广应用到从勘探到开发各个阶段的探井、评价井、生产井或调整井的油气层识别上，详见下图4-1所示。因为该方法是把地震数据体的离散数据点通过数学拓扑变换为一种连续动态预测变化过程，图4-1最左侧一列为原始地震道，图4-1中间两列蓝色、粉红色和红色线为原始地震道的包络线，图4-1最右侧一列为通过数学拓扑变换后的连续动态预测数据列。

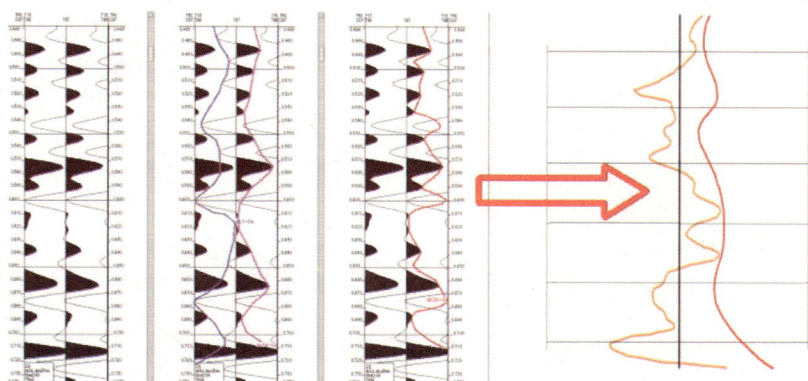

图 4-1 实现油气预测地震数据体数学拓扑变换示意图

所以，地震数据体波形结构特征异常的油气预测方法研究，既是一种新的油气技术，也是一种很有实际意义的客观要求。该研究成果，不仅在勘探上对新区提高钻探成功率产生积极的指导作用；在开发上对合理布置生产井井位，提高单井产能产生良好效果；对于地质综合研究，油藏数模（如关于井网、井距和采收率等参数的确定）也是不可或缺的基础资料之一；同时，还极大地提高了我国对油气层进行预测，以及油藏描述的整体国际技术水平。

地层含有油气，在地震资料上相应必定有内在的结构特征的显现，外部表现为波形、振幅等的变化。波形变化有时可以用肉眼辨认，但大部分微小变化肉眼是不可以辨认的，所以要用内在结构特征来识别、描述，这在理论上、生产实践上、地震物理模型上通过大量实践证明是可行的，均可辨认的。

林昌荣的两项发明专利《利用地震数据体结构特征预测油气的方法》和《利用地震数据体波形结构特征模型预测油气的方法》都是油气预测技术，它们的核心技术可以统称为"地震数据体波形结构特征异常预测油气"技术。但这两项专利侧重点不同，不同研究阶段内容也有所不同，第一个发明专利的侧重点，在于预测油气方法的描述，和预测的数学方法的解决；而第二个发明专利的侧重点，在于预测模型的建立和有利含油气性量化划分标准的确立。

发明专利 1——发明名称为《利用地震数据体结构特征预测油气的方法》，证书号第 752256 号，专利号为 ZL 2008 1 0104011.9，专利申请日期为 2008 年 4 月 14 日，专利授权公告日期 2011 年 03 月 30 日。

发明专利 2——发明名称为《利用地震数据体波形结构特征模型预测油气的方法》，证书号第 1921302 号，专利号为 ZL 20131 0072574.5，专利申请日期为 2013 年 03 月 07 日，专利授权公告日期为 2016 年 01 月 13 日。

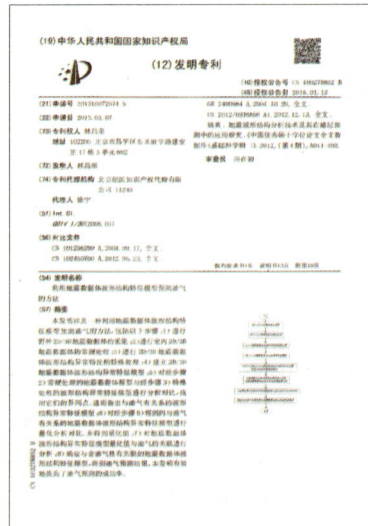

这两项发明专利，很大幅度地提高了我国油气探测的成功率，从国际上的平均勘探成功率 20 ~ 30% 提高到现在的 70 ~ 80%。这是一个巨大的提高，而有了这两项发明专利的加持，我国油气预测能力在国际上的地位有了很大的提升。

这两项发明专利前后已经潜心研究长达 40 年之久，尤其在这 20 年来得到国家的大力支持，取得了突飞猛进的一系列科研成果。两个发明专利的科研成果，都是建立在完成了分析实际石油天然气藏的地球物理特征；建立实际油气藏地质模型，从理论基础上探究可能的地球物理场响应类型；并借助于岩石物理模型（大型地球物理模拟）、数学模型、实验测试资料和实际地震资料，论证响应的可靠性；和揭示导致该响应的地球物理机制基础上的综合性科研成果基础上的；并经过长年生产实践证明行之有效的我国自主知识产权的创新成果。

林昌荣教授开发出的这两项具有我国自主知识产权的创新专利技术，已经取得了五项科研成果：①理论研究和方法技术方面的研究成果；②油气层横向分辨率研究方面的研究成果；③色彩研究方面的研究成果；④油气层相对识别标志方面的研究成果；⑤油气层预测软件等五个方面的创新性的研究成果，大大地提高了我国油气预测技术能力的国际地位。

①理论研究和方法技术方面：在地震数据体波形结构特征法预测油气理论研究方面已有全新的认识，并在油田实际应用中，有关油气层预测方法技术上有新的突破。在理论研究方面，提出采用地震数据体波形结构特征异常法，而不是传统的地震数值（如反射特征值等等）的油气预测法；在油气预测技术及实现步骤方面，首次引用了灰色系统理论有关的灰色预测技术。

②油气层横向分辨率方面：通过多年油田实践，提出了油气层横向分辨率问题。通常纵向分辨率讲得比较多，而对于油气层预测来讲，油气层横向分布有多远，含油面积有多大，也就是说横向延伸到哪为止也是非常关键的数值，因为这里涉及到油田平面分布面积的大小，这时，横向分辨率就显得尤其重要了，专利技术研究在油气层预测的横向分辨率方法技术方面，采用了有方向性的关联分析，解决了油层横向分布范围及油水边界问题，并实现了利用地震数据体波形结构特征异常预测油气的方法技术的半自动化、自动化过程，可以快速地为油田提供钻前油气平面和剖面上的分布结果。

③色彩研究方面：通过对色彩问题的研究，对陆源碎屑岩、碳酸盐岩、火成岩以及隐蔽油气层（藏）等的油气层识别，在精度上有较大的提高。色彩研究并不反对用色彩图，林昌荣也赞同用色彩图展示研究成果，但用得不好反而会掩盖一些信息（与黑白照片和彩色照片的关系类似）。林教授的研究结果认为，目前色彩问题具体表现有三个方面：1. 没有刻度；2. 有刻度，但精度不高；3. 有刻度精度也可以，但表达地质含义不清楚（如地震反演剖面不同处的同种颜色的不同地

质含义），所以，采用地震数据体波形结构特征异常无量纲色彩标定，包括一些图与对比，会具有显示规律性强，显示特征更清楚的优点。

④油气层相对识别标志方面：建立了一套能够识别不同地区、不同层位的陆源碎屑岩、碳酸盐岩、火成岩含油气性的地震数据体波形结构特征异常的油气层相对识别标志。通过多年的生产实践认为，平面上分区，剖面上分层的不同油气层判别标准更具有实用意义。

⑤油气层预测软件方面：通过深入研究地震数据体波形结构特征异常后，在建立起油气预测资料库基础上，编制一套适合于各油气区、不同岩性油气层的预测软件。

林教授两项发明创造的基本思路是什么呢？

图4-2为地震数据体波形结构特征异常与油气关系变化示意图。这也是林昌荣教授两个发明专利《利用地震数据体结构特征预测油气的方法》和《利用地震数据体波形结构特征模型预测油气的方法》的基本要点图。

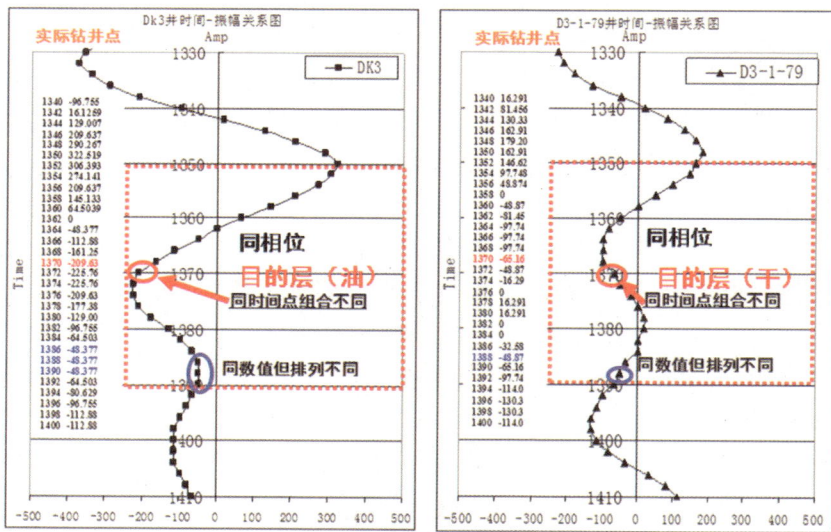

图4-2　地震数据体波形结构特征异常与油气关系变化示意图

该方法研究基本思路为：（1）同一组数值，不同排列方式——可能有着不同结构特征的表现；（2）不同组数值，相同排列方式——可能有着相同结构特征的表现。比如前面举过的例子，$3 \times 5=15$ 和 $5 \times 3=15$，在没有赋予属性量纲时，两组乘数的相乘积15，其含义、功能和作用等是一样的，这是我们当今对数值的一般认识；但是，当两组乘数被赋予有属性量纲时，相乘积的含义、功能和作用等是不一样的，比如两个同样收入 15 万元的家庭意思是不一样的，即家庭收入 3×5=15 万元（5 人）的收入不能等同于 5×3=15 万元（3 人）收入。同理，物探地震阻抗 ρ×v：2.38×4632.35=11025 数值（灰岩密度最小值模型）不能等同于 2.45×4500=11025 数值（白云岩化密度值模型）。

林教授两项发明专利的创新点在哪里呢？

两项发明专利《利用地震数据体结构特征预测油气的方法》和《利用地震数据体波形结构特征模型预测油气的方法》的创新之处，在于在国内外首次提出"地震数据体波形结构异常与油气关系"研究的新概念，首次用到地震数据体波形结构特征异常来研究油气，并为此用 10 多种预测方法对 70 个构造上百口井的不同钻井资料，包括探井、评价井和开发井作了上万次的拟合、实验和计算，最后找到了通过拓扑变换能反映出数据结构特征异常与油气关系定量解释的数学模型，称之为灰色模型（Grey Modelling）。这就从理论上和实践上克服了单纯从地震相带（即数值变量）的色变预测油气层的局限，所以，其与传统油气预测法或波形研究（静态）是有很大不同的。

传统油气预测方法大多数是通过研究地震数据的数值（即地震相变），把地震数据体的每一个数值当作离散点来研究（一次完成预测）；而利用地震数据体结构特征预测油气，是把相互独立的离散数值（数据点）通过灰色生成数（GD）变为连续的可预测数据（不是一种数理统计方法），最后达到预测油气的目的，即逐步法：实现由一维（1D）数据点到二维（2D）平面分布再到三维（3D）油藏整体空间变化的逐步预测的连续动态过程。

两个发明专利《利用地震数据体结构特征预测油气的方法》和《利用地震数据体波形结构特征模型预测油气的方法》，在独创性上有三个方面取得新的突破。

第一，在国际上，首次提出"地震数据体波形结构特征法预测油气"的新思想（新理论），并在生产实践中，实现了图与表可相互对比的定量解释油气层的新技术，提高了油气预测准确率。

第二，创造性地实现了在油气预测过程中，纵向上和横向上按统一算法、统一划分标准确定油气层的预测方法，解决了长期以来悬而未决的纵向上与横向上油气预测不协调不一致的现象。

第三，在油气预测成果表达方面，采用无量纲黑白标定（研究用黑白，显示用色彩）和图与表相对比的手段，结果简单明了，有利于对油气区分布范围、特征的把握，不需要太多的人为推理判断，减少了油气检测的不确定因素（图 4–3 和图 4–4）。

除此之外，林昌荣还在油气层相对识别标志方面和油气层的预测软件方面，都取得了突破性的进展：在油气层相对识别标志方面，建立起了一套能够识别不同地区、不同层位的陆源碎屑岩、碳酸盐岩含油气性的地震数据体结构特征的油气层相对识别标志。通过多年生产实践，林教授认为平面上分区，剖面上分层的不同油气层判别标准更具有实用意义。油气层的预测软件方面，林教授通过深入研究地震数据体结构特征后，在建立起油气预测资料库基础上，完成了一套适合于各油气区油气层的预测软件。

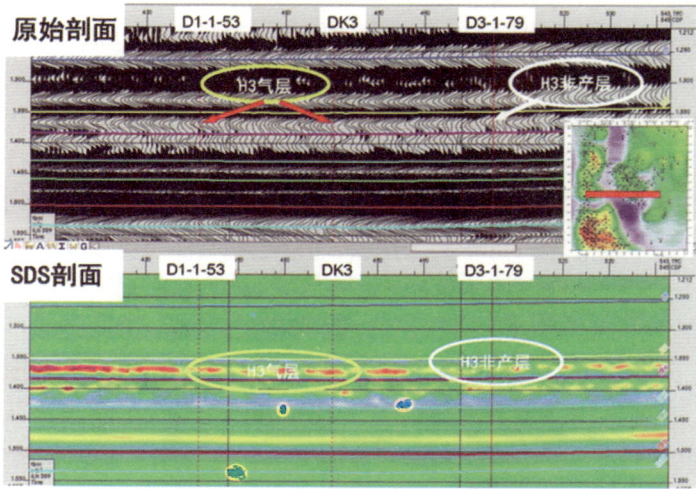

图 4-3 发明专利实现油气预测成果剖面图

（上图：原始地震剖面图，下图：SDS 剖面为研究结果成果图）

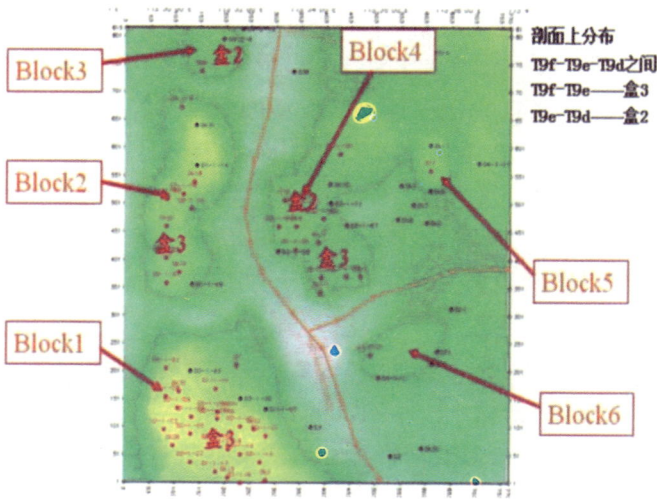

图 4-4 发明专利实现油气预测成果平面分布图

林教授的两项专利，是如何实现油气预测的呢？

主要是通过引用灰色系统理论的有关预测模型和关联分析来完成，即将地震数据体的每一个地震道离散数据点通过灰色数学拓扑变换成为类似一条条的测井曲线，进而计算出其地震数据体振幅结构特征异常值段，建立各种可能含有油气模型（图4-5），然后进行矢量关联排序分析，最后，指出油气层剖面所在位置和平面分布范围。其以简捷、适应性广、准确率高等优点弥补了传统一些油气预测方法的不足。可见，应用地震数据体波形结构特征异常预测油气，所引用到的灰色系统理论有关的数学预测方法的实现步骤可分为：首先建立 GM 模型；确定地震数据体结构特征的灰色异常值；然后，进行关联分析；最后，排序确定油气水。

图 4-5　第二个发明专利地震正负相位（半周期）元类和
亚类共四十种基本单个波形结构特征模型示意图

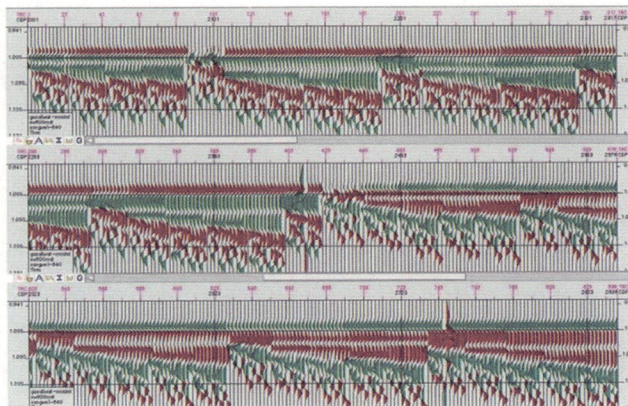

图 4-6　第二个发明专利不同波形组合相位的连续排列 840 种
波形结构特征模型变化示意图

林教授的两项专利，实现数列预测模型的步骤

灰色数列预测模型可分为八步：第一步，选择任一子地震振幅数据列；第二步，对子数列作一次累加生成；第三步，构造累加矩阵 B 与常数向量；第四步，用最小二乘法求解灰参数；第五步，将灰参数代入时间函数；第六步，对求导还原得到；第七步，计算之差及相对误差；第八步，利用上述灰色预测模型计算地震振幅数据灰色异常值。但他们侧重点不同，不同研究阶段内容也有所不同，从下面图 4-7 和图 4-8 实现油气预测研究步骤示意图，也可以看出这种区别。第一个发明专利侧重点在于预测的数学方法的解决；第二个发明专利侧重点在于预测模型的建立和有利含油气性量化划分标准的确立。

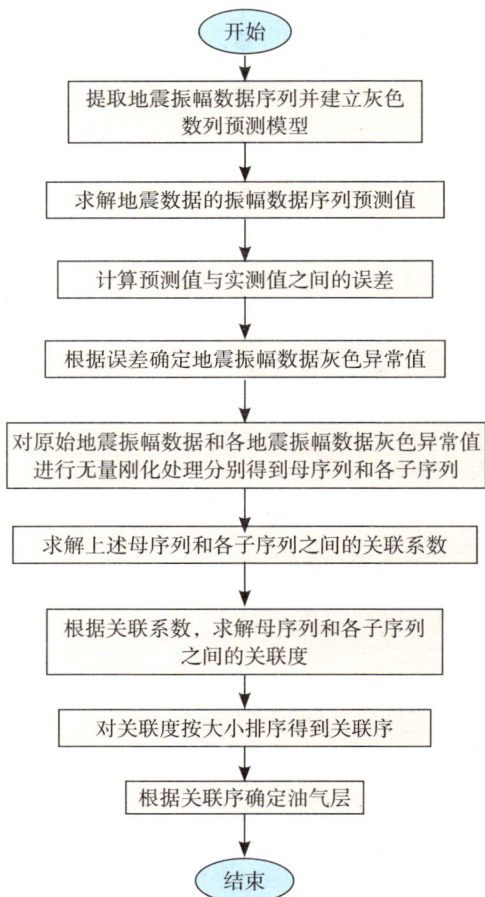

开始

提取地震振幅数据序列并建立灰色数列预测模型

求解地震数据的振幅数据序列预测值

计算预测值与实测值之间的误差

根据误差确定地震振幅数据灰色异常值

对原始地震振幅数据和各地震振幅数据灰色异常值进行无量刚化处理分别得到母序列和各子序列

求解上述母序列和各子序列之间的关联系数

根据关联系数，求解母序列和各子序列之间的关联度

对关联度按大小排序得到关联序

根据关联序确定油气层

结束

图 4-7 第一个发明专利实现油气预测研究步骤示意图

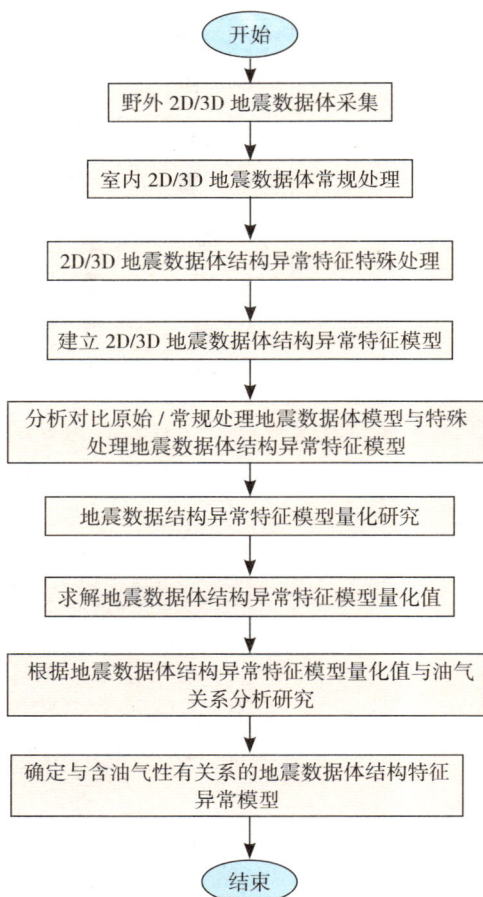

开始

野外 2D/3D 地震数据体采集

室内 2D/3D 地震数据体常规处理

2D/3D 地震数据体结构异常特征特殊处理

建立 2D/3D 地震数据体结构异常特征模型

分析对比原始/常规处理地震数据体模型与特殊处理地震数据体结构异常特征模型

地震数据结构异常特征模型量化研究

求解地震数据体结构异常特征模型量化值

根据地震数据体结构异常特征模型量化值与油气关系分析研究

确定与含油气性有关的地震数据体结构特征异常模型

结束

图 4-8 第二个发明专利实现油气预测研究步骤示意图

实现该方法油气预测的技术方案：依据油气（油气藏或油气田）存在于地下深处一定的地质条件之中，必然有某种地震数据体波形结构特征的内在或外在表现特征的自然规律，这种表现征在地面接受到的信息就是地球物理的地震数据体波形结构特征效应；剖析这些效应的数据体结构灰色特征值。因为这些数据体结构特征值（集），或称模型，是地下地质体的外在表现，它包含着是否含油气的有效信息，所以，就要展开与其灰色油气关联的研究；运用油气圈闭灰色系统分析方法（图4-9），提高油气圈闭系统信息完整性，确立预测的确定性（唯一性）。归纳起来，总体技术路线为：

GM（1.n）模型关联分析

油气藏（田）特征→→→灰色特征集→→→圈闭含油气性的确定。

确定油气层的方法与步骤：通过关联分析确定油气层的方法与步骤，可以细分为五个步骤：第一步，对原始地震振幅数据进行无量纲化处理；第二步，求关联系数中的两级差；第三步，求关联系数；第四步，求关联度；第五步，排出关联序确定油气层（图4-9）。

油田实际应用中的优势：林教授的两项专利，与传统油气预测方法相比，其在油田实际应用的优势为，地震数据体波形结构特征异常油气方法，在生产实践应用中具有如下的先进性和实用性：

（1）先进性——应用地震数据体波形结构特征异常预测油气，它具有简单快速、适应性广和准确率高等优点，其先进性可归纳为五点：

a.全方位地利用地震资料：地震数值和地震结构都用上（图4-9）。

b.重现推断结果：不同人可有相同研究结果、直观性和可对比性强（图4-3和图4-4）。

c.可作较长远预测：连续动态预测，故少井或无井区均可作预测。

d.对于预测资料（数据）不作很多的条件限制（边界条件不多）：不受断层、层位控制；有原始地震数据体、测井资料、地震解释软件和微机就可以实现预测的全过程，而这些都是常规资料和常用的技术手段，油田一般都能满足。

e.应用范围广：没打过井的新区可以油气作预测（只要有可利用的地震资料），对于老区扩边、深（浅）层也可以预测，所以，勘探阶段可以用、评价阶段可以用、开发阶段也可以用。这是因为预测模型为连续型，而不是离散型，所以，可

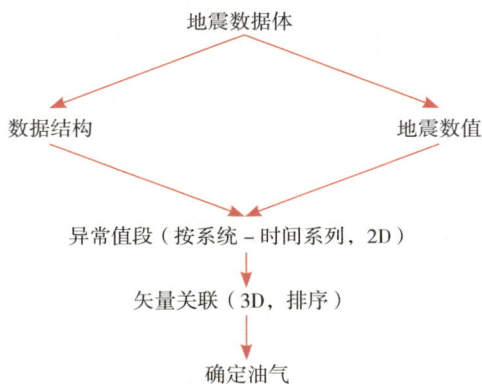

图4-9　地震数据体波形结构特征法预测油气层工作流程图

以作较长远的预测。

（2）实用性——预测边界条件要求不高、结果明确、减少人为干扰因素。其实用性可归纳为如下四点：

a. 结果简单明了，有利油气区分布范围、特征不用太多的人为推理判断，尽可能多地减少对油气检测的不确定因素。

b. 研究结果可以直接用来计算出油气地质储量（结合其它研究结果的参数），地震剖面上可明确表示油气层所在层位，平面上表示油气分布范围。

c. 二维地震资料或三维地震数据体都可以作油气预测（只要地震资料品质好以及达到预测要求），对于新区、老区；勘探阶段、评价阶段、开发阶段均可以用，这就大大开阔了烃类检测的适用范围，这是由预测模型为连续型性质所决定的。

d. 实现预测过程简单，不需要特殊设备或工具，一般有工作站和微机就可以实现预测的全过程。

第二节　知名院士和专家学者的赞誉

林昌荣教授从事石油研究达 40 年之久，时至现在，已发表科技学术论文近 40 篇。其中，发表于 SCI、EI（SCI 是科学引文索引期刊，EI 是工程索引期刊）和核心期刊科技论文 30 篇，其他近 10 篇科技论文收录于地方期刊上。

而关于林教授的科研成果，因为投入到油田实际应用中得到了很好的效果，所以，不仅获得了石油公司和高等院校的广泛好评，还获得了社会上有关知名院士和专家学者以及等等的一致赞誉。

我国著名的海洋地质与地球物理学家、中科院资深院士刘光鼎，不顾 81 岁的高龄，曾亲自参加，并非常高兴地把林昌荣的关于"我国油气藏类型复杂埋藏又深，要到深部去找大油气田"这一观点，作过一个形象的比喻并告诉《瞭望》报刊的记者："中国的油气好比是四层楼，最底下是早古生代的，依次是晚古生代的、中生代的——我称之为前新生代残留盆地，随后才是新生代陆相碎屑岩沉积盆地，中国 50 年的油气勘探只停留在浅层，还有三层没有挖掘和开发，应该到古代的海相地层里去找油气。"

刘院士又补充说："两次油气资源评价都说明，中国油气资源的潜力巨大，目前探明储量不到 1/3，至少前新生代海相碳酸盐岩领域就有待于勘探开发。……中国油气资源的前景是美好的，只要我们针对中国的地质情况，大力发展地球物理方法，就一定可以找到并开发出更多的油气资源。"刘光鼎院士的评价在《中国科技财富》2009 年第 11 期，和《创新中国》2009 年 12 月总第 3 期都是如此说。

我国著名石油物探学家、同济大学海洋地质与地球物理系教授马在田院士在接受《科技日报》记者采访时说称赞道：这是一项很有价值的研究成果，被石油工业界广泛应用，并得到实际效果。研究者提出的"地震数据体结构特征法预测油气"的方法是前所未有的，是符合用地震勘探资料研究油气储层的客观规律的。

马在田院士还在首届国际博士生优秀论文评奖之时，专门为林昌荣写了《推荐书》：

中国石油大学：

贵校资信学院应届博士毕业生林昌荣的学位论文《地震数据体结构特征法预测油气层理论与方法研究》是一篇很有创新性与突破性的博士学位论文，同时也是一项很有价值的研究成果，被石油工业界广泛应用，并得到实际效果，为中国的三大石油勘探区域，西部、东部和海洋油气区都做出了前人未取得的成功。他在论文中提出的"地震数据体结构特征预测油气储层"的方法是前所未有的，是符合用地震勘探资料研究油气储层的客观规律的。论文的成果就在于抓住了地震波与油气层的客观关系，特别是空间上的相关性。由于论文的原理部分是首创的，应用效果与国内外现有方法技术相比是最佳的，应当予以肯定。因此特向贵校建议报全国优秀博士论文。应当说一点，论文的理论上的系统性还应当进一步完善。但不应妨碍对此论文的创新性评价，特此推荐。

马在田

中国科学院院士

同济大学教授

2007.6.1

图 4-10 林昌荣获得首届油气资源国际博士生优秀论文证书（2007 年）

而林昌荣也不负期许，在 2007 年这首届国际博士生优秀论文评奖中，获得首届国际博士生优秀论文奖（图 4-10）。

我国著名石油地质专家，林昌荣的硕士研究生导师裴悖楠教授，向《瞭望》记者介绍了"地震数据体结构特征法预测油气"的理论方法，并告诉记者这是他的弟子林昌荣率先提出来的。"他是我的硕士研究生，后来又去中国石油大学读了博士。这个学生非常好学，肯吃苦，肯钻研，就是不太善于表达，写的文章也不够多，为此我说过他几次……"并补充告诉本刊记者，20年前，林昌荣的这一理论是不被业界认可的："但最可贵的是他非常执著，20年多年来一直坚持研究、探索，甘坐冷板凳"。

中石化油田部原主任、副总工程师何生厚在接受《科技日报》记者采访时赞赏道：尽管理论上还有待进一步完善，但林昌荣的"地震数据体结构特征法预测油气"方法实际效果很好，这个方法已经成功应用于许多油气田，并得到了较好的开采效果，这个方法有很好的发展前景，值得在我国油气资源开发领域内推广。

第三节　获诸多奖项而少为人知的科学家

林昌荣教授从事石油科研达40年之久，他的科研成果，投入到我国三大石油公司实际应用中后，不仅得到了很好的应用效果，还为我国石油工业带来了巨大的经济效益，并且因为林教授为人低调、不求个人名利，所以不仅获得了我国三大石油公司和高等院校的广泛好评，还获得了社会上有关知名专家学者的广泛赞誉，以及相当高的认知度等等。

林昌荣教授的学术思想、观点主要体现在两项发明专利、近40篇学术科技论文、五部专著上（其中译著一部，合著四部），其理论、方法、技术不仅已被社会所接受，而且被众多石油公司所应用并创造的巨大的经济效益。

林昌荣教授的科研成果在社会上具有相当高的认知度包括：①得到了社会上有关院士、知名专家学者的高度赞赏和认可；②得到了我国三大石油公司广泛的推广应用应用；③我国高等院校的广泛兴趣和引用；④得到了国家政府有关部门的鉴定和认可；⑤国内权威新闻媒体的多次报道；同时，还得到国外新闻媒体的多次报道。

有关林昌荣得到了国家政府有关部门的鉴定和认可。在一份2007年8月19日经教育部专门组织有关七个部委的知名院士、专家、学者对林昌荣教授的研究成果进行鉴定的资料上显示：成果鉴定一次性通过，并获得高度评价。鉴定专家委员会一致认为："该成果理论上有创新，方法和技术上有突破，在实际应用上达到国际领先水平"。

国内外新闻媒体对林教授进行过多次报道，如前面提过的2018年5月，中国中央电视台CCTV《影响力人物》的电视专题采访；国家权威机构的报道，包括国家级报纸、报刊和期刊，如新华社的《瞭望》、科技部的《科技日报》、中海油的《中国海洋石油报》、科技日报社的《大众科技报》和《科技潮》等均有报道，国外新闻媒体——加拿大温哥华《加西周末》对林教授进行了连续多期的报道。

这些对林教授进行专访和报道的各大媒体，都是业内颇具分量的存在，深具权威性。比如《瞭望》新闻周刊，是由新华通讯社主办的大型时事政经新闻周刊，为中华人民共和国最早的新闻周刊。创刊时的"中南海纪事"是著名专栏，高层决策背景、专访、特稿等是《瞭望》的名牌栏目。

新华社的《瞭望》人物专访《中国不是"贫油国"》，已经被新华社收入到现代科学家合集之中并已翻译成多国文字。

有关知名院士、专家学者对林昌荣教授的高度赞赏和认可有许多，如刘光鼎院士、马在田院士、裘怿楠教授、和中石化原油田部主任何生厚副总工程师等人的认可和赞赏。

林昌荣教授的研究成果，更是获得国内外众多高等院校和科研院所等单位的广泛兴趣和认可，有些高等院校并为此设立了有关"地震数据体波形结构特征法预测油气"的专项研究课题，林教授曾经多次曾被高等院校和科研院所等单位邀请去讲学。

被邀请到高等院校和科研院所去讲学的单位至少包括有：① 2001 年 02 月 11日的清华大学的讲座；② 2006 年 01 月 16 日的中科院地质与地球物理研究所的讲学；③ 2008 年 02 月 20 日的华中科技大学的讲学；④ 2008 年 11 月 30 日的同济大学的讲学；⑤ 2011 年 04 月 15 日的长江大学的讲学；⑥ 2011 年 11 月 12 日的中石油勘探开发科学研究院的讲学；⑦ 2017 年 01 月 02 日的加拿大卡尔加里的讲学等等。

鉴于林昌荣突出的工作成就，有关国家单位、部委都给予他充分的肯定，国家也给予他很高的荣誉。包括专业技术资质与证书、获奖与证书、社会聘任与证书、获得荣誉与证书以及等等。

林教授的专业技术资质与证书如下：

1. 1989 年被聘任为中海油（CNOOC）石油工程师

2. 1993 年被聘任为中海油（CNOOC）高级工程师

3. 2008 年被聘任为同济大学兼职教授

4. 2011 年被聘任为长江大学博士生导师

5. 2011 年被聘任为首届中海油（CNOOC）教授级高级工程师

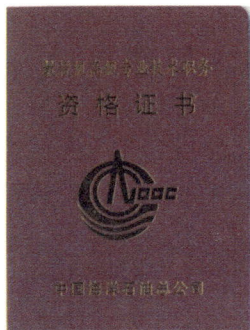

林昌荣获得首届中国海洋石油总公司教授级高工资格证书（2011 年）

获奖与荣誉证书（部分）有：

1. 曾获 1994 年中海油总公司西部分公司优选井位竞赛评比三等奖

2. 曾参与 1995 年国家"863"攻关课题研究被评为国家科技进步二等奖

3. 曾获 1997 中海油生产研究中心科技进步二等奖

4. 曾获 2002 年中国海洋石油总公司科技进步二等奖

5. 曾获 2007 年首届国际博士生优秀论文奖

6. 曾获 2007 年教育部颁发"973"《国家重大科研项目》的科技成果完成者证书

7. 曾获 2018 年度中国经济十大创新人物的光荣称号

8. 曾获 2019 年中国未来研究会优秀工作者

林昌荣获得中国海洋石油总公司
科技进步二等奖证书（2002 年）

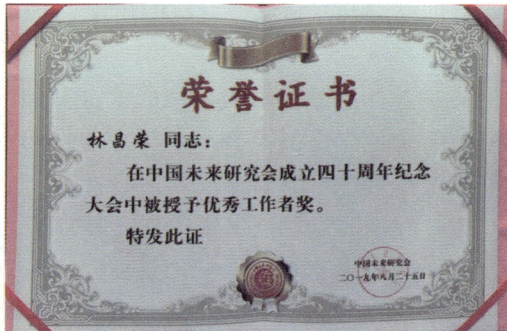

林昌荣被授予中国未来研究会
优秀工作者荣誉证书（2019 年）

社会聘任与证书（部分）：

1. 1983 年被聘任为全国地质学会广东青年学会副秘书长

2. 1986 年被聘任为全国沉积学会北京分会成员

3. 1986 年被聘任为美国 AAPG 地质学会会员

4. 1992 年被聘任为广东地质学会青年工作委员会委员

5. 2003 年被聘任为中国科学家论坛副理事长

6. 2010 年被聘任为世界杰出华商协会副理事长

7. 2019 年被聘任为中国管理科学研究院学术委员会特约研究员

8. 2019 年被聘任为中国未来研究会常务理事

9. 2021 年被聘任为中国管理科学研究院学术委员会智库顾问

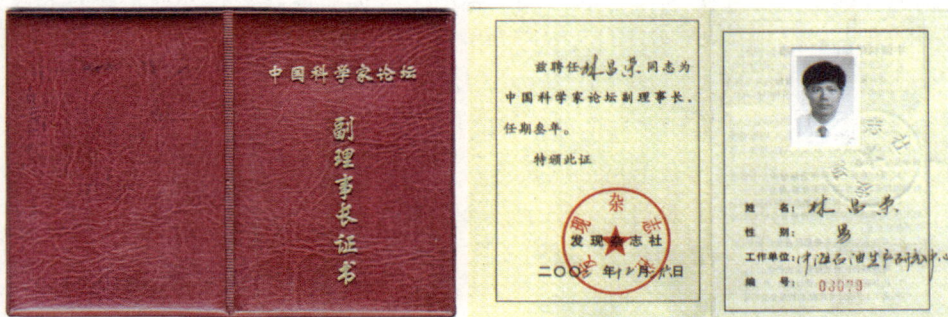

林昌荣被聘任为中国科学家论坛副理事长（2003 年）

林昌荣被聘任为中国未来
研究会常务理事（2019 年）

林昌荣被聘任为中国管理科学研究院
学术委员会智库顾问（2021 年）

第四节　对我国石油事业所做的主要贡献

中国现在作为世界第一大石油进口国，现在我国对石油进口依存度高达 50%
以上，已超过国际石油安全警戒线（40%），这在一定程度上造成了我国对外的长期依赖性和负面作用。所以，如何采用新理论、新技术、新方法，有效地将地下石油资源量转化为地面可利用的能源，已经成为保障我国能源安全和经济可持续发展的重大战略问题之一。

林昌荣提出的具有我国自主知识产权的关于"地震数据体波形结构特征异常预测油气"的新理论、新方法已为我国石油工业的发展发现了越来越多的大油气田了，为我国石油事业作出了不可磨灭的贡献。

在我国石油能源方面，当石油勘探开发遇到最困难的时候，当我国在大家普遍认为我国已经处于无油可采的时候，林昌荣根据"地震数据体波形结构特征异常预测油气"的新理论、及时提出了《中国不是"贫油国"》的观点（详见新华社《瞭望》总第 1360 期人物专访）。从连续多年搜集的大量资料入手、到分析推理判断、再到深入研究、再到多方论证，最终提出了中国具有丰富的油气资源的结论。中国三大沉积盆地群含有丰富油气资源，这个观点现在已经得到证实，而且越来越被有关学者、专家（如刘光鼎院士，马在田院士）所认可，并在后来得到了实践的检验。因为，现在我国已经找到了越来越多的大油气田了。

《瞭望》总第 1360 期人物专访）关于我的《中国不是"贫油国"》观点，已经被新华社收入到现代科学家行列之中，并已翻译成多国文字。

林昌荣对我国石油事业所做的贡献主要有五点——理论的创新、科技的突破、全面提升了我国油气预测的国际地位、高效便捷的实际应用效果、和为我国石油工业创造了极高的经济效益。

林昌荣教授的主要学术思想、观点、和研究方向主要体现在两项发明专利、近 40 篇学术科技论文和五部专著上（其中译著一部，合著四部）。林昌荣教授已发表的科技学术论文、和著作等作品的部分目录如下：

已发表的科技论文部分目录：

1. Lin Changrong, Application of Grey System Theory to Gas Pool Prediction of 3D Seismic Data Prior to Drilling, Society of Petroleum Engineers(SEP54274), 1999, 1–10.

2. 林昌荣，王尚旭 . 局部指数拟合异常提取法在普光气田的应用 [J]. 地球物理学报 ,2011,54(01)：218–226.

3. 曾大乾 , 林昌荣 , 张世民 , 彭鑫岭 . 应用地震数据体结构特征法预测普光气田储层含气性 [J]. 中国工程科学 ,2010,12(10)：91–96.

4. 林昌荣 , 王尚旭 , 马在田 , 陈双全 , 方敏华 . 地震数据体结构特征时空关系与油气预测 [J]. 石油勘探与开发 ,2009,36(02):208–215.

5. 林昌荣 . 牛庄油田沙三段砂体成因类型及其形成机理探讨 [J]. 石油勘探与开发 ,1990(01):39–46.

6. 林昌荣 , 王尚旭 , 张勇 . 应用地震数据体结构特征法预测油层分布规律 [J].

中国石油大学学报（自然科学版),2008(02):39-43.

7. 张绍红 , 林昌荣 . 砂泥岩地层概率神经网络岩性反演技术应用研究 [J]. 西安石油大学学报（自然科学版),2008(04):1-4+6.

8. 林昌荣 , 王尚旭 . 应用地震数据体结构特征法预测孔缝洞型油气储层 [J]. 石油地球物理勘探 ,2008(04):415-421+366.

9. 林昌荣 , 王尚旭 , 张骥东 , 储层物性参数预测技术在大牛地气田开发中的应用 , 天然气工业 , 2007 年第 27 卷（增刊 B）, 44-47.

10. 林昌荣 , 王尚旭 , 夏强 . 川东北地区飞仙关组地震反射特征及地震相分析 [J]. 油气田地面工程 ,2007(04):10-11.

11. 林昌荣 , 孙立春 , 崇仁杰 . 地震数据结构特征与油气预测 [J]. 中国海上油气 . 地 质 ,2000(06):52-56.

12. 林昌荣 , 张启明 . 沉积相类型划分的相命名法则和相标志的研究 [J]. 中国海上油气 ,1990(04):57-63+9-10.

13. 林昌荣 . 应用灰色系统理论预测石油产能的初探 [J]. 中国海上油气 ,1989(04): 17-21+66+4-5.

14. 张绍红 , 林昌荣 , 小波分频技术在地震数据高分辨率去噪处理中应用研究 , 第 3 届环境与工程地球物理国际会议 , 2008(06): 257-260.

15. Zhang shaohong, Lin changrong, Study on the genesis of karstic collapse column and characteristics of high resolution seismic data in one coal field[J].

16. Lin Changrong, Wang Shangxu ,and Zhang Yong, Predicting the distribution of reservoirs by applying the method of seismic data structure characteristics: Example from the eighth zone in Tahe Oilfield, Applied Geophysics, 2006, 3(4), 234-242.

17. Wang Shangxu ,Lin Changrong, The Analysis of Seismic Data Structure and Oil and Gas Prediction [J].Journal of Chinese Geophysical Society Applied Geophysics,2004(02):75-82+132.

18. Zhang shaohong, Lin changrong, improving high-resolution and removing random noise using technique of wavelet frequency-division in seismic data process, near-surface geophysics and human activity, 2008(06): 121-124.

19. 林昌荣 , 试论地体、特征、结论之间的辩证关系 , 南海石油 , 1995(06): 15-19.

20. 林昌荣 : 中国不是"贫油国" [J]. 瞭望 ,2010(12):49-51.

21. 林昌荣 : 告别贫油的路径 [N]. 科技日报 ,2009-09-25(006).

22. 林昌荣 . 美国能源独立带给中国能源安全的战略思考 [J]. 中国商界 ,2019(01): 104-106.

23. 林昌荣. 石油是怎样形成的？[上]. 大众科技报,2011-09-20(B08).

24. 林昌荣. 石油是怎样形成的？[下]. 大众科技报,2011-09-27(B08).

25. 林昌荣. 中国油气开采简史 [N]. 大众科技报,2011-11-29(B03).

26. 林昌荣. 石油时代真的将要终结吗？[J]. 科技潮,2011(10):46-49.

27. 林耀庭，林昌荣，周伟. 美国能源独立对中国能源安全的战略思考（Ⅰ）. 时代中国，2019 第 188 期：4—8.

28. 林耀庭，林昌荣，周伟. 美国能源独立对中国能源安全的战略思考（Ⅱ）. 时代中国，2019 第 192 期：8—14.

29. 林耀庭，林昌荣，周伟. 美国能源独立对中国能源安全的战略思考（Ⅲ）. 时代中国，2019 第 198 期：8—14.

30. 李谋杰，郭海敏，林昌荣，郑佳奎，董勇. 利用地震数据体结构识别和划分有利含油单元——以玉北油田 YB1 井区为例 [J]. 石油天然气学报,2013,35(12):67-72+6.

译著一部：

《Seismic Unix 地震数据处理系统：SU3.3 处理操作系统指南》，（美）John W. Stockwell, Jack K. Cohen 著；张绍红，林昌荣译. 北京：石油工业出版社,2007

合著四部：

它们分别为《突破与创新——解读中国科技》，外文出版社，2016 年。《我们家纵横 10000 米》，清华大学出版社，2016 年。《普光高含硫气田高效开发技术与实践》，石油工业出版社，2014 年。《普光高酸性气田开发》，石油工业出版社，2010 年。

两项发明专利：

发明专利 1——《利用地震数据体结构特征预测油气的方法》，证书号第 752256 号，专利号为 ZL 2008 1 0104011.9，专利申请日期为 2008 年 4 月 14 日，专利授权公告日期 2011 年 03 月 30 日。

发明专利 2——《利用地震数据体波形结构特征模型预测油气的方法》，证书号第 1921302 号，专利号为 ZL 20131 0072574.5，专利申请日期为 2013 年 03 月 07 日，专利授权公告日期为 2016 年 01 月 13 日。

林昌荣教授对我国石油事业所做的主要贡献，归纳起来有五点，具体为：

第一，理论的创新——国际首次提出油气成因"碳氢说"和新型的油气预测理论

第二，科技的突破——突破了传统定性半定量油气预测技术，实现量化油气预测技术

第三，国际地位的提升——全面提升了我国油气预测理论、方法和技术的国

际地位

第四，高效便捷的实用效果——投入少、见效快、适用广和准确率高的实应效果

第五，极高经济效益的获得——为我国石油工业创造了极高的经济效益

第一，理论的创新——国际上首次提出油气成因"碳氢说"和新型的油气预测理论

在我国石油能源方面，当石油勘探开发遇到最大瓶颈，大家普遍认为我国已经处于无油可采的境地的时候，林昌荣教授及时地提出了《中国不是"贫油国"》的油气成因"碳氢说"的新理论，坚定了我国找到大型或特大型油气田的决心。

油气的成因问题一直是石油地质学研究的重大理论课题之一，同时也是历史上自然科学界长期争论的一个课题，直到现在仍有着的争议。因为地壳上生成的油气是油气田形成的物质基础，所以，油气成因问题有着重要的理论意义和实际意义。

19 世纪 70 年代以来，对油气成因问题的认识基本上可归纳为无机生成和有机生成两大学派。无机生成认为石油及天然气是在地下深处高温、高压条件下由无机物合成的；有机生成认为油气是在地质历史上由分散在沉积岩中的动物、植物等有机物质，再形成石油天然气的。

但是，无论是有机生成石油或无机生成石油，都无法自圆其说地解释百年来发现的油气藏，尤其是大型特大型的油气田成藏的诸多疑难问题。于是，林昌荣教授关于油气的成因，就提出了自己的"碳氢说"的理论。

林昌荣教授关于油气成因"碳氢说"的主要观点，有如下五点：

（1）石油形成原始物质基础是由碳元素与氢元素在地下温压作用下，经一系列复杂地球化学氧化—还原和物理过程，地壳变迁和演化而形成的。

（2）石油成因类型，包括有机成因、无机成因和生物成因，只要有碳源和氢源，在一定地质环境条件下均可形成石油和天然气，因此，石油勘探领域相当广阔，平面上，只要有沉积盆地就有石油；纵向上，从几十米到上万米均可有石油。

（3）油气大部分是原生的，但因为油气可流动性，有些油气是经过长久的地球地质运动，油气进一步运移聚集形成油气藏的。

（4）油气绝大部分发现于沉积岩石中，包括陆源碎屑岩和海相碳酸盐岩中，很少发现于变质岩和火成岩中。主要原因是，沉积岩可提供大量的碳源，其他两类岩石缺少碳源。

（5）大型油气田钟情于背斜构造，因为背斜构造与地壳运动、地质演化能量比较集中的所在地，碳源与氢源化学反应比较充分，也有利于油气的生成和运移成藏，因此，易于形成油气田。

林昌荣教授关于油气成因"碳氢说"的还列出了九条主要依据，他们包括：（1）关于无机生油理论；（2）关于有机生油理论（3）关于碳源问题；（4）氢源问题；（5）盆地与油源问题；（6）断裂隆起与油藏问题；（7）油层厚度问题；（8）油气藏的层次问题；（9）以及其它等（详细参见第七章第一节）。

第二，科技的突破——突破了传统定性半定量油气预测技术，实现了量化油气预测技术

有了上述的理论作指导，在中国如何发现更多更大油气田的科技研究方面，林昌荣教授依据我国油气成因特点，并根据多年的工作经验，加之对比世界各国大油气田的分布规律，林昌荣提出：虽然中国人均油气资源拥有量大大低于世界平均水平，但是，中国不是"贫油国"，中国三大沉积盆地群均有可能发现大型或特大型油气田的条件，理由有如下三点：

1. 沉积盆地是生成油气资源的场所，中国不但有星罗棋布的中、小型沉积盆地，还有大型沉积盆地群。中国三大沉积盆地群，从东往西依次为，东部盆地群：松辽盆地—渤海湾盆地—东海—南海盆地群；中部盆地群：鄂尔多斯盆地—四川盆地群；西部盆地群：准噶尔—塔里木盆地—柴达木盆地群，这些沉积盆地群都具有丰富的油气资源，是大型、特大型油气田集聚地。

至今，中国没有发现大规模或多个超大型油气田，并不能说明中国地底下缺少油气，因为中国油气成因极为复杂：首先，中国的沉积盆地基底都很深，如塔里木盆地、柴达木盆地、四川盆地、黄河三角洲等；其次，中国的地形复杂，沉积盆地受到太平洋、大西洋和印度洋三股力量的混合作用，使得油气成藏分布规律十分复杂；再者，我国油气藏类型多种多样，教科书上所有的油气藏类型，我国均有，教科书上没有的油气藏类型，我国也有；加上油气田埋藏又很深，地下上万米深度都有油气藏，这在国外石油专家眼里是不可思议的，因为国外油气田基本多在三－四千米以上。我国油气藏类型复杂埋藏又深，这就决定了其不易于发现，需要新理论、方法、技术来发现开采。

2. 根据全国最新油气资源评价结果，我国石油地质资源量近千亿吨，石油可采资源量超过 200 亿吨，迄今只探明几十亿吨，石油资源探明程度不到 30%，远低于 64% 的世界平均探明率；我国石油平均采收率也不到 35%，远低于 45% 的世界平均水平。这说明，我国拥有丰富的石油资源潜力。地下有石油，但还没有被发现，或由于当前的技术问题，无法拿到地面上来使用，并不能说明我国没有油气，那是可以通过理论创新、技术进步得到改善或消除的，中国正处于此阶段。

我国著名的海洋地质与地球物理学家刘光鼎中科院资深院士，不顾 81 岁的高龄，曾亲自参加并非常高兴地对《瞭望》记者，把我的关于"我国油气藏类型

复杂埋藏又深，要到深部去找大油气田"这一观点，作过一个形象的比喻，他告诉本刊记者，"中国的油气好比是四层楼，最底下是早古生代的，依次是晚古生代的，中生代的——我称之为前新生代残留盆地，随后才是新生代陆相碎屑岩沉积盆地，中国 50 年的油气勘探只停留在浅层，还有三层没有挖掘和开发，应该到古代的海相地层里去找油气。"刘院士又补充说，"两次油气资源评价都说明，中国油气资源的潜力巨大，目前探明储量不到 1/3，至少前新生代海相碳酸盐岩领域就有待于勘探开发。……中国油气资源的前景是美好的，只要我们针对中国的地质情况，大力发展地球物理方法，就一定可以找到并开发出更多的油气资源。"

3. 中国已在最近几年发现了越来越多、越大的油气田，如塔里木盆地的克拉 2 大气田，四川盆地的普光大气田、元坝大气田，鄂尔多斯盆地的长庆大气田等，这也是中国不是"贫油国"的一种佐证。中国在未来十多年里，应该是进入大型、特大型油气田的发现期。它们埋藏于古隆起之上、膏盐之下，成藏于碳酸盐岩体、砂岩体之中。上述的塔里木盆地、柴达木盆地、四川盆地、鄂尔多斯盆地等众多盆地，还有从北到南的渤海湾盆地—东海—南海海上沉积盆地群都具有形成上万亿方特大型油气田的条件。

所以，我们一定要改变"贫油国"的理念，中国不会在短期内出现石油危机，至少在几十年内不会出现石油危机。因为我国油气资源还有相当的前景，加上经济发展独立自主的重要性，我国还是要立足于更多地依靠国内的油气资源，不能一味地依靠海外进口。加强国内石油勘探和开发仍然是解决我国石油供应和石油安全的基础。在此基础上，应积极拓展海上油勘探和开发工作。

林昌荣提出的具有我国自主知识产权的创新专利技术"利用地震数据体结构特征预测油气的方法"和"利用地震数据体波形结构特征模型预测油气的方法"的两个发明专利，极大地提高了油气探测的成功率，从国际上的平均勘探成功率的 20–30% 提高到现在的 70–80%，为我国石油工业创造了很大的经济效益（详见科技部《科技日报》总第 8292 期技术解读）。

《科技日报》总第 8292 期技术解读）关于我的《告别贫油的路径》——"地震数据体结构特征法预测油气"的技术，已经成为油气预测技术的一个学派，在我国高校广泛引用，并引起国外有关专家、学者的注意。

在《科技日报》总第 8292 期技术解读的专家点评栏目中，我国著名石油物探学家同济大学教授马在田中科院院士，对我的技术水平评价非常高，他曾地对《科技日报》记者说：这是一项很有价值的研究成果，被石油工业界广泛应用，并得到实际效果。研究者提出的"地震数据体结构特征法预测油气"的方法是前所未有的，是符合用地震勘探资料研究油气储层的客观规律的。

中石化副总工程师何生厚对《科技日报》记者说：尽管理论上还有待进一步

完善，但林昌荣的"地震数据体结构特征法预测油气"方法实际效果很好，这个方法已经成功应用于许多油气田，并得到了较好的开采效果，这个方法有很好的发展前景，值得在我国油气资源开发领域内推广。

第三，国际地位的提升——全面提升了我国油气预测理论、方法和技术的国际地位

油气预测技术是个世界级难题。在如何提高钻前油气预测成功率的研究方面，林昌荣提出了具有我国自主知识产权的创新专利技术——"利用地震数据体结构特征预测油气的方法"和"利用地震数据体波形结构特征模型预测油气的方法"，这两项发明专利，较大幅度地提高了我国油气探测的成功率，从国际上的平均勘探成功率 20—30% 提高到现在的 70—80%。较大幅度地提升了我国油气预测能力的国际地位。

林昌荣教授开发出的具有我国自主知识产权的创新专利技术，已经取得了：①理论研究和方法技术方面的研究成果；②油气层横向分辩率研究方面的研究成果；③色彩研究方面的研究成果；④油气层相对识别标志方面；⑤油气层预测软件等方面五个方面的创新性的研究成果，大大地提高了我国油气预测技术能力的国际地位。

①理论研究和方法技术方面。在地震数据体结构特征法预测油气层理论研究方面已有新的认识，并在油田实际应用中，有关油气层预测方法技术上有新的突破。在理论研究方面，提出采用地震数据体结构特征法，而不是传统的地震数值（如反射特征值等等）的油气层预测法；油气预测技术及实现步骤方面，这里我们引用了灰色系统理论有关的灰色预测技术。

②油气层横向分辩率方面。通过多年油田实践，提出了油气层横向分辩率问题。通常纵向分辩率讲得比较多，而对于油气层预测来讲，油气层横向分布有多远，含油面积有多大，也就是说横向延伸到哪为止也是非常关键的数值，这时，横向分辩率就显得重要了，专利研究在油气层预测方法技术方面，采用了关联分析，解决了油层横向范围及边界问题。并实现了应用地震数据体结构特征预测油气层的方法技术的半自动化、自动化过程，可以快速地为油田提供钻前油气平面和剖面上的分布结果。

③色彩研究方面。通过对色彩问题的研究，对陆源碎屑岩、碳酸盐岩以及隐蔽油气层（藏）等的油气层识别，在精度有较大提高。色彩研究并不反对用色彩图，我们也是赞同用色彩图展示成果，但用得不好反而会掩盖一些信息（与黑白照片和彩色照片的关系类似）。研究结果认为，色彩问题具体表现有三个方面：1. 没有刻度；2. 有刻度，但精度不高；3. 有刻度精度也可以，但表达地质含义不清楚（如

地震反演剖面不同处的同种颜色），所以，采用地震数据体无量纲色彩标定，一些图表对比，会具有显示规律性强，显示特征更清楚的优点。

④油气层相对识别标志方面。建立了一套能够识别不同地区、不同层位的陆源碎屑岩、碳酸盐岩含油气性的地震数据体结构特征的油气层相对识别标志。通过多年生产实践认为，平面上分区，剖面上分层的不同油气层判别标准更具有实用意义。

⑤油气层预测软件方面。通过深入研究地震数据体结构特征后，在建立起油气预测资料库基础上，编制一套适合于各油气区油气层的预测软件。

第四，高效便捷的实用效果——投入少、见效快、适用广和准确率高的实应效果

林昌荣教授开发出的此项独立的油气预测技术，已被中国三大石油公司广泛采用，并以其快捷、方便、高效地被石油公司广泛应用到中国大部分沉积盆地的不同岩性类型的油气田上，如中海油海域，中石油油田和中石化油田。其中，中海油海域有南海、渤海和东海，油气田包括南海西部东方1-1气田等15个大、中、小型油气田的预测；渤海湾的秦皇岛32-6油田等15个大、中、小型油气田的预测，以及东海海域的平湖油气田等8个中、小型油气田。中石油研究的盆地有塔里木盆地、四川盆地和鄂尔多斯盆地等，油气田包括克拉2气田、柯克亚油气田、阿克气田、广安气田和苏里格气田等等。中石化研究的盆地有塔里木盆地、四川盆地、济阳拗陷、松辽盆地、鄂尔多斯盆地等，油气田包括塔河油田、普光气田、大湾气田、河坝气田、双庙气田、胜利油田、秦家屯油气田、松南气田、元坝气田、大牛地气田等等。

钻前油气预测成功率均达到70—80%，远高于20—30%的国际平均勘探成功率。根据统计数据显示，共预测的探井、评价井和开发井井数达800多口，统计预测准确率可达80%以上。其中，开发井井数近500口（仅大牛地气田开发井井数就达200多口），统计总体预测吻合率（准确率）可达80-90%以上；探井、评价井300多口，统计总体预测吻合率（准确率）可达70%以上。

开发出的此项油气预测技术，适应性非常广泛，预测准确率很高。此项技术可以预测的储层岩石类型多种多样，包括有陆源碎屑岩（砂岩），碳酸盐岩，火成岩（如东北腰深1井区）。预测深度范围从南海的100多米到四川盆地和塔里木的8000～9000多米。

第五，极高经济效益的获得——为我国石油工业创造了极高的经济效益

该油气预测新技术已经广泛地推广应用到我国央企的三大石油公司（中石油、

中石化和中海油）中去，直接创造了数以千亿元计的经济效益。

林昌荣教授的两项专利发明，已经为我国石油工业创造了创造极高的经济效益。经济效益详细参见第二章第四节的部分《推广应用效益证明》和第五章第五节的《教育部鉴定意见》的证明材料。《推广应用效益证明》材料，包括：中石化油田事业部的《推广应用证明》、中原油田普光大气田的《推广应用效益证明》、华北油田大牛地气田的《推广应用效益证明》、西南油气分公司河坝气田的《推广应用证明》）。

第五节 2018年度中国经济十大创新人物

2018年12月9日，由中国商报社、中国商界杂志社、人民日报新闻战线杂志社主办，中国品牌发展网联合主办的"中国经济发展高峰论坛暨中国经济影响力年度人物颁奖典礼"在北京隆重举办。

全国人大常委会原副委员长蒋正华，全国人大常委会预算工作委员会主任、国家卫生部原部长高强，国家科技部原部长朱丽兰，十一届全国人大财政经济委员会副主任贺铿，十一届全国人大外事委员会副主任、中央对外联络部副部长马文普，国务院扶贫办原副主任、中国扶贫基金会理事长郑文凯，全国工商联原副主席、中国房地产市场管理协会会长王治国，中国民族卫生协会会长吴英萍，中国发展观察出版社社长包月阳，中国商报社副社长陈高宏，人民日报社新闻战线杂志社副总编辑冷梅，中国商界杂志社常务副社长孙崇明，中国品牌发展网创始人、中国经济发展高峰论坛秘书长曾跃，经济日报社原中国经济信息杂志社社长王亚东，中国品牌发展网联合创始人、中国经济发展高峰论坛执行秘书长刘鹏等各大领导出席了本次活动。

2018界论坛以"新时代、新经济、新模式"为主题，与会者作了"2019年经济形势分析与对策"的主旨报告，进行了"新时代、新经济、新发展"、"论跨国经济"、"论科技创新与新时代中国经济"等多层次、多维度圆桌论坛，全面解析了新时代中国经济新格局、新变化，前瞻了中国经济发展大势，探寻了中国经济转型和发展的动力。

每界论坛最激动人心的时刻，莫过于"经济年度人物"的揭晓。

经济影响力人物评选以"责任、创新、发展"为标准，以"创新力、影响力、推动力、贡献力、成长力"五大指标全面考量参评人物，宣传推广"工匠精神"和"中国梦"的践行者，是对中国经济影响力人物进行的一次大盘点，奖项极具含金量。这是中国经济的英雄榜，能荣登榜单的人物无一例外，都为中国经济的发展做出了突出贡献，是值得全民学习的楷模，是当之无愧的影响力人物和先进典范，是全民公认的时代英雄。

2018界经济年度人物评选角度与之前的年度相比更加多样化，更全面、更权威地彰显出中国经济影响力人物的特性和鲜明的魅力。获评人物以独特的方式，担当并推动着中国的经济发展进程，是国家及各个行业领域的骄傲。

而林昌荣因为其卓越的贡献，获评"中国经济十大创新人物"，荣登中国经济的英雄榜。

在科研探索的路上，这位科学家愈挫愈勇，在前人未曾考虑的领域，他目光独具，在低谷中百折不挠，成功突围。正如人们所说的那样，时代只会眷顾坚定者、奋进者、搏击者，不会等待犹豫者、懈怠者、畏难者。而林教授就是这样的坚定者、奋进者、搏击者，用自己的勤奋和努力弹奏出了时代的最强音。

林昌荣在以自己的方式推动着中国经济发展的进程，这与他几十年如一日，开拓进取，坚持奋斗在生产第一线的努力分不开的。因此，他获得"中国经济十大创新人物"的殊荣，实至名归。

林昌荣获评 2018 年度中国经济
十大创新人物证书（2018 年）

林昌荣获评 2018 年度中国经济
十大创新人物奖杯（2018 年）

第六节　最喜欢看地图的"老中医"

清明假期，正是万物萌发的时候，人们纷纷外出祭祖、踏青。妻子戴素伟也盘算着，利用这难得的假期，和丈夫、儿子外出野餐，放松一下。

"昌荣，早点儿睡吧。明天就放假了，你陪我去麦田里挖点儿野菜，正好你和孩子也晒晒太阳。"假期前夜，已经晚上十点多了，看到林昌荣还在书房里研究他那挂满了一整面墙壁的各种地质图和地震剖面图，戴素伟忍不住催促道。

丈夫已经很多天两头没看到太阳了——清晨一大早他就跑去办公室，那时候太阳还没升起来，晚上又回来得很晚，披星戴月的，太阳早就落山了。身为妻子戴素伟很是心疼，担心这样下去丈夫的身体会受不了，所以打算利用假期，好好去给林昌荣补个"太阳浴"。

"行，明天陪你们娘俩。我再看一会儿图，你先睡吧。"林昌荣歉意地回了一句。

戴素伟无奈地摇摇头，只好先自己回卧室了。

熟悉林昌荣的人都知道，他做起学术来可以整夜不合眼。前阵子林昌荣连续3天工作到凌晨4点才去睡觉，等到了上班时间，又生龙活虎地去办公室了。

"你已经不是二十岁刚出头的小伙子了，这样子连续熬夜吃得消吗？"戴素伟埋怨道。她有一次熬过一次夜，结果连续好几天都没精打采的。要是连续熬上几个晚上，估计要好一阵子缓不过来了。

"只要你喜欢它，自然就不觉得累了。"林昌荣笑着回答："现在我同时负责方法研究、程序编制与项目管理等许多工作，任务很重。不抢时间怎么行呢？"

"那也不能连轴转吧？"戴素伟凝视着丈夫因为连续熬夜，布满了血丝的眼睛。

"别担心，我扛得住。一旦静下心来钻研进去，我就感觉自己的整个身心都被调动起来了。"

这个工作狂，要是自己这个做妻子的不坚决反对，是真能为了工作拼命的。有段时间他在办公室里摆放了一堆方便面，为了全力搞科研，吃住都在那里，两天只睡几个小时，一天只吃一顿成了家常便饭。

现在几乎人人都会开车，偏偏自己家这位天资聪颖、学什么都很快的大科学家就是开不了车。原因并不是他学不会，而是这家伙无论做什么，都会走神到思考学术问题那儿去了，是个习惯"走神"的主儿。平日他骑着自行车上下班，有一次竟然因为走神，进了别人家的院子。直到那家人听到动静，错愕地出来看着眼前的不速之客，仍然沉浸在学术问题里的林昌荣才如梦初醒。

而开车这件事，驾校进了好几次了，林昌荣愣是没学会。原因就是，教练教学员们怎么开车的时候，他的思绪早不知道走神到哪里去了。

"没拿到驾照也好，免得开车走神出什么状况。"想到这里，戴素伟忍不住轻笑着摇摇头。

星光不问赶路人，丈夫林昌荣的科研创新之路可用"十年磨一剑"来形容。历经多年的潜心钻研，默默坚守，他早已经创新形成了在国内外都颇具影响力的石油勘探理论，可丈夫肩上的单子也越发重了。

虽然早就问鼎"找油神探"的美誉，但林昌荣从没有止步于此。他发现越往深处研究，发现的问题就越多。"我这大半辈子就干了这么一件事，而且到现在很多方面还没弄明白。"林昌荣经常这样跟妻子调侃。

在周围人的眼睛里，林昌荣的工作带着浓厚的神秘色彩，经常会有邻居好奇地询问："林博士，您是研究地震的？"

"我研究的不是天然地震，而是利用人工地震找石油。"林昌荣笑着解释道。

"啊？地震还有这作用啊？"邻居听得很是新奇。

也有人会对戴素伟投来羡慕的眼光："素伟啊，你老公脑子那么好用，读博士都轻而易举，要是把心思用在赚钱上肯定能赚得盆满钵盈。"

"他呀，才没功夫想那些呢。我家昌荣，一心一意搞学术，啥也不争。"戴素伟笑着回答，看似嗔怪的语气里，满满的都是自豪。

戴素伟一边回忆，一边看了一眼床头的闹钟。指针已经走到了深夜 11 点半，而丈夫还丝毫没有停止工作的意思。"这家伙，看来又打算熬到两三点了。不过，明天一大早，他肯定又会爬起来继续工作。"戴素伟嘀咕一句，先睡下了。

第二天一大早，戴素伟就发现家里早没了林昌荣的影子，打他的手机，也没人接，满脸无奈地摇摇头："你爸爸还说今天陪我们俩个呢，又说话不算数了。"

"是不是我老爸的手机出问题了？"儿子林耀庭推测道。爸爸平日的生活奉行极简主义，他认为越简单越好越环保的，一个包可以背上十几年，一件衣服领口都磨破了也不换。他现在的手机用了好多年了，早成了老掉牙的款式，却压根儿没有换一个的打算，因为对林昌荣来说，手机就是拨打和接听电话用的，能用就行。已经成为老古董的手机，时不时会闹个小脾气，罢个小工。

"也可能今天放假，你爸爸把手机调静音模式了。"戴素伟打包好一个饭盒，带着儿子朝丈夫的办公室而去。

戴素伟和儿子林耀庭推开办公室的门，果然看到林昌荣早就在那里伏案工作了。办公桌上堆满了图表和地质资料，墙上和家里的书房一样，也挂满了一堆黑白色的地震剖面图，还有形形色色的地质图。

"我就知道你又跑来办公室了。"戴素伟戏谑道："你看这些地震剖面图和地质图的样子，可真像老中医在给病号把脉。"

"老中医？"林昌荣哈哈大笑起来。

妻子这个外号很是有趣，但也的确很贴切。熟悉林昌荣的人，曾经形象地比喻，说林教授有数不清的锦囊妙计，专门用来对付地质勘探的疑难杂症。无论是多么难啃的硬骨头，他都能因地制宜地开出非常对症的"药方"，宛如一位医术高超的神医在"对症下药"。

林昌荣很喜欢这个"老中医"的外号。自己所从事的职业，不就是给地球把脉的老中医吗？哪里有油田，哪个油气田有多大的潜力，他都要了如指掌。

"爸爸，这些图对您就这么有吸引力？"林耀庭把饭盒放到爸爸跟前，随手翻了一下儿张黑白色的地震图。这些图看久了很累眼睛，而且颜色单调，真难为老爸了，竟然盯着这么枯燥的东西看个没完没了。

"大型油田在地质学家的脑子里。而想让我们的脑子里，立体地出现大型油田，就要好好分析这些图。"林昌荣起身拉着林耀庭的手，把他拽到了地质图前，指着其中几张，如数家珍地说了起来。

"这是塔里木的地质图，它复杂就复杂在'老'上。"

"老？"林耀庭一愣："爸爸，你是说它形成的时间早吧？"

"是的，塔里木盆地在6亿年前就有沉积，而且形成了巨厚的沉积岩。在一次又一次天翻地覆的地壳运动中，塔里木盆地底部无比坚硬的沉积岩，都没有变质，所以能保存住那些在古生界就生成的大量油气。所以，'老祖宗'这个称呼对它来说再合适不过。"

林耀庭听得津津有味。

"'老祖宗'旁边那张是准葛尔盆地的，它要比塔里木年轻一半呢，盆地形成于3亿到3亿5千万年前。"

"而'老祖宗'另一边那张，是更年轻的松辽盆地的地质图，这个小家伙只有1亿多岁。"听到1亿多岁在爸爸的嘴里却被形容为是"小家伙"，林耀庭顽皮地做个了鬼脸。

"小家伙旁边的这几张图，分别是渤海、胜利、中原盆地，对塔里木这个老祖宗来说，它们只能算是小不点儿了，只有三千万岁。除了'老祖宗'，其余的盆地都没有足够坚硬的沉积岩底，所以很难保存古生界生成的大量油气。"林耀庭听得入迷，忍不住多看了塔里木的地质图几眼，虽然他还看不懂。

"那张图是东方油田的，典型的砂岩孔隙型储层。孔隙型的意思呢，就是随时会出现无法预测的相变，变化很大，可能这里有油，相隔很近的地方就没有了。"

"至于那些黑白地震剖面图嘛，可能在你看来要嘛黑要嘛白，但对于你老爸我这样的物探专业人员来讲，那里面信息量可大的很。比如地震振幅的强弱、剖面的杂乱程度、以及波形结构特征的差异等等都会有所不同……"

"这些图个个都逃不出你爸爸的火眼金睛，他这个给地球把脉的医生，也跟医院的那些老中医一样，越老越值钱。因为看得越多，经验越多。"戴素伟看着平日里腼腆安静，可一说到地震剖面图就眉飞色舞的丈夫，忍不住打趣道。她知道，这个假期补"日光浴"的计划又要泡汤了。

对于勘探人员来讲，"为国家找油"是工作的全部。林昌荣一刻也没有停下过前行的脚步，年年有立项，岁岁有成果。可无论已经取得了多少成果，获得了多少荣誉，林昌荣丝毫不敢懈怠，也没有一丁点儿的骄傲，待人接物和从前一样。

他在办公室显眼的位置，挂着一张中国地图。在林昌荣的眼里，那上面还有很多地方在发出深情的呼唤。在辽阔的土地深处，在崇山峻岭间，在深邃而静谧的海洋里，埋藏着很多油气宝贝，在等待着被发现、被挖掘。

回首四十载的风风雨雨，林昌荣万里山海踏歌行，他的足迹遍布祖国各地，用自己的勤劳和智慧攻克了一个又一难题，在中国石油勘探开发领域，划出一道道优美的"上行线"。而在林教授的努力下，那些过去被人们认为是油气禁区的地方，相继有大型油气田的诞生，这如同无声处听惊雷，在行业内引起了一次次震动，打破了地质学家们原来固有的找油思路，拓宽了他们的角度，激发了他们的灵感。

而他这个老中医，为了这一道道"上行线"吃尽了苦头。前往位于塔里木盆地油田的路况很一般，被颠得头晕脑胀是常态。而戈壁滩的旋风，追着带着林昌荣深入大漠的汽车跑，下车时还会夹着漫天砂石劈头盖脸地来顿狂野的拥抱，以表示"热烈的欢迎"。等好不容易旋风走了，林昌荣这个老中医已经变成了用泥土做成的雕塑。

不过，这丝毫不影响他一到了目的地，就立即投入了工作，都没给前来欢迎他的人一个表达热情的机会。大家看着浑身是土的林教授一溜烟没了踪影，好半天才回过神来。

"林教授，您至少先洗把脸再去呀！"

经过林昌荣用自己的科学理论精确的丈量和计算，这些年来，一个个大型油气田相继揭开神秘的面纱，出现在世人面前。

为了找油，林昌荣住过冬天冷得像冰窖、夏天热得如蒸笼的简易板房，也曾经翻山越岭，甚至下过陡崖。但这一切，都抵不过按照自己的方案，钻井成功后听到来自地层深处的油气喷涌声时，心中所涌起的那种满足感。

油气喷涌那"嗯哧哧、嗯哧哧"的声响，对林昌荣的耳朵来说，是百听不厌的天籁，实在是太动听了。

多年以来，我国油气资源的勘探一直是以传统的"背斜理论"为指导，背斜是褶皱构造中褶曲的基本形态之一，外形上一般是向上突出的弯曲。由于背斜岩层向上拱起，且油、气的密度比水小。含油气背斜构造一般有三层：最上面的一层是气、中间是油、最下面的是水，所以说，背斜常是良好的储油、气构造，这就是我们经常说的常规油气藏。利用这个原理，我们从储油气的背斜地方发现并开采出了大量石油和天然气，这是比较早也比较成熟的主要找油理论。

可是现在，石油勘探和开发却遇到了很大的瓶颈。用"背斜理论"能找到的储油气的背斜基本上都找完了，或者把其中的油气开采完了，用这个传统方法已经很难找到新的大油气田。

　　与此同时，在其他不同复杂圈闭类型，也发现有油气，这说明并不是只有背斜才是唯一储油的构造。可是我们对于其他油气藏类型的认识甚少，尤其是到了20世纪90年代以来，油气勘探难度越来越大，鲜明地显示出现有理论水平、技术方法的不足。

　　中国迫切需要新理论、新方法和新技术来指导油气勘探。

　　林昌荣不拘泥于一些传统的找油理论，他从20世纪80年代起就提出了"地震数据体波形结构特征法预测油气"的新理论，这一理论是通过原始地震数据结构特征来找油气。

　　科技改变能源格局。

　　林昌荣提出的"地震数据体波形结构特征法预测油气"的新理论，是一项跨时代的创新，在国际上属于首次有人提出，可以有效地解决我国的能源现状。

　　就像林昌荣说的，目前国内石油开发的瓶颈，主要还是在非常规油气方面开发理论上没有全面突破，我们要做好顶层设计。美国页岩气的快速发展得益于整个社会的推动，包括社会意识、管理理念和政策引导等，最重要的是市场机制推动。技术虽然重要，但更重要的还是理论问题，不解决创新理论问题，发展新技术就是一句空话，就无法调动各方的积极性。

　　当然，技术的提高和钻井成本的控制也是很重要的。实现开采技术突破提升，比如水平钻井技术，水力压裂技术。只有在技术上保持优势，有油才能挖出来，那么，我们用油也就比较有保障了。

　　加速寻找和发现我国还埋藏在地下的大型油气田，是林昌荣几十年如一日坚守的使命。石油工业每个油气田的发现是最艰辛的，却也是最有希望的最激动人心的，而林昌荣研发的理论，宛如赋予了钻头神奇的灵性，让它们不停地在大漠地层的深处、在海洋地层的黑暗里探索着，挖掘着，开启了一个又一个深埋地下宝藏的大门。

　　对于我国是"贫油国"的观点，林昌荣一直以来都不认同。作为一名长期从事石油勘探方面研究工作的专家，林昌荣始终坚信，中国不缺油气资源，缺的是找到油气的理论和技术。

　　中国石油一向理论先行，找到大庆油田、胜利油田和华北油田等等，是因为李四光等老一辈科学家们提出的陆相沉积学说，突破了陆相沉积学说的一些限制，在陆相地层中相继找到了大油田，解决了中国的用油问题。今天，年轻一代人要继续理论突破，在海上、在非常规油气方面解决中国的用油问题。

　　"地震数据体波形结构特征法预测油气"在油气探测技术上，创造性地实现了油气预测过程中，从纵向与横向上同时量化标定、图与表可以相互对比的定量解释油气层的新技术，解决了长期以来纵向上与横向上油气预测时有不和谐的难题，拓宽了油气预测技术手段，增加了油气预测的显示方式。

近 30 年来，林昌荣为了找油，足迹踏遍了祖国的万水千山，从中国版图南端的南海到北面的东北，从东方的渤海湾到西边的塔里木众多盆地，都实地考察过，并对其成油的地震数据体波形结构特征异常，作了深入的研究。

而这近 30 年的实践，有力证明了林昌荣的"地震数据体波形结构特征法预测油气"理论的先进性，堪称在油气预测方面世界最先进的顶层设计。有了它，中国就站在了石油勘探科学的顶峰，能在石油勘探和开采上保持长远的发展，不被其他国家所要挟和限制，并改变中国甚至世界的能源格局。

20 世纪 80 年代以来，我国已先后开展过三轮油气资源评价工作（分别于 1987 年、1994 年和 2006 年完成）。据 2006 年的第三次常规油气资源评价结果的公开资料显示，我国石油远景资源量为 1086×10^8 吨，石油地质资源量为 765×10^8 吨，石油可采资源量为 212×10^8 吨；天然气远景资源量为 56×10^{12} 立方米，天然气地质资源量为 35×10^{12} 立方米，天然气可采资源量为 22×10^{12} 立方米，详见下表（表 4-1、表 4-2）。

表 4-1　我国主要盆地天然气资源量数据表

序号	盆地名称	资源量（$10^{12}m^3$）	可采资源量（$10^{12}m^3$）	序号	盆地名称	资源量（$10^{12}m^3$）	可采资源量（$10^{12}m^3$）
1	塔里木	11.34	5.86	7	莺歌海	2.28	0.81
2	四川	7.19	3.42	8	琼东南	1.89	0.72
3	鄂尔多斯	10.70	2.90	9	渤海湾	2.16	0.62
4	东海	5.10	2.48		以上小计	45.09	18.43
5	柴达木	2.63	0.86		其他盆地	10.80	3.60
6	松辽	1.80	0.76		全国合计	55.89	22.03

表 4-2　我国天然气资源探明程度统计表

序号	盆地名称	盆地面积（10^4km^2）	天然气资源量（$10^{12}m^3$）	探明地质储量（10^8m^3）	探明率（%）
1	松江	25.54	1.80	1937.79	10.75
2	渤海湾	14.45	2.16	2659.41	12.31
3	四川	19.00	7.19	14567.71	20.26
4	鄂尔多斯	25.00	10.70	17473.34	16.33
5	柴达木	12.10	2.63	2900.35	11.03
6	塔里木	56.00	11.34	8622.39	7.60
7	东海	24.00	5.10	685.51	1.34

续表

序号	盆地名称	盆地面积 （10⁴km²）	天然气资源量 （10¹²m³）	探明地质储量 （10⁸m³）	探明率 （%）
8	琼东南	4.10	1.89	1037.91	5.49
9	莺歌海	10.00	2.28	1564.06	6.86
全国合计		—	55.89	53866.58	平均9.64

2006 年完成的第三轮油气资源评价结果，与 1994 年完成的第二轮天然气资源评价结果相比，天然气总资源增加约 18×10^{12} 立方米；而与 1987 年完成的第一轮评价结果比，天然气可采总资源约增加了 22.03×10^{12} 立方米（1950–1985 年）。四川、鄂尔多斯资源探明率相对较高，分别为 20.26% 和 16.33%，东海仅为 1.34%，其他介于 5%–13%。

从上述两个数据表可以看出，我国天然气勘探程度低，平均探明率仅为 9.64%，与美国天然气平均探明率相比，我国大体相当于美国天然气储量快速增长阶段的初期阶段，表明我国油气资源前景非常光明。

近年来，我国的油气勘探呈现出陆相地层与海相地层、构造油气藏与岩性油气藏并举的局面，一大批重大勘探成果相继产生。2004 年以来，中国石油天然气集团公司新增的探明储量中，岩性油藏所占比例均超过 60%，2006 年更是达到了 65% 以上。

2006 年 4 月，中国石油化工集团公司宣布在川东北发现普光大气田。该气田是在四川盆地当时国内发现的规模最大、丰度最高的海相大气田。仅以储量规模对一个油气田的规模进行评价是不够的，因为规模大的油田中有相当大的一部分是薄层，单位面积储量变化大，对开发效果影响极大。因此，在储量评价中，还以储量丰度作为评价指标。在国际上用可采储量丰度作评价，在中国多用地质储量丰度分级。而普光大气田在当时可不仅是国内发现的规模最大的，而且也是丰度最高的。

在我国石油天然气能源供应日趋紧张的今天，更多、更大的油气田还在等待着我们去发现和开发。

截至 2000 年，全国 25 个省、市、自治区和近海海域发现了 688 个油气田，建立了大庆、胜利、辽河、新疆、四川、长庆、华北、塔里木、大港、中原、吉林、渤海和南海等 24 个油气生产基地和六大油气区（指石油行政部门的管理区域）；全国原油剩余储量为 34.72×10^8 吨，位居世界第十位。年产量从 1949 年的 121×10^4 吨增加到 2000 年的 1.65×10^8 吨，位列世界第 7 位。世界各国已探明石油剩余储量和石油产量分布，见下表（表 4–3）。

表 4-3　世界各国已探明石油剩余储量和石油产量分布

国家和地区	石油剩余储量（10^8t）	石油产量（10^8t）	国家和地区	石油剩余储量（10^8t）	石油产量（10^8t）
沙特阿拉伯	360.94	4.13	尼日利亚	27.78	1.03
俄罗斯	190.27	3.28	哈萨克斯坦	27.78	0.35
伊拉克	108.33	1.31	挪威	22.22	1.71
伊朗	105.55	1.88	阿尔及利亚	20.83	1.60
阿联酋	81.94	1.14	卡塔尔	20.83	0.35
科威特	76.38	0.9	英国	18.05	1.00
美国	44.44	4.03	印度尼西亚	13.89	0.63
委内瑞拉	41.67	1.47	巴西	12.50	0.78
利比亚	34.72	0.71	科威特/沙特中立区	11.11	0.3
中国	34.72	1.65	其他国家	101.39	9.28
墨西哥	30.55	1.69	合计	1331.89	39.22

（资料来源：美国地质调查所，2000）

表 4-4　世界各国天然气资源概况

国家和地区	剩余储量（10^{12}m³）	国家和地区	剩余储量（10^{12}m³）
俄罗斯	48.1	尼日利亚	3.5
伊朗	22.9	伊拉克	3.1
卡塔尔	11.2	土库曼斯坦	2.8
沙特阿拉伯	6	乌兹别克斯坦	1.8
阿联酋	5.6	加拿大	1.7
美国	4.7	科威特	1.5
阿尔及利亚	4.5	中国	1.4
委内瑞拉	4.2	利比亚	1.3
合计			124.3

（资料来源：美国地质调查所，2000）

中国天然气剩余储量为 1.4×10^{12} 立方米，居世界第 15 位，见上表（表 4-4）。据中国三大石油公司（中石油、中石化、中海油）2000 年统计，中国天然气资源量为 47.32×10^{12} 立方米，探明可采储量 1.99×10^{12} 立方米（不包括煤层吸附气、致密砂岩气、水溶气等非常规天然气）。中国天然气分布大体可划分出五大区，即东部区、中部区、西部区、南部区和海洋域区。其中，中部区、西部区和海洋域区已形成目前天然气勘探和开发的三大基地。中部区主要指四川盆地和鄂尔多斯

（陕甘宁）盆地，其天然气资源量占全国总量的25%左右。西部区主要包括新疆塔里木、准噶尔、吐哈盆地及青海柴达木盆地，其天然气资源量占全国的30%以上。海洋域区包括渤海、东海、南海和台湾，其天然气资源量占全国总量的30%左右，中国天然气资源（2000），见下表（表4-5）。

表4-5　中国天然气资源（2000）

区域	资源量（$10^{12} m^3$）	探明储量（$10^{12} m^3$）
陆上东部区域	4.39	0.43
陆上中部区	11.54	0.72
陆上西部区	14.24	0.58
海区域	13.87	0.27
南部地区	3.28	0.0016
全国总计	47.32	1.99

从上述数据显示，我国原油剩余储量为34.72×10^8吨，位居世界第十位；年产量从1949年的121×10^4吨增加到2000年的1.65×10^8吨，位列世界第7位。我国天然气剩余储量为1.4×10^{12}立方米，居世界第15位。上述五份数据表充分证明，我国不是"贫油国"。

林昌荣在接受"瞭望"新闻周刊采访时告诉记者，根据全国最新油气资源评价结果分析，我国石油地质资源量近千亿吨，石油可采资源量超过200亿吨，迄今只探明几十亿吨，石油资源探明程度不到30%，远低于64%的世界平均探明率；我国石油平均采收率也不到35%，远低于45%的世界平均水平。

"这说明，我国拥有丰富的石油资源潜力，我们不会在短期内出现石油危机，至少不会在几十年内出现石油危机。关键在于如何将石油预测资源量转化为探明储量和可采储量。"

而中国油气开采总量的增加，林昌荣的"地震数据体波形结构特征法预测油气"可是立下了汗马功劳。他无论从理论方法研究上、油气预测技术上、还是实际应用效果上三个方面，都取得了新的突破，大幅度地提高了油气预测的准确率，取得了显著的经济效益。

第五章　谁与争锋

第一节　国际会议上的中国声音

2013 年 11 月 16 日，林昌荣教授被邀请参加第六届"跨国公司领袖圆桌会议"（图 5–1）。

图 5–1　林昌荣参加第六届"跨国公司领袖圆桌会议"与会者合影（第四排右第二个，2013 年）

"跨国公司领袖圆桌会议"全称为"国际跨国公司领袖特别圆桌会议"，是由中国国际跨国公司促进会与联合国开发计划署、联合国贸易和发展会议、联合国环境规划署、联合国工业发展组织、联合国全球契约组织共同主办，自 2007 年起开始举办，在"促进跨国公司投资、强化企业社会责任、推动可持续发展"中，发挥了积极作用。

当今世界经济呈现出全球化、信息化、多极化、以及文化多样化的局面，跨国公司是中国开放型经济的重要组成部分，也是中国融入世界经济、推动经济全球化的重要载体，跨国公司经济活动在世界经济中扮演着越来越重要的角色。

而作为联合国秘书长支持的大型国际高端会议，每一届"跨国公司领袖圆桌会议"主题明确，结合当时国际经济发展特点，进行交流与讨论，是跨国公司投

图 5-2　林昌荣（前排中）在第六届"跨国公司领袖圆桌会议"上发言，2013 年

资合作的风向标。

而在这第六届国际会议上，来自林昌荣的《对我国石油未来前景的基本看法》，引起了巨大的轰动（图 5-2）。

林教授曾先后参加过大型国际会议 12 次，如 1996 年在美国参加国际海洋油气技术大会（OTC 会议，美国），1997 年第 15 届世界石油大会（北京），1999 年在印尼召开的由国际石油工程师学会主办的亚太石油会议（SPE99，印尼），2006 年第 16 届 SEG 世界石油大会（北京）、2007 年第 15 届地球物理学会国际会议（上海）、2007 年首届油气资源国际博士生学术论坛（北京）、2007 年第六届世界杰出华商学会（北京）、2008 年第二届现代采矿和安全技术国际学术会议（辽宁阜新）、2008 年第三届世界地质大会（湖北武汉）、2013 年第一届欧亚能源机遇与挑战国际会议（北京）等，而像这一次在国际圆桌会议上"语惊四座"的事情也发生过多次，他的发言经常会引起巨大的反响。

林教授在圆桌会议上的发言节选如下：

"对我国石油未来前景的基本看法：我国油气资源勘探现状是好的、前景还是比较乐观的，为什么可以这样说呢？首先，根据全国最新油气资源评价结果，我国石油远景资源量超过千亿吨（1086 亿吨），石油地质资源量近 8 百亿吨（765 亿吨）；我国石油探明地质资源量还是比较大的，当然，还有很多石油没有探明。第二，中国具有丰富的油气油气资源，拥有众多的沉积盆地，如塔里木盆地、鄂尔多斯盆地、四川盆地等均为大型油气田富集所在地，中国已在最近几年发现了越来越多、越大的油气田了。第三，我们每年都有所发现新的油气田。第四，有些专家认为，中国油气储量超过美国，美国已经采出 232.7 亿吨，中国采出不足60 亿吨，中国油气潜力巨大；这说明，我国拥有丰富的石油资源潜力，其对产量稳定增长具有资源保障；关键在于如何将石油预测资源量转化为探明储量和可采储量。第五，中西部与海域的接替能力逐步提高，并与东部逐渐形成三分天下的格局。所以，我国石油年产量保持稳定增长的态势，峰值产量约 2.2 亿吨，预测 2亿吨左右水平可延续到 2030 年以后。"

"但是，随着中国工业化、城市化进程加快，城市人口大规模扩张，国民经济快速增长，人们生活水平不断提高，油气需求呈现快速增长态势。虽然中国油气资源总量较丰富，但是人均资源拥有量大大低于世界平均水平，单纯依靠国内资源在短期内难以满足需求，所以，立足国内，积极参与跨国石油投资对于稳定利用国外油气资源具有十分重要的战略意义。"

"目前国内石油开发的瓶颈：现在中国的石油能源不匮乏，中国的石油能源目前使用量很多，国内自产石油也很多。自产石油不够用还要进口，不能认为中国的石油能源匮乏，美国每年进口石油比我国还多，但不能说美国石油能源匮乏，凡事都要有个辩证的认识。上述已经提到，我国既是世界产油大国，又是石油消费大国，只是发展快，生产的赶不上消费的而已。"

"未来我国的石油勘探会如何发展？我认为非常规油气勘探是中国以后相当长一段时间的主要勘探方向，因为自从 1949 年中华人民共和国成立后，我国石油勘探工作者发扬自力更生、艰苦奋斗的精神，发现了一个又一个的油气区和油气田，石油年产量成倍上升，不仅摘掉了上世纪 30 年代外国强加给我国的"中国贫油论"的帽子（1922 年），而且从 1949 年的年产 12×10^4 吨至 20 世纪 70 年代末期就突破了一亿吨大关，2006 年年产原油 18368×10^4 吨，成为世界第五大石油生产国，这些都是以背斜理论为主导找到的常规油气，但是，再以背斜理论为主导要找到更多的常规油气已经很困难了。

所以，非常规油气勘探是中国以后相当长一段时间的的主要勘探方向。

美国能源独立就是得益于页岩油气的开发利用。当然了，石油勘探的组织形式不会像以前的大会战形式，会走向智能化和软件化等新技术得以开采，因为非常规油气的一个显著共同点，就是不能像常规石油一样简单地从地下抽取（或自喷），而是需要采用技术密集型的新技术，如果没有新科技，这些沉睡地下的非常规石油资源是很难见到天日的，如美国页岩油方面的水压破裂技术应用；加拿大油砂的热采技术的应用；巴西新的科技突破使其丰富的盐下油被发掘（2007 年）等等。"

"我国要尽量规避参与世界能源战争。石油不仅仅是能源，还是工业的'血液'，没有石油就没有现代工业，其重要性可见一斑。石油和粮食、货币关系国家命脉，也是国际经济领域的核心问题。

石油危机对国民经济的打击是非常可怕的。1973 年第一次石油危机使美国经济"缩水"三分之一，通货膨胀率从 3.4% 上升到 12.2%，失业率从 4.9% 上升到 8.5%；20 世纪 80 年代初的第二次石油危机则使美、英的 GDP 负增长率分别为 0.2% 和 2.4%。在我国，由于前几次石油危机爆发时我国经济对外开放程度还不高，因而影响不大。但随着我国经济与世界市场联系的日益紧密，我国对石油的敏感度越来越高。以现在中国每天进口 200 万桶石油计算，如果国际油价每桶上涨 5 美元，那么中国每天就要多支付 1000 万美元，石油对我国经济的重要性已被提高到战略高度加以重视。"

"石油作为一种战略资源在国际政治中占有越来越重要的地位。引人瞩目的中俄石油管线一波三折，中海油收购美国优尼科石油公司的无果而终，无不打着深刻的政治烙印。以前国际争端是为了领土和主权，现代国际政治争夺的是什么？专家的回答是：石油。从这几十年来国际关系的现实可以看到，石油资源是国家间发生战争和冲突的主要因素，特别是谋求对石油资源的控制成为国际斗争的焦点之一。两伊战争、伊拉克入侵科威特、海湾战争、阿富汗战争、伊拉克战争、巴以冲突、非洲一些国家的内战、南海、东海的争端等，其背后都存在着深刻的石油因素。"

"可以预见，石油对社会经济发展的制约作用将愈加突出，以各种形式出现的全球能源争夺战也将愈演愈烈。特朗普政府敢于对华实施贸易战与其国内实施的"能源独立"密切相关，这是他能与全球贸易谈判中的底气，因为它降低了国内能源成本，奠定了制造业再回归的基础。美国在石油自给率提高的同时，石油进口来源逐渐向周边的加拿大、墨西哥以及南美国家收缩，对中东石油进口依赖度已由 2001 年 14.1% 的高点降至 2017 年的 2% 左右。美国在中东地区的战略和政策操作空间和灵活性大大增强，特别是可以利用打击 IS、加大对伊朗制裁等手段，挑起地缘纷争，增加全球能源市场紧张情绪，抬高油气进口国能源使用成本。而美国，可利用科技优势和能源成本优势推动本国产业发展，将会对既有国际分工及贸易格局产生冲击，提升其在全球贸易谈判中的底气。美国加大油气供应量，可利用制造地缘政治矛盾，减少全球能源供应，抬高国际油价，影响我国能源安全。

我国拥有丰富的石油资源潜力，只要我们有立足与国内的决定信心，走独立自主的发展道路，我们不会再短期内出现石油危机，至少不会在几十年内出现石油危机。我认为并不会卷入能源战争，也没有卷入战争必要。我国要尽量规避参与世界能源战争，否则代价太大了。"

"现在中国新能源研究的现状：既然石油资源不是取之不尽、用之不竭的，那么它必然会随着需求的急剧增长而减少，因此，许多专家学者进行了相关预测，石油作为一种商品，究竟何时将终结？各国科学家们对世界石油工业未来发展前景的预测至今还没有达成统一的认识。关于'全球石油储量丰富'与'石油枯竭近在咫尺'的观点仍然争论不休。'全球石油储量丰富'的观点认为：2005 年美国能源部能源情报局报告显示，我们只发现了液态石油地质储量的 4%～7%。世界石油资源储量丰富，我们只消耗了石油地质储量的一小部分；在赚取更多的利润的利益驱动下和供求规律的作用下，石油勘探开发技术将不断提高，可以从地下开采出更多的石油，前沙特阿拉伯石油大臣曾表示（2000 年）：未来 30 年我们有足够的石油储量。'石油枯竭近在咫尺'的观点认为：2007 年《科学》杂志报道说："我们都知道石油生产高峰期即将到来。在不久的将来，近一个世纪以来曾经使石油产出翻倍增长的石油工业化生产将会陷人瘫痪状态，因而得出'从现在到 2040 年'石油产量将会减少，所以，重建这个以石油为基础的社会就迫在眉睫了。"

林昌荣认为，石油时代在今后的 100 年内不会终结（有些专家称"石油还够开采 150 年"，南森·萨莱里，前沙特阿拉伯石油官员），理由是石油工业的自身发展规律——如果从 1859 年作为世界近代石油工业的开端，石油工业时代也不过 159 年的历史，相对于漫长的人类历史而言，"化石燃料的使用就是沧海一粟，在整个人类历史上仅仅是短暂的一瞬间"。

所以，在林昌荣看来，中国不需要尽快实现石油能源的转型，但要有思想意识就是了。

石油的替代能源现在主要指的是动力方面的替代，石油化工产品现在还没有什么可以替代的，所以，现在大家讲的石油替代能源其实本身是不全面的。狭意的所谓石油的替代能源主要有风能、太阳能、地热能、海洋能、氢能、生物质能为代表新能源和可再生能源，以及煤液化生产石油等新技术。单单从动力方面讲，太阳能、风能、水能等等可以发电替代，但是这只是一个方面，如果在化工方面也能够替代，这样的燃料才是真正的替代能源，因为石油能源不仅包括动力方面，也包括化工产品等等诸多方面。所以，林昌荣认为在相当长一段时间新能源不可能全面替代石油能源。

根据多年的研究结果（40 年的研究）林昌荣认为，在短时间内石油不可能完全被其他能源（新能源）所代替，理由有三：1、由各自的性质所决定：新能源可作为动力（电力），但是，代替不了由石油产出的各类农业、工业、军工和民用等产品；2、受到方法技术方面的制约：一种新技术的开发，以及产业链的形成，需要时间进程，并不是短时间内就可以形成的或轻易变换得；3、社会发展条件的不允许：石油工业百万大军（我国现有石油工业职工有 200 多万人），不可能在短时间内全部去搞新能源，这不光对我国不现实，对世界任何一个国家都是无法接受的。石油能源在相当一段长时间内，仍然是很重要的能源之一。

人们常说的新能源主要应该包括水电、核能、太阳能和风能等等，似乎人们对太阳能和风能的议论要少些，对水电和核能的不同看法要多点。林昌荣对新能源没有什么研究，没有研究就没有发言权，说不上哪好哪坏。但有一份资料应该引起我们的重视："我国新能源发展情况：根据 21 世纪可再生能源理事会估计，新能源仅占世界能源产出的 1% 左右，市场规模不到 1000 亿美元。即使未来新能源的产业 50% 由中国来做，也就 1 万亿美元的市场容量。对于目前一些省、市已经提出上万亿的发展规划，有些专家（国家发改委能源研究所副所长李俊峰研究员）提醒我们：按照中国现在规划的速度，前三五家、至多七八家就能全部满足，产能还会过剩。而我国对于石油的巨大缺口却无法在短期内得到满足（《科技日报》2009 年总第 8292 期）"。所以，提倡发展新能源，在发展新能源的同时，要充分考虑其技术问题，并要根据国情而定，不能盲目跟风。

这不是第一次语惊四座，林昌荣代表中国发出的声音，已经多次在国际会议上引起了热烈的反响，如 2012 年在世界杰出华商协会举办的国际大会上，林昌荣 10 分钟的补充发言，成了会后的焦点人物。

世界杰出华商协会盛情邀请林昌荣加入世界杰出华商协会并担任副理事长，林教授觉得原因除了他斐然的科研成就，可能还与他在国际会议上的几次表现有关。

世界杰出华商协会是以华商 500 强为核心、华人亿万富翁为主体的全球性华商组织，旨在促进华商精英强强联手，和合共荣。

世界杰出华商协会自 2005 年成立以来，在中国、美国、法国、英国、荷兰、印尼、泰国、马来西亚、韩国等 20 多个国家举办各类商务合作与慈善公益活动上百次，促成合作签约超过 3000 亿元人民币，直接组织慈善捐款 4 亿多元人民币，受到各国政府与企业的热烈欢迎与高度评价。

杰商会每年都会发布各种榜单、组织各种评选，如"全球华商 500 强"、"华商影响力 100 强"、"全球华商百业领军人物"、"全球华商百业领袖企业"、"全球华商十大热点行业百强企业"、"中国百佳投资城市"、"中华财富领袖"等活动。

而大家熟知的"中国魅力城市"排行榜，也出自杰出商会之手。

林昌荣生于闽南，那里走出了很多出色的华商和华侨。林昌荣认可世界杰出华商协会服务华商，造福中华的理念，愉快地接受了邀请，准备为造福中华民族贡献一份自己的力量。

林昌荣的爱国情怀和用"用数据说话"的特质，给协会的人们留下了深刻的印象。像有一次林教授去参加一个国际会议，当时前来的参会人员很多很广，世界各国都有，本国的、亚洲的、美洲的、欧洲的，根据世界杰出华商协会介绍，参会者非富即贵，科研人员能受邀参会是极为稀罕的。

其中有一位来自欧洲的老先生，大讲特讲中国是如何通过合作赚到全世界的大钱的。现场的翻译翻译了欧洲老先生的话，林昌荣一听就不乐意了，要求会议主持给他 10 分钟进行补充发言。一时间，全场的目光都聚集到了林昌荣身上，大家很是好奇这位搞科研出身的林教授打算说些什么。

"这位来自欧洲的老先生刚才说的话，我很不赞同，原因有三：第一：合作是相互共赢的，是你情我愿的，不存在谁赚了谁亏了的问题，这是思想问题要纠正；第二，中国并没有赚到全世界的大钱，比如，一辆德国奔驰汽车，在本国卖 5 万美元，在中国就要卖到一百多万元人民币。再比如，美国一套普通石油应用软件，在本国卖 5 万美元，在中国就要卖到二百万元人民币，这到底是谁在赚谁的钱啊；第三，统计数据证明，世界百强企业，都是直接或间接与中国有合作，有经济往来，否则上不了世界百强企业，这不就间接证明了中国对世界经济的贡献吗？"

用数据说话，一直是林教授的强项。他这 10 分钟的补充发言，条理清晰，数据夯实，非常有说服力，搞得那位欧洲老先生很不好意思，一迭声地说等他回去再查查资料。

向来行事低调的林昌荣，没想到因为护国心切，一下子变成了全场的焦点人物。大家都觉得象他这样搞科研的人员，竟然比他们这些搞政治、搞商务出身的专业人士，还要更擅长搞政治、搞商务。

林昌荣笑着摆手："搞政治搞商务我不在行，但是在国际会议上大长中国人的志气，这一点小本事我还是有的。"

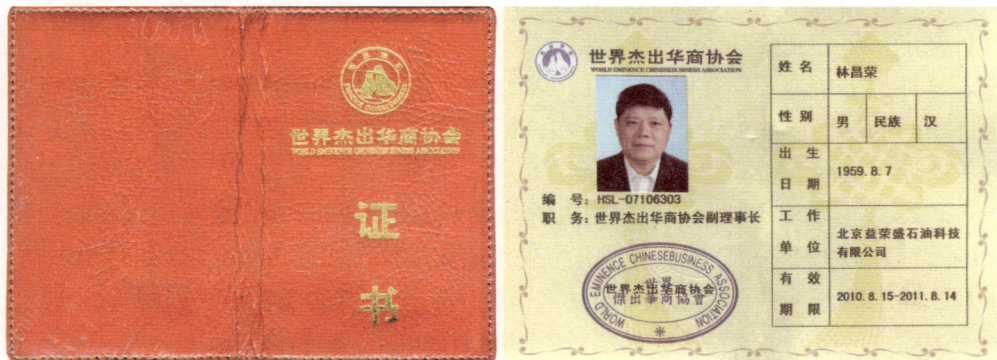

林昌荣教授 2010 年被聘任为世界杰出华商协会副理事长

又如 1999 年，在印尼召开的由国际石油工程师学会主办的亚太石油会议（SPE99）上，林昌荣代表中国作了 15 分钟的大会报告，赢得了经久不息的掌声。1999 年，林昌荣前往印尼雅加达参加一个国际会议，听到他的发言，印尼华侨高兴得很，觉得大长他们的志气。会后，印尼华侨争着要和林教授一起吃顿饭。

关于在国际会议上"大长中国人志气"这一点，在林教授身上发生过很多有趣的故事。像 1996 年他作为访问学者，被公派去了美国。美国人嫌弃这位林教授哪里都好，就是英语说得不好。

"这是因为中国还是不够强大，否则我就直接用中文或者用闽南语跟你们谈了。"林教授面对他们的挑剔，很绅士地回了一句。

美国人先是一愣，紧接着开怀大笑起来，被这位来自中国的学者的幽默和睿智所折服。

第二节 "中国不是贫油国"

1913 年，美国的一支打井队踏上了中国的土地。此时的华夏，由于清政府长期以来的落后无能，中国国内的矿产资源还没有被开发，很多强权国家对地大物博的中国垂涎三尺，纷纷派出专业考察队来中国进行矿产勘探工作。

从 1913 年 –1919 年，美孚石油公司与中国政府签订条约，派 6 名地质师和 5 名测绘技术师与中方吴桂灵、何家亨等 9 人合作，在山东、河南、陕西、甘肃、河北、东北和内蒙古进行石油地质调查，并于 1915–1918 年在陕西延长、延安、安塞、甘泉和宜君等地钻井 7 口。这些地方都是老外们利用自己的经验，判断得出的他们觉得最有希望在中国找到石油的地方。可老外们的期待落空了，这 7 口井打完了，却一无所获。

老外们失望而归，其中一名叫 L. M. Fuller 的地质师回国后发表了一篇简短名为《中国的勘探》的报告，报告认为中国"没有一口井的产量有工业价值"，并认为主要原因是缺乏盖层。

1922 年美国地质学家、斯坦福大学教授 E. Blackwelder 在论文《中国和西伯利亚的石油资源》中提出："中国没有中生代或新生代沉积，古生代沉积也大部分不生油，除中国西部和西北部某些地方外，所有各时代的岩层都已剧烈褶皱、断裂，并或多或少地被岩浆岩侵入，因此，中国决不会生产大量石油。"

这就是"中国贫油论"的由来。

在老外们的眼里，从地理位置的角度来讲，中国位于北回归线附近，该带是全球富油气区带，从北海、波斯湾、中亚、俄罗斯直到美国，均找到了超过上万亿立方米的特大型气田，但在中国没有找到。唯一的原因，就是中国是个例外，它并不像其他位于富油气区带的国家那样，地下富藏着石油，所以才找不到。尤其是近年来，中国每年都要花费大量的资金从国外进口石油，这无疑都是"中国是贫油国的"铁证"。

而老外们之得出这样的结论，是由于他们对中国石油资源丰富程度不了解所致的。另外，我国油气资源的勘探开发一直遵循着国外传统的理论，自己在理论上并没有重大创新和技术上的突破，因此也鲜有大型的油气田问世，这无形中让老外们对他们的结论更加坚信不疑。

我国的地质学家们并不接受"中国是贫油国"的论调，他们在极其困难的条件下坚持开展石油地质调查工作。1923 年，地质调查所派王竹泉到陕北调查石油，纠正了美国人 F．G．Clapp 对地层划分的错误；1931 年王竹泉和潘钟祥再赴陕北，建立了地层系统，著有《陕北油田地质》一文；1936 年潘钟祥等人在四川进行了石油地质调查；1939-1942 年黄汲清等对威远背斜进行了地质测量；1942-1943 年黄汲清等在新疆进行了石油地质调查；1948 年翁文波——就是对林昌荣的论文很是看好，想收他入自己门下，亲自带他读博士生的三剑客之一——撰写了《从定碳比看中国石油远景》，把松辽盆地划在含油远景区内。

虽然地质学家们为了摘掉"中国是贫油国"的大帽子付出了艰苦卓绝的努力，但是由于帝国主义的侵略和技术的落后，新中国成立前我国的石油工业陷入奄奄一息的悲惨境地。到新中国成立以前，全国只开发了台湾出磺坑、陕西延长、新疆独山子和甘肃老君庙 4 个小油田，四川自流井、石油沟、圣灯山和台湾锦水、竹东、牛山、六重溪等 7 个小气田。全国从事石油地质的技术人员只有 20 余人，钻井工程师 10 多人，地球物理和采油工程师不足 10 人。泱泱大国，从事这个领域的加起来也只有几十人，让人很是心酸。

从 1904 年到 1948 年累计产油 278.5×10^4 吨，1943 年石油最高产量 32×10^4 吨，1949 年仅产原油 12×10^4 吨。1949 年全国只有 8 台钻机，累计探明石油储量 2900×10^4 吨。

新中国成立后，国家高度重视地质勘探。1954 年，矿产勘探学会正式成立，李四光担任委员，中国的石油勘探工作浩浩荡荡地开始了。

1956 年，地质学家们成功地在东北松辽平原发现了震惊世界的大庆油田，规模世界罕见。在地下沉睡已久的石油等来了久违的见到天日的时刻，也让那些笃定中国没有石油的所谓外国专家们彻底傻了眼。

随后，我国又先后发现了数个储量惊人的油田，虽然这些油田还不足以供应中国的石油消费，但身为地质工作人员的林昌荣却清醒地认识到，中国现在自产的石油不够用，与其他国家地下没有石油可开采而出现的石油危机是两个完全不同的。中国的地下有石油，但还没有被发现，或由于当前的技术问题，无法拿到地面上来使用，但那是可以通过理论创新、技术进步得到改善或消除的，中国正处于此阶段。

林昌荣坚信，在中国，至今没有发现大规模或多个大型油气田，并不能说明中国地底下缺少油气，因为中国油气成因极为复杂：首先，中国的沉积盆地基底都很深，如塔里木盆地、柴达木盆地、四川盆地、黄河三角洲等；其次，中国的地形复杂，沉积盆地受到太平洋、大西洋和印度洋三股力量的混合作用，使得油气成藏分布规律十分复杂；第三，油气藏类型多种多样，教科书上所有的油气藏类型，我国均有，教科书上没有的油气藏类型，我国也有。中国众多的沉积盆地，如塔里木盆地、鄂尔多斯盆地、四川盆地和松辽盆地等都是大型油气田富集所在地，中国已在最近几年来发现了越来越多、越大的油气田了，如在四川盆地深部碳酸盐岩发现了大型气田，在东北火成岩也有新的突破。中国未来十多年里，应该是进入大型、特大型油气田的发现期，它们埋藏于古隆起之上、膏盐之下，成藏于碳酸盐岩体、砂岩体之中。塔里木盆地、柴达木盆地、四川盆地、鄂尔多斯盆地、松辽盆地、渤海湾盆地和南海盆地等众多盆地都具有形成上万亿方特大型油气田的条件。

所以，一定要改变"贫油国"的陈旧观念，中国不会在短期内出现石油危机，至少在几十年内不会出现石油危机，因为我国油气资源还有相当的前景，加上经济发展独立自主的重要性，我国还是要立足于更多地依靠国内的油气资源，不能一味地依靠海外进口。除了加强国内陆上石油勘探和开发工作外，因为这仍然是解决我国石油供应和石油安全的基础，在此基础上，还应该更进一步积极拓展海上油气田的勘探和开发工作。

未来可期，等到这些石油都被从地下汲取出来，我们就可以自豪地说，中国是富油国家！

未来我国的石油勘探会如何发展？林昌荣认为非常规油气勘探是中国以后相当长一段时间的的主要勘探方向，因为自从1949年中华人民共和国成立后，我国石油勘探工作者发扬自力更生、艰苦奋斗的精神，发现了一个又一个的油气区和油气田，石油年产量成倍上升，不仅摘掉了上世纪30年代外国强加给我国的"中国贫油论"的帽子（1922年），而且从1949年的年产 12×10^4 吨至20世纪70年代末期就突破了一亿吨大关，2006年年产原油 18368×10^4 吨，成为世界第五大石油生产国。不过，这些都是以背斜理论为主导找到的常规油气，但是现在，再以背斜理论为主导要找到更多的常规油气已经很困难了。

所以，非常规油气勘探是中国以后相当长一段时间的的主要勘探方向。美国能源独立就是得益于页岩油气的开发利用。

当然了，石油勘探的组织形式不会再像以前的大会战形式，而是会走向智能化和软件化等新技术得以开采，因为非常规油气的一个显著共同点，就是不能像常规石油一样简单地从地下抽取（或自喷），而是需要采用能源密集型的新技术，如果没有新科技，这些沉睡地下的非常规石油资源是很难见到天日的，如美国页岩油方面的水压破裂技术应用；加拿大油砂的热采技术的应用；巴西新的科技突破使其丰富的盐下油的被发掘（2007年）等等。

根据研究结果表明，我国非常规油气资源前景非常广阔，非常规油气包括页岩油气、油砂、致密油气、煤层气、天然气水合等等。有关研究资料表明，我国是世界第二大煤炭、煤层气资源大国，埋藏深度小于2000米的煤层气资源量为 36.8×10^{12} 立方米，已钻煤层气气井1000余口，探明储量 1023×10^{12} 立方米；油砂显示很多，分布广泛，油砂矿石油资源量为 70×10^8 吨左右；页岩油资源量约 200×10^8 吨；专家预测南海陆坡和陆隆近 100×10^4 平方千米范围内蕴藏着丰富的天然气水合物资源；此外，青藏高原多年冻土区也可能含有大量的天然气水合物。初步预测，在我国南海北部陆坡的天然气水合物总资源量可能大于 100×10^8 吨（油当量）。在众多含油气盆地中，蕴藏着十分丰富的水溶气资源，有专家预计资源总量达 38×10^{12} 立方米。

因为我国油气资源还有相当的前景，加上经济发展独立自主的重要性，我国还是要立足于更多地依靠国内的油气资源，不能一味地依靠海外进口。所以，加强国内石油勘探和开发仍然是解决我国石油供应和石油安全的基础。在此基础上，应积极拓展海外油气勘探和开发工作。

中国油气资源总量虽较丰富，但人均资源拥有量大大低于世界平均水平，单纯依靠国内资源在短期内难以满足需求，参与跨国石油投资对于稳定利用国外油气资源具有十分重要的战略意义。

早在 1993 年 12 月，中央就提出充分利用"两种资源、两个市场"发展中国石油工业的方针。2000 年十五届五中全会关于"十五"计划（建议）的报告中明确提出"实施'走出去'战略，努力在利用国内外'两种资源、两个市场'方面有新的突破"。

16 年来，各大石油公司按照中央的战略方针，积极实施"走出去"战略，积累了丰富的经验，应对国际市场风险的能力显著提高。2009 年中国石油公司海外石油权益产量超过 5200 万吨，取得的成就有目共睹。

中国石油天然气集团公司是中国海外石油投资的主力军，截至 2009 年 12 月，已在 29 个国家和地区拥有 80 多个合作项目，全年原油作业产量达到 6962 万吨、权益产量 3432 万吨；天然气作业产量 82 亿立方米、权益产量 55.1 亿立方米。中国石油化工集团公司在海外投资方面也取得了快速发展，截至 2009 年底，中国石化海外权益产量为 1270 万吨，共有海外油气勘探开发项目 40 多个，分布在非洲、中东、东南亚、俄罗斯和美洲。中国海洋石油总公司走进国际市场之后频繁打出"收购牌"，截至 2009 年，中国海油海外原油权益产量达到 517 万吨，海外天然气权益产量达 32 亿立方米，海外油气资产遍布于亚太、非洲和北美地区。此外，中国中化集团公司、中信集团公司在跨国油气勘探方面也取得了一些进展。有些民营企业也参加到海外油气投资这一行列，2009 年仅中国中化的海外权益油气产量就达到 196 万吨。

中国企业在短短的时间内取得如此大的成绩，有目共睹，但随着产油国政府对资源的控制程度不断提高和更多新兴经济体国家石油公司的深度参与，全球油气投资竞争已到白热化程度，我们必须充分认识到。

第三节　中国未来到深部去找大油气田

林昌荣教授笃定中国并不是"贫油国"，相反，"地震数据体波形结构特征法预测油气"研究结果显示，中国是油气能源大国，中国并不缺油气。

为了验证这一研究成果，林昌荣在 20 年的时间里，从南海到东北，从渤海湾到塔里木的几十个盆地进行实地考察，对其成油的地震数据体波形结构特征异常做了深入研究后认为，中国三大沉积盆地群都具有丰富的油气资源，是大型、特大型油气田集聚地，从东往西依次为，东部盆地群：松辽盆地—渤海湾盆地—东海—南海盆地群；中部盆地群：鄂尔多斯盆地—四川盆地群；西部盆地群：准噶尔—塔里木盆地—柴达木盆地群。

在中国，至今没有发现大规模或多个大型油气田，并不能说明中国地底下缺少油气，只是中国油气成因极为复杂，一方面，塔里木盆地、柴达木盆地、四川盆地、黄河三角洲等沉积盆地基底都很深，加之中国的地形复杂，沉积盆地受到太平洋、大西洋和印度洋三股力量的混合作用，使得油气成藏分布规律十分复杂；另一方面，我国油气藏类型多种多样，勘探开发有很多理论技术问题需要突破。

"我们头脑一定要清醒，要认识到这一点：中国现在自产的石油不够用，与其他国家地下没有石油可开采而出现的石油危机是两个完全不同的概念。地下有石油，但还没有被发现，或由于当前的技术问题，无法拿到地面上来使用，那是可以通过理论创新、技术进步得到改善或消除的，中国正处于此阶段。"

林昌荣根据全国最新油气资源评价结果分析后称，我国石油地质资源量近千亿吨，石油可采资源量超过 200 亿吨，迄今只探明几十亿吨，石油资源探明程度不到 30%，远低于 64% 的世界平均探明率；我国石油平均采收率也不到 35%，远低于 45% 的世界平均水平。这说明，我国拥有丰富的石油资源潜力，关键在于如何将石油预测资源量转化为探明储量和可采储量。

"我国油气藏类型复杂埋藏又深，要到深部去找大油气田。"林昌荣提出的这个观点，引起了很大轰动，当年 81 岁高龄的中科院资深院士，我国著名海洋地质与地球物理学家刘光鼎先生对此深为赞赏。

在新华社《瞭望》杂志社组织的座谈会上，刘光鼎先生把林昌荣"中国要到深部碳酸盐岩寻找大型或特大型油气田"的观点，非常高兴地对记者们做了个形象的比喻："中国的油气好比是四层楼，最底下是早古生代的，依次是晚古生代的，中生代的——称之为前新生代残留盆地，随后才是新生代陆相碎屑岩沉积盆地。"

"中国 50 年的油气勘探只停留在浅层，还有三层没有挖掘和开发，应该到古代的海相地层里去找油气。"

刘院士又补充说，"两次油气资源评价都说明，中国油气资源的潜力巨大，目前探明储量不到 1/3，至少前新生代海相碳酸盐岩领域就有待于勘探开发。中国油气资源的前景是美好的，只要我们针对中国的地质情况，大力发展地球物理方法，就一定可以找到并开发出更多的油气资源。"

《中国科技财富》2009 年第 11 期，和《创新中国》2009 年 12 月总第 3 期都在醒目位置报道了刘院士的观点。

提出这个"中国要到深部碳酸盐岩寻找大型或特大型油气田"的学术新见解，林昌荣是深思熟虑并有充足的理论依据的。在中国如何发现更多更大油气田的科技研究方面，林昌荣依据我国油气成因特点，并根据多年的工作经验，加之对比世界各国大油气田的分布规律，发现中国三大沉积盆地群均有可能发现大型或特大型油气田的条件，理由有如下三点：

第一：沉积盆地是生成油气资源的场所，中国不但有星罗棋布的中、小型沉积盆地，还有大型沉积盆地群。

中国三大沉积盆地群，由东向西依次为：东部沉积盆地群，它们以松辽盆地—渤海湾盆地—东海—南海盆地群为代表；中部沉积盆地群，它们以鄂尔多斯盆地—四川盆地群为代表；西部沉积盆地群，它们以准噶尔—塔里木盆地—柴达木盆地群为代表。

这些沉积盆地群都具有丰富的油气资源，是大型、特大型油气田集聚地（见下图 5-3）。

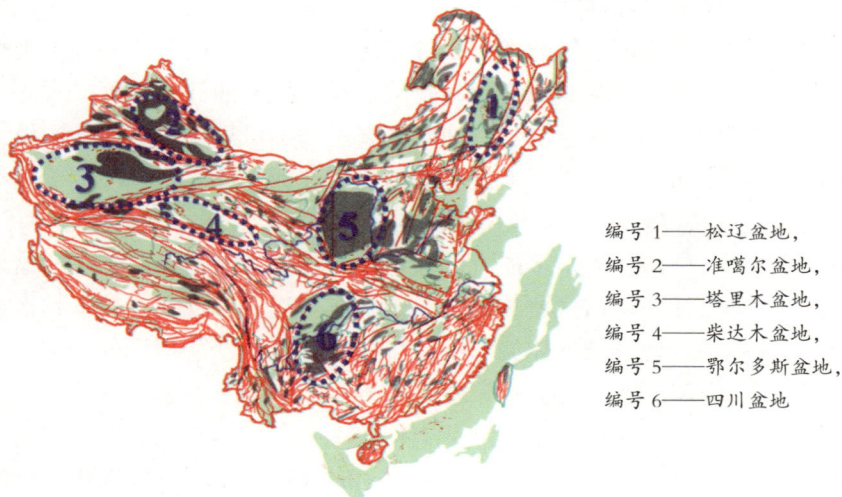

编号 1——松辽盆地，
编号 2——准噶尔盆地，
编号 3——塔里木盆地，
编号 4——柴达木盆地，
编号 5——鄂尔多斯盆地，
编号 6——四川盆地

图 5-3 中国大断裂与油气和煤炭分布关系示意图

东北边编号 1 号为松辽盆地，勘探程度相对比较高，但长轴两端和深部尚有大油田有待于勘探与开发。编号 1 号从北到南包括海洋依次为：兴长隆起—松辽盆地群、华北—泰山隆起渤海湾盆地群、井岗山—大别山隆起中心盆地群、东海—台湾隆起中心群、华南—五指山隆起粤琼盆地群、南海—礼乐西隆起中心盆地群。

陆上除松辽盆地和华北平原外，越往南方沉积盆地越小，所以，要发现大油气田难度越大。

西部编号 2、3、4 号为我国的三大沉积盆地，分别是准噶尔盆地、塔里木盆地和柴达木盆地，是我国今后的重大油气田发现区，在这里可以发现大型油气田和超大型油气田。它们地处天山隆起中心—准噶尔—塔里木盆地群—青藏高原盆地群（包括柴达木盆地），总体勘探程度比较低，预测有上万亿方气田，但都比较深，预测柴达木盆地气田埋深达到上万米。

中部编号 5 号和 6 号为鄂尔多斯盆地和四川盆地，它们地处贺兰山隆起—鄂尔多斯盆地群，秦巴大山隆起四川中心盆地群，横断山和云贵隆起中心盆地群，总体勘探程度也比较低，有待进一步发现。

编号 5 号的鄂尔多斯盆地下步勘探精力应集中在中部和两个侧面，编号 6 号的四川盆地下步勘探精力应集中在中部东部。这两大沉积盆地也是我国今后的油气田重大发现区域，在这里，同样也可以发现大型油气田和超大型油气田。

至今，中国没有发现大规模或多个超大型油气田，并不能说明中国地层下缺少油气，因为中国油气成因极为复杂。首先，中国的沉积盆地基底都很深，如塔里木盆地、柴达木盆地、四川盆地、黄河三角洲等；其次，中国的地形复杂，沉积盆地受到太平洋、大西洋和印度洋三股力量的混合作用，使得油气成藏分布规律难于掌握；再者，我国油气藏类型多种多样，教科书上所有的油气藏类型，我国均有，教科书上没有的油气藏类型，我国也有；加上油气田埋藏又很深，地下上万米深度都有油气藏，这在国外石油专家眼里是不可思议的，因为国外油气田基本多在三至四千米以内。我国油气藏类型复杂埋藏又深，这就决定了其不易于发现，需要新理论、新方法、新技术来发现和开采。

林昌荣坚信，中国拥有众多的沉积盆地，如塔里木盆地、鄂尔多斯盆地、四川盆地等均为大型油气田富集所在地，中国已在最近几年发现了越来越多、越大的油气田。他根据"地震数据体波形结构特征法预测油气"理论分析称，中国在未来十多年里，应该是进入大型、特大型油气田的发现期。"它们埋藏于古隆起之上、膏盐之下，成藏于碳酸盐岩体、砂岩体之中。

林昌荣之所以有如此坚定的信心，是因为有大量数据可以佐证他的判断。根据全国最新油气资源评价结果，我国石油地质资源量近千亿吨，石油可采资源量超过 200 亿吨，迄今只探明几十亿吨，石油资源探明程度不到 30%，远低于 64% 的世界平均探明率；我国石油平均采收率也不到 35%，远低于 45% 的世界平均水平。这说明，我国拥有丰富的石油资源潜力。

此外，中国已在最近几年发现了越来越多、越大的油气田，如塔里木盆地的克拉 2 大气田，四川盆地的普光大气田、元坝大气田，鄂尔多斯盆地的长庆大气田等，这也是中国不是"贫油国"的一种佐证。

林昌荣认为，中国在未来十多年里，应该是进入大型、特大型油气田的发现期。这些大型、特大型油气田埋藏于古隆起之上、膏盐之下，成藏于碳酸盐岩体、砂岩体之中。上述的陆上沉积盆地包括如塔里木盆地、柴达木盆地、四川盆地、鄂尔多斯盆地等众多盆地；海上沉积盆地包括如从北到南的渤海湾盆地—东海—南海海上沉积盆地群都具有形成上万亿方特大型油气田的条件。

所以，我们一定要改变"贫油国"的理念，中国不会在短期内出现石油危机，至少在几十年内不会出现石油危机。因为我国油气资源还有相当的前景，加上经济发展独立自主的重要性，我国还是要立足于更多地依靠国内的油气资源，不能一味地依靠海外进口。除了加强国内陆上石油勘探和开发工作外，因为这仍然是解决我国石油供应和石油安全的基础，在此基础上，还应该更进一步积极拓展海上油气田的勘探和开发工作。

第四节　国外各大公司伸出的橄榄枝

林昌荣提出的"地震数据体波形结构特征法预测油气"的理论方法已经经过三十余年的实践检验，成绩斐然，被越来越多的业界人士和石油公司所接受。林昌荣也如同中国石油勘探领域突然闯出的一匹黑马，引起国外大型石油公司的广泛关注。

"林教授，我们公司诚挚地邀请您加入，薪水保您满意。"这天林昌荣刚打开电脑，就发现邮箱里有一封邮件在静静等他。

邮件是一家加拿大石油公司发来的，他们对林昌荣的创新技术叹为观止，决定不惜一切代价把这个人才挖到自己公司里来。

继第一家向林昌荣伸出橄榄枝的公司之后，美国的几家大公司也纷纷发出邀请，并表达出足够的诚意，力邀林昌荣加盟。为了达成目的，他们开出了各种各样充满诱惑的条件：国外的别墅、豪车，后面一长串零的高薪……

一场"挖人"大战，在国外各大公司间拉开了序幕。

"林先生，只要您愿意到我们公司任职，一定会为您提供好得足以让您惊讶的福利待遇。您的所有需求，我们都会无条件满足。"

"林教授，我们的理念是如果请不来人才，要么是钱没给到位，要么是工作不愉快。在我们公司，这两样您都不用有任何顾虑。您不仅会得到足够高的薪水，还能拥有充分的工作授权。我们热忱地期待您的加入，并保证您可以非常愉快地在我们这里赚取巨额财富。"

"林教授，我们公司给您的可不仅仅是高额的年薪，还有丰厚的奖金和利润分成。它们加起来，可是一个足以让任何人心动的数字。"

"我们不仅邀请您加盟，也会给您太太提供一份轻松又高薪的工作。"

"只要您点头，我们立即奉上一年的年薪，并马上给您全家办理移民手续。"

"林，除了绿卡和高薪，您还会得到十分充足的研究经费，以及良好的研究环境。"

"以您的技术和能力，您不仅会获得高额的年薪，还会在美国过上备受尊重的上层生活。"

"林，国际一流水平的全套设备已经为你准备好，恭候你的到来。"

……

为了挖来林昌荣这个人才，为何众多国外的大公司如此不计成本？

在世界的经济与政治舞台上，石油是毫无争议的主角，是现代社会财富与权力斗争的明星。它的加工产品高达几千种，覆盖了现代生活的所有领域。从国防建设上运载卫星的火箭所用燃料、超音速飞机的动力燃油，以及火焰喷射器上的固体汽油弹，到医疗设备上注入人身内的各种器件，如心脏起搏器，再到人们日常生活的服装、家具、餐具，以及电脑、电视的线路板、键盘、鼠标等，都与石油和天然气产品密切相关。

"地震数据体波形结构特征法预测油气"理论，可是寻找石油方面一个巨大的创新。相比较之前通用的"背斜"找油理论，这一理论直接在地震资料上预测油气，大大提高了钻前油气预测的成功率和降低勘探成本。它在理论、技术、应用等多个方面实现了巨大的突破。

而创造这个了不起理论的林昌荣，如果被聘请过来为公司所用，那就意味着自己的公司从此站在了世界找油技术的顶层。而能够找到被称为"工业的血液"的石油意味着什么？意味着获得巨大的财富，每个人都很清楚。

所以，不管付出多大的代价来求得林昌荣这个找油神探，都是值得的。

这些国外的大公司给出的高薪，的确很有诱惑力，最少的也有国内收入的几十倍。如果林昌荣愿意接受，公司还承诺其薪资收入会不断上涨，林教授和他的家人这一生都会过得非常富足。

面对这样大的诱惑，有人羡慕地看着林昌荣："一个月赚取那么多钱，换了我立即答应他们。"

"钱财都是些身外之物，我所做的一切，都是为了以后能够更好的报效祖国，又怎会愿意接受别人伸来的橄榄枝？"林昌荣的心中却没有丝毫波澜。

中国要想在科技方面不落伍，要想稳稳站在时代潮头，就必须发展科技。而要想发展科技，人才是重中之重，特别是发展高端科技。林昌荣毕生所学，都是为了为祖国的科技发展做出一份贡献，干嘛要跑去国外为老外们效劳？

看到"挖人"不成，国外的大公司们退而求其次，准备出高价购买林昌荣的技术。

"林教授，我们愿意用一个天文数字，来购买您的'地震数据体波形结构特征法预测油气'的技术。"

"林，您开个价吧。"

"林先生，我们给出的价格，绝对会让你满意。"

林昌荣却不以为然，一一谢绝："不卖！我就想用我的所学为自己的国家服务，'地震数据体波形结构特征法预测油气'的理论是我创造出来的，但它不仅仅是我的科研成果，更是我献给自己祖国的一份心意。所以，不管你们出什么价格，我都不会卖的。"

面对诱惑，林昌荣教授所表现出来的知识分子的风骨，让人肃然起敬。

作为一个中国人，林昌荣一直希望，祖国的油气钻探预测技术和油气开采技术，能够成为世界科技的"领跑者"。可事实却是，我国石油公司每年都要花巨资购买国外的硬件和软件。这么多钱进了外国人的口袋，很多业内人士都很是心疼。

此外，中国作为世界第二大石油进口国，现在我国对石油进口依存度高达45%以上，已超过国际石油安全警戒线（40%），这在一定程度上造成了我国对外的长期依赖性和负面作用。许多跨国公司仗着先进的技术，要抢滩中国，联合开发中国的油气田。

如何采用新技术、新方法，有效地将地下石油资源量转化为地面可用能源，已成为保障我国能源安全和经济可持续发展的重大战略问题之一。

"有关方面一定要清醒地认识到，石油是战略物资，是中国经济未来发展的重要支撑。绝不能因为眼前利益而损害国家的长远利益。中国现在的经济技术实力，已具备了独立开采油气的能力，绝不能轻言与国外合作。否则，我们丢掉的不仅仅是市场，更是中国未来发展的命脉。"林昌荣清楚地意识到与国外合作未来可能带来的风险。

作为一个中国人，林昌荣很看好中国现在独立开采油气的能力，并积极呼吁我们要突破欧美石油科技垄断，走独立自主创新发展的道路。

我国陆上的油气开采技术，自从 20 世纪 60 年度初一直都处于世界领先位置，比如，1959 年我国发现了大庆油田，自 1960 年投产开发建设至 2019 年。1976 年以来，大庆油田年产原油一直在 5000 万吨以上，1983 年产油达 5235 万吨。从 1976 年到 2002 年，实现 5000 万吨以上连续 27 年高产稳产，连续 12 年稳产 4000 万吨以上，2019 年原油产量为 4362.8169 万吨，被誉为"世界石油开发史的奇迹"。

不仅大庆油田，还有我国第二大油田，东营胜利油田，同样创造出"世界石油开发史的奇迹"。这也是美国自 2018 年 3 月对中国开打贸易战以来，贸易战涉及门类众多，包括航空航天、信息和通信技术、机器人和机械等行业的大约 1300 个独立关税项目，但却不敢直接与我国开打石油科技贸易战的部分原因。

在最近的一两年，华为一直处于世界新闻的风口浪尖。世界之所以那么关注华为，可能是因为觉得华为是中国非常难得的全球排名靠前的技术公司。华为的研发支出不仅是中国民营企业的第一位，而且根据欧盟委员会的欧盟工业研发投资排名，华为在 2018 年的时候，已经是全球企业研发投入的第五位了。

那么问题来了，中国其他的公司呢？尤其是中国的中字头国企，他们都不搞研发吗？实际并不是这样的。实际上，中国公司的科技研发活动绝大部分都是由中国的国有企业完成的，如果看 2019 年中国 A 股上市公司的研发支出排名，我们可以看到前十名都是国有企业，其中前五名全部是中字头的企业。那么，这跟国人印象中，中字头国企都是靠垄断来获取利润，并没有掌握核心技术的刻板印象是有点不一样的呢？所以，在这里有必要跟大家谈一下，仅以我国三大中字头国企石油公司为主导的科技研发活动情况，让我们从另一个领域的中国研发能力来重新认识我们国家的创新能力。

中国的国家研发能力，相当大的一部分是掌握在国有企业集团的手里面，这些国有企业不仅有着自身发展需求的任务，同时也担负起了在自身领域追赶世界先进国家的任务。同样在东亚的日本和韩国，他们在现代化中去追赶西方，他们的产业进步是不完整的不完全的。他们的进步主要是在钢铁、汽车、电子、半导体等方面。

但是，在很多领域仍然是由美欧国家占据压倒性优势，体现了西方国家的霸权，或者说是美欧国家的霸权。尤其比较典型的就是石油天然气产业，在这个领域中石油、中石化、中海油这样的中国国家石油公司，肩负着使命，克服重重困难，打破了美欧的技术垄断，成为全球资源开采的新玩家。

石油和天然气对勘探开采技术的要求非常高，是不折不扣的高科技行业。在解放以前直到解放后的头 10 到 20 年内，全球能够掌握陆地和海上油气勘探、开发、存储、运输和炼制等全流程技术和装备制造的只有美欧国家，或者确切的说，全球真正掌握全流程核心技术的国家，美国算一个，欧洲作为整体也算一个，像日本和韩国这种自身缺乏石油资源的国家，他们并没有掌握全流程的核心技术，只是在少数的子系统领域有一定的存在感。

其实，在美欧石油产业链体系之外，本来是没有真正的挑战者的，但是，在这20–30年来，中国的中石油、中石化、中海油在相当程度上已经完全打破了这个局面。现在的局面是，在欧美石油体系以外，还有中国。

其中，中石油旗下有三十七家石油装备制造企业，能够生产十九大类、上千种石油开采装备。凭借着在本土的大庆、辽河、胜利、克拉玛依、渤海等油田的开发中积累的经验，中石油逐渐掌握了石油、天然气从勘探到开发，从生产的加工到装备制造的全套流程技术，在逐步实现石油装备国产化的同时，也开始对国外出口。

2001年的中石油旗下的装备企业出口仅仅是二点七亿美元，2005年国产的钻机首次出口到美国高端市场，到2010年用了十年的时间，中石油旗下的装备企业出口已经增长了十倍，开始挤占欧美国家的份额。到了2015年，中石油每年来自石油装备制造的收入超过了一百亿美元，其中出口超过四十亿美元。到2019年底，中石油装备出口已经到了全球八十多个国家和地区。

再说中石化，中石化除了炼油搞化工产品以外，它本身也是优质技术服务商。北美以外全球首个页岩气的商业开发项目，涪陵页岩气项目就是中石化油服开发的，他们提供了钻井压裂测试的全过程工程服务。

同时，中石化还多年是沙特阿美公司、科威特石油公司和厄瓜多尔国家石油公司的最大陆上钻井承包商，在这个过程中，也直接促进了国产石油装备的出口。科威特是世界石油大国，国土面积和北京差不多大，但石油储量却占到了全球的百分之十左右。在以前科威特的石油工程市场上，由于石油开发的技术含量很高，一直是欧美国家占据着主导地位，并没有中国石油企业的位置。

2008年的时候，中石化派出了一个三人小组到科威特去开拓市场。初到科威特，科方对中石化派去的三人组并不热情，很直接地表现出对中国人能否高质量完成项目的怀疑。

当时的中石化只是获得了钻井承包合同，属于基建性质。包括科威特国家石油公司在内的业主，都要求钻井承包商统一配备欧美设备，对顶驱、封井器等关键设备的要求就更加严格。中石化公司作为国家团队，大力推荐中国产设备，帮助国内厂家和科威特方面取得联系，同时组织科威特客户多次到中国设备厂家的工厂参观。亲眼见证了中国设备品质的科威特客户，沉吟良久后终于愿意以试用的方式，使用封井器等中国设备。而事实证明，中国设备在科威特夏季高达50度以上的高温中，经受住了严酷的考验，表现近乎完美。

到2009年，中石化在科威特的开拓已经初见成效，首次拿下了价值八点六亿美元十五部录井钻机的钻井合同。乍听之下，可能大家会觉得十五部录井钻机数量并不算多，但请注意，平均每部钻机的合同价值达到了接近六千万美元。更为重要的是，这十五部价值连城的录井钻机一举进入科威特市场，打破了欧美设备在石油和天然气对开采独霸天下的局面。

2014 年，中石化继续拿到科威特十一点五亿美元的钻井合同，这也创造了中石化海外钻井最大的年度新签纪录，并一跃成为科威特最大的钻井承包商。同时国产装备也逐步打破了欧美社会的垄断，开始大量出口到科威特。到 2017 年，中石化已经是科威特最大的钻井承包商，占据科威特市场份额的百分之四十五。同时，中石化使用国产石油开采装备的比例达到了接近百分之百，这也导致欧美设备的市场份额大大下降。

我们再看看中海油的技术实力。海上石油开采的技术难度远高于陆地石油开采，以一套钻井设备为例，在陆地上一套钻井设备的租金一天是二十万人民币，这已经够昂贵的了，但跟海上石油开采的成本比起来，却只能算毛毛雨。

海上石油开采需要租用的是一整套海上石油钻井平台，它一天的租金能够达到五十万美元，超过三百万人民币，租金超过陆地的十几倍。顶级的海上石油开采平台，一天的租金更是高达百万美元。因此，海上石油开采平台追求高效率、高技术，而海上石油开采的核心技术之一，就是旋转导向系统和随钻测井系统。这两项技术联手，能够实时地控制井下的钻进方向，实现转矩运行轨迹调整，甚至可以让直径只有零点二米的钻头，在零点七米的柏油层中横向或斜向稳定地穿行，钻具的横向移动距离可以达到一千米。

我们可以打一个比喻，这两项技术能够让钻头像贪吃蛇一样灵活。因为石油在深海里面是不规则分布的，如果钻头不灵活，那么就要通过移动海上石油平台的方式来作业，那样就要耗费巨大的人力、物力和时间成本。由于贪吃蛇技术研发难度非常大，多年来这项技术都是掌握在美国手里面，美国三大油服公司每年从中获得约两百亿美元的收入。而当时的我们，除了乖乖掏钱别无他法。

中海油从 2008 年开始研发，2014 年到 2015 年，在渤海海上钻井平台连续实现了作业测试的成功，使得中国成为全球第二个掌握该技术的国家，打破了美国的垄断。到 2017 年 3 月，中海油已经投产部署二十四套贪吃蛇系统，除了供应国内的油田之外，已经开始出口的俄罗斯。

实际上，从 2012 年开始，中海油就试图获取该技术。美国三大油服公司一直对该系统只出租不销售，拒绝销售给中海油，以赚取高额利润。而中海油成功的进行海上实验之后两个月，美国的三大油服公司就改变了十几年的规则，开始向市场销售该系统并且大幅降价，一改以前只租不卖的态度，表示愿意提供整套技术系统，而且系统价格下降了百分之二十，人员服务费下降百分之三十。而在以前，我们多次提出过降价要求，以及要求购买而不是租赁海上钻井平台的要求，但美国三大油服公司态度强硬，没有任何商量的余地。

"实力为王啊！"他们之前和之后态度的巨大改变，让国人感慨万千。

虽然我国在海上钻井系统技术方面还有待进步，有些高端的子部件到现在还不能自主生产，但是我们应当看到，中国已经是全球除了美欧以外，对于石油天然气开采技术掌握度最好的国家了。在有些技术方面，尤其对于油气钻探的预测技术和油气的开采技术，已经成了世界科技的"领跑者"。

林昌荣一直强烈呼吁，我们要大量提倡自主创新，提高自主创新的能力。这种自主创新首先就是要加强理论体系方面的创新，不断研究新的理论。

因此，作为中海油能源发展股份有限公司中国油气预测专家和高级工程师的林昌荣教授，肩负着使命和拥有强烈的爱国情怀，怎么可能把他在国际上首先提出的，具有我国自主知识产权的"地震数据体波形结构特征法预测油气"技术卖给国外的公司？更别说让他离开故土，转投国外公司的旗下效力了。

但国外的大公司却不死心，以为是开出的筹码还不足够让林昌荣动心。于是，连续几年来，他们提供的各种优厚待遇不断升级，持续对林教授进行糖衣炮弹的"狂轰滥炸"，邀请的邮件、电话以及专程派来进行说服的"使者"从来没有停止过。

对这一切，林昌荣全都一笑置之："我是中国人，长了一颗中国心，它只为中国而跳动。"

第五节　参与国家重大科研攻关项目的成果

林昌荣教授身体力行，身兼多种多样科研工作的重任，除了要搞好中海油下达的日常工作任务外、还要搞好发明创造、并积极参与国家"973"等重大科研攻关项目的研究、帮助高等院校带研究生，并积极参与宣扬我国科技发展最新成果的社会有关的活动以及等等。

973计划面向国家重大需求，立足国际科学发展前沿，旨在解决国家战略需求中的重大科学问题，以及对人类认识世界将会起到重要作用的科学前沿问题。

林昌荣教授参与国家"973"等重大科研攻关项目的研究工作有许多，我们选其中几个国家级重大科研攻关项目来讲一讲。

5-5-1　项目1——国家"973"重大科研攻关项目

2001年，林昌荣被中国石油大学（北京）借调去，参与关于《大中型天然气藏地球物理探测理论与技术》国家"973"重大科研专项攻关技术的研究。该项目隶属于国家 973 项目《高效天然气藏形成分布与凝析、低效气藏经济开发的基础研究》二级课题的研究内容，林昌荣位居第二位技术负责人。

项目完成后，教育部委托中国石油大学（北京）（详见教育部《关于委托主持鉴定工作的通知》）专门组织七个部委的有关知名院士、专家、学者对该研究成果进行鉴定。在成果鉴定之前，非常严格地按照国家级别的有关要求，进行过科技成果的查新和检索。

成果鉴定一次性通过，并获得高度评价。在国家科学委员会关于科学技术成果鉴定证书上对该研究成果《鉴定意见》写到：

2007 年 8 月 19 日，由教育部委托中国石油大学（北京）主持召开了"大中型天然气藏地球物理探测理论与技术研究"项目的科技成果鉴定会。其任务来源，为中国石油大学（北京）CNPC 物探重点实验室承担的国家 973 项目，《高效天然气藏形成分布与凝析、低效气藏经济开发的基础研究》下属二级课题《天然气藏地球物理响应特征与识别技术理论基础研究 (2001CB209105)》的研究内容之一，鉴定委员会听取了工作报告、技术研究报告、查新报告和成果推广应用与效益证明等，提交的鉴定材料齐全、规范，符合鉴定要求。

经答疑和讨论，形成了如下鉴定意见：

1. 理论方法研究方面

国际上首次将灰度理论引入天然气预测，提出"地震数据体结构特征法预测油气层"的基本原理和算法以及油气层划分标准，提高了预测的准确率。

2. 探测技术方面

在探测技术上，实现了纵向与横向可同时量化标定、图与表可相互对比的定量解释油气层的新技术，拓宽了天然气预测技术手段，增加了油气预测的显示方式。

3. 应用效果和推广方面

通过对三百多口井的统计结果，钻井符合率总体高达 80% 以上。此项技术应用于普光气田、大牛地气田、河坝气田、长岭、英台气田、新场气田、长庆苏里格气田等中国三大石油公司不同沉积盆地、不同岩性和不同圈闭类型的油气田上，成为油公司布井或优选井位重要参考依据之一，经济效益显著。

4. 人才培养方面

该成果是以"产、学、研"相结合的方式，培养博士生和硕士生几十人；被检索文章 51 篇，取得了显著的社会效益。

鉴定委员会认为：该成果理论上有创新，方法和技术上有突破，在实际应用上达到国际领先水平。鉴定专家委员会一致认为："该成果理论上有创新，方法和技术上有突破，在实际应用上达到国际领先水平"，一致同意通过鉴定。

这个项目，让林昌荣教授获得了教育部颁发的"科研成果完成者"荣誉证书（图5-4）。

为何鉴定意见里特意提到了人才培养方面林教授所做出的贡献呢？

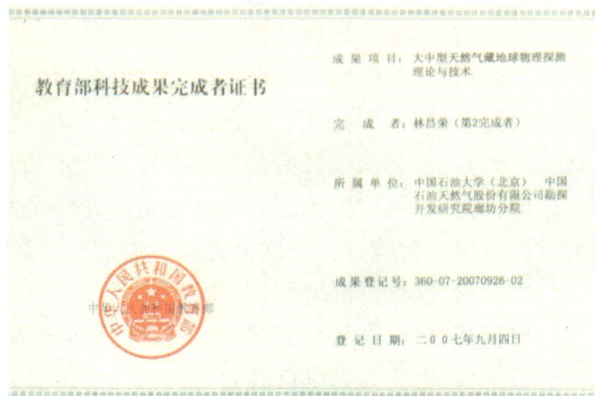

这是因为林昌荣教授做项目时广纳英才，并为其提供良好的待遇，比如聘请来的三个博士生，享受50万的年薪和充分的授权。当时前来应聘者络绎不绝，因为大家早就听闻跟着林教授一起做项目绝对是一件美差。这不仅是因为林教授把课题费全都用在了课题研

图 5-4 教育部为林昌荣教授颁发的《教育部科技成果完成者证书》

究上，更重要的是他会赋予员工充分的空间。在管理上林教授给与相当的自由，比如对上班时间从来不会提出硬性的规定，大家可以自己把握，唯一的"铁律"就是不能耽误事情的进展和项目的进度。

林教授做管理有自己一套独特的思路，他认为培养人才最好的方式就是让其主动思考。为了锻炼这些年轻人，让他们获得锻炼和成长，林昌荣要求员工面对问题要有自己的解决对策，提出不同的方案，然后跟他一起探讨，思考。而探讨的过程中，林教授从不轻易下结论或者提建议，而是通过启发和引导，充分调动员工们的潜能。

林教授认为，这个探讨的过程，也是这些年轻人成长、进步的过程，而只有他们能够独当一面，中国油气田的发展才有足够的人才储备。在这样的管理模式下，一起做项目的年轻人水平和实战能力突飞猛进。

5-5-2 项目2——中国石油天然气股份有限公司（中石油）专项重大科技攻关项目的研究

中石油专项重大科技攻关项目名称为《柴达木盆地三湖—察东利用地震数据体结构特征法预测气层研究》，林昌荣教授为项目的第一技术负责人。

柴达木盆地位于青藏高原北部，东北界为祁连山，南抵昆仑山，东面则以秦岭为界，是是我国西部一个大型的中新生代盆地，也是我国西北主要含油气盆地之一。自开始勘探以来，柴达木盆地的北缘地区和西部地区是主要的油气产区，

勘探程度相对较高。而柴达木盆地三湖察东地区的勘探程度却较低，这是因为对三湖南斜坡、西斜坡、察东地区的成藏条件和圈闭发育规律还缺乏系统认识，在一定程度上制约了区域的勘探和开发。

2008年，林昌荣被借调到中国石油大学（北京），中国石油大学（北京）作为承担单位参与了中国石油天然气股份有限公司（中石油）重大科技专项攻关项目的研究，该攻关项目为《柴达木盆地三湖—察东利用地震数据体结构特征法预测气层研究》，林昌荣教授是该项目第一技术负责人。

项目完成后，中石油委托青海油田分公司专门组织专家、学者对该研究成果进行了鉴定。验收评估一次性通过，并获得了验收评估专家委员会的一致好评。

在一份《验收评估意见》书写到：

中国石油天然气股份有限公司青海油田分公司科技信息处于2009年12月26—27日在甘肃敦煌组织召开了《柴达木盆地油气勘探开发关键技术研究》重大科技专项外部协作研究项目验收评审会。专家组在听取了中国石油大学（北京）关于《柴达木盆地三湖—察东利用地震数据体结构特征法预测气层研究》项目研究成果汇报后，经认真讨论，形成如下专家意见。

（1）该课题采用"地震数据体结构特征法含气性预测"研究思路独特、技术方法新颖，以地震数据体结构特征作为烃类识别的标志首次应用于三湖—察东地区第四系生物气层研究中，为该区储层含气检测提供了新思路。

（2）完成了三湖地区二维地震数据2003千米的地震数据体结构特征的特殊处理，并对处理结果开展了的含气性解释分析。

（3）建立了三湖地区气层地震数据体结构特征的预测模型，认为本区含气层具有较明显的地震数据体结构特征，可以用地震数据体结构特征预测有利气层。

（4）提出不同区块、不同异常层段的地震数据体结构特征，预测有利含气区分布范围。综合评价提出有利异常区3个，即西块－台南、中块－涩北一号和涩北二号、东块－涩东，提出钻探井位4口。

该课题完成了合同要求的研究内容，研究成果对三湖地区天然气勘探具有一定的借鉴意义，对该区含气检测做了有益尝试，建议对提出的异常区及目标进一步加强跟踪分析。

验收结论：经验收委员会专家研究，一致同意通过验收。

5-5-3 项目3——中石油油气勘探重点工程技术攻关项目研究

2008年，林昌荣被北京一家石油公司商借，联合中石油集团东方地球物理勘探有限责任公司作为承担单位，参与了中国石油天然气股份有限公司（中石油）重大地震勘探技术攻关研究项目的攻关研究，该攻关项目为《柴达木盆地三湖地区北斜坡天然气藏预测》，林昌荣为该项目第一技术负责人。项目完成后，中石油组织专家、学者对该研究成果进行了鉴定。验收评审一次性通过，并获得了验收会专家组的一致好评。

在一份验收《评审意见》书写到：

2010年3月16日～18日，勘探与生产分公司在北京召开了"中国石油2009年度物探技术攻关项目验收会"，对"柴达木盆地三湖地区北斜坡天然气藏预测"攻关项目（编号2009-03-04）进行了验收。该项目由青海油田分公司组织，东方公司、世纪奥创公司承担实施。与会专家认真听取该项目的汇报，针对工作量完成情况、关键技术、技术应用效果等主要内容，进行了细致的审查与讨论，形成以下评审意见。

第一、工作量完成情况

东方公司、世纪奥创公司两家单位均按攻关内容安排，完成了地震资料处理和解释实物工作量。

（1）东方公司

计划工作量：高精度二维资料叠前处理、储层预测与气藏检测1000千米；实际完成：叠前保幅处理、叠前反演、气藏预测1097.11千米。

（2）世纪奥创

计划工作量：高精度二维资料叠前处理、储层预测与气藏检测1000千米；实际完成：叠前时间偏移、8个层位的解释、叠后反演、地震结构特征提取与分析1097.11千米。

第二、采用的关键技术

（1）二维连片静校正技术；

（2）叠前去噪技术；

（3）叠前深度偏移处理技术；

（4）AVO气藏识别技术；

（5）地震异常区叠后振幅频率衰减属性技术；

（6）地震结构特征分析技术。

第三、取得的主要成果

（1）基本形成了一套针对三湖地区特定地质条件的配套二维地震处理技术；

（2）初步形成了三湖地区天然气藏预测方法，异常区对井符合率达90%；非异常区地震结构特征方法经过60口井、23个层的统计，符合率达50-75%；

（3）发现并落实6个有利勘探目标、单层圈闭面积197平方公里，综合评价有利目标6个，单层面积121平方公里，提供4口钻探井位：（东方公司）

（4）描述了4个背斜圈闭，预测了60个独立的含气单元、总面积达1802平

方公里，确定 4 个含气区、建议井位 3 口。（世纪奥创）

第四、下步工作建议和完善归档

（1）开展必要的岩石物理测量，加强该区岩石物理分析，建立预测图板；

（2）地震结构特征分析方法要强化大比例尺对井分析和物理机理研究；

（3）加强全区多分量、Walkway 技术的应用；

（4）对方法的有效性进行深入评价。

验收结论：专家评审组一致同意该项目验收通过。

林昌荣参与国家重大科研攻关项目还有许许多多，除国家"973"重大科研攻关项目外，还参与国家"863"计划的重大科研攻关项目，中国三大石油公司国家级的重大科研攻关项目，如元坝气田、长庆油气田、普光气田、塔河油田、克拉2气田、腰英台火成岩气田等等，研究成果也是非常突出的，这里不再一一列出。

人，却个个都是从总公司下属的四个海（南海东部、南海西部、东海、渤海）和两个科研院所精挑细选出来的精英科研人员，每一位都身怀绝技。

这十来号人在培训班交汇，但因为各自不同的选择，人生的走向也截然不同。后来，参加总师培训班学习的学员，相继成了中海油总公司中层以上的总师或总公司的领导，唯有林昌荣是个例外。他坚决放弃了仕途，坚守在科研一线。

培训班结束后大家各奔西东，天南海北地很难聚齐，所以张罗了好几年也没聚一会，这天非常难得十来号人竟然聚齐了，促膝长谈时有同学好奇地问起林昌荣。

"小林，如果重来一次，你会怎么选？还是会跟当初一样坚持搞科研，还是和我们一样选择仕途？"

此时的林昌荣，正处在风口浪尖上。明明靠自己的努力，发现并证实了东方1-1是个大气田，可还有人不认可，而且还说风凉话，认为他是"瞎猫碰上了死耗子"，是"好运气撞上的"，是"因为想出名所以故弄玄虚"。

为了搞科研无论多难多苦林昌荣都毫无怨言，但披星戴月地赶路，努力搞出科研成果来，却饱受争议之苦，这种滋味实在不好受。在他根据《地震数据体波形结构特征预测油气》新理论，对石油勘探进行大胆预测的时候，有人质疑是可以理解的，因为毕竟那时候还没有实践数据可以来证明新理论的准确性。可现在铁一般的事实摆在眼前，怎么还有这么多非议的声音？

林昌荣也是血肉之躯，受了委屈也会难过、伤心。听到同学这么问，他在心中轻声问自己："后悔吗？如果当初走仕途会怎样？至少，就不用像今天饱受争议了。"

"后悔了？那就现在改变方向，从科研那条路上跑掉，投奔仕途，一样来得及。"同学看到他沉默，忍不住建议道。

"我可不跑。"林昌荣摇头："跟培训班刚结束那会儿的选择一样，我心甘情愿献身科研，衣带渐宽终不悔。"

"搞科研太孤单了，你还没尝够那种滋味啊。"同学对他的执著有些无奈。

"哈哈，小林这家伙是铁了心了，你就别劝了。"众人一起调侃起来。

"你们还记不记得，林师弟在培训班里学习那会儿，写过一句人生感悟——只有能够忍受孤独的人，才能享受人生的乐趣。"

"当然记得！林师弟，你现在整天在南海与世隔绝的，可算是时时刻刻都在忍受孤独了。"

"这条路的确很孤独，但也很有趣。"林昌荣先前因为饱受争议而有些委屈的心境，豁然开朗。

是啊，孤独可不仅仅意味着搞科研要经受经年累月的枯燥和寂寞，它还意味着当你发明出一项新的科研成果时，等待你的可能并不是认同和掌声，而是被质疑、否定、孤立。那是一种比搞学术时的独自前行更深入骨髓的孤独，可是这一切都会过去不是吗？时间和实战终会给出一个明确的答案。

告别了同学们回到湛江的林昌荣，再次面对质疑的时候，心中变得很是宁静。他把时间和精力放在了继续对科研进行攻坚上，成了大家眼中不问世事的"书呆子"。

1995年3月10日，中国海洋石油生产研究中心在北京成立。公司领导想把林昌荣调到北京委以重任，在正式下达调令之前，征求林昌荣的意见，让他决定是否接受调动。

之所以成立这个研究中心，是因为在南海发现了第一个拥有自主开发权的东方1–1上千亿方的大气田后，新的挑战来了：如何高效地开发这个气田？如何整合从地方到中央的各路人马的有限资源？这是当时摆在总公司面前的大问题。

如果由南海西部石油分公司，独立承担这样大的上千亿方的气田的总体开发设计方案（简称ODP），那效果很难保障，因为南海西部分公司是没有这样的人力、物力、财力去完成的。别的暂且不说，光是运输环节，东方1–1千亿方大气田的开发，从南海海域运输到陆上，要经过海南省、广东省，然后再输送到香港去发电，并且部分气是要在海南省用来生产化肥，部分气要用在海南省和广东省的民用上，南海西部分公司是没有这种能力去整合这种资源的。因此，总公司需要召集各路精英人马来完成这项新任务，于是开始从全国挑选石油行业的精英，要把他们调到北京去。

而总公司想把林昌荣调到新成立的生产研究中心去，目的非常明确，就是为了配合研究中心搞好东方1–1大气田的总体开发方案。林昌荣不仅是发现东方1–1大气田的"伯乐"，同时也是石油地质专业毕业的。而且在总公司从全国各地挑选出的准备调往北京的石油行业里，林昌荣是最年轻的一个，真正的年轻有为。

中国海洋石油生产研究中心当时的主任叫张均，从渤海公司调到北京的，是海洋工程专业出身；另一个副主任叫曾恒一，是石油工程专业毕业的高材生，也是当时总公司唯一的工程院院士。总公司希望石油地质专业出身的林昌荣，到北京与曾院士搭档，并配合主任做好东方1–1大气田总体开发的工作。

林昌荣面前再次出现了一个十字路口：留在南海，还是北上？

对于大多数人来讲，这是一个不需要考虑就能做出决定的选择。在当时的大环境和政治气氛条件下，一个人能从边远地方调到北京来，那是天大的好事。而能够调到北京后，一般有两种可能：科研做出大成就；要嘛来当大官。无论是哪一种，都是祖坟冒青烟的好事。

但对于林昌荣来讲，这却是一个艰难的抉择。

留下，一切都是熟悉的。广东这里离老家近，又是自己工作了十载的地方，1982 年大学一毕业，林昌荣就来到了这里，在南海西部石油勘探开发科学研究院里，从事石油勘探研究工作和石油软件的开发与应用。几年以后，他离开去读研究生，三年学成期满，又回到这里继续从事老本行。十年的风风雨雨过去了，林昌荣早已经把异乡住成了故乡，非常怀旧的他一想到要离开就很是不舍。

北上？从基层奔赴总公司的生产研究中心，无疑会有更好的发展。可是到了北京人生地不熟的，一切都要重新开始。此外，林昌荣早已不是当年大学刚毕业时那个一人吃饱全家不饿的单身汉了，北上意味着妻子的工作也要跟着变动，孩子要转学，举家跨越大半个中国"迁徙"，这可是个大工程，更是一个会影响到所有家庭成员的重大决定。

妻子戴素伟也希望他能留在湛江，因为一个南方人搬到北京，不一定适应北方的生活。而且在妻子眼中，丈夫是个典型的书呆子，对名利、钱财看得非常淡，只要有的研究有口饭吃就行，是个不折不扣的"傻大方"，到了北京不一定适应能适应那里的工作环境。

其次，儿子林耀庭才刚上四年级，调动的话会不会影响他的学业？到一个新的环境，离开了朝夕相处的小伙伴们，孩子能不能适应？会不会感觉被新同学孤立？

"小林子，拿不定主意到底要不要去北京？"就在林昌荣慎重考虑，有些纠结的时候，研究生导师裘怿楠打来了电话。

"是的，我正为这件事为难呢，很想听听您的意见。"林昌荣听到裘导师的声音很是高兴。

"中海油成立这个生产研究中心的用意何在？它相当于整个公司的技术参谋部、战略规划部、科技人才培养中心，是支撑总公司可持续发展的技术提供者。现在它刚刚成立，正是用人之际。"

"小林子，你一直以来埋头苦干搞科研，不就是希望自己的科研成果能为中国石油行业的发展做出贡献吗？去吧，老师等着你在那里大展拳脚。"

林昌荣被裘老师的话打动了，当天就给了总公司回复：我接受调动，去北京工作。

总公司对做出重大贡献的人才足够重视，考虑到拖家带口万里迁徙有各种不便，于是便安排了林昌荣先一个人北上，等分到房子就等于在北京安家了。到时候，林教授的夫人和孩子什么时候想来就来。

就这样，林昌荣从南海飞到了北京。

这天傍晚，经过万里跋涉抵达北京的林昌荣刚刚安顿好，就听到屋外传来了敲门声。

林昌荣有点儿诧异。谁会在这个时候登门拜访呢？同事？初来乍到，还没那么熟悉。朋友？他们都在异乡，也没人提前跟他打招呼说要来出差，应该不会这个时候出现在北京。唯一的可能，就是邻居了，大概是想来熟悉一下，毕竟远亲不如近邻。

林昌荣打开了房门，映入眼帘的却是一张熟悉的脸。自己入京后迎接的这第一位客人，竟然是他的研究生导师裘怿楠！

林昌荣愣住了，声音里充满了不可思议和惊喜："裘老师，怎么是您？！"

"咋的？不欢迎我这个老头子啊？"裘怿楠看着自己得意门生脸上的惊讶劲儿，满脸的得意。

"怎么会不欢迎？是做梦也没想到！"林昌荣喜不自胜，忙把自己敬重的裘导师迎进屋里。刚来这里，连茶杯都还没捣鼓好，林昌荣手忙脚乱地翻找着，想给老师泡杯茶。

"别忙活了，快过来坐着，咱们爷俩个也好久没见面了，我想和你好好说说话儿。小林子啊，"裘怿楠一坐下就开门见山："你来北京之后，是打算做官还是继续搞科研啊？"

"我自己的想法，是继续搞科研。做官虽然好，可我总觉得干起工作来，没有我搞科研时那么顺手。不过，我的朋友和同事们都不赞同我的做法。"

"现在你正处于发明创造的关键期，需要继续专心搞科研，不要分散精力去搞什么行政管理，我已经给你们领导提了建议，让你担任石油物探副总工程师，继续搞科研。"

裘怿楠不仅是知识渊博备受爱戴的研究生导师，他还做过中石油的总工程师。因此，他的建议虽然用词朴实，却是人生箴言。而且裘老师对很多事看得很通透，现在中国有一个通病，就是当一个人搞科研有点名气了，就去当官，科研就此中断，或者再也深入不下去了，这样的半途而废实在是可惜。

裘怿楠语重心长道："培养一个科学家可比培养一个官难度大多了。小林子啊，中海油总公司能把你从基层单位调到北京来，说明你的科研成果得到大家的认可。到北京来不要想着去当官，因为培养一个有自主创新技术的科学家是很难的，在学术上你通过自己的努力已经有所建树，并不断被人们所接受，这是很不容易的。"

"培养一个科学家可比培养一个官难度大多了。"裘导师的这句话，让林昌荣深深动容。

"老师，您的话说到我心坎里了。"林昌荣凝视着老师因为赶路有些风尘仆仆的脸，满是感激。人生能得到这样的良师益友，实在是幸运。

有了决定的林昌荣对公司领导明确表态，来北京后他可以做些具体的石油地

8

质研究工作，其他的日常行政管理工作就不参与了，因为自己正处于发明创造的关键时刻，很多技术上的关键技术、步骤、数据还需要修正、完善、突破。

此外，林昌荣深知，总公司把他调到北京去，还有另外一层目的：东方1-1大气田是当时我国海上发现的唯一自主的第一个大气田，是我国海上油气田零的突破，从国家层面上是非常重视这个大气田的开发的，当时国务院专门指派一名副总理负责此事。

但要开发好这个海上大气田，我国还没有先例。其中最核心的关键技术参数之一，是确定好气田的规模、储量、厚度、和气组分等一些地质参数，这不仅牵涉到投资资金规模的大小、还牵扯到海洋工程选材问题、参数控制问题等，而林昌荣是最初发现这个大气田的功臣，他这个科研人员对这个气田的石油地质特征是非常熟悉的，是能胜任这个气田总体开发方案的最佳科研人员之一。

做了选择的林昌荣心静如水。从此以后，他更加坚定了全力以赴搞科研的决心，而且从此一发而不可收。

第二节　搞科研的好材料

仕途这条路，却不想轻易放弃一棵优秀的好苗子。

这天，人事部门把林教授请了过去。

"林教授啊，中国海洋石油总公司决定请您回去，先弄个下属二级部门单位的'总工程师'头头当当。以您的资历和本事，完全够资格。"人事部的同事眼睛一眨不眨地盯着林昌荣，向他宣布这个好消息。可让他诧异的是，预料中的兴奋并没有出现在林教授的脸上。

不是吧？这个头衔可是属于中国海洋石油总公司中层领导管理干部，对于很多人来说可是天大的好事。不仅工作稳定，而且收入很高。再说了，当领导可不比搞科研好多了？搞科研又苦又闷的，还不一定能搞出成绩来。

"又来了。"林昌荣一脑门黑线，想起来北京之前的一件事。

在接到前来北京的调令之前，林昌荣在南海西部做过一至两年的代理副院长。以他出色的智商，做什么都上手很快，加上认真负责的性格特质，很快就把这个副院长做得心应手，处理起事情来井井有条，格局和思路兼备，执行力也超强，大刀阔斧，雷厉风行，赢得了上下一致的称赞。

大家都私下讨论，这个代理副院长表现如此出色，很快就会把头衔前面的"代理"两个字摘掉，成为备受尊重的副院长。而这么年轻就坐上高位，等干出几年成绩来，提升为院长是顺理成章的事情。

因此，当听到公司要对林昌荣下达去北京的调令时，同事们纷纷表示祝贺。被总公司特意钦点，从基层单位调到北京，这是多大的器重啊。眼前这位林教授，前途不可限量。

"林院长，恭喜您要从咱们南海西部这个小旮旯儿，调到北京去了。"

"林院长，您去了北京，更会官运亨通了。"

"比起以前把板凳坐穿的科研，还是仕途更有前途。"

林昌荣笑而不语。虽然自己这个代理副院长赢得了交口称赞，可对他来说总觉得当这个官比不上搞科研来得那么顺手。这个职位做得出色固然好，却总觉得少了一点儿发自内心的激情和热爱。

"发自内心的激情和热爱就那么重要？就算没有它，您这两年的代理副院长不照样做得有声有色？"跟他交好的一位同事，对林昌荣的想法有些不以为然。调去北京当官，这是多好的机会啊。

林昌荣安静地听着。搞科研还是走仕途？这的确是个需要抉择的问题。人生的十字路口没有指示牌，也无法预见每种选择后所抵达的未来。可人生的轨迹，却是由这一个个选择的叠加来决定的，到底哪条路才更适合自己呢？

原本以为，自己不用再面对选仕途还是搞科研的选择题了，没想到今天又要选择一次。

"林教授您知道吗？"看到林教授并没有因为这当官的好机会而面露喜色，同事决定再加剂猛药："这可是我们海洋石油总公司唯一的工程院院士曾先生，向总公司人事部门推荐的！以前他可从来没有推荐过任何人！"

同事说的曾院士就是曾恒一，生产研究中心的副主任，也是当时总公司唯一的工程院院士。两人做搭档设计出的东方1-1千亿方大气田的总体开发设计方案（ODP），投入开发和运营后效果非常好。曾院士对林教授的逻辑思维方式、做事风格、能力和水平很是认可，于是郑重地向总公司人事部门写了推荐信。而作为总公司里唯一的院士，他的推荐信受重视的程度可想而知，加之前曾院士从来没有推荐过其他人，他对林教授的赏识程度由此可见一斑。

"你是块搞科研的好材料。"林昌荣的脑海中，突然浮现出裴导师的这句话。

当过大庆油田的总师、当过胜利油田的总师、当过中石油的总师的裴怿楠，阅人无数，练就了一项"特异功能"，那就是凭借超强的直觉，判断出学生们所擅长的职业。林昌荣记得他有一位同门师弟，大家都觉得他适合学术或经商，唯独裴老师却认为他可以从政。毕业后，这位师弟政途坦荡，顺利升任一所大学的大学校长，让大家倍感神奇。

而对自己爱徒的职业生涯，裴老师的判断是，这是块搞科研的好材料。之所以做出这样的推断，除了凭借准确的直觉，裴导师可是有充分的理由的。小林子对生活的追求很是朴素，从不被车子、房子等身外之物所羁绊，淡泊名利，却对科研有种欲罢不能的冲劲和闯劲，而且坚韧不拔，遇到困难能愈挫愈勇。加上他开拓性的新思维和新角度——这一点儿通过林昌荣硕士研究生论文的深度和广度，就足以体现——裴老师很有把握地判断出这位爱徒所擅长从事的领域，并且很看好林昌荣如果走这条路，未来所能到达的高度。

"你是块搞科研的好材料。"裴怿楠用力拍了一下爱徒的肩膀："你可以在这条路上走出很远很远。"

裴怿楠对林昌荣的普通话不仅不标准，而且还带有很浓的闽南口音很有意见，但对他天生就有的严谨的逻辑思维方式却很是赞赏。林昌荣写硕士研究生论文的时候，油田开发界普遍认为砂岩储层孔隙度在 15% 就是好储层。林昌荣从不盲目跟随所谓的主流观点，也不盲目地服从权威，他觉得一切都应该用事实来说话。根据逻辑推理判断，林昌荣认为不能用一个数值来卡储层的好坏，而应该根据不同深度、储层含杂质的复杂程度的不同孔隙度门槛值来定储层好坏更科学。

科技和时代的进步，需要的正是这种敢于"质疑"的精神，和提出质疑后想办法"答疑"的创新能力。现在，这一判别标准已经成了石油开发界的共识了。

除了裴怿楠教授，翁文波院士在看了林昌荣在读研究生期间，写的另一篇论文《地震数据结构特征与油气预测》之后，很有感触，也认为林昌荣的确是个人才，是个搞科研的好材料，就想让林昌荣考取自己的博士生，亲自来带这个前途无量的年轻人。

事情还得从两篇论文说起。

林昌荣的硕士研究生论文总计写了两篇，一篇是研究储层的《牛庄油田沙三段砂体成因类型及其形成机理探讨》，是针对石油地质专业的。而另一篇论文是关于预测油气的《地震数据结构特征与油气预测》，是针对石油地球物理专业的。

读研究生期间，除了主修的石油地质专业，林昌荣同时自己攻读了石油地球物理专业，学习成绩同样优异。因此，研究生毕业答辩他可以随便选取其中一个专业。

最终，林昌荣在论文答辩的时候，选择了关于石油地质专业的论文《牛庄油田沙三段砂体成因类型及其形成机理探讨》。做出这个选择，是因为裴怿楠导师作为石油地质专业，而且论文题目在读研究生的时候胜利油田早就确定的，所以，林昌荣的石油地质论文取材来自于胜利油田，关于论文建立的一个指导油田开发的三角洲沉积模型，林昌荣深信将来一定会被采用，而且大放异彩。事实也不出他所料，这篇论文里所建立的三角洲沉积模型，后来的确被胜利油田广泛采用。

作为石油地质专业的导师，裴怿楠很为《牛庄油田沙三段砂体成因类型及其形成机理探讨》这篇论文喝彩："有分量！"

在裴导师的印象中，林昌荣这家伙最大的特点就是较真，曾经有一次竟然敢跟教课书叫板。林昌荣觉得教课书上的某处诠释角度太绝对了，没有采取相对和辩证的角度。这一处不能用一个标准来卡，用相对来处理就会很轻松。

这家伙的思维方式仿佛天生就与众不同，总能通过现象看到本质。也正因为这样，林昌荣在同学中不仅人缘极好，而且特别有威信，大家大情小事都喜欢找他出主意。

而另一篇论文，裴怿楠思忖良久。观点新颖，角度独特，有理有据，倘若论文中的东西真的可以拿来实用，很可能有一天给石油预测领域带来巨大的新气象。

还从来没有一篇论文，让做导师多年的裴怿楠如此坐立不安。他敏锐地感觉到这片篇论文的份量，绝不能等闲视之。

裴怿楠虽然博学，涉猎面很广，但慎重起见，并非地球物理专业导师出身的他专程带着这篇深度和广度都让人惊叹的论文，去找老前辈孟尔逊。孟前辈在石油地球物理专业是一言九鼎的存在，找他来讨论这篇论文的价值准没错。

捧着论文翻来覆去看了好几遍的孟尔逊一直沉默着，脸上表情的专注与凝重却显示了他对论文的重视。

"孟老，您怎么看？"裴怿楠实在受不了这长达几小时的沉默，开口询问道。

"我看不太懂。"孟老终于从论文上移开了目光。

"啊？"裴怿楠愣住了。在石油地球物理专业领域颇有造诣的孟老，竟然说他看不太懂自己弟子的这篇论文？可看他的表情听他的语气，又不像是在开玩笑。

"这篇论文阐述的方法，至少超前了 20 年。不，说 20 年太保守了，说 50 年更客观。"

裴怿楠导师又激动又忐忑。忐忑的是，这么超前的学术方法，如果想引起重视被拿来应用，肯定会有个备受质疑、四处碰壁的过程。激动的是，超前意味着前瞻性，自己的学生能敢为天下先，从前人从来没有想过的角度和方法出发，而且把它系统化成这篇基本自成体系的论文，前途绝对不可限量。

"我现在就给翁文波院士发邮件，让他看看这篇超前 50 年的论文"。裴导师告别孟老，马不停蹄地回到了办公室。

翁文波何许人也？那可是中国地球物理勘探、地球化学勘探、地球物理测井等应用科学技术的创始人之一，著名的科学家，中科院院士，与同为院士的顾功叙、傅承义并称中国地球物理"三剑客"。

而三剑客中无论哪一位都声名赫赫，如傅承义在国际上具有极高的地位，美国著名的加州理工学院郑重承诺，只要是傅先生推荐的学生一律免试入学。

邮件发出的第二天，裴怿楠导师就接到了老前辈翁文波打来的电话："老裴啊，你把小林子带到我这里来，我亲自来带他读博士，继续深造！"

看到自己的得意门生引起三剑客之一的注意，甚至动起了"挖墙脚"的念头，裴导师忍不住有些得意："翁老，您觉得小林子的这篇论文写得还行？"

"研究很深入，可以走得很远！"翁老的回答掷地有声。

翁文波院士在南海创建了中国海上第一座钻井平台，指导了大庆油田地球物理勘探，主持筹建了中国第一个地震队，并创造性地提出数学预测方法，被人称为"一代预测宗师"、"中国的测井之父"。他曾在中央大学任教（中央大学全称国立中央大学，是中华民国时期中国最高学府，也是中华民国国立大学中系科设置最齐全、规模最大的大学。徐志摩、张大千等名家大师均曾在该校任教），在我国第一次开设了地球物理勘探课程，为中国培养自己的石油勘探技术人员。

翁教授敢为人先，探求未知领域的勇气，一直备受赞叹。而现在，他在这个叫林昌荣的后生身上，同样看到了这种敢于突破、探索未知的勇气和魄力，而且展现出了让人瞩目的实力。而中国想在石油勘探方面不断获得新的突破，是多么需要这样的闯劲和探索精神！

正因为此，翁文波一看到林昌荣的论文就坐不住了。人才难得，好不容易遇到棵这么好的苗子，一定要好好培养。

遗憾的是，因为种种原因，林昌荣研究生毕业后没有继续读博士，没能直接跟着翁文波读博士，而是回到了湛江，继续在西部研究院工作。

不仅是裴怡楠教授、翁文波院士，林昌荣上同济大学的时候，老师们对他的看法也如出一辙。包括后来与林昌荣进行学术交流的几位德高望重的院士们，如刘光鼎院士、马在田院士、汪品先院士等，他们也都有同样的感觉。

"林教授啊，你的这种逻辑思维方式可真是严谨。"

而林昌荣这种严谨的逻辑思维方式，仿佛生来就有，小时候他的二哥就认为自己的弟弟从小思维方式就与众不同。怎么个不同法呢？其他小朋友看到让人惊奇的现象，嘟囔几句凑个热闹也就作罢了，可自己的弟弟却一定要寻根问底，不找到事情的本质绝不肯罢休。

回想到这里，林昌荣的嘴角上扬。如果是询问裴老师该怎么选，他一定会力挺自己选择继续搞科研。

林昌荣也想到了妻子戴素伟。此时的林昌荣早已经全家团聚——1997年单位给他在北京分了房子，媳妇也想通了，就带着孩子一起到北京来了。如果现在告诉媳妇这个要调自己回去做官的消息，她肯定第一时间投赞同票。这倒不是因为戴素伟是个官迷，而是因为丈夫搞科研的这些年，经常东奔西跑，跑去地处荒凉的油田一待就是很长时间不说，而且因为常年盯着电脑工作，林昌荣的颈椎啊腰椎啊都已经出现了亚健康状态。当官肯定不用这么奔波，也不用整天盯着电脑了。

"林教授，您回去好好考虑一下。"同事友好地对林昌荣说道。

中国海洋石油总公司决定把他调回去做官的消息其实早就透露出一些风声，对已经步入中年的林昌荣来说，这可能是弃科从官最后的机会了。面对如此重大的人生选择，林昌荣的内心不可能没有一丁点儿波澜。

就在他纠结的时候，一位来头不小的大领导——成思危副委员长在一次会上对林昌荣说出了这样一番话："你现在回去当个领导，只是服务于中国海洋石油总公司，而你现在是三桶油（指中石油、中石化、中海油）的、全国的，你的创新技术完全可以服务于全国，而不只是服务于中国海洋石油总公司。"

第一次听到这样高角度的说法，林昌荣很受触动，辗转反侧了好几天。

"大领导就是高瞻远瞩啊，有这样深远的思想。"

"谢谢公司和领导的信任，不过，我已经回不去了，因为我已经不再属于自己。"林昌荣语气坚定地给了人事部的这位同事答复。

"不再属于自己？嗨，我懂了！"听到林昌荣这么说，同事明显愣了一下，紧接着他猛地一拍自己的脑袋："您是担心家属的工作安排吧？这您尽管放心，公司会妥善安排的！"

林昌荣（左）与成思危（右）副委员长在一起，2013年

林昌荣笑着摇摇头。他表达的并不是同事理解的那样，而是另一层意思。他现在是属于三桶油的，是属于全国的，怎么可能只考虑个人的利益与得失呢？

"林教授，多少人都巴巴地盼着这样的机会啊，您就再认真考虑一下吧。"人事部的同事不解地看着表情淡泊的林昌荣。这一位不会是搞科研搞傻了吧？还是读书读多了，变成了书呆子？这件好事落到其他任何人头上，心中不早就乐开花了？怎么眼前这位这么平静？更不可思议的，是他竟然要拒绝？

"我可能没太表达清楚。"人事部同事拿出无比敬业的态度，打算再次深度诠释一下，免得这位林教授做出错误的决定："公司决定把您调回来，先弄个'总'字头头当当。"这一次，他说"先"字的时候，特意加重了语气。

"谢谢您，我已经决定了。"林教授笑了。此时的他已经40多岁了，放弃科研、放弃已经熟练掌握的技术，重新从政，林昌荣觉得他已经不适应了。

而且，他深深认同导师裴怿楠对自己说过那句话——你是块搞科研的好材料。

"科研啊科研，我就在你这条路上走到底了，此生不悔。"

想起裴导师和老领导成思危，林昌荣充满了感激。他觉得自己很幸运，每当关键时刻总有高人给他指点迷津，一路上碰到了很多贵人。妻子则笑称，他是"傻人有傻福"。

2008 年，林昌荣因为出色的工作、科研成就和个人威望，被聘任为油藏研究中心的主任。

因为工作，林昌荣经常要代表中海油与中石油和中石化有业务来往，中石油和中石化对他非常认可，也非常喜欢与林教授打交道。有一位中石化的领导，也是林昌荣工作的同事，曾经开玩笑地说："与林教授打交道，思想上是最轻松的。"

就连公司车队的司机，也都说最爱接送林大教授，因为他不仅平易近人，没有任何架子，而且谈吐风趣幽默，一路上不仅让他们这些司机增长了见识，而且笑声不断，接送非常轻松愉快。

对林昌荣这个不喜欢当官的人来说，"油藏研究中心主任"这个头衔，也只是对外有个对接关系而已，用他的话说，"当官这事对我来说没多大意思，因为我个人性格不爱受到拘束。而且这不是我的兴趣所在，也不是我的强项。我能从科研中找到乐趣，但从管理中找不到乐趣，我这是勉为其难地去做就是了。"

于是，我们的林主任还是集中精力搞他的科研，日常工作由副手全权负责，林主任赋予他足够的信任和充分的授权。

林教授用人坚持两个原则：才胜其职，德配其位。跟西方的管理理念相比，他总觉得还是我国传统文化的用人观比较好。实践证明，他选人和用人的方式和方法效果非常好，在他这种管理模式的带领下，油藏研究中心非常平稳地发展，每年都有很大的提升和进步。

第三节　学院刮起石油风

林昌荣教授的研究成果，引起了国内外众多高等院校和科研院所等单位的广泛兴趣和认可，有些高等院校并为此设立了有关"地震数据体波形结构特征法预测油气"的专项研究课题，比如，中科院、同济大学和石油大学还曾经联合召开关于"地震数据体波形结构特征法预测油气"的研讨大会，林教授曾多次被高等院校和科研院所等单位邀请去讲学。

2001 年 02 月 11 日，清华大学的一个阶梯教室里，不时传出热烈的掌声，林教授正应邀前来做关于《地震数据体波形结构特征与油气关系研究》的演讲。

李衍达院士是油气预测方面的老前辈，这次讲演开始之前，李院士和张学工

　　教授跟林昌荣约定好，演讲时间为一个半小时，然后安排半小时答疑时间，总计两个小时。这样中午之前就可以妥妥地结束讲座，然后三人一起共进午餐。

　　没想到是，林教授的演讲实在是太精彩了，李院士和张学工教授激动不已地往阶梯教室里叫人，唯恐他们错过这么精彩的内容。偌大的教室里被挤得水泄不通，前来听演讲的不仅有研究生，还有很多老师。别说是找座位坐着停课了，能有个地方落脚都变成了一种奢侈。

　　这真是耳朵的一场盛宴，思维的一次洗礼。对到场的人来说，"地震数据体波形结构特征与油气关系"是个全新的学术概念、全新的科研思想，它新颖的角度和神奇的功能，让在场的所有人都被深深吸引，大家展开了异常热烈的讨论，哪里还顾得上看时间啊。

　　结果，别说一起吃午饭了，林教授直到下午都没办法脱身。在众多学生和老师们的强烈要求下，演讲下午又进行了两个小时，大家还是意犹未尽。

　　听完林教授关于《地震数据体波形结构特征与油气关系研究》的演讲后，李衍达院士大为惊叹："林教授，也许波形结构特征与油气关系才是本质关系！因为应用效果这样得好，本身就很能说明问题！哎，看来我们以前搞油气预测是走弯路了。以后啊，我就专搞信号处理了！"

　　这样的场景，在一个又一个的大学校园里相继上演，每一场讲演都如长江大学的校报所报道的那样，场面热烈，座无虚席。

　　"3月7日下午，东校区8教306学术报告厅座无虚席，中海石油信息技术开发分公司石油地质勘探专家林昌荣博士，为我校师生作题为'应用地震数据体结构特征法预测油气层研究'的报告，受到师生们的热烈欢迎。林博士知识渊博，实践经验丰富。报告中，他语言精炼，比喻贴切，图文并茂，对其研究成果娓娓道来，介绍了预测方法及原理，并

　　进行了应用实例及效果分析。他对科学严谨的态度、勇攀高峰的精神，震撼着在场的每一个人。现场气氛热烈，掌声此起彼伏，洋溢着浓厚的学术氛围。地球物理与石油资源学院、地球科学学院的部分教师和研究生参加了交流与讨论。"

　　邀请林教授前往讲学的高等院校和科研院所，除了清华大学，至少还包括有：（1）2006年01月16日，中科院地质与地球物理研究所的讲学；（2）2008年02月20日，华中科技大学的讲学；（3）2008年11月30日，同济大学的讲学；（4）2011年04月15日，长江大学的讲学；（5）2011年11月12日，中石油勘探开发科学研究院的讲学；（6）2017年01月02日，加拿大卡尔加里的讲学等。

　　马在田院士听到林昌荣关于《不同油气储层集体类型地震数据体结构特征研究与量化过程》的演讲后，当场就问道："小林啊，你是否愿意调到同济大学，负责海洋与地球科学学院的科研工作？还有，我要上报到同济大学校长办公室，聘

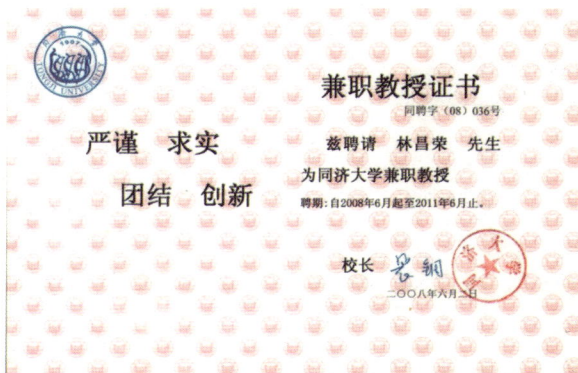

兼职教授证书
同聘字（08）036号

严谨　求实
团结　创新

兹聘请　林昌荣　先生
为同济大学兼职教授
聘期：自2008年6月起至2011年6月止。

校长

二〇〇八年六月

林昌荣教授被同济大学聘任为兼职教授（2008年）

请你为母校的兼职教授。"

马在田教授属于世界级别的著名石油物探学家，颇有声望的中科院院士，获得他的认可和赞誉可是非常不容易。林昌荣很高兴为自己的演讲能得到这位院士的高度认可，但却婉言谢绝了马院士的第一个邀请，没有答应调到同济大学去搞科研，因为做个找油人是他不悔的选择。但对于去同济大学做兼职教授的邀请，林昌荣却欣然接受了。他愿意以老师的身份回到母校，把自己所学教授给莘莘学子们，为祖国的石油事业培养有真材实料的接班人。

风华正茂的研究生们，正是很有个性的年纪，却无一例外地看到林教授就笑逐颜开。在他们眼里，这位老师是真心把他们当成好朋友来对待的，而不是师生关系。

林教授思维活跃，性格随和，最难能可贵的，是林教授认为严谨的学习可以轻松地进行，在愉快的氛围里就可以学到真本事。因此，上林教授的课是一种享受，学生们并不会因为要求高而觉得有负担。

在学术上，林教授的确是精益求精，高标准严要求，不能打丝毫折扣。除了学术，其他的生活小事、琐事，这位林教授都很宽容，只要学生们不去做违法乱纪的事，一切全由他们自己安排，林教授给与充分信任和空间，从不干涉。

跟着林教授出差，更是学生们挤破头皮争抢的美差，因为出差时林教授会按照学校的规定，把他们当做教职员工待遇对待，出差可以坐软卧也可以坐飞机，住房一律一人一个单间，除非同行的两名学生自愿合住在一起。

除了能享受到这么舒适的条件，跟着林教授一起出差的同学，还有按职工待遇享受的补助，而出差时产生的合理费用，全部都算在林教授个人头上。

"我清楚搞科研的不容易，所以能给你们提供好一些的条件就尽量提供。但有一点，搞科研时可不准有半点儿马虎。"

林教授的尊重和体谅，赢得了学生们的高度评价，他们和林教授的关系相处得相当融洽，这一点可以从他们对待林教授妻子的态度上略见一斑。每到过年过节，这群家伙们都会恭敬而亲热地给师母发个短信问候，并且寄点儿他们当地的土特产。

看着那些不贵重但饱含心意的小礼物，林教授的妻子戴素伟很是感动，亲昵地对丈夫说道："看来你这位林教授深得人心啊，连带着我都受到了他们的尊重。"

2011年，林昌荣受聘长江大学，担任兼职博士生导师。消息传出，长江大学的博士生们沸腾了，他们兴奋地议论着这个劲爆话题。

"听说了吗？石油神探林昌荣教授答应做我们的博士生导师了！"

"我早就听说过林神探的大名了，他孜孜不倦、勇攀科学高峰的科研精神，可是鼓舞了大批科研工作者呢。"

"听说林神探做博士生导师的聘期是三年，这下可好了，我们可以跟着学好多东西！"

有一位成绩斐然的教授来给自己授课，是身为学子梦寐以求的。虽然搞科研让林昌荣常年奔波忙碌，但他仍然以极大的热情投入了教学工作，言传身教，不仅把自己融会贯通的知识无私地教授给学生们，也把他勇于创新、严谨求实的科研态度传给了自己的弟子们。

而林昌荣带给这些学生们深远的影响，还体现在择业方面。

在林教授去长江大学任教之前，有位老师叹息道："很多学生对学石油都不感兴趣，觉得学石油哪有什么前景。"

石油勘探、开发、地质、工程专业是专门为石油开设的专业，是研究如何把石油从地底下开采出来的专业，包括勘探、钻井、采油、开发等部分，毕业后学生们大多数都从事国内石油行业。很多人之前对这个专业的印象，要么是苦差，要么就是做不长久。因为等到地下的石油挖完了，他们这些除了石油啥都不懂的人，也就被时代淘汰了。因此，整个石油工程专业的风气都是萎靡不振的，大多数学生都抱着混日子的心态，"当一天和尚撞一天钟"。

可是，自从林教授的身影出现在长江大学，校园里竟然掀起了一股"石油风"。原本少有人问津，或者纯粹是为了混个文凭而走入石油专业的学生们，群情振奋。而这股石油风一刮起来可了不得，不仅是学习石油专业的学生对本专业充满了自豪感，学石油竟然很快成了全校学生的热门话题，让很多老师大跌眼镜。

"林教授是怎么做到的？"先前叹息的那位老师，激动地去找林昌荣取经，却在路上遇到几个兴高采烈前去上林教授课的学生。这几个学生这位老师并不陌生，都是石油专业的，以前一上课要么打瞌睡要么在底下耍小动作，现在怎么都跟变了个人似的？

"以前呢，我们总觉得石油行业很快就要退出历史舞台，学出来要么找不到好工作，要么工作不了几年就会失业。而林教授讲，石油再过50年甚至100年，人们都离不开它，比其他专业都会久远。"

"因此我们兴趣大增。"学生们笑着远去，留下那位老师站在原地发呆。

而更让老师们震惊的事情还在后面。林教授来长江大学任教后，以后连续数年，报考长江大学石油专业的学生数量大增。

而林教授任教的另一所大学，中国石油大学（北京），有些石油专业招收大学生或研究生的分数线，甚至超过了清华或北大。

这样的效果，连林教授本人都很是意外。他原本以为，自己去大学授课是院士们对他的一种认可，并没有什么可以显耀的。但他万万没有想到的是，自己的学术观点和科研思想，竟然对学生们造成这么大的影响，甚至对我国整个石油行业的科研观点、思想都产生了不小的影响。

石油专业就是学和石油有关的东西，大家自然是想选名师，学术上有很大建树的名师更是"一师难求"。因此，林教授成了最热门的名师首选。

林教授主要是教授地球物理科学的（地球物理勘探），这个专业涉及的学科门类非常广泛，包括天文、地理、数理化。单位领导非常支持林教授的工作，因为这可是为国家培养人才的大事。而林昌荣虽然已经人到中年，但精力和体力都处于很不错的状态，完全能胜任和平衡工作与传道、受业、解惑之间的关系。

不过，毕竟身负科研重任，林教授的时间分配上，一般都是工作时间多又长，教授时间短又少，只是在学生做毕业论文和论文答辩时段要多花点时间和精力。因此，林教授无论是在长江大学，还是在同济大学，都是"一课难求。"

学好石油专业，必须要培养动手能力。林教授看着眼前这一张张青春洋溢的面庞，对他们充满了期待。他不仅希望学生们成为掌握过硬理论知识的复合型人才，更希望把他们培养成和现代化油田相适应的地质技术骨干和学科带头人。

因此，林教授的教案就像一份缜密而完整的培训计划，不仅有近期目标，还有远期目标。他希望自己带出的弟子，毕业时个个都能具备一身真本领，实力可以达到油藏工程师的水平。

"做石油人来不得不点儿虚假，我希望你们勤恳、踏实，毕业后去现场扎扎实实跑上几年。只有扑下身子了解现场，才能科学有效地找油。"

"我很欢迎你们对我提出质疑，如果只是单纯地相信书本上的知识，或者全盘接受老师的观点，是无法创新的。"林教授经常会鼓励学生们给他挑刺："每个人都要具备独立思考的精神和能力，但不能盲目质疑，有了质疑也不能什么也不做，而是通过实践去求证。"

林教授会把自己实际开发的一些案例拿到课堂上来讨论，悉心传授工作方法和经验，并鼓励大家畅所欲言，积极发表自己的看法。这种宛如身临其境的讨论，让每个人都得到了锻炼和提高，学生们不理解的地方，林教授会不厌其烦地细致讲解。

这些学生毕业后，在行业内表现出色，个个都成了油田开发战线上的业务骨干。他们牢记着林导师对他们的教诲：疑是思之始，实践出真知。你们一定要勇于创新，不迷信西方，不迷信权威，更不盲目跟风，这样才能不断推陈出新。

虽然"一课难求"，却丝毫不影响众多学生成为林教授的铁杆粉丝。

有一年，一位中国石油大学（北京）另一位老师的硕士研究生专门跑来问林教授："您可以不可以招收博士生？我要报考您的博士生！"

"没有名额了。"林昌荣遗憾地摊摊手。

"我就是冲着您来的。既然当不了您的学生，那我干脆也不读博了！"

年轻的小伙子失望地转身离开了。林昌荣原本以为他只是随口一说，没想到后来有人告诉他，最后这小子真不读博士学位了，读完硕士研究生就直接离开了学校，出去工作了。

第四节　加拿大油气田里的中国牛人

随着中国工业化、城市化进程加快，城市人口大规模扩张，国民经济快速增长，人们生活水平不断提高，油气需求呈现快速增长态势。中国油气资源总量虽然比较丰富，但因为人口众多，人均资源拥有量大大低于世界平均水平，单纯依靠国内资源在短期内难以满足需求，参与跨国石油投资对于稳定利用国外油气资源具有十分重要的战略意义。

中国在 2010 年 5 月 6 日的《能源"十二五"规划前瞻，抢占新能源技术高地》报告中明确提出"实施'立足国内'和'走出去'的两条腿走路战略"，要两条腿走路：一者立足国内，加大国内资源开发力度；另者加强国际合作，"走出去"和"引进来"并重。

其实早在 1993 年 12 月，中央就提出充分利用"两种资源、两个市场"发展中国石油工业的方针。2000 年十五届五中全会关于"十五"计划（建议）的报告中，明确提出"实施'走出去'战略，努力在利用国内外'两种资源、两个市场'方面有新的突破"。18 年来，各大石油公司按照中央的战略方针，积极实施"走出去"战略，积累了丰富的经验，应对国际市场风险的能力显著提高。2009 年中国石油公司海外石油权益产量超过 5200 万吨，取得的成就有目共睹。

中国石油天然气集团公司是中国海外石油投资的主力军，截至 2009 年 12 月，已在 29 个国家和地区拥有 80 多个合作项目，全年原油作业产量达到 6962 万吨、权益产量 3432 万吨；天然气作业产量 82 亿立方米、权益产量 55.1 亿立方米。

中国石油化工集团公司在海外投资方面也取得了快速发展，截至 2009 年底，中国石化海外权益产量为 1270 万吨，共有海外油气勘探开发项目 40 多个，分布在非洲、中东、东南亚、俄罗斯和美洲。

中国海洋石油总公司走进国际市场之后频繁打出"收购牌"，截至 2009 年，中国海油海外原油权益产量达到 517 万吨，海外天然气权益产量达 32 亿立方米，海外油气资产遍布于亚太、非洲和北美地区。

此外，中国中化集团公司、中信集团公司在跨国油气勘探方面也取得了一些进展。有些民营企业，也参加到海外油气投资这一行列。

中国石油企业在短短的时间内取得如此大的成绩，有目共睹，但随着产油国政府对资源的控制程度不断提高，以及更多新兴经济体国家石油公司的深度参与，全球油气投资竞争已到白热化程度。

2017 年 5 月，中石油在加拿大萨斯喀彻温省展开了一项国际合作。在这种投资竞争已到白热化的大环境下，以国企名义到国外开采石油非常困难，尤其国企要到北美开采石油更是难上加难，所以，只能走私人石油公司路线。

中国石油企业（私人石油公司）要在加拿大萨斯喀彻温省展开石油项目工作，目前采取的合作模式是私人石油公司（甲方）出资购买石油矿权、购买可供研究的测井资料和地震资料等、以及提供打井的费用，邀请加拿大一个本土石油公司参与（加拿大石油公司通过调查研究，很认可林昌荣的技术，有林教授的加持他们对合作信心满满），加拿大石油公司参与主要目的是随时随地掌握并遵循加拿大有关石油的法律法规等等，两者合一统称为甲方，中石油长城钻探公司加拿大分公司（乙方）提供钻井及工作人员和其他技术支持。

鉴于石油勘探开发行业高风险、高回报的特点，这种大胆的尝试采用了风险承担、成果分享的模式：倘若项目运作失败，合作甲乙双方各自承担风险，即甲方自行承担资金无法收回的风险，乙方不得以任何相关的使用费和人工费等为由，向甲方主张分担损失，即风险各自承担，互不担责。甲方出资买地，负责打井和公司日常运作的费用，或需要外聘人员的费用。乙方负责该项目技术的软件开发、油气田研究业务、项目运营的技术管理，招聘技术人员和组建项目研究团队的资金费用自理。

如果项目运作成功，那甲方获得合作项目的油气资源，乙方获得合作项目的科研成果。

加拿大的萨斯喀彻温省简称萨省或沙省，省内大小湖泊星罗棋布，是加拿大重要的粮仓，被誉为"产粮之篮"，以牧场和麦田而闻名。

因为北极的气流会南下到这里，萨省的冬天异常寒冷，零下四十几度很是常见，最低甚至达到 –56.7° C，名副其实的滴水成冰。不仅如此，这里的冬天还特别漫长，差不多有小半年的时间。在这样凛冽的环境下，要坚守在野外钻井平台长时间工作，要面临怎样的艰苦可想而知。

林昌荣穿着厚厚的棉裤、棉袄、棉靴，头上戴着毛绒绒的棉帽，双手也被棉手套严严实实地包裹着，却还是被冻得受不了。他的睫毛和眉毛上都凝结成了一层白霜，脚也没一会儿就被冻得麻木了。

到了晚上，气温又比白天下降不少，屋外寒风呼啸，躲在被子里也还是冷得难以入眠。

远离故土的林昌荣要面对的，可不仅仅是这凛冽而寒冷的自然环境，还有同样艰难的人文环境。刚踏上这片异国的土地，迎接他的是国外同行们怀疑的目光。他们可不认为"外来的和尚会念经"，加拿大本土的石油地质条件和中国大相径庭，这位林教授拿着他的地震数据体波形结构分析做为研究依据，真的能对加拿大的油气田进行精准的含油性预测？

林昌荣在加拿大萨斯喀彻温省（Saskatchewan）的野外钻井平台上，2019 年

林昌荣看着那些目光淡然一笑，全身心地投入了工作。

好消息很快就传来了，2018 年和 2019 年，先后在萨省成功钻遇了 2 口探井。更让人振奋的是，还成功发现了该地区新的碳酸盐岩裂缝性潜力油层。

而成功钻遇的这两口钻井，所处的地质条件差别很大。第一口钻井，是综合应用地震信息和测井数据进行含油性预测。第二口钻井，基于测井数据约束的高精度机器学习算法的开发，及其在岩性分类中的应用。

第一口探井获得两个厚层油气层的重大发现，一个是志留系油层（也就是志留纪时期形成的地层），油层位于 2568–2576.2 米深的地层处，计算的白云岩骨架孔隙度为 3%–5%，地层致密，但从电阻率的变化看，该层段为渗透层，而不是致密层，属于裂缝性油藏，有近 10 米厚的油层。

根据 2577 米到 2594 米的测井曲线，从差油层过渡到水层，综合气测、泥浆槽面油气显示和测井资料的综合分析，本井志留系的顶部为油层无疑，为本地区的因特莱克组油层的发现井，虽然在该沉积盆地，距本井东边的 130 公里外有 3–5 口因特莱克组油井，但这次发现的新油层对该盆地因特莱克组的油气勘探开发具有重大意义。

第二口探井发现的是石炭系油层，深度在 1963-2030 米，属于低孔低渗油层，石灰岩地层，底部含有泥质，钻井岩削的油气显示好，为找油人最喜欢的轻油。

从地下开采上来的原油，相对密度一般在 0.75 ~ 0.95 之间，少数大于 0.95 或小于 0.75，人们把相对密度在 0.9 ~ 1.0 的原油称为重质原油，简称重油，而密度小于 0.9 的被称为轻质原油，简称轻油。轻油里的"杂质"比较少，开采、炼油工艺流程和技术相对没那么复杂。更重要的是，炼制同样容积的原油，轻油能炼化生产出更多的高价值产品，如石油气、航空汽油、汽油、柴油、煤油等。而重油不仅开采和炼制工艺更复杂，能够提炼出的高价值产品也相对较少，很大一部分最后都变成了"糟粕"，如石蜡、沥青等这些价值比较低的产品。因此，在国际市场上轻油的价格，要比重油高出一大截。

"测井孔隙度为 5-7%，高电阻率，需要压裂改造。如果采用直井开采效果估计并不理想，没有什么经济效益，需要采用水平井进行开发。"林昌荣果断地提出了方案。

传统的油井往往是垂直或倾斜地穿过油层，因此油层中的井段往往较短，采油效率较低。水平井是在油井垂直或倾斜地钻达油层后，钻具沿着平行于油层的方向钻进，在油层中形成一个水平方向的井筒，从而保证在长井段的油层中钻进直至完井，水平井可以有效提高油层穿越的面积，增加单井产量。

甲方根据林昌荣的研究预测结果准备钻 3 口水平井，其中 2 口钻在低部位的含油水层。

"该层分布范围较大，如果按照林的建议采用水平井试开发收益不错，开发前景将会非常好！"在场的人们群情激奋。

"计算一下储量，看看如果开发的话能得到多少石油，创造多少钱的经济效益？"项目负责人指挥道——储量是他们目前最关心的问题。

负责储量计算的专业人士马不停蹄地忙碌起来。很快，让人更振奋的消息传了出来：根据加拿大有关行业标准和储量专家计算，探井 4-20W2 单井控制的本井可采储量石油地质储量，保守估计也有 4,830,720 桶，乐观估计可开采 6,038,400 桶，经济效益估算可以达到 13 亿 -17 亿人民币。

"单井能开采出价值 13 到 17 亿的石油？那整个构造呢？"听到这个数字的人们的心脏狂跳起来。

"探井 4-20W2 控制的整个构造上可采储量石油地质储量，保守估计为 34,871,760.00 桶，乐观估计为 78,876,600.00 桶，经济效益估算上百亿人民币。"

"上百亿人民币？"现场沸腾了，公司立即决定打口评价井，进一步落实石油地质储量，为油田开发作准备。

外国专家们一个个眼睛贼亮，看向林教授的目光也从原来的质疑变成了钦佩。"这个中国来的林还真是名副其实，一出手就不同凡响。"

这些被林昌荣的能力所深深折服的同行们，很快就成了林教授的好朋友，也成了他的粉丝，有事没有就喜欢跑到林昌荣身旁，从学术问题到勘探思路，缠着林教授问长问短。

林昌荣却没有因为首战告捷而喜不自胜。这个项目的运作虽然取得了可喜的成就，但林教授很是清楚，目前这种合作模式纯粹是商业运作模式，无法持续发展。一旦发现了油气，甲方就会自己组织生产作业，甚至可能为了短平快地取得巨大利润，采用破坏式开采，那时候就没有乙方的事情了。而破坏性开发，更是林教授不想看到的。

很多外行可能会觉得，石油开采可能会造成地面崩塌，就像煤炭开采导致的坍塌那样。其实这一点完全没必要担心，开采石油并不容易对地球构造导致危害，也不会危害地球内部构造。这是因为地底下石油也不是像地下水那般存在于地下，而是分散在储集层（地层）的基质空隙中，因此开采后对地层结构基本上没有变化。而且石油开采的深度，相对于地球半径来说十分浅，压根危害不上其内部构造。

那石油的破坏性开发是指什么？

破坏性开发是指石油公司人为为缩开采时间，加大石油开采量，致使油田快速出水，降低油田采收率；还有，石油开采如果处理不当，会出现环境污染地表水的可能。比如钻井时有时要用到的压裂生产制造，是从井口向地层充压引入压裂液，以沟通交流地层空隙。压裂液中含有酸、硅胶等化学物质，一旦进到地表水便会造成环境污染，因此必须妥善处理。但这种处理是需要时间和金钱的，有些目光短浅的私人公司，可能就会为了缩减成本和节约时间，采用破坏式开发。林教授对此非常反感，坚决抵制。

此外，私人公司的资金往往不能及时到位，很耽误项目的进度。

石油开采技术是个高科技的行业，而这样的私人公司并不是真正的科技石油公司。所以，想获得长久和稳定的合作，还是需要寻找比较大的投资公司或风险投资公司，并有比较稳定的资金来源和比较长远的发展规划。

林昌荣的心中始终绷紧了一根弦，那就是跨国石油投资面临巨大挑战。在实施跨国石油投资时，可能面临的难点和挑战，除投资项目本身的风险外，还有政治风险、市场风险、投资环境风险、技术风险和其他不可预见方面的风险。

第一，获得项目的难度大、代价高。相当一部分资源国自己本身具有较强的勘探开发能力，他们推出的合作区块勘探开发难度特别大；许多国际石油公司已经占据有利地区，国际勘探开发市场竞争激烈；有潜力的地区作业条件困难或远离市场；跨国勘探开发受资源国法律和标准合同的制约，项目的运作难度大，经济门槛高。

第二，政治风险大。政治风险是跨国油气勘探开发面临的重要风险之一。它是指资源国未来社会、政局、经济条件发生巨大变迁的可能性。一般来说，政治风险来自于以下几个方面：资源国受到其他国家的威胁，甚至与其他国家发生战争；资源国内民族矛盾冲突，发生内战等突发事件；资源国国内发生大规模罢工、暴乱、起义、革命等；资源国政权不稳定，从而导致政府的颠覆、更迭；资源国对本国石油工业实行国有化改造或对合同者的区块征用、报复性充公或没收。

第三，市场不确定性程度。在国际石油勘探开发市场上，主要存在两个方面的市场不确定性：一是石油价格的波动给承包商带来极其重要的影响，二是国际油气市场无序或不正当地竞争。

第四，投资环境风险。投资环境的优劣对投资者的影响无疑是巨大的。投资环境包括很多方面，主要有以下几种：资源国对税制、税法的修改，资源国对所签合同强制性改动或废弃，资源国对外合作政策的变化，资源国经济的不稳定，资源国对利润汇出及外汇兑换的管制，资源国对外国人在当地劳动资格的限制，资源国政府或民族对外国投资的歧视，资源国环境保护激进分子对油气勘探开发活动的抵制，资源国经济、技术不发达造成探区后勤保障困难，资源国原油销售困难，对油气生产实行强制性限产、限制或禁止工作量投入，资源国油区居民对油气生产的破坏或捣乱等。以上这些原因只要有某一项存在，都可能给投资者造成巨大损失或使项目终止。

第五，技术风险。在油气勘探开发领域中技术风险主要取决于承包商所拥有的综合技术水平的高低。因为承包商所掌握的技术水平越高，对于勘探开发区块的地质状况认识就会越深刻，从而对地质评价结果的可靠性就越有把握性。地质评价结果的可靠性会直接影响到项目的成败及承包商利润的高低。过高地评价某个区块的前景，往往会导致承包商盲目地介入该项目，投入大量的人力、物力、财力资源，却获利极少甚至一无所获；过低地评价结果，往往难以得到甚至失去承包项目的机会。对油气勘探开发项目评价结果的风险性主要有两个方面：(1) 地质评价风险，因为受所获得资料的限制和地质条件复杂性的影响，不能够准确地预测地质储量和可采程度；(2) 商务评价结果风险，例如，有些石油公司在高油价时期，往往欲出售或转让所拥有的区块，并且过分渲染或放大其拥有区块的资源前景。

其他方面的风险还有签署合同时的风险、自然不可抗力风险等。例如，中国某石油企业，在与阿尔及利亚某石油公司签署某油田提高采收率项目时，由于原合同文本是法文，后翻译成英文，承包商又聘请国内某外语大学非石油专业人员翻译成中文。在翻译过程中，使原合同条款失真，而该合同是阿尔及利亚石油公司聘请法国一家非常熟悉石油专业又非常有经验的咨询评估公司所作，合同条款非常苛刻。我方人员受语言和经验的限制，在对条款尚未琢磨透彻的情况下签署了合同，到实施阶段才发现合同条款存在一定难度。

而在海上、陆上开发石油都会遇到不可抗力的侵害，尤其是在海上作业，不可抗力发生的概率更高。

距离萨省几百公里的卡尔加里隶属阿尔伯塔省，是世界上最干净的城市之一，也是加拿大的石油之都，林昌荣在加拿大合作项目时的办公室就位于这里。

1941 年人们在卡尔加里发现了丰富的石油和天然气，从此这个原本名不见经传的小地方飞速发展，成为加拿大最富油也最富有的城市。世界上众多的石油公司都在这里设有常驻机构，很多大的石油公司的总部就设在卡尔加里，因此这里也被称作加拿大的能源中心。石油和天然气的魅力和影响力，由此可见一斑。

林昌荣却无暇体会异域的旖旎风光，连一年一度保留着老西部精髓、吸引了全世界很多人的眼球的牛仔节，他也没有时间去参加。

"林，你都不给我这个东道主一个机会，邀请你去参加牛仔节。" Todd O'Brien 笑着耸肩。

Todd O'Brien 来自加拿大最大的地震资料和软件服务公司——Divestco 公司，职务是经理，是林教授在加拿大的工作搭档。

"对不住啊，等下次。" 林昌荣抱歉地回应道。

时间不够用啊，要做的事情实在太多了。以地震数据体波形结构分析为研究依据，以加拿大本土的石油地质条件为研究目标，用于确定钻井的综合地震数据反演方法，开发复杂区域的地球物理研究等工作要等他完成，项目时间为 2017 年 5 月至 2019 年 5 月。

因为都有着一颗对地质事业的热爱之心，林昌荣和 Todd O'Brien 两个不同肤色、不同国籍的人儿结下了深厚的友谊，对地震资料质量以及相关油田项目进行深度分析、研究和探讨，是他们的家常便饭。饿了就随手泡上一包林昌荣从超市买来的方便面对付一口，或者吃上一个 Todd O'Brien 带来的汉堡包便当，然后继续研究。

林昌荣身上专注执著、谦逊好学、踏实诚恳、吃苦耐劳等众多优良的品质，让 Todd O'Brien 深深折服，也让他深刻体会到了中国找油人的人格魅力。尤其是林昌荣站在黑白地震剖面图前，那种忘记了全世界的专注劲儿，更让 Todd O'Brien 由衷佩服。

不过有一点 Todd O'Brien 很是好奇，那就是这位智商超高的中国搭档竟然不会开车。面对他好奇而不解的目光，林昌荣爽朗地笑了："我因为受邀来国外做科研不久，有位朋友请我吃饭，调侃说在国外连狗都会开车，而我真的就是学不会。你说神奇吧？"

"是的，林。你真的是一个很神奇的人。"Todd O'Brien 也朗声大笑起来。

林昌荣的付出，也获得了官方的高度认可。他获得了两个加拿大政府自然科学与工程的国家基金项目 MATICS 的资助，和一个专门针对校企合作的博士后研究基金项目的 NSERC 教授项目。

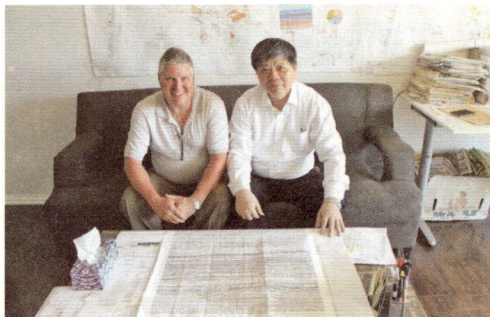

在卡尔加里的办公室里，林教授和 Todd O'Brien 对地震资料质量进行探讨，2019 年

林教授和 Divestco 公司的 Todd O'Brien 对相关油田项目进行分析研究和探讨，2019 年

第五节 《名家讲坛》的邀请

除了搞好本职研究工作外，林昌荣教授还尽可能地积极参加有利于促进中国石油科技发展的各项社会活动，比如：曾参加过国内外大型国际会议 12 次：（1）世界 1996 年国际海洋油气技术大会（OTC 会议，美国）；（2）第 15 届世界石油大会（北京）；（3）SPE99 亚太会议（印尼，并代表中国中海油在大会上宣读大会论文）；（4）2005 年一次世界灰色预测学大会（湖北武汉）；（5）2006 年 16 次 SEG 世界石油大会（北京）；（6）2007 年 15 次地球物理学会国际会议（上海）；（7）2007 年首届油气资源国际博士生学术论坛（北京）；（8）2007 年第六届世界杰出华商学会（北京）；（9）2008 年二次世界煤炭大会（辽宁阜新）；（10）2008 年第三届世界地质大会（湖北武汉）；（11）2013 年第一届欧亚能源机遇与挑战国际会议（北京）；（12）2013 年六届"跨国公司领袖圆桌会议"（北京）。

在 2002 年至 2006 年期间，曾参加中国科学家学术论坛大会五次。

曾被邀请在国内社会团体组织、高等院校和企事业等单位讲学 15 次：（1）2006 年 01 月 16 日的中科院地质与地球物理研究所的讲学；（2）2001 年 02 月 11

日的清华大学的讲座；（3）2008 年 11 月 30 日的同济大学的讲学；（4）2011 年 04
月 15 日的长江大学的讲学；（5）2008 年 02 月 20 日的华中科技大学的讲学；（6）
2012 年 6 月 24 日和 2013 年 1 月 27 日名家讲坛共两次的演讲；（7）2009 年 02 月
15 日的中石油勘探开发分公司的讲学；（8）2011 年 11 月 12 日的中石油勘探开发
科学研究院的讲学；（9）2007 年 08 月 20 日的中石油总师培训班（在北京市石油
工人疗养院）的讲学；（10）2009 年 05 月 12 日的中石油兰州研究院的讲学；（11）
2007 年 02 月 06 日的中石油青海油田的讲学；（12）2005 年 11 月 12 日的中石化
油田事业部的讲学；（13）2004 年 11 月 08 日的中石化胜利油田（山东省东营市）
的讲学；（14）2008 年 02 月 20 日的中石化无锡院研究院的讲学；（15）2019 年 11
月 16 日的福建省科学技术厅的讲座。

曾被邀请在国内的外国石油公司讲学 4 次：（1）2004 年 04 月 13 日在国内的
外国石油公司 – 科麦奇；（2）2006 年 04 月 20 日在国内的外国石油公司 – 康菲；（3）
2009 年 03 月 20 日在国内的外国石油公司 – 菲利普，；（4）2009 年 04 月 23 日在
国内的外国石油公司 – 壳牌。

曾被邀请在国外团体组织院校和石油企业讲学 5 次：（1）2013 年 06 月 13 日
的加拿大 Canstone 石油公司的讲学；（2）2014 年 01 月 15 日的加拿大温哥华的讲座；
（3）2014 年 06 月 03 日的加拿大 CENO 上市石油公司年产 200 万远景规划的讲座；
（4）2017 年 01 月 02 日的加拿大卡尔加里的讲学；（5）2017 年 01 月 03 日的美国
HANA OIL 石油公司的讲学。

社会兼职和聘书，包括（部分）：1987 年被聘任为全国沉积学会北京分会成员；
1992 年被聘任为全国地质学会广东地质学会青年工作委员会委员，全国地质学会
广东青年学会副秘书长；2003 年被聘任为中国科学家论坛副理事长；2006 年被聘
任为美国 AAPG 会员；2010 年被聘任为世界杰出华商协会副理事长；2019 年被聘
任为中国管理科学研究院学术委员会特约研究员；2019 年被聘任为中国未来研究
会常务理事。

2012 年的夏天，林昌荣教授接到《名家讲坛》的邀请，请他这位找油大侦探
给大众来一次比较全面的石油基础知识的科普报告。

给大众做这种科普报告，可不是一件简单的事情。不仅需要深入浅出地讲
解，而且风格要生动诙谐。这对于满脑子都是石油知识的林教授来说却不是难事，
他端坐桌前，挥笔酝酿起了专门为这次报告所撰写的文章《重新认识"工业的血
液"——石油的昨天、今天和明天》。

2012 年 06 月 24 日，首都图书馆一层多功能厅座无虚席。一双双眼睛，好奇
地盯着出现在讲坛上的这位身材魁梧的石油物探博士，知名油气预测专家林昌荣
博士。

林昌荣教授第一次做客《名家讲坛》并讲课，
2012年6月24日

"在历史上，1859年具有划时代的意义，树立了两个里程碑。查尔斯·达尔文出版了《物种起源》，同年，跨越亚特兰大，在当时拥有33个州的美国，德雷克在宾夕法尼亚州泰特斯维尔（Titusville）附近挖掘了第一口油井。达尔文提出了所有的物种都将灭绝，人类纪元是有限的；而德雷克的发现宣布了石油时代的开始。从那时起，石油成为个人帝国的奠基石，是石油资源蕴藏丰富国家的财富源泉。石油既是一种具有使用价值的商品，同时也是一种可交易的国际货币，一直以来都沿用古老的42加仑/桶作为计量单位。"

引人入胜的报告内容，让多功能厅里的观众们个个挺直了腰背，目不转睛地凝视着台上的林教授，唯恐错过一个字。

"美国人曾宣布，1859年8月29日，美国人埃德温·德雷克，在美国宾夕法纪亚州、泰物斯维尔小镇打出的一口深21.69米油井，是世界第一口油井，并曾准备在1959年第五届国际石油会议期间，举行所谓的世界第一口油井开凿100周年纪念活动。由于这一口日喷20桶乌黑闪光石油的油井，当时在美国社会环境下的经济和商业意义，后人称其'揭开了世界石油工业的序幕'，是'近代石油工业的发端。'"

"实际上世界上最早的气井和油井，都为中国人所开凿。英国著名学者李约瑟，在其所著《中国科学技术史》一书中写道：今天在勘探油田时所用的这种钻控井或凿洞的技术，肯定是中国人的发明，并且说，这种古代深井钻井技术，于11世纪前后传入西方，甚至公元1900年以前，世界上所有的深井基本上都是采用中国人创造的方法打成的。"

"最早的气井和油井是中国人开凿的？！"观众席沸腾起来。听到这个结论，作为国人的他们深感自豪。

"人们发现油气的地方往往并不是它们生成的地方，因为油气可以流动，开采时也不需要人员下到井下去挖掘，这与开采煤炭有很大的不同。那么，油气是在什么地方生成的呢？它们又是如何生成的呢？要在哪里能找到更多的油气呢？所以，石油和天然气的成因问题长期一直是石油地质学研究的三大理论课题之一，同时也是历史上自然科学界长期争论的一个课题，并且直到目前为止，仍存在一定的争议。地壳上生成的石油和天然气是形成油气藏的物质基础，所以，正确解决油气成因问题有着重要的理论意义和实际意义。"

"油气的生成不能脱离周围的自然环境，无论是自然界的各种有机物和无机物，或是所处的物理、化学、生物及地质条件，都对油气的生成起着重要作用。因此，油气成因问题不能脱离其他学科孤立地研究，它与物理学、化学、生物学和相关的地质学科有密切关系。"

"人类对石油和天然气成因的认识，是在整个自然科学迅速发展的推动下，在油气勘探和开发实践过程中逐步加深的。由于石油、天然气的化学成分比较复杂，又是流体，现在找到油气的地方往往不是油气生成的地方，这就为研究油气成因问题带来了许多复杂性。因此，长期以来，关于生油原始物质、油气生成条件和油气生成过程等方面，都有过许多激烈的争论。"

一提起石油，这位向来低调甚至略带腼腆的林教授就忍不住眼睛闪闪发亮，他从"石油与我们的生活"、"油气是怎样形成的"、"油气的开采与利用"、"油气资源的现状与前景"等几个方面，展开了这堂科普大课。

"石油顾名思义，就是产于岩石中的油，所以，地下岩石不仅要有集聚石油的场所（储存条件），还要有把集聚起来的石油保护好，免的其跑掉的保存条件。那么，何以能够产出油气呢？哪些岩石能储集油气呢？它们为什么能够储集油气？哪些岩石能作为盖层？它们为什么能盖住油气而不让油气跑掉？

大量油气勘探及开发实践已证实，地下不存在什么'油湖'、'油河'，油气是储存在那些具有互相连通的孔隙、裂隙的岩层内，就好像水在海绵里的状态一样。凡是具有一定的连通孔隙、能使流体储存并在其中渗滤的岩石（层）都称为储集岩（层）。它之所以能够储集油气，是由于它们具备相对高的孔隙性和渗透性。储集层的物理性质通常指孔隙性、渗透性、孔隙结构以及非均质性等。其中，孔隙性和渗透性是储集层的两大基本特性，也是衡量储集层储集性能好坏的基本参数。"

"原来石油是储存在岩层里的呀，我原来还以为地下有油湖和油河呢！"有观众暗自思忖。

"原来石油真的像它的名字，是石头中的油啊。"有人兴奋地发出惊叹。

石油的成因理论主要包括有机生成说和无机生成说两大门派，有机生成说以法国著名地球化学家 B. P. Tissot（蒂索）等提出的晚期成油说为代表；无机生成说如由俄国学者 B. 压索可洛夫的"宇宙说"就是其中的一种。

石油的成因有机生成说认为，沉积物（岩）中的沉积有机质经历了复杂的生物化学及化学变化，通过腐泥化及腐殖化过程形成干酪根，成为生成大量石油及天然气的先驱。古代沉积岩中的原始物质主要以干酪根形式存在，并部分为可溶烃类和沥青。

干酪根是有机碳存在的最重要的形式，占沉积岩中分散有机质总量的 80% – 90%，甚至更高。其余可溶于有机溶剂的部分叫沥青，通常指氯仿抽提物，包括烃类、胶质和沥青质。

"石油成因的宇宙说，是由俄国学者 B．压索可洛夫于 1889 年 10 月 3 日在莫斯科自然科学研究者协会年会上首次提出的。宇宙说主张在地球呈熔融状态时，碳氢化合物就包含在它的气圈中；随着地球冷凝，碳氢化合物被冷凝岩浆吸收，最后，它们凝结于地壳中而成石油。"

"1949 年 10 月 3 日，在发表宇宙说 60 周年纪念日的同一讲坛上，前苏联学者 H．A．库得梁采夫提出了石油起源岩浆说，并且强调要发扬几乎被遗忘了的宇宙说。于是，又引起了石油成因两大学派的激烈论争。"

伴随着林教授浑厚的男中音，所有人都仿佛亲眼看到了专家们针对石油成因唇枪舌剑的场景。

"库得梁采夫首先提到，在许多天体上存在碳氢化合物、泥火山重复喷发，在地球上所谓烃源岩之下的岩浆岩和变质岩中形成和存在油气藏等，都是无机生成说的论据。他认为石油的生成同基性岩浆，如图 6-1 所示的固体地球的层圈构造中所示的软流圈，冷却时碳氢化合物的合成有关。这个过程是在高压条件下完成的，因而可以促使不饱和碳氢化合物聚合而成饱和碳氢化合物。碳氢化合物主要集聚在地球的最表层，我们称之为地壳，地壳包括陆壳和洋壳。图 6-2 为地球各层圈的关系示意图。

库得梁采夫还指出，因为岩浆中形成石油的过程在不断进行着，古老的油气通过扩散作用早已逸散消失，所以，所有的油藏，包括寒武系中的油藏，都是年轻的油藏；并且，依靠石油才在地球上产生了生物，石油中含有生物所需要的一切化学元素，因此，石油不是来自有机物质，恰好相反，有机物质却是来源于石油。"

观众们发出阵阵惊呼："古老的油气已经扩散？连寒武系中的油藏都很年

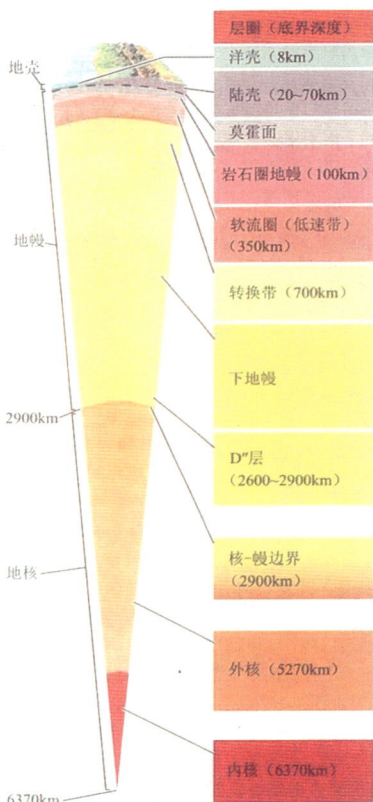

图 6-1　固体地球的层圈构造

轻？"

整场讲座，林教授渊博而专业的精彩讲解，风趣而诙谐的话语，图文并茂的讲解，为到场的所有人带来了一场盛宴，不时引发现场阵阵雷鸣般的掌声。

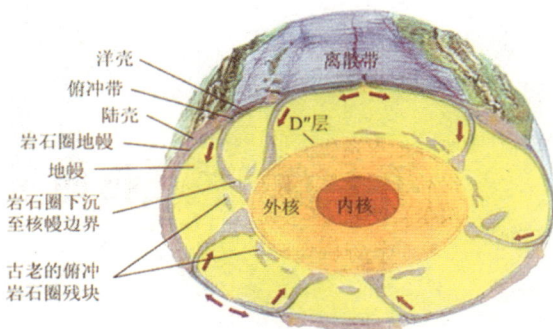

图6-2　地球各层圈的关系

而当谈到所有人最关注的"中国是不是贫油国"的问题时，林昌荣教授声音洪亮，目光坚定："根据我几十年来的深入研究，并得到近几年来实践的检验，证实中国不是'贫油国家'，而是'中等到富油国家'！"

掌声雷动。

观众们拼命鼓掌，有些甚至眼眶微红。作为中国人，他们是多么骄傲和自豪能听到由知名油气预测专家说出的这个结论！我们亲爱的祖国不是贫油国，而是中等到富油国！

到了互动问答环节，观众们迫不及待问出了早就攒了一肚子的问题，气氛无比热烈。

"想不到科普课也可以讲得这么生动有趣！"

报告结束了，观众们却迟迟不舍得离开，围着林教授热烈地讨论着。大家纷纷表示，这次报告让他们进行了一场酣畅淋漓、从古至今、贯穿中西的石油之旅，真是不虚此行，受益匪浅。

因为林昌荣讲座的社会影响非常好，全部都是正面的，林昌荣这位物探博士很快就又被邀请在2013年01月27日第二次做客《名家讲坛》。听到这个好消息，很多观众提前几十分钟就等在外面了。此时的北京，室外的气温已经很低，观众们却心中火热，丝毫不觉得冷。

林教授在《名家讲坛》上的精彩内容，后来被部分收录于他与他人合著的《我们家纵横10000米》一书中，并被《大众科技报》、《时代中国》、《中国商界》等很有影响力的刊物多期引用刊登。

林昌荣教授第二次做客《名家讲坛》并讲课，
2013年01月27日

第七章 "工业血液"的前世今生

第一节 油气成因的新理论

在我国石油能源方面，当石油勘探开发遇到最大瓶颈。一些老油田因为长期开采，不少地区的油田都面临资源枯竭的现象。就拿甘肃玉门举例，曾是靠石油开采发展起来的城市。可后来由于老君庙油田的枯竭，当地沦落到无油可采的境地，最终该地区经济发展遇阻。而采用原来通用的"背斜"理论，也无法再寻找到新的油气田。老油田即将面临枯竭，新油田却勘探无望，中国的石油勘探开发，陷入"青黄不接"的窘境。

就在大家普遍认为我国已经处于无油可采境地的时候，林昌荣教授及时地提出了《中国不是"贫油国"》的油气成因"碳氢说"的新理论，宛如给行业注入了一针强心剂，坚定了我国找到大型或特大型油气田的决心。

油气的成因问题一直是石油地质学研究的重大理论课题之一，同时也是历史上自然科学界长期争论的一个课题，直到现在仍有着的争议。因为地壳上生成的油气是油气田形成的物质基础，所以，油气成因问题有着重要的理论意义和实际意义。

19世纪70年代以来，对油气成因问题的认识基本上可归纳为无机生成和有机生成两大学派。无机生成认为石油及天然气是在地下深处高温、高压条件下由无机物合成的；有机生成认为油气是在地质历史上由分散在沉积岩中的动物、植物等有机物质，再形成石油天然气的。

人们根据当时实验室研究的证据，结合油气勘探和开采中所取得的资料进行地质推论，产生了各种假说，如下表7-1所示。

表 7-1 油气成因主要假说（学说）

油气成因假说（学说）		倡导者	提出时间
大类	亚类		
无机成因说	碳化物说	门捷列夫	1876 年
	宇宙说	索柯洛夫	1889 年
	火山说	考斯特	1904 年
无机成因说	岩浆说	库德梁采夫	1949 年
	蛇纹石生油说	耶兰斯基	1966 年
	高温生成说	切卡留克	1971 年
有机成因说	煤蒸馏说	罗蒙诺索夫	1763 年
	动植物混成说	波东尼	1906 年
	生油母岩说	古勃金	1932 年
	早期成油说	史密斯	1954 年
	晚期成油说	菲利普，蒂索，亨特	1965,1971,1976

在石油工业发展早期，人们从纯化学角度出发，认为石油是无机成因的，比如无机成因说里的碳化物说，由俄国著名化学家门捷列夫于 1876 年提出。他认为在地球内部水与金属碳化物相互作用，可以产生碳氢化合物。

油气勘探实践和科学技术的进步促进了人们对于油气成因认识的深入。随着世界油气勘探实践的丰富和发现的油气越来越多，人们越来越发现无机成因的观点很难解释油气分布上的一些事实。这些事实包括：

（1）世界上已经发现的油气田 99.9% 都分布在沉积岩中。无论是在海相沉积盆地中，还是在陆相沉积盆地中，都发现了大油气田。而在与沉积岩无关的地盾和巨大结晶基岩突起发育区没有找到油气聚集，例如加拿大、澳大利亚等地盾本部。

（2）从前寒武级至第四纪更新世的各时代岩层中都找到了石油。如在我国渤海湾盆地冀中坳陷任丘油田的原油，主要产自中、上元古界雾迷山组白云岩中；委内瑞拉东部夸仑夸尔油田和美国加利福尼亚州夏陆油田，都有上新世和更新统世地层中的工业油藏。但是，石油和天然气在地质时代上的分布很不均衡，这与沉积岩中有机质的分布状况相吻合，并且同煤、油页岩等可燃有机矿产的时代分布也有一定关系。

（3）世界上既没有化学成分完全相同的两种石油，也没有成分完全不同的石油。石油是由多种碳氢化合物组成的非常复杂的混合物。较老的古生代石油多为烷烃类，而年轻些的中生代、新生代石油成分则以环烷烃类为主；但是，大多数石油的化学组成十分相似，按组分重量计算，含碳 80% ~ 88%、含氢 10% ~ 14%。所以，石油特性的相似性是主要的，这正好说明它们的成因可能大致相同，而它们在成分上的差异性，则可能与原始生油物质和生成环境的不尽相同、油气生成后经历的变化有关。

（4）光谱分析证明，中、新生代石油的灰分以氧化铁为主（低于 70%），古生代石油的灰分则主要含氧化钒和氧化镍（低于 60% ~ 80%）。将石油灰分与岩石圈的成分比较，多个吻合现象可能正说明煤和石油在成因上是相似的。煤是有机成因已是公认的事实，所以石油可能也是有机成因的。

（5）从大量油田测试结果可知：油层温度很少超过 100℃，但也有些个别深部油层温度可以高达 150℃。在所有石油中，轻质芳香烃含量二甲苯＞甲苯戊苯，而当温度增加到 700℃时，就会急剧发生逆向变化。此外，石油所含叶琳化合物、石油旋光性以及环己烷、环戊烷与其同系物之间存在的一定关系，都证明石油是在低温条件下生成的，而不是高温高压条件下合成的。

（6）由前所述，上新世至更新世地层中发现商业油藏，表明生成石油并聚集成油藏所需的时间大约不到一百万年。

（7）我国石油地质工作者对青海湖及洞庭湖，美国 P.V. 史密斯对墨西哥湾，G.T. 菲利波对加利福尼亚滨外大陆架，前苏联 B.B. 维别尔和 A.H 高尔斯卡娅对里海、黑海及谢万湖的近代沉积物的研究成果表明，在近代沉积物中确实存在着油气生成过程，至今还在进行着，而且生成的油气数量也很可观。这也为油气有机成因学说提供了有力的科学依据。

（8）我国和世界其他国家的研究人员，在实验室对从沉积岩中分离出来的有机物质加热，生成了类似石油的物质。由此证明，对有机物质加热可以生成石油。

上述重要事实的存在，大大促进了石油有机生成理论的发展，特别是近代物理学、化学、生物学及地质学等基础理论科学领域的辉煌成就，色谱、光谱、质谱、电子显微镜和同位素分析等先进技术的广泛采用，为应用有机地球化学知识，来解决油气成因问题创造了良好条件，推动了对近代沉积物和古代沉积岩中烃类生成过程的研究，"将今论古"，使石油有机生成的现代科学理论日趋完善。

到了 20 世纪 70 年代初，以法国著名地球化学家 B. P. Tissot 等为代表的科学家，综合归纳前人的研究成果，建立了干酪根热降解生烃演化模式，提出了干酪根热降解生烃学说（图 7-1），即水中生物的遗骸下沉而埋没于地下，因地热或地压等作用而变成石油石油大多数集中在地层的背斜构造部分，像砂岩之类孔隙较多的岩石地区等，干酪根热降解生烃学说，成为当代指导油气勘探的主要油气成因理论。

虽然其进一步完善了油气有机生成学说，但是，他还是无法自圆其说地解释百年来发现的油气成藏的诸多疑难问题。

在干酪根晚期生烃理论广泛为国际石油界所接受的同时，在世界上许多国家的油气勘探实践中，不断发现有"未熟—低成熟"石油的存在，即在晚期生烃理论中根本不具备成熟烃源岩的地区发现了石油，甚至在发育"未熟—低成熟"烃源岩的地区，已探明的石油储量超过成熟烃源岩的可能生油量。这表明，自然界中确实还存在相当数量的各类早期生成的非常规油气资源。晚期生油学说与早期生油学说相互统一与相互补充，已形成了一个比较完善的有机生油理论。

但是，无论是有机生成石油或无机生成石油，都无法自圆其说地解释百年

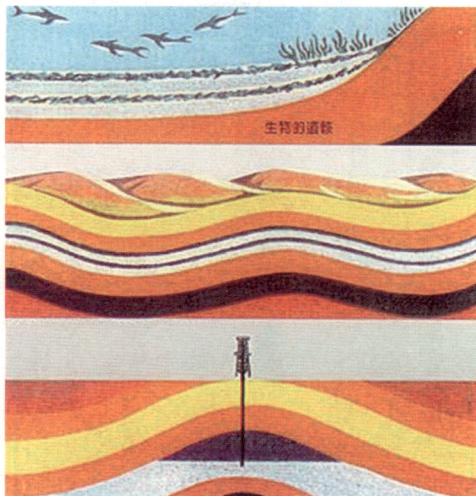

从上而下为：a.水中生物的遗骸下沉而埋没于地下　b.因地热或地压等作用而变成石油　c.石油大多数集中在地层的背斜构造部分，像砂岩之类孔隙较多的岩石地区等

图7-1　形成石油的有机生成理论示意图

来发现的油气藏、尤其是大型特大型的油气田成藏的诸多疑难问题。于是，林昌荣教授关于油气的成因，就提出了自己的"碳氢说"的理论。

林昌荣教授关于油气成因"碳氢说"的主要观点，有如下五个方面：

（1）石油形成原始物质的基础，是由碳元素与氢元素在地下温压作用下，经一系列复杂地球化学氧化—还原和物理过程，地壳变迁和演化而形成的。

（2）石油成因类型，包括有机成因、无机成因和生物成因，只要有碳源和氢源，在一定地质环境条件下均可形成石油和天然气。因此，石油勘探领域相当广阔，平面上，只要有沉积盆地就有石油，纵向上，从几十米到上万米均可有石油。

（3）油气大部分是原生的，但因为油气的可流动性，有些油气是经过长久的地球地质运动，油气进一步运移聚集形成油气藏的。

（4）油气绝大部分发现于沉积岩石中，包括陆源碎屑岩和海相碳酸盐岩中，很少发现于变质岩和火成岩中。主要原因是，沉积岩可提供大量的碳源，其他两类岩石缺少碳源。

（5）大型油气田钟情于背斜构造，因为背斜构造是地壳运动、地质演化能量比较集中的所在地，碳源与氢源化学反应比较充分，也有利于油气的生成和运移成藏，因此，易于形成油气田。

林昌荣教授提出关于油气成因的"碳氢说"的主要依据，有如下九点：

（1）关于无机生油理论

无机生油理论的主要问题：众所周知，地球岩石圈的岩石类型有三大类，包括火成岩、变质岩和沉积岩，矿物种类更是非常的多，硅酸盐岩比碳酸盐岩或砂岩的分布都要广泛得多。为什么油气绝大部分只钟情于沉积岩中的碳酸盐岩或砂岩之中，附存于火成岩中的油气非常地少，变质岩中的油气更是少之又少，几乎没有。

（2）关于有机生油理论

有机生油理论的主要问题：根据有机生油油气理论认为，油气是由生物（如藻类）转变为有机质（如干酪根），再形成石油天然气的。那么，应该先有生物后有油气。可是，人们在格陵兰太古宙沉积岩中，已发现非生物途径合成的碳氢化合物，距今 3800Ma 前（Ma 是地质年代单位，是指百万年），而菌藻类生物体只出现在 3400Ma ~ 3500Ma 前，后生动物更晚才出现，生物大爆发则是 550Ma 的事。可见，生物的出现要比油气晚得多。所以，地球上究竟是先有油气，还是先有生物？这是对传统理论最为严酷的挑战。

（3）关于碳源问题

根据林昌荣教授提出的"碳氢成油理论"的观点，碳源为生油第一物质源，是油气的骨架，它究竟来自何方呢？全世界已经查明的油气田，90% 以上都成藏在碳酸盐岩和砂岩，而砂岩的烃源也是碳酸盐，油气的生物论无法说明油气藏的这个最根本性的特点。根据有关专家计算，地球岩石圈储量为 7643×10^{18}mol，元素碳储量约为 1666×10^{18}mol，其中煤和油气约为 1×10^{18}mol（还没有考虑低估了的储量），海洋生物圈有机碳只有 130×10^{15}mol，若只有藻类就更少了。即使是这些现代的数据，也表明生物碳有巨大缺口，这就从理论上解决了油气组份最重要的碳源问题。

（4）关于氢源问题

根据林昌荣教授"碳氢成油理论"的观点，氢源是油气第二物质源，氢是油气的第一能量元素。油气田，尤其是大型、特大型的油气田，如此巨量的氢，如此聚集成堆的氢，根本不可能由生物缓慢提供。这是一个油气成藏理论史上最难回答的问题，只有从地球深部氢源或原始外来氢源，才能解决这一大问题。

（5）盆地与油源问题。

沉积盆地本是地球上地壳运动的一种构造类型的结果，同一个盆地内有同一种油气成因类型，但是，同一个盆地内却有着多种油气起源，如海相与陆相，有机与无机等混乱情况。

（6）断裂隆起与油藏问题

油气藏总是出现在断裂带隆起的背斜构造上，凹陷与凸起似是双生子，镜像相生这使一切传统的油气成藏理论一筹莫展。生物沉积，不管是一次性，还是多次沉积，怎能形成如此众多巨厚的油气田呢？

（7）油层厚度问题

中东最大的油田，产层厚度可达310米，由此推出生物堆积则要达100米，何来如此巨量的生物堆积呢？基尔库克油田产层总厚约700米，加瓦尔特大油田探明储量达11.078亿，怎么能集中如此巨量的生物呢？如是残骸，氢和碳大部分挥发了。若是活体，断无存活的可能，更何况生物的碳循环也遵循自己的收支平衡呢。

（8）油气藏的层次问题。

油气藏尤其是大型的油气藏，它们有丰富的层次，有的多达数十层、百多层，它们紧密相连，传统理论更是百口难辩了，难道生物就这样巧合地叠加生存吗？

（9）其它。

还有诸如岩石孔隙性、油气元素组成混合气、油气与煤田相伴生、油水（气或煤田水）层状相间相伴等许多问题，均无法用传统理论进行解释。

林昌荣的"碳氢说"油气成因理论，虽然现在还不为人们所接受，而成为油气成因学说的一大门类，因为油气成因理论不如"地震数据体波形结构特征预测油气"技术的实践性那样强大，而且是中国人提出的一项具有突破性的理论，更不容易以美国为代表的西方世界科技界的广泛接受。但他坚信，随着科技的进步，以及发现越来越多油气田成因诸多问题的解决，就会如同他40年前提出的"地震数据体波形结构特征预测油气"的理论一样，最终会被大量事实所证明、而且高效地被人们所接受的。

结合林昌荣一直设想的关于油气成因的碳氢说，也许将来有一天人类可以低成本、大量地、高效地进行人工合成石油。德国的科学家和美国的科学家，已经有利用二氧化碳制造石油的先例，那么这些技术就从一个侧面证实了林昌荣教授的设想，也就是"碳氢说"，所以，将来如果有机会，林昌荣教授也会朝这个方向研究。虽然德国和美国科学家，已经人工制造出石油，但是，成本非常高昂，过程非常复杂，没有大量生产的商业价值，所以，我们还得从基本的理论的创新做起。

林教授关注的还有近两年的热门话题，如人工智能、机器学习和深度学习。其实在石油行业，神经网络（就是现在的人工智能）这个词汇并不陌生，上世纪30年代石油界就已经开始研究和应用，只是没有突破性进展而已。近几年来我国有些相关的科研人员一直都在从事利用神经网络，进行波形识别、地震相分析、波形分类等等。所以，这些先进的技术引入，到预测和寻找油气领域，也是他未来的研究方向。

关于上述提到的这些事项，林昌荣教授带领的科研团队，正与加拿大有关大学进行合作研发，因为这些都是前沿科学，需要多方合作，共同完成。其中任何哪一项任务的完成，在石油行业都有重大意义。

第二节　油气分类与特性

7-2-1　石油和天然气的概念

石油指是存在于地表之下，可以提炼成燃料一种天然存在的液体，石油是一种矿物燃料。石油（又称原油）是以液态形式存在于地下岩石孔隙中，由各种碳氢化合物和少量杂质组成的可燃有机矿产。在地下油气藏中，石油无论在成分上还是在相态上都是极其复杂的混合物。石油在成分上以烃类为主，含有数量不等的非烃化合物及多种微量元素；在相态上以液态为主，溶有大量烃气及少量非烃气，并溶有数量不等的烃类和非烃类的固态物质。因此，石油没有确定的化学成分和确定的物理常数。

广义的天然气是指存在于自然界的一切气体。根据其存在环境，天然气又可分为：大气、地表沉积物中的气、沉积岩中的气、海洋中溶解气和变质岩中气等等。天然气与石油相比，天然气的生成具有成气母质类型多、成气机理多、成气环境广的特点。

石油、天然气都是自然界常见的可燃矿产，按照现在成油理论的观点，它们多由各个地质历史时期的动物、植物遗体演变而来，属有机成因，又具有燃烧能力，它们同煤炭类、油页岩、一部分硫总称为可燃有机矿产。根据物理状态，液态可燃矿产：以石油为代表；气态可燃矿产：包括纯气田的气体、油藏内与石油伴生的油田气、煤层气、泥火山气、以及沼气等。

7-2-2　石油的组分

石油的族分和组分：石油中不同的化合物由于分子结构的差异，对吸附剂和有机溶剂具有选择性的吸附和溶解的性能。根据这一特性，可选用不同吸附剂和有机溶剂，将石油分成饱和烃、芳香烃、非烃和沥青质等 4 种族分。

石油是由各种碳氢化合物与少量杂质组成的液态可燃矿物，主要成分是液态烃，其元素、烃类和非烃组成如下：

石油的元素组成：组成石油的化学元素主要是碳和氢，其次是硫、氮、氧。不同产地的石油的元素组成存在差异，石油中碳的含量一般为83% ~ 87%，氢的含量为11% ~ 14%，两元素在石油中一般占95% ~ 99%，平均为97.5%。硫、氮、氧及微量元素的总含量一般只有1% ~ 4%，但是在个别情况下，主要由于硫含量的增多，这个比例可高达3% ~ 7%。总之，各油田石油的含硫量变化很大。

石油的烃类组成： 碳和氢两种主要元素以各种碳氢化合物的形式存在于石油中。按本身结构的不同可分为烷烃、环烷烃和芳香烃三类。

石油的馏分组成： 石油是若干种烃类和非烃有机化合物的混合物，每种化合物都有自己的沸点和凝点。石油的馏分就是利用组成石油的化合物各自具有不同沸点的特性，通过对原油加热蒸馏，将石油分割成不同沸点范围的若干部分，每一部分就是一个馏分。分割所用的温度区间（馏程）不同，馏分就有所差异（表7-2）。

表 7-2　石油的馏分组成

馏分	轻馏分（低沸馏分）		中馏分（中沸馏分）			重馏分（高沸馏分）	
	石油气	汽油	煤油	柴油	重质瓦斯油	润滑油	渣油
温度℃	<35	35 ~ 190	190 ~ 260	260 ~ 320	320 ~ 360	360 ~ 530	>530

石油的物理性质： 由于石油的化学成分极其复杂，因此它没有确定的物理常数。石油的物理性质取决于它的化学组成。不同地区、不同层位、甚至同一层位不同构造部位的石油，其物理性质也可能有明显的差别。石油的物理性质包括：颜色、相对密度、荧光性、旋光性、溶解性和粘度等。

颜色： 石油的颜色变化范围很大，从无色、淡黄色、黄褐色、深褐色、黑绿色至黑色都有。

相对密度： 石油的相对密度是指20℃时石油的质量与4℃时同体积水的质量的比值。石油的相对密度变化较大，一般介于0.75-1.00之间。

荧光性： 石油的荧光性是指石油在紫外光照射下产生荧光的特性。石油中只有不饱和烃及其衍生物具有荧光性。

旋光性： 大多数石油具有将偏振光的振动面旋转一定角度的能力，这就是石油的旋光性。

溶解性： 石油是各种碳氢化合物的混合物。由于烃类难溶于水，因此，石油在水中的溶解度很低。

7-2-3　石油与天然气的差别

石油与天然气的差别主要包括组成成分上的差别和物理性质上的差别。

组成成分上的差别：

总体上看，天然气和石油都是产出于地下岩石孔隙中的以烃类为主体的可燃有机矿产，成分则可分为烃类和非烃两大类，且均以烃类为主。因此从组成成分的大类上看，二者是相似的。

在相似性基础上，天然气与石油的组成成分又有着显著的差别。众所周知，烃类是一大类有机物质的总称，其成员众多，结构复杂。天然气中仅包含少数几个最简单的烃类成员，主要是甲、乙、丙、丁烷，戊烷以上所占比例甚微，总的趋势是随碳数的增加，其所占比例显著降低。石油则不同，几乎囊括了烃类的所有成员，至少是大部分成员。

表面上看，含烃类成员多少是天然气与石油的一个明显区别。成员多必然关系复杂，这是显而易见的，但这只是表观上的差别，实质性的差别还在于分子量的大小和分子结构上的差别。显然，天然气的分子量较小（平均分子量＜20），分子结构简单；而石油的分子量从小到大均有（平均分子量为75–275），结构也复杂得多。

石油与天然气在次要组分非烃成分上差别更为明显，天然气中非烃成分主要是 CO_2、H_2S 和 N_2。显然无论是分子量还是分子结构，与石油中含 O、S、N 及其他杂元素的非烃有机化合物相比，天然气简单得多。分子量、分子结构以及分子大小的差别是天然气与石油最本质的区别。可以说其他所有差别均源于此。

物理性质上的差别：

首先是相态的差别。天然气是单一气相，或以气相为主"溶"有少量液态烃；而石油是以液相为主的气、液、固三相混合物。由此而导致了二者密度、粘度、溶解度、压缩性、吸附性和扩散性等物理性质上的差别。密度、勃度和吸附性，天然气远小于石油；压缩性、扩散性和溶解度则天然气远大于石油。

基于天然气与石油在组成成分和物理性质上的差别，致使天然气从形成到聚集成为矿藏以及分布的地质条件都可能与石油有所区别。对此我们在进行油气勘探时必须考虑到。

7-2-4 石油与天然气的分类

石油的分类：

石油的分类常因用途不同而采用的参数各异。石油化学家侧重于各馏分含量及其化学组成和物理性质，地球化学家和地质学家则注意原油组成与生油岩及其演化作用的关系。后者有代表性的分类方案是蒂索和威尔特（1978）提出的，该分类主要依据石油中各种结构类型烃类化合物：烷烃（石蜡）、环烷烃、芳香烃和含硫、氮、氧化合物（胶质和沥青质）的含量，也考虑硫的含量。

目前石油地质学上较为流行的是蒂索和威尔特（1978）提出的分类（图7-2）。下面对该分类作一简单介绍。

该分类主要是依据原油中各烃类的含量比例关系，以烷烃（石蜡），环烷烃，芳烃 +S、N、O 化合物三个参数作为三个端员，采用三角图解来划分原油类型。注意该方案中所用参数是原油中沸点 > 210℃馏分的分析数据。

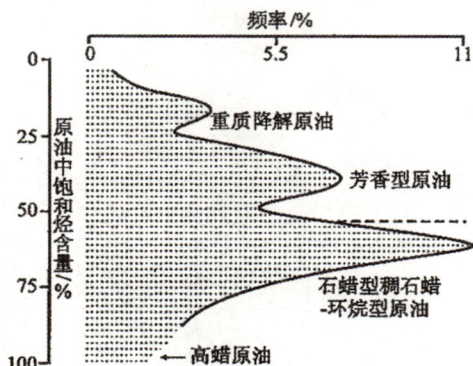

图 7-2　石油 636 个正常的和重质降解原油样品中饱和烃的分布（据蒂索等，1978）

该方案是考虑到饱和烃含量对于石油性质有重大影响，且饱和烃分布在 50% 处为两个众数的最小值，可以明显地将芳香型原油与石蜡型—环烷型原油分开。因此，以饱和烃含量 50% 为界将三角图分为两大部分。在饱和烃含量 > 50% 的区域内，再根据石蜡烃和环烷烃的相对含量，即在石蜡烃含量 50%、40% 处建立次一级分类界线，将饱和烃 > 50% 区域分为三种基本类型，即石蜡型、环烷型和石蜡—环烷型。

在芳烃 +S、N、O 化合物 > 50% 的区域内，以石蜡烃含量 10% 建立分类界线，将石蜡烃含量 > 10% 的区域作为芳香—中间型原油；而石蜡烃 < 10% 的区域为重质降解原油。在重质降解原油中又以环烷烃含量 25% 建立分类界线，将环烷烃含量 > 25% 的称为芳香—环烷型；而 < 25% 者称为芳香—沥青型（表 7-3）。根据上述原则，可将石油分为六种类型，各类石油在三角图中的位置及分类参数（图 7-3）。

表 7-3　石油的分类表

在 >210℃石油馏分中的浓度			石油类型	石油中硫的含量（近似值）	每一类样品的数目
S>50% AA<50%	P＞N 且 P＞40%		石蜡型石油	< 1%	100
	P≤40% 且 N≤40%		石蜡 - 环烷型石油		217
	N＞P 且 N≥40%		环烷型石油		21
S≤50% AA≥50%	P＞10%		芳香 - 中间型石油	> 1%	126
	P≤10%	N≤25%	芳香 - 沥青型石油		41
		N≥25%	芳香 - 环烷型石油	一般 < 1%	36

（据蒂索等，1978）

注：S= 饱和烃；AA= 芳香烃 + 胶质 + 沥青质；P= 石蜡烃；N= 环烷烃；样品总数 =541。

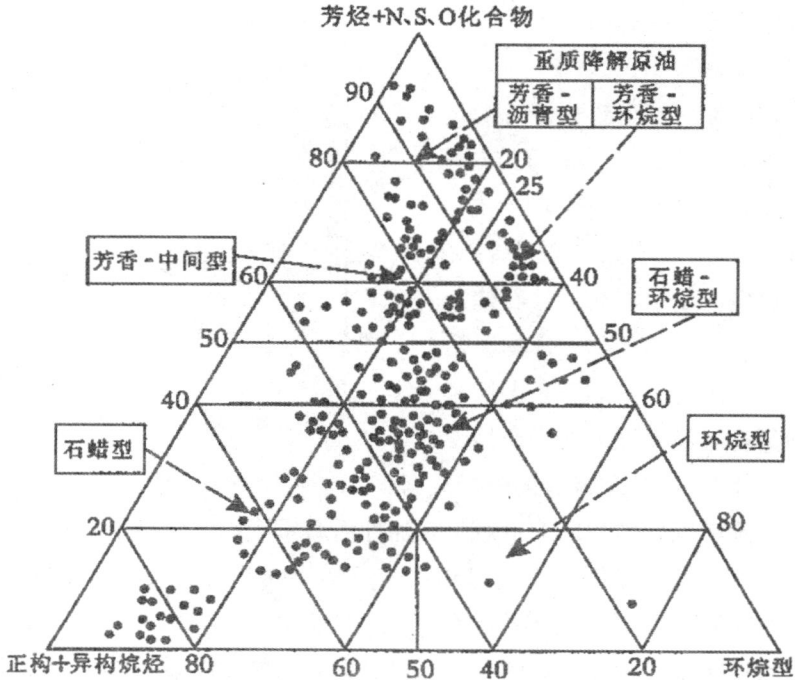

图 7-3　石油 541 个油田中 6 种石油类型的三角图解（据蒂索等，1978）

天然气的分类：

根据生成天然气的原始物质的类型和天然气的形成机理，可以对天然气的成因类型进行

划分。首先根据成气物质的来源，可把天然气划分为无机成因气和有机成因气。

无机成因气泛指各种环境中由无机物质形成的天然气。无机成因气根据其形成机制可以进一步划分为幔源气、宇宙气、岩浆岩气、变质岩气、放射作用气、无机盐类分解气。

有机成因气泛指沉积岩中分散和集中有机质或可燃有机矿产形成的天然气。根据形成天然气的有机质类型和生气机理，可以对有机成因气进行进一步的划分。根据形成有机成因气原始有机质类型的不同，可以把有机成因气划分为油型气和煤型气。由腐泥型有机质及其干酪根生成的天然气称为油型气，而腐殖型有机质及其干酪根形成的天然气称为煤型气。根据生气机理和演化阶段的不同，煤型气和油型气又可以分别进一步划分为生物成因气、热降解气和热裂解气。天然气成因类型的划分，见下表 7-4。

表 7-4 天然气成因类型划分（据张厚福等，1999，修改）

无机成因气	宇宙气、幔源气、岩浆岩气、变质岩气、无机盐类分解气							
有机成因气	母质类型＼热成熟度	未熟阶段		成熟—高成熟阶段			过熟阶段	
	腐泥型天然气（油型气）	生物气	腐泥型生物气（油型生物气）	热解气	油型热解气	原油伴生气	裂解气	腐泥型裂解气（油型裂解气）
						凝析油伴生气		
	腐殖型天然气（煤型气）		腐殖型生物气（煤型生物气）		煤型热解气	成熟气		腐殖型热解气（煤型裂解气）
						凝析油气		

生物成因气：

在低温（＜75℃）还原环境下，厌氧细菌对沉积有机质的生物化学作用所形成的富含甲烷的气体称为生物化学气，也称之为细菌气、沼气、生物气或生物成因气等。生物化学气可根据被降解的有机质类型分腐泥型生物成因气和腐殖型生物成因气。

生物成因气的甲烷以富集轻的碳同位素 ^{12}C 为特征，其甲烷的碳同位素比值 $\delta^{13}C_1$ 的范围从 -55‰ ~ -100‰，多数在 -60‰ ~ -80‰。在有热解气混入以及厌氧氧化时，可使同位素变重。世界部分地区生物化学气的组成，见下表 7-5。

表 7-5 世界部分地区生物化学气的组成（据包茨，1984）

地区或气田	储层时代	深度，m	C_1, %	C_2^+, %	CO_2, %	N_2, %	$\delta^{13}C_1$, ‰
中国长江三角州	第四纪	8 ~ 35.5	90.62 ~ 94.61	0.11 ~ 0.89	1.85 ~ 4.04	1.47 ~ 3.35	-73.6
青海柴达木涩北	第四纪	79.4 ~ 1141	98.94	0.09	—	0.97	-66.4
吉林红岗	白垩纪	370 ~ 390	93.63	0.21	0.442（包括 H2S）	5.63	-56.3
俄罗斯乌连戈伊	白垩纪	1117 ~ 1128	98.50	0.10	0.21	1.10	-59.0
俄罗斯麦德维热	白垩纪	1122 ~ 1132	98.60	0.36	0.22	0.73	-58.3
美国基奈	上新—中新世	1128	99.70	0.18	—	—	-57.0
美国库克湾北	上新—中新世	1280	98.70	0.23	0.134	0.9	-60.7

油型气：

油型气是指 I 型和 II 型干酪根进入成熟阶段以后所形成的天然气，它包括伴随生油过程形成的湿气以及高成熟和过成熟阶段由干酪根和液态石油裂解形成的凝析油伴生气和裂解干气。因此，油型气可进一步分为石油伴生气、凝析油伴生气及裂解干气。我国若干油型气的组成特点，见下表 7-6。

表 7-6　我国若干油型气的组成特点

油田或油区	天然气组成主要参数				$\delta^{13}C_1$，‰ (PDB)
	CH_4，%	重烃气，%	C_1/C_2^+	$C_1/\sum C$	
大庆油田（石油伴生气）	53.9 ～ 95.61	2.64 ～ 38.51	1.40 ～ 36.22	0.58 ～ 0.975	−49.97 ～ −37.72
东濮凹陷（凝析油伴生气）	71.04 ～ 87.43	10.63 ～ 26.91	3.21～20.3	0.75 ～ 0.96	−45.1 ～ −38.9
板桥凝析气田	82.88	16.29	5.42	0.844	—
川东相国寺气田（热裂解干气）	98.15	0.89	110.3	0.991	−33.55

煤型气：

煤型气指腐殖型有机质（包括分散的Ⅱ2型、Ⅲ型干酪根和煤等）进入成熟阶段以后所形成的天然气。这里，腐殖型有机质包括分布于煤层和煤系地层中的分散有机质，也包括陆源的有机质碎屑（高等植物碎屑）。需要注意区别煤型气和煤层气，煤层气是指主要以吸附状态存在于煤层中的煤型气。

国内外若干煤型气的组成和碳同位素特征，见下表 7-7。

表 7-7　国内外若干煤型气组成特点

气田名称	产层时代	气源层时代	天然气组成，%				$\delta^{13}C_1$，‰	资料来源
			C_1	C_2^+	N_2	CO_2		
格罗宁根	P1	C2	81.2	3.84			−36.6	
拉策尔	P1	C2	89.9	6.10	14.4	0.87	−29.2	Staho，1977
达卢姆	P1	C2	86.06	0.44			−22.0 ～ −25.4	
圣胡安	K	K					−42.0	转引至 Staho，1983
库珀图拉起 9 号	P1	P1	66.02	0.67		33.27	−28.8	Rigby，1981
库珀木姆巴 9 号	P1	P1	71.76	11.62		14.40	−36.3	
东濮文留 22 井	E2	C—P	96.35	2.35			−27.9	朱家蔚，1983
陕甘宁刘庆 1 井	P1x	C—P	95.0	0.64	4.13	0..01	−30.47	王少昌，1983
任 4 井	P1x		92.52	6.97	0.49			
四川中坝 4 井	T3x	T3x	90.8	8.20	0..17	0.40	−34.8	陈文正，1982
四川中坝 7 井	T3x	T3x	87.33	12.23	0.41	0.03	−35.9 ～ −36.0	

无机成因气：

无机成因气指不涉及有机物质反应的一切作用和过程所形成的气体。它包括地球深部岩浆活动、变质作用、无机矿物分解作用、放射作用以及宇宙空间所产生的气体。

非烃气大量来自无机作用是无可置疑的。例如,岩浆侵入条件下,石灰岩热分解可形成二氧化碳气。

目前也有很多迹象表明,甲烷也有无机成因的。化学家很早就在实验室通过无机化学反应获得了甲烷;人们早就发现太阳系外侧行星的大气圈中含有气态甲烷;在陨石固体以及在地壳岩石内与岩浆活动有关的多种金属和金刚石矿中也有数量不等的甲烷气;特别是在东太平洋洋隆热液喷出口观测到射出的气体中有含量较高的甲烷气(welhan 等,1979)等等。可见,无机形成的天然气也是地壳中天然气的重要来源。

关于天然气的无机成因有很多假说,包括宇宙说、岩浆说、碳化说等。近年来,对幔源成因的无机成因气已经引起重视,幔源气的分布与深大断裂活动有关,构造活动单元特别是古老地层中更有可能分布这种无机成因气。

7-2-5 石油与天然气生成特点的比较

综上所述,生成石油天然气的物质不仅可以是不同类型的沉积有机质,也可以是无机物;天然气不仅还可以由干酪根热降解和热裂解作用以及液态烃的热裂解作用形成,也可由细菌的生物化学作用形成,或由无机物合成和分解作用形成;其形成的环境多样,既可以在沉积有机质埋藏极浅、温度较低的环境下由生物细菌还原作用形成,也可在埋藏中、深层条件下由干酪根和储层石油热解和裂解形成,甚至可来自高温热液或高温合成。因此,天然气有比石油更广泛的形成条件,天然气不仅能伴随石油的形成过程而生成,而且能在许多不适于生油的条件和环境中大量形成。下面的表 7-8,概括对比了天然气和石油生成特点的主要差异。

表 7-8 石油与天然气生成特点的比较

特征	石油	天然气
母质类型	趋机有机质或干酪根,主要为 I 型和 II 型的干酪根	原始沉积有机质
		干酪根
		液态石油和分散可溶有机质
		无机物
生成机理	主要为干酪根的热降解作用	热降解作用
		热裂解作用
		生物化学作用
		无机化学反应

续表

特征	石油	天然气	
生成环境	地层埋深超过1000m；地层温度在65～180℃	地表和近地表环境	
		各种生油环境	
		储层环境	
		高温热变质环境	
		深部地幔环境	
成因类型	干酪根热降解（成熟油）	有机成因	有机质生物降解
			干酪根（含煤）热降解和热裂解
			石油热裂解
	有机质低温降解（未熟～低熟油）	无机成因	无机物热分解
			深源

7-2-6　油气田基本概念

林教授做客《名家讲坛时》给大家普及过，"石油"，顾名思义，就是产于石头中的油，凡是具有一定的连通孔隙、能使流体储存并在其中渗滤的岩石（层）都统称为储集岩（层）。

按储集层的定义，它只强调了具备储存油气和允许油气渗滤的能力，而不管其中是否真的储存了油气。如果储集层中储存了油气，则称其为含油气层，有一定规模并有圈闭称为油气藏，业已开采的含油气层称为产油层。世界上绝大多数油气藏的含油气层是沉积岩（主要是各类砂岩、砾岩、石灰岩、白云岩、礁灰岩等），只有少数油气藏的含油气层是火成岩、岩浆岩和变质岩。不过，近年来，随着石油地质理论的发展和完善、油气田勘探技术水平的提高，人们在岩浆岩、变质岩及泥页岩中找到油气藏的数量越来越多。

盖层是位于储集层上方，能够阻止油气向上逸散的岩层，主要起封闭作用。它之所以能够封盖油气，是由于具备相对低的孔隙性和渗透性。最重要的盖层是蒸发岩类、泥页岩类和其他致密岩层。

储集层和盖层是油气聚集成藏所必需的两个基本要素。储集层的层位、类型、发育特征、内部结构、分布范围以及物性变化规律等，是控制地下油气分布状况、油层储量及产能的重要因素。同时，在油气田开发过程中，对储集层进行改造，变低产油气层为高产油气层时，也需要仔细研究和掌握油气储集层的变化。盖层的类型、分布范围对油气聚集和保存有重要控制作用。所以，储集层和盖层研究是油气勘探开发工作中的重要内容。

石油和天然气之所以能够聚集起来，是由于受局部构造单位控制，形成了各种类型的圈闭。这类局部构造单位，可以是穹窿、背斜、单斜、刺穿构造等等。在它们所控制的范围内，往往伴生多种类型的圈闭，从而形成多种类型的油气藏。这些受同一局部构造单位控制的同一面积内的油藏、气藏和油气藏，就构成了一个油气田。由此可见，圈闭与油气藏是石油地质学的重要概念，油气藏是盆地中油气聚集最基本的单元，油气勘探的目标就是寻找有利的圈闭和油气藏。

圈闭是指地下适合油气聚集的场所，圈闭由三部分构成：储集层，盖层，阻止油气继续运移、造成油气聚集的遮挡物。储集层提供了圈闭储存油气的空间；盖层位于储集层之上，对油气的向上散逸起阻止作用；遮挡物位于储集层侧面，对油气的侧向运移起阻挡作用。遮挡物可以是盖层本身的弯曲变形，如背斜；也可以是封闭性断层或非渗透性岩层，如断层、岩性变化、地层不整合等（如下图7-4）。

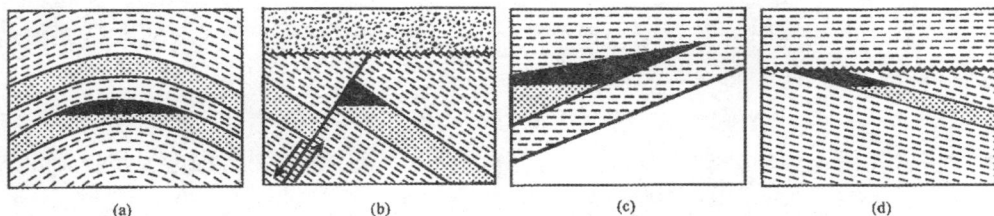

（a）褶皱；（b）断层；（c）沉积尖灭；（d）地层不整合

图7-4　形成圈闭的几种遮挡条件

圈闭中聚集了油气就形成了油气藏，油气藏是地壳上油气聚集的基本单元，是油气在单一圈闭中的聚集。一个油气藏具有统一的压力系统和油水界面。如果圈闭中只聚集了石油，则称油藏；只聚集了天然气，则称气藏；二者同时聚集，则称为油气藏。

油气藏的重要特点，是在"单一圈闭中"的油气聚集。所谓"单一"的含义，主要是指在单一的储集层中，具有统一的压力系统和统一的油、气、水界面。如下图7-5所示，同一背斜中有三个储集层分别组成三个圈闭，这三个圈闭中聚集了油气，具有三个不同的压力系统和不同的油、气、水界面，就应该认为是三个油气藏。

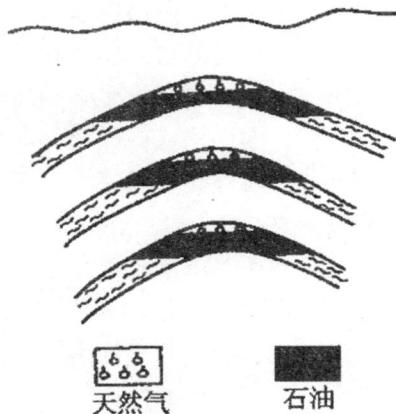

天然气　石油

图7-5　三个储集层组成的三个油气藏

若油气聚集的数量足够大，具有开采价值，则称为商业油气藏。如果油气聚集的数量不够大，没有开采价值，就称为非商业性油气藏。

究竟聚集多少数量的油气才有开采价值，这取决于政治、技术、经济等各方面的条件。过去认为没有开采价值的非商业性油气藏，由于开采技术及工业条件的发展，或者由于对石油的特别需要，可以成为有开采价值的商业性油气藏。所以，商业性油气藏的概念是随时间、条件的改变而变化的。

油气田是受单一局部构造单位所控制的同一面积内的油藏、气藏、油气藏的总和。如果在这个局部构造范围内只有油藏，称为油田；如果只有气藏，称为气田。油气田是油气聚集的场所，这个术语包括下列含义：

（1）一个油气田是受单一局部构造单位控制的。这个"局部构造单位"是广义的，它可以是穹窿、背斜、单斜、盐丘或泥火山刺穿构造等构造单位，也可以是指受生物礁、古潜山、古河道、古砂洲等控制的非构造单位。在这些"局部构造单位"控制的范围内的所有各种不同类型的油气藏，构成一个油气田。

（2）一个油气田分布在同一面积内，同一油气田内不同油气藏的含油面积，可以叠合连片。这个面积大小相差悬殊，小者只有几平方千米，大者可达上千平方千米，不论它的面积大小，这个面积总是受单、局部构造单位所控制的。例如我国著名的任丘油田，它的面积大小是受下伏中、上元古界古潜山控制的；而利比亚的英蒂萨尔油田范围，却受地下的生物礁所限。

但有些油气田的若干单个产油气面积并不是直接相连，只是位置接近，但产油气层位、储集层类型和特征以及圈闭和油气藏形成机理都相似，也常被看作一个油气田。

（3）一个油气田可以包括一个或若干个不同类型、不同储集层时代的油藏或气藏。例如，前苏联巴什基利亚的卡尔林油田只有一个油气藏；而我国华北的任丘油田，则是多时代、多类型油藏的组合，其主要油藏为中、上元古界雾迷山组的白云岩古潜山油藏，在北高点的东北倾没部位尚有寒武系府君山组白云质灰岩断层油藏，及奥陶系马家沟组石灰岩地层不整合油藏，上覆古近系沙河街组的砂岩油藏主要有断层油气藏、岩性油气藏等。

任丘油田范围内这些油藏的形成，归根结底都受中、上元古界古潜山的地质发育历史所控制，从晚元古代以来，这个古潜山经历过多次升降，并遭受断裂、剥蚀等作用，因此才会在不同时代的层系中形成古潜山、断层、地层不整合及其他类型的圈闭，在油源充分供应下，形成不同类型的油藏，这些油藏组合在一起成为任丘古潜山油田今日的面貌。

7-2-7　油气田分类

形成任何一个油气田，单一的"局部构造单位"是最重要的因素，它不仅决定油气田面积的大小，更重要的是它直接控制着该范围内各种油气藏的形成，同时也控制了油气藏的类型。因此，在进行油气田分类时，往往以"局部构造单位"的成因条件作为基础。

根据控制油气田形成的"局部构造单位"的性质及其中主要油气藏类型的不同，油气田可以分为构造型、地层型、岩性型和复合型四大类，各类可进一步划分为若干亚类。

几种常见油气田类型，每一种都有鲜明的基本特征。

一、构造型油气田

构造型油气田是指产油气面积上的油气藏受单一构造因素控制，如褶皱和断层。若以背斜控制为主，则称为背斜油气田；若以断层控制为主，则称为断层或断块油气田。通常情况下，褶皱常伴生断层。

背斜油气田中控制产油气面积的地质单位，是褶皱变形所形成的背斜构造。在背斜范围内的储集层，只要上方被盖层所封闭，都可以形成背斜圈闭。因此，多油气层在垂向上叠合，形成巨厚的含油气层组常常是背斜油气田最显著的特征之一。

背斜油气田的储集层可以是碎屑岩，也可以是碳酸盐岩；形态可以是强烈褶皱，甚至倒转，也可以是中等至平缓的褶皱。但必须指出，并不是所有的背斜构造在垂向上不同深度的构造形态都是一致的，背斜的高点位置及褶皱的形态也可以随深度而改变。背余触气田由于具有巨厚的含油气层组，常可形成大型油气田，占有极为重要的地位，如我国的大庆油田和伏尔加~乌拉尔含油气盆地的库列绍夫油田（图 7-6）。

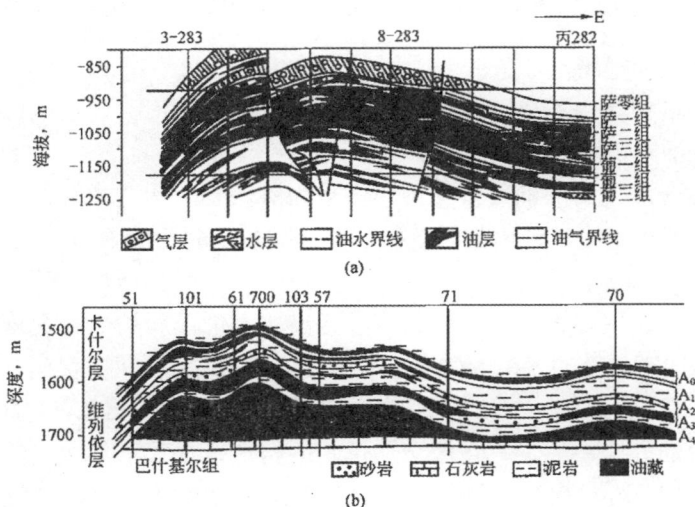

（a）大庆油田剖面示意图；（b）库列绍夫油田剖面图

图 7-6　大庆油田和库列绍夫背斜油田剖面示意图（据陈荣书，1994，修改）

断层油气田是主要由断层油气藏组成的油气田。断层油气田常见于断陷盆地中或盆地斜坡带或挠曲带，这种类型的油气田由于断层的发育使油气藏复杂化，构造断裂带内的油气藏被断层切割为许多断块，分隔性强，各断块内油水系统复杂，含油层位、含油高度、含油面积很不一致。在我国东部渤海湾盆地发育大量的断层油气田，这些断层油气田的背景可以是单斜，有时也可以是背斜的构造背景上被断层所复杂化，如黄骅坳陷的港东油田（图7-7）。断层油气田一般以中小型为主，储量达到大油气田的寥寥无几。

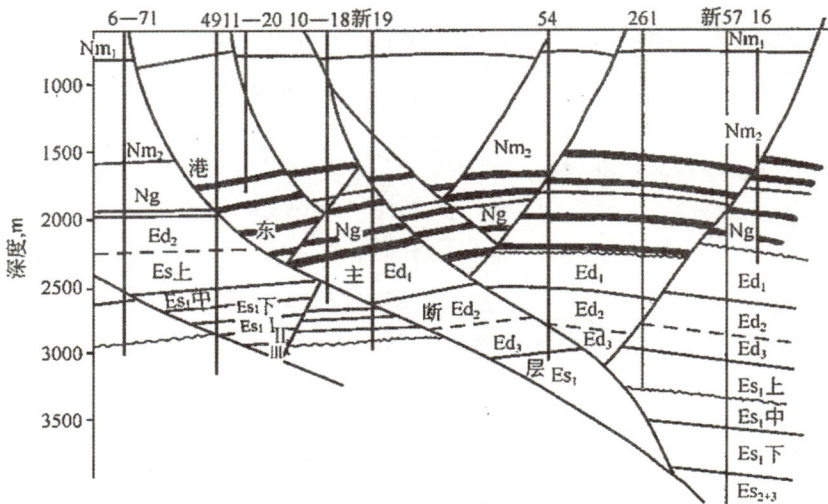

图 7-7　港东油田构造横剖面示意图（据潘钟祥，1986）

二、地层型油气田

地层型油气田是由不整合因素所控制而形成的油气田，包括地层不整合油气田和地层超覆油气田。

地层不整合油气田的油气藏类型，多数为潜伏剥蚀构造油气藏，如哈西一迈萨乌德油田和普鲁德霍湾油田就属此类。北非阿尔及利亚的哈西一迈萨乌德油田，主要由寒武系的潜伏剥蚀背斜构造油气藏组成，美国阿拉斯加北坡的普鲁德霍湾油田，由二叠系、三叠系和侏罗系的一系列潜伏剥蚀单斜构造油气藏组成，它们都是典型的地层不整合油气田。如果一个油气田仅由古潜山油气藏组成，也属于地层不整合油气田（古潜山油气田），如美国西内部盆地的潘汉得尔油气田就属此类。

地层超覆油气田一般发育在区域性单斜的构造背景上，其地层的沉积环境往往位于盆地边缘，在这种区域构造背景和沉积条件下，不整合油气藏和地层超覆油气藏发育，如美国东得克萨斯油田和委内瑞拉马拉开波盆地的夸仑夸尔油田就属此类。

三、岩性型油气田

岩性型油气田是由岩性因素所控制而形成的油气田，包括砂岩透镜体带状油气田以及岩性尖灭油气田。

在沉积盆地古河道发育区，往往形成一系列沿古河道发育的砂岩透镜体，可以形成一系列砂岩透镜体油气藏，这些砂岩透镜体油气藏油气聚集条件和控制因素相同，并且其分布受古河道的控制，尽管有时其含油面积不一定完全连片，但彼此接近，形成一个油气田，这类油气田可以称为透镜体带状油气田，如我国鄂尔多斯盆地侏罗系马岭油田就属此类。马岭油田的主要产层为侏罗系延安组砂岩，储层分布、生储盖组合、圈闭条件和油气藏的形成都与古河道有关，已发现大小不等的岩性油藏数十个，构成了马岭透镜体带状油田（图7-8）。沿古海岸带的沿岸砂洲也可以形

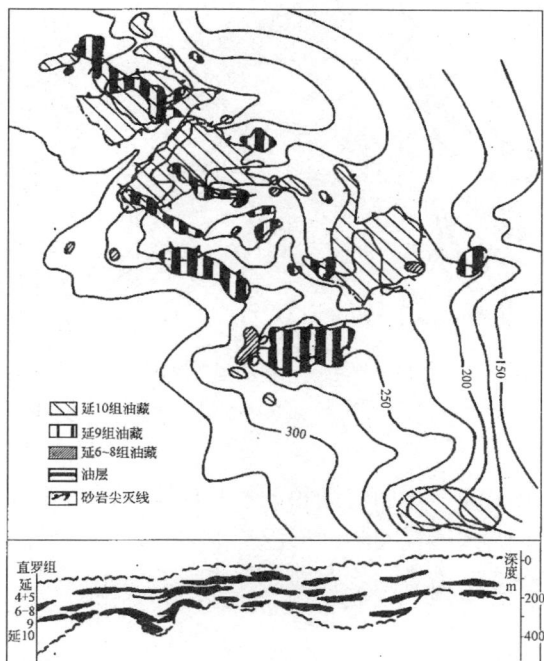

图 7-8 马岭油田油气藏分布图（据胡见义、黄第藩等，1991）

成这一类型的油气田，如美国堪萨斯州鞋带状油田。

在盆地的斜坡地区，在沉积过程中往往可以形成一系列的砂岩尖灭，有些在沉积时就是上倾尖灭，有些在沉积时为下倾尖灭，后来由于反转作用形成上倾尖灭。因此在这种背景下，可以形成一系列的砂岩上倾尖灭油气藏。主要由砂岩上倾尖灭油气藏组成的油气田，称为岩性尖灭型油气田，如我国泌阳凹陷的双河油田。

只由生物礁油气藏构成的礁型油气田也属岩性型油气田，这样的油气田称为单一生物礁油气田。

四、复合型油气田

复合型油气田是指在油气田范围内，不同层位和不同深度的油气藏的圈闭条件受构造、地层、岩性和水动力诸因素中的两种或多种因素控制，但这些控制因素的形成一般与形成油气田的"局部构造单位"，具有某种成因上的联系。

在盐（泥）丘油气田中，由于盐（泥）核刺穿储油气层，除形成盐（泥）丘

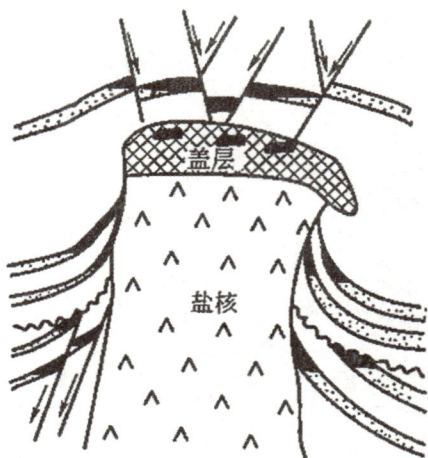

图 7-9　盐丘油气田中可能的油气藏类型
（据莱复生，1967）

遮挡油气藏外，盐体常使储集层断裂、尖灭甚至剥蚀，可形成断层、不整合和岩性等多种类型的油气藏。在盐（泥）核上方还可以形成背斜油气藏等。但上述圈闭的形成都与盐（泥）丘这一局部构造单位的活动有关，因此称为盐（泥）丘复合型油气田（图7-9）。

古老地层形成的古潜山由于存在大量的溶蚀、风化等次生孔隙，在有油源供给的情况下形成了古潜山油气藏；其上覆岩层可能由于披覆、压实形成背斜油气藏，而在不整合面上还可能伴有向潜山尖灭或地层超覆油气藏，古潜山往往与断层相伴生，也常发育断层油气藏。不整合面下的古潜山油气藏和与其相关的其他类型油气藏在地质结构和油气藏类型上有较大差别，但这些油气圈闭的形成绝大多数都与古潜山这一局部构造单位的存在与演化有关，因此称为潜山复合型油气田（图7-10）。

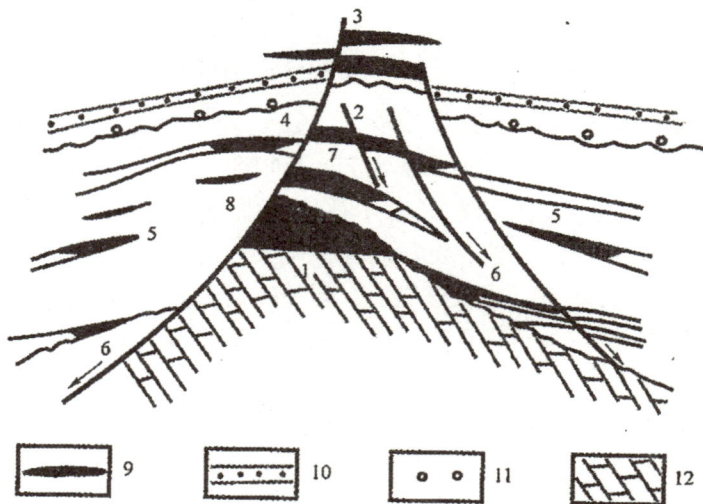

1-潜山油藏；2-潜山上被断层切割的压实背斜油气藏；3-浅层背斜和断层油气藏；
4-断阶或逆牵引油气藏；5、6-地层退覆油气藏；7-潜山上方压实背斜油气藏；
8-岩性油气藏；9-油藏；10-砂岩；11-砾岩；12-石灰岩

图 7-10　油气田与潜山有关的油田模式剖面图（据潘钟祥，1986）

生物礁油气田如果仅由生物礁油气藏组成，则是单一生物礁油气田。但在很多情况下，由于生物礁的存在可以形成一个古地形的突起，在生物礁的上覆地层中往往会形成一些披覆背斜、岩性尖灭等类型的圈闭。生物礁油气藏与同一面积内上覆地层中的披覆背斜、岩性等油气藏共同构成的油气田，称为生物礁复合型油气田。

在盆地的边缘斜坡区，地层不整合发育，往往形成地层不整合和地层超覆油气藏。同时，这一地区又是岩性尖灭的发育区，经常形成岩性上倾尖灭油气藏。这种在同一面积内主要由地层超覆油气藏、地层不整合油气藏和岩性尖灭油气藏组成的油气田属于地层岩性复合油气田，或称为不整合岩性尖灭油气田。

有时，不同层位中以构造型为主的油气藏和以地层型、岩性型为主的油气藏不是垂向叠合，而是侧向毗连，其含油气面积有一定的叠合，构成一个连片的含油面积或彼此接近，而构成统一的油气田，称为侧向叠合型复合油气田。如加利福尼亚的日落一中途油田，该油田的西南部在不整合面下有斯贝拉赛背斜油气藏（N11）和不整合型油气藏（N12），而不整合面上则为地层超覆砂岩油气藏，两者含油面积虽未叠合连片，但却紧相毗连，存在统一的地质体中，为侧向叠合型复合油气田（图 7-11）。

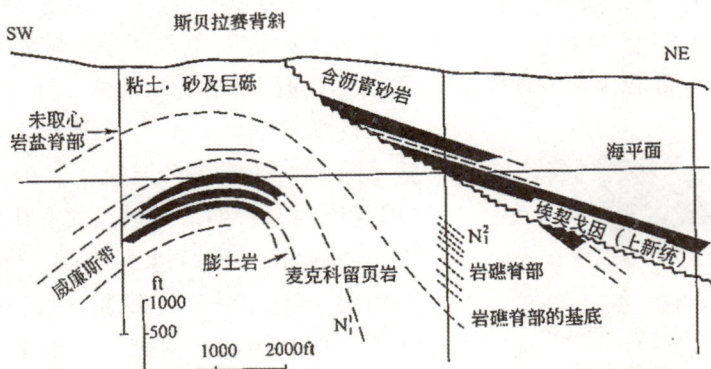

图 7-11　加利福尼亚中途油田威廉斯及二十五山区构造剖面图（据莱复生，1967）

第三节　中国油气开采简史

"石油"一词，对应于英文"Petroleum"。而英文"Petroleum"一词，来源于希腊文 Petra（岩石）和 Oleum（油），包括液态的石油和气态的天然气；中文"石油"一词，来源于宋代沈括（1031－1095）的《梦溪笔谈》。

实际上，人类认识油气和利用油气的历史由来已久，各文明古国都有类似的传说和记载。据考古考证，早在两河文化时代，苏美尔人曾使用沥青做雕刻品；巴比伦楔形文字中就有关于在死海沿岸采集石油的记述；美索不达米亚地区曾用砖和沥青建造教堂；波斯帝国时代在首都苏萨附近凿有石油井。

中国是世界上最早发现、开采和利用石油及天然气的国家之一，根据史料记载已有三千多年的历史。由于天然气比石油更易从地层中逸出，遇到野火、雷电就会燃烧，因此，在历史上认识天然气早于石油。

中国最早的石油记载，见于 1900 多年前班固所著的《汉书·地理志》："高奴，有消水，可蘸。"高奴系指今陕西省延安县一带，消（音渭）水是延河的一条支流，"蘸"乃古代"燃"字。这段话描述了水面上有像油一样的东西可以燃烧，可见早在近两千年前我国就发现了能够燃烧的陕北石油。

公元 267 年晋朝张华在《博物志》中详细描述了甘肃酒泉石油的特征："酒泉延寿县南山出泉水，大如笞，注地为沟，水有肥，如肉汁，取著器中，始黄后黑，如凝膏，然极明。……彼方人谓之石漆水。"表明当时称石油为石漆水，且已开始观察和采集，用作润滑车轴和燃烧、照明。

到了七世纪初，唐朝李延寿在《北史·西域传》中记载了"（龟兹）西北大山中，有如膏者流出成川。流数里入地，状如醒酲，甚臭"。龟兹即今新疆南部库车一带，远在 1300 多年前我国就发现库车一带的沥青宛如奶酪一样粘稠，具有臭味。

图 7-12 沈括（公元 1031－1095）
北宋著名科学家

科学术语"石油"是北宋著名科学家沈括（图 7-12）在《梦溪笔谈》中首次提出的："郡延境内有石油，旧说高奴县出脂水，即此也。""石油……生于水际沙石，与泉水相杂惘惘而出。"他在描述了陕北富县、延安一带石油的性质和产状后，进一步推论了石油的利用远景："此物后必大行于世……盖石油至多，生于地中无育，不若松木有时而竭。"他还第一次用油烟做墨，即现代的所谓炭黑。

在历史上，石油不仅用于润滑、照明、燃烧和医药，而且很早就用于军事上。《元和郡县志》记载公元 576 年，酒泉人民用油烧毁突厥族攻城的武器，保全了酒泉城。北宋神宗六年（公元 1073 年）在京都卞梁军器监设有专门的"猛火油作"，加工石油制作兵器。

我国四川最早利用天然气煮盐，这在当时世界上都是闻名的。晋朝常豫（音

图 7-13　中国古代钻井示意图

渠）在《华阳国志》中记载了 2200 多年前的秦始皇时代，四川临邓县郡（即今邓睐县）西南钻井开采天然气煮盐的情景："有火井，夜时光映上昭。民欲其火光，以家火投之，顷许，如雷声，火焰出，通耀数十里，以竹筒盛其气然之，可拽行终不灭也。井有二水，取井火煮之，一解水得五斗盐。"当时的盛况由此可见一斑，有时一口火井可同时烧盐锅七百口。

天然气煮盐促进了我国钻井技术的迅速发展。公元前 256 ~ 前 251 年秦朝李冰为蜀守时就发明了顿钻（图 7-13 ~ 图 7-14），并在四川广都成功地钻成了第一口采盐井。至公元前 221 ~ 前 210 年，四川邓睐出现了用顿钻钻凿的天然气井。

我国在世界上是最早开发气田的国家，四川自流井气田的开采已约有两千年历史。《自流井记》关于"阴火潜燃于炎汉"的记载表明，早在汉朝就已在自流井中发现了天然气。据《富顺县志》记载，晋太康元年（公元 280 年）彝族人梅泽在江阳县（今富顺自流井）发现石缝中流出泉水，"饮之而咸，遂凿石三百尺，咸泉涌出，煎之成盐"。自流井即因这口并自喷卤水而得名。

宋末元初（13 世纪），我国已大规模开采自流井的浅层天然气。《富顺县志》描述："火井在县西九十里，深四五丈，经五六寸，中无盐水。"1840 年钻成磨子井，在 1200m 深处钻达今三叠系嘉陵江组石灰岩深部主气层，强烈井喷，火光冲天，号称"火井王"，估计日产气量超过 $40 \times 10^4 m^3$，"经二十余年犹旺也"（见《自流井记》）。从汉朝末年开始，在自流井大规模开采天然气煮盐以来，共钻井数万口，采出了几百亿立方米天然气和一些石油。这样长时间的气田开采历史在世界上也实属罕见。

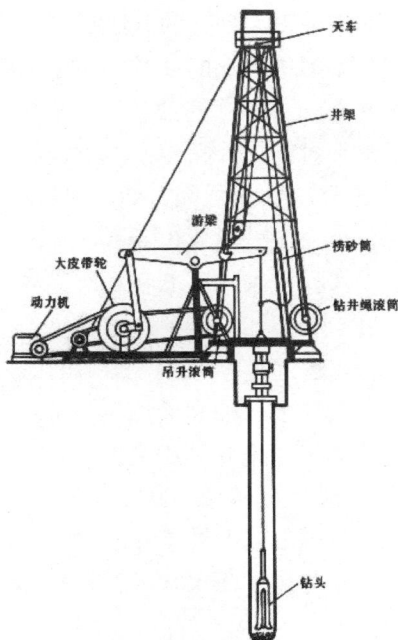

图 7-14　古代顿钻井机构示意图

我们中华民族的祖先以其勤劳、勇敢和智慧，在认识、开采和利用石油及天然气资源方面一直走在世界前列，积累了丰富的知识和宝贵的经验，给我们留下了一笔极其珍贵的文化遗产。

遗憾的是，中国这个闻名遐迩的石油古国，在封建主义和帝国主义的桎梏下，近代的石油事业发展却极其缓慢。可能也正是因为这种缓慢，导致中国曾经是闻名遐迩的石油古国的历史，被西方国家给忽略掉了。

早在三千年以前古代中国人就观察到天然气燃烧的现象，两千年前就有关于石油的文献记载，1835 年我国就钻成了世界上的第一口超过千米的深井。但在世界石油界，特别是美国石油界，都把德雷克（Edwin Laurentin Drake，1819-1881）于 1859 年 8 月 27 日钻成的一口油井作为世界第一口油井，并把这件事看作世界石油工业的开端。

原苏联人也不甘示弱，认为世界第一口油井，是老沙皇时代的一个叫谢苗诺夫的工程师，于 1848 年在黑海的阿普歇伦半岛的比比和埃巴德两地边境处开凿的。有一个叫洪拉沃夫的前苏联人，写了一本叫《石油的故事》的书，竟然说俄国是世界石油工业之父、祖父和曾祖父，分布在世界上的石油井架，都是巴库石油井架的孙子和曾孙。

实际上世界上最早的气井和油井，都为中国人所开凿，如林教授当时给《名家讲坛》的观众们所普及的那样，公元 1900 年以前，世界上所有的深井基本上都是采用中国人创造的方法打成的。

中国历史上的油井，见于元明时代。据《元一统志》记载："延工县南迎河有凿开石油一井，其油井燃，兼治六畜疥癣，岁纳壹佰壹拾斤。又延川县西北八十里永平村有一井，岁办四百斤，入路之延丰库。"《元一统志》成书于公元 1286 年到公元 1303 年之间，我们可以推断，石油井约在宋朝时代，就已经存在了，所以说，至少在距今 700 多年以前，中国人已经开凿出油井了。

这样说来，原苏联人所说沙皇时代谢苗诺夫 1848 年打出的第一口油井，距今不过 155 年，而美国人德雷克 1859 年打出的油井，距今才 144 年，他们出世的时间，都远远晚于中国人开凿的油井。

世界上石油和天然气工业的兴起只是近百年的事。我们勤劳勇敢的中国人民在天然气开采和利用上有着伟大的成就，四川是世界上产气最早的地区之一，比欧洲用煤气点灯的最早国家——英国（1787 年）要早十几个世纪。

我国近代石油工业起源于台湾，1878 年清政府在台湾苗栗用顿钻钻成中国第一口油井，井深 120 米，日产油 0.75 吨，以此为标志作为中国近代石油工业的开端。

1894 年甲午战争后，日本占领了台湾，在台湾进行油气勘探，发现了出磺坑油田和六重溪、牛山、锦水气田。

1904 年陕西开办延长石油官厂，聘请日本技师和技工 7 人，购进日本顿钻一台，于 1907 年 9 月 10 日钻成中国大陆第一口油井——延长一号井。该井井深 81 米，在上三叠统延长组获日产油 1 ~ 1.5 吨。在以后的 20 年中陆续打井 20 余口，12 口见油，由此形成了我国大陆最早的延长油矿。

1909 年新疆从俄国购进一台顿钻，在独山子打成新疆第一口油井。1936 年新疆与前苏联政府联合开发独山子油矿机构成立，8 月开始现代工业钻井，第二口井于 1937 年 1 月 14 日夜喷油，宣告独山子油田诞生。

甘肃玉门油苗古已有之。从 1921 年起，先后有翁文灝、谢家荣、张文鉴、侯德封、孙健初等地质学家对甘肃玉门一带进行石油地质调查。特别是孙健初和从美国聘请来的地质学家 F. W. Weller 博士和 E. A. Sutton 工程师，于 1937 年对老君庙一带进行石油地质调查后，完成了《甘青两省地质调查报告》，肯定了老君庙构造的石油远景（邱中建、龚再升，1999）。1938 年 6 月国民政府资源委员会成立甘肃油矿筹备处，派地质学家孙健初、严爽、靳锡庚和工人邢长仲等一行 9 人，在老君庙进行进一步石油地质调查，并开始石油钻探。1939 年 8 月 27 日，1 号井在钻遇 K 油层时获工业油流，发现了老君庙油田。

四川自流井气田于公元 280 年就已开始采气，是中国乃至世界最早进行天然气开采的气田。1835 年自贡地区的兴海井井深突破 1000 米大关，并获得深部三叠系嘉陵江组主力气藏，这是当时世界上唯一的一口超过千米的出气深井。从 1866 年到 1928 年间就有外国地质工作者在四川盆地进行石油地质调查，自 1928 年起，中国地质勘探队伍开始进行工作，1938 年发现圣灯山构造，1944 年 7 月隆 2 井钻至 928.29 米完钻，在嘉陵江组获日产气 12.5×10^4 立方米，发现了圣灯山气田。

1949 年中华人民共和国成立后，我国石油勘探工作者发扬自力更生、艰苦奋斗的精神，发现了一个又一个的油气区和油气田，石油年产量成倍上升：从 1949 年的年产 12×10^4 吨至 20 世纪 70 年代末期就突破了一亿吨大关，2006 年年产原油 18368×10^4 吨，创造了举世瞩目的辉煌业绩，成为世界第五大石油生产国。纵观新中国成立后的 60 多年，我国油气工业的发展大致经过了三个时期。

第一、恢复和发展时期（1949–1960 年）

这一时期以玉门油矿为基地，在恢复生产的同时，先后在陕北、柴达木、川西北、准噶尔荒地南缘进行石油钻探，相继发现了冷湖油田、克拉玛依油田和四川天然气田。1958 年，石油勘探战略东移，找油领域由传统的山前坳陷带，转移到东部覆盖沉降区。经过原地质部和石油部的大量普查工作，松辽石油勘探局于 1959 年 9 月 26 日在松辽盆地中部大庆长垣钻探的松基 3 井喷油，从而发现了大庆油田。9 月 27 日，在吉林省境内发现了扶余油田。次年组织大庆石油会战，到当年底，探明了大庆油田的地质储量，证实其是个特大型油田。这一重大发现一举改变了中国石油工业的布局。

大庆油田的发现，使非海相沉积物生油成为无可争辩的事实，而且非海相沉积可以形成具有工业价值的油藏，乃至大庆这样的大型油田。尽管从20世纪30年代起，就有不少学者曾明白无误地提出了石油"也能够来自淡水沉积物"的观点，但是，"陆相生油"真正实现观念上的突破，将其作为石油地质学中的重大课题来加以研究，并逐步形成科学理论，则是在50年代末大庆油田发现之后才开始的。

1957年，中国科学院院士、地质学家谢家荣指出："大陆沉积中有机物可能主要是由陆生植物分异而来的……陆相地层才是最可能的生油层。"1959年，曾担任中国科学院地质所所长的矿产地质学家侯德封，在探索西北地区油田形成地质条件时，指出"潮湿与干燥气候的时代转变，有利于生油层的形成"。中国科学院兰州地质研究所则提出了"内陆潮湿坳陷"说，强调了古气候条件对陆相生油的重要性。大庆油田的重要发现人、石油地质学家田在艺等，在详细分析总结准噶尔、塔里木、鄂尔多斯、四川、柴达木、酒泉等盆地油气田形成的地质条件时，强调了长期坳陷的作用。石油科学研究院在翁文波院长的主持推动下，于20世纪60年代初期对我国陆相盆地进行了卓有成效的研究，先后出刊了三集《石油勘探研究报告集》（1960～1964年），强调了"深水坳陷"的作用，指出"长期的深坳陷有利于生油层的形成"、"盆地深坳陷的特征和分布，对油气的分布起着主要的控制作用"。至此，初步形成了中国陆相生油理论的基本轮廓。

第二、高速发展时期（1960—1978年）

大庆油田发现后不久，我国石油勘探重点转移到渤海湾盆地。其中，在1961年，东营凹陷华8井喷油，揭开了华北地区渤海湾盆地石油勘探的序幕。1963～1964年，黄骅坳陷黄3井与港5井先后获得工业油流，发现了大港油田。1964年东营凹陷沱2井获高产油流，次年又相继钻成数口日产千吨的油井，从而证实了渤海湾盆地中第一个高产大油田——胜利油田。

继胜利油田和大港油田之后，1965年7月在太平房构造首获工业油流，至1969年相继发现了兴隆台等6个具工业油流的构造，发现了辽河油田。它们的发现，有力地证明了在渤海湾盆地这样构造复杂的地质条件下，同样可以找到大油田。

1975年7月3日冀中坳陷任丘构造上的任4井喷出日产超过千吨的高产工业油流，产油层位为埋藏于第三系之下的震旦系雾迷山组（古风化壳），宣告了我国第一个古潜山类型高产油田的诞生。1975年底，地震勘探证实任丘古潜山成带分布。经过1976年会战，一举拿下古潜山油田，成为继1960年大庆油田探明之后，我国石油储量增长的又一个高峰年。

油气勘探的一系列突破，保证了石油工业的高速发展。1963 年我国原油年产量达 648×10^4 吨，实现了"石油基本自给"的历史性转变，1965 年突破千万吨（1131.5×10^4 吨），1973 年超过 5000×10^4 吨，1978 年突破亿吨（$10^4 \times 10^4$ 吨），使我国跃居世界产油大国的行列。

这一阶段高速发展的油气勘探实践，极大地推动了我国油气地质学理论的进展。大庆油田和渤海湾油气区的发现，使陆相生油理论得以确立并不断得到深化和系统化。实践证明我国陆相沉积盆地具有良好的烃源岩，生烃潜力大，这为以陆相沉积盆地为主体的我国提供了丰厚的油气资源基础。通过大庆长垣的油气勘探，总结出了一套坳陷盆地砂岩背斜油藏的勘探思路和油气聚集理论，即"源控论"。

渤海湾油气区经过近 20 年的勘探，总结出一套断陷盆地复式油气聚集（区）带的理论，这是中国油气地质学理论的一项重大建树和重要组成部分。在油气聚集理论方面的另一个进展便是以任丘古潜山油气藏为代表的"新生古储"潜山油气聚集理论，在渤海湾盆地油气勘探实践中创立的断陷盆地复式油气聚集（区）带理论及相应的滚动勘探、滚动开发技术，为石油增储上产做出了重大贡献。

第三、稳定发展时期（1978—现在）

在原油产量达到亿吨以后，我国石油工业仍在稳步增长。到 2000 年原油产量超过 1.65×10^8 吨。但是，进入 20 世纪 80 年代以来，东部主力油田相继进入了开采中后期，寻找稳定的油气资源战略接替区，日益紧迫地提上了油气勘探的议事日程。80 年代后期，国家明确提出了"稳定东部，发展西部"的战略思想。在努力做好东部油田稳定生产的同时，加强了西部地区，特别是塔里木、准噶尔、吐哈、柴达木和鄂尔多斯盆地的油气勘探工作。经过 10 多年的艰苦努力，在塔里木盆地已陆续发现雅克拉油田、轮南油田、塔中和塔河油田等，在准噶尔盆地新发现了火烧山油田、北三台油田和石西油田，在鄂尔多斯盆地发现和开发了安塞等油田。1990 年，西部地区产油 964×10^4 吨，到 2000 年猛增到 2593×10^4 吨，弥补了东部油区的产量递减，保障了我国原油年产量的稳定上升。

这一时期，以陆相生油理论为重点，中国石油地质理论进一步完善和发展。石油天然气地质与勘探专家胡见义等，论述了"中国陆相石油地质理论基础"。西部地区的油气勘探，进一步深化了对西部盆地地质特征和油气藏形成条件的认识。石油地质和勘探专家、中国工程院院士童晓光等研究指出，塔里木盆地是经历克拉通盆地和前陆盆地叠合复合的极为复杂的时空演化而形成的。从找油的角度来说，既要研究陆相生油，更要重视海相生油，特别是下古生界的生油；既要研究原生油藏，又要研究次生油藏；既要寻找构造油藏，又要注意非构造油藏；既找油又找气。这种多期次油气运聚、散失和保存机理的研究，正在获得突破。

尤其需要指出的是，自 20 世纪 80 年代以来，我国天然气勘探获得了重大进展。特别是"八五"以来，天然气进入了储量增长的高峰期。5 年（1991～1995）的探明储量 (5509×10^4 立方米）相当于过去 40 年探明储量的总和。在鄂尔多斯盆地，已探明迄今中国储量最大的陕北气田；在四川盆地川东地区对高陡构造的突破，已发现 42 个石炭系气藏，储量超过 2200×10^8 立方米；形成了中国中部两个天然气生产基地。此外，在塔里木、柴达木、准噶尔盆地、渤海湾盆地以及东海和南海莺琼盆地都获得重大发现。这样，截至 2000 年，全国已探明天然气储量 13.68×10^{12} 立方米。与此同时，天然气产量也在逐年增加，并且将随着天然气管道（网）及其配套工程的建设，其产量将成倍增长，在能源消费结构中其比例也将有大幅度增加。

天然气勘探取得的成果是与天然气地质理论的发展分不开的。在"六五"至"九五"4 个五年计划期间，国家连续组织了科技攻关。"六五"期间煤成气理论的发展，形成了二元成气论，拓宽了中国找气领域，发现了崖 13-1 大型煤成气气田。"七五"至"八五"期间，天然气地质理论和勘探技术及大中型气田形成条件分布规律的研究，对天然气成因及其识别、天然气成藏条件与成藏模式、天然气资源测算、天然气聚集及天然气田分布规律等都有了系统总结，提出了中国煤成烃（气）理论、天然气运聚动平衡理论、天然气地球化学、天然气聚集（区）带理论等，初步构筑了中国天然气地质学。

第四节　世界油气开采简史

世界油气工业的发展已有 100 多年的历史。美国油气工业生产始于 1859 年，100 多年来，其年产量占世界总产量的一半，直到 1975 年才被前苏联超过。前苏联的油气工业始于 1873 年，巴库是苏联石油工业的摇篮。

早期利用的石油，主要来自于从地层中自然流出的石油。在美国宾夕法尼亚州泰特斯维尔城附近有一条小河，河边有一系列油苗，河面上常常漂着原油，人们把这条小河叫做石油溪，近代的石油工业就是从这里开始的。

佛朗西斯·布鲁尔医生买下油苗所在的西巴德农场，与合伙人成立了世界上第一个石油公司——宾夕法尼亚岩石油公司，通过挖坑采集这里的石油。后来西巴德农场落到了公司股东之一的杰姆士·汤森手里，他与人合伙于 1858 年 3 月 23 日成立了塞尼卡石油公司，垄断了这里的石油经营，德雷克（就是美国人自以为是地推崇他钻成的那口油井，是世界第一口油井的那个德雷克）就是这个公司的股东之一。德雷克尝试用顿钻钻井（就是公元前256～前251年，我国秦朝的李冰为蜀守时就发明的顿钻），并于1859年8月27日在钻到21米深时出油，他用蒸汽动力泵抽出了石油，这口井的日产量达到30bbl（bbl是石油单位，1bbl就是1桶，1bbl=158.9873立方分米）。实际上，在中国、俄罗斯、罗马尼亚等国都有早于德雷克井的气井和油井（吴凤鸣，1999），

图7-15　美国第一口油井（1859年），
井深21米，日产油3～5吨

但世界石油界还是将美国德雷克钻的油井看作世界第一口油井，并作为世界近代石油工业的开端（图7-15）。

纵观世界石油发展历史，如果全世界人们礼让地把1859年8月27日美国自吹自擂的德雷克钻的油井看作世界第一口油井，并作为世界近代石油工业的开端，那么世界油气工业的发展大致经过了三个阶段。

第一阶段，世界油气开采的初始阶段

在19世纪50年代，石油勘探的依据是油气苗，基本没有地质理论的指导。人们相信油气苗是地下油气藏的直接显示，因此，井位主要选择在接近油苗和先期钻探成功井的附近。1882年，美国地质学家怀特首次应用背斜理论在西弗吉尼亚布了4口井，有3口出油，背斜理论才在石油勘探中得到了重视。1874年，宾夕法尼亚州地质调查处的约翰·卡尔画出了宾夕法尼亚州地质构造图，从而确定出了褶皱顶部的位置，找到了一些油田，这是石油勘探中首次利用构造图找到石油。落基山区盐溪弯窿上的第一口见油井的井位，就是根据构造等高线图来拟定的。

尽管利用地质学的方法可以指导石油勘探工作，但当时由于浅层待发现的油田很多，以至几乎不需要任何勘探方法，只要靠近地表油苗打井就能发现油田。因此，人们还没有自觉地利用地质学的原理勘探石油。这一阶段一直延续到第一次世界大战，当时的油气勘探工作主要集中在美国、俄罗斯、东印度（印度尼西亚）等少数国家和地区。到1900年，全世界产油2043×10^4吨，美国占42.7%，俄罗斯占49%，其他产油国还有波兰、荷属东印度、罗马尼亚、缅甸和印度等。

第二阶段，世界油气开采的快速发展阶段

从20世纪初到20世纪50年代，是世界石油工业蓬勃发展的时期，也是油气勘探兴旺发达的时期。这一阶段，两次世界大战和汽车工业的兴起极大地促进了

石油工业的发展，汽油取代煤油成为主要的石油产品，世界从"煤油时代"进入"汽油时代"。

这一时期，石油勘探变化最显著的标志是由地面地质转入地下，由仅仅根据油气苗、山沟河谷的露头确定井位，发展到在背斜构造理论指导下找油，油气勘探从"山沟沟"转向平原覆盖区，由所谓"前地质时期"进入"背斜理论"时期。由于新的勘探方法和新的钻井设备的出现，由于改进了取心技术、测井工具和岩样分析手段，在地质家面前打开了一个崭新的地下新世界。1926 年首次利用重力勘探发现了美国得克萨斯州的一些盐丘油田，随后地震勘探方法在圈定构造油气田方面开始显示成效。1929 年开始采用地震反射波法，取代了之前的折射法，使广大地表被覆盖的平原和盆地区都能从事油气勘探。从此以后，地震勘探发展成为油气勘探工作中应用最广泛和必不可少的一种方法，特别是第二次世界大战以后，勘探技术得到了突飞猛进的发展。

由于"背斜理论"的指导和勘探技术的进步，发现的油气田数量成倍增加。在第二次世界大战期间，全球平均每年发现的石油储量约为 7×10^8 吨，第二次世界大战后的 1946 年到 1960 年间，全球平均每年发现的石油储量约为 40×10^8 吨。20 世纪的前 60 年是世界主要油气区的发现时期，波斯湾油区、伏尔加～乌拉尔油区、北非油区、阿拉斯加油区、墨西哥湾油气区、南美油区等世界重要产油区，都是在这一时期发现和开发的。

第三阶段，世界油气开采的稳定发展阶段

20 世纪 60 年代以来，自然科学理论的突破和新技术革命，带来了油气勘探理论和技术的巨大进步。在此期间，石油地质学的新理论、新方法层出不穷。板块构造理论在石油勘探中得到广泛应用；有机地球化学的发展确立了干酪根热降解生油理论的主导地位，从盆地成油条件、油气源以及生油量等方面进行定量评价，指出有利油气勘探地区，已经成为油气勘探的基本程序；沉积学的发展从现代沉积类比入手，建立了不同沉积环境的相模式，可以充分利用地震信息进行地层、岩性和岩相的预测；地层圈闭和油气藏、岩性圈闭和油气藏、深盆气藏等新的圈闭和油气藏类型的发现，为油气的勘探开发提供了更广阔的前景。

在勘探技术上，由于大量采用数字地震仪，多道多次覆盖技术，配以大容量存储设备、高速电子计算机数据处理，使油气勘探技术达到新的水平，在勘探程度高的老探区也不断扩大了储量。20 世纪 60 年代以来，海上钻井设备的开发和使用，大大促进了海上油气的勘探。自 20 世纪 80 年代至今的第三次石油科技革命正在向纵深发展，新理论、新方法和新技术不断涌现，如高分辨率地震、三维地震、四维地震、处理解释一体化、三维可视化、层析成像、核磁测井等，地震地层学、层序地层学、未熟～低熟油理论、煤成油理论、天然气成因与成藏理论、

油气系统等新理论、新方法和新概念不断应用于油气勘探，保证了世界油气储量持续稳定的增长。

进入 20 世纪 60 年代以后油气勘探的难度越来越大，但是，由于新理论和新技术的广泛应用，油气田仍然持续被发现，油气储量稳定增长。除西西伯利亚、北海、中国等新油气区的发现之外，在老油区的勘探也不断有新的发现。

尽管全球石油产量从 1960 年的 10.8×10^8 吨增加到 2006 年的 39.14×10^8 吨，但全球剩余石油可采储量仍从 1960 年的 364×10^8 吨上升到 2006 年的 1804×10^8 吨。20 世纪 60 年代以后，天然气的勘探取得了长足的进展，发现了北海南部和西西伯利亚等大气区，并在波斯湾盆地发现了目前世界储量最大的北方气田。世界天然气剩余探明可采储量从 1960 年的 7.46×10^{12} 立方米增加到了 2006 年的 175.08×10^{12} 立方米，科学技术的进步在油气发现中起到了关键作用。

随着石油地质理论研究的不断深入和科学技术的进步，油气勘探正在向新领域、新类型和新深度发展，世界油气勘探仍有广阔而光明的前景。

那么，现在世界油气资源的现状又是如何？

美国油气工业生产始于 1859 年，100 多年来，其年产量占世界总产量的一半，直到 1975 年才被前苏联超过。据美国地质调查所统计，2000 年其产量为 4.03×10^8 吨，居世界第二位。在第二次世界大战期间，前苏联许多油田被毁，产量大幅度下降，但战后相继开发了伏尔加~乌拉尔和西西伯利亚等含油气区，产量迅速增加，1987 年曾成为世界石油产量最高的国家，达到了年产 5.78×10^8 吨，但随后 9 年前苏联石油产量下降了 47% 以上。后来由于投资增加和技术进步，俄罗斯石油产量在 2000 年出现了 35.7% 的明显增长，产量达 3.28×10^8 吨，位于沙特阿拉伯和美国之后，居世界第三位。

第二次世界大战后，中东地区的石油工业在外国资本的参与下发展很快。2000 年沙特阿拉伯的石油产量为 4.13×10^8 吨，居世界第一位。伊拉克的石油产量一直有很大的不确定性。两伊战争使该国 1980 年和 1981 年产量急剧下降。在其 1990 年 8 月入侵科威特后，其石油产量受到联合国制裁的限制。随着"石油换食品"计划的不断修改，伊拉克石油产量有所增长，2000 年产量达 1.31×10^8 吨。伊朗的石油产量于 1974 年曾达到年产量 3.24×10^8 吨的水平，由于连续多年的政治动荡，8 年的两伊战争以及缺乏资金和技术，其石油产量下降，2000 年产量为 1.88×10^8 吨，居世界第四位。

中东其他国家，如阿联酋、科威特、卡塔尔和科威特 / 沙特中立区也有较高的产量，2000 年年产量分别为阿联酋 1.14×10^8 吨、科威特 0.9×10^8 吨、卡塔尔 0.35×10^8 吨和中立区 0.3×10^8 吨。其他重要的产油国家有：西非的尼日利亚；北非的阿尔及利亚和利比亚；美洲的墨西哥、委内瑞拉和巴西；北欧的挪威和英国；

以及亚洲的中国、印度尼西亚和哈萨克斯坦。

据美国地质调查所和国际能源机构统计（美国地质调查所，2000），世界石油储量的分布很不均衡。2000年全世界石油剩余储量为1331.59×10^8吨，大于10×10^8吨的国家有20个，其中中东国家和地区的石油储量大约占据世界储量的1/2；其次为俄罗斯，大约占14%。

据1998年世界《油气杂志》统计，世界石油剩余储量为1331×10^8吨，待探明储量670×10^8吨，非常规石油资源$(4000 \sim 7000) \times 10^8$吨。按现在全世界每年消费石油$30 \times 10^8$吨计算，至少到2040年以前，石油仍然是一种不可替代的优质能源。全世界2000年年产量上亿吨的国家有13个，按产量高低顺序为沙特阿拉伯、美国、俄罗斯、伊朗、挪威、墨西哥、中国、委内瑞拉、阿尔及利亚、伊拉克、阿联酋、尼日利亚和英国；年产量为$(9000 \sim 3000) \times 10^4$吨的国家和地区有6个，按产量高低顺序为科威特、巴西、利比亚、印度尼西亚、卡塔尔、哈萨克斯坦和科威特（包括沙特中立区）。除此以外，还有其他70多个国家和地区产油，如加拿大、澳大利亚、罗马尼亚、特立尼达和多巴哥、埃及、阿塞拜疆、乌兹别克斯坦、土库曼斯坦、安哥拉、丹麦等，2000年的产量共计为9.28×10^8吨。全世界2000年总产量为39.22×10^8吨，详见表7-9。

据2000年资料，世界天然气剩余储量超过1×10^{12}立方米的国家共有16个。俄罗斯居首位，达43.1×10^{12}立方米，其次是中东的伊朗、卡塔尔、沙特阿拉伯、阿联酋、伊拉克和科威特，合计50.3×10^{12}立方米。这些国家的可采储量占世界的79%。中国剩余储量为1.4×10^{12}立方米，居世界第15位，详见表7-10。

表7-9　世界已探明石油剩余储量和石油产量分布表

国家和地区	石油剩余储量10^8t	石油产量10^8t	国家和地区	石油剩余储量	石油产量10^8t
沙特阿拉伯	360.94	4.13	尼日利亚	27.78	1.03
俄罗斯	190.27	3.28	哈萨克斯坦	27.78	0.35
伊拉克	108.33	1.31	挪威	22.22	1.71
伊朗	105.55	1.88	阿尔及利亚	20.83	1.60
阿联酋	81.94	1.14	卡塔尔	20.83	0.35
科威特	76.38	0.9	英国	18.05	1.00
美国	44.44	4.03	印度尼西亚	13.89	0.63
委内瑞拉	41.67	1.47	巴西	12.50	0.78
利比亚	34.72	0.71	科威特／沙特中立区	11.11	0.3
中国	34.72	1.65	其他国家	101.39	9.28
墨西哥	30.55	1.69	合计	1331.89	39.22

（资料来源：美国地质调查所，2000）

表 7-10　世界各国天然气资源概况表

国家和地区	剩余储量 $10^{12}m^3$	国家和地区	剩余储量 $10^{12}m^3$
俄罗斯	48.1	尼日利亚	3.5
伊朗	22.9	伊拉克	3.1
卡塔尔	11.2	土库曼斯坦	2.8
沙特阿拉伯	6	乌兹别克斯坦	1.8
阿联酋	5.6	加拿大	1.7
美国	4.7	科威特	1.5
阿尔及利亚	4.5	中国	1.4
委内瑞拉	4.2	利比亚	1.3
合计			124.3

（资料来源：美国地质调查所，2000）

　　自从 2005 年国际原油价格突破 60 美元 / 桶以来，高居不下的油价引起全世界对能源开发的高度关注。美国《油气杂志》、英国《BP 世界能源统计》的数据表明，世界并没有面临油气资源或储量的短缺，已探明的能源储量仍然可以满足世界近期的总体需求。

　　据 2006 年的美国《油气杂志》、英国《BP 世界能源统计》等资料估计，2006 年全球最终常规剩余可采油气储量分别是 1804×10^8 吨和 175×10^{12} 立方米，见下表 7-11。

表 7-11　世界油气资源情况统计表

资源类型		最终可采资源	累积采储量	剩余可采储量	待发现资源量
常规	原油（10^8t）	4504	1000	1804	1700
	天然气（$10^{12}m^3$）	470	70	175	225
非常规	原油（10^8t）	2000 ～ 8000（粗估）			
	天然气（不含甲烷水合物，$10^{12}m^3$）	900（粗估）			
	甲烷水合物（$10^{12}m^3$）	100000 ～ 500000（粗估）			

注：最终常规可采油气资源量资料来源：Oil & Gas Journal，2006；BP Statistical Review of World Energy，2006

　　21 世纪将进入一个新的能源变革时代，过去的一个世纪里，世界能源消费从最初的以薪柴为主转向以煤炭为主，继而又转向以石油为主。21 世纪前半叶，天然气的开发生产将在世界能源生产与消费中占重要地位。到 2050 年以后，天然气的应用可能会取代煤炭成为继石油之后的世界主要能源。从环保和优质能源角度看，天然气将成为能源市场上首选的燃料，21世纪将是世界能源的天然气世纪。

天然气在目前世界能源中的地位：

1. 环境保护日益上升到各国政府政治议事日程上的首要地位。

2. 天然气是一种清洁、高效的燃料，天然气使用方便，能最低限度处理和储存。

3. 在各国城市化发展中，城市气化水平不断提高。

4. 各国实行能源供应的多元化，并日益放宽对天然气市场的管制。

5. 各国产业结构、经济结构的调整和变化会大大刺激对天然气的需求量。

天然气的利用带来更好的环境效益、社会效益和经济价值，它主要体现在以下几个方面。（1）燃烧热值高。化石能源主要成分是氢和碳两个元素，作为天然气主要成分的甲烷的氢碳比为4:1，是化石能源中最高的。（2）大气排放物少。燃料排放物极少是天然气优于其他能源的最大特点；不含固体颗粒，硫和重金属含量极微，SO_2 微不足道，不含化合氮，NO2 较低；易于通过改进燃烧技术和尾气处理来进一步减少排放量。（3）能源利用效率高。（4）经济价值高。天然气热值价格为电的 21% ~ 56%、液化石油气的 42% ~ 62%、燃油的 96%。（5）天然气的利用主要集中在工业、发电、民用和商业领域。

2006年石油、煤炭、天然气在全球一次能源消费中分别占 37.5%、25.5% 和 24.3%。全世界天然气储采比很高，为 70:1，而且石油和煤炭消费领域里有 70% 以上都可以用天然气取代。预计到 2050 年，世界石油消费所占比例仍在 24% 左右，天然气消费和新能源、可再生能源消费比例大体各约占 22% 和 26%，煤炭消费所占的比例将下降到 18% 左右，水电、核能和传统薪柴燃料占到 10% 左右。

随着世界天然气船和天然气管网运输等重要基础设施建设项目的投入使用，天然气可以更大量地运抵更广泛的地区。2006 年的《BP 世界能源统计》表明，2005 年世界管道天然气贸易量为 5320×10^8 立方米，液化天然气贸易量为 1880×10^8 立方米，分别占当年世界天然气总贸易量的 70.9% 和 29.1%。2005 年，居世界前 10 位的天然气消费国的总消费量达到 17485×10^8 立方米，占世界天然气总消费量的 63.59%，见下表 7-12。

表 7-12　2005 年世界天然气消费和产量情况表（前 10 位国家及中国）

国家	消费量（10^8m^3）	占世界份额（%）	国家	产量（10^8m^3）	占世界份额（%）
美国	6335	23.0	俄罗斯	5980	21.6
俄罗斯	4051	14.7	美国	5257	19.0
英国	946	3.4	加拿大	1855	6.7
加拿大	914	3.3	英国	880	3.2
伊朗	885	3.2	阿尔及利亚	878	3.2

国家	消费量（10^8m^3）	占世界份额（%）	国家	产量（10^8m^3）	占世界份额（%）
德国	859	3.1	伊朗	870	3.1
日本	811	2.9	挪威	850	3.1
意大利	790	2.9	印度尼西亚	760	2.7
乌克兰	729	2.6	沙特阿拉伯	695	2.5
沙特阿拉伯	695	2.5	荷兰	629	2.3
中国	470	1.7	中国	500	1.8
小计	17485		小计	19154	
世界合计	27496	100	世界合计	27630	100

资料来源：BP Statistical Review of World Energy, 2006。

2005 年世界天然气产量 27630×10^8 立方米，其中，俄罗斯天然气产量居世界第一位，达 5980×10^8 立方米，出口量也居世界第一位，达 1510×10^8 立方米，占世界天然气出口量的 21%。

中东地区天然气产量增长很快，特别是近 20 年，产量增长了 3.6 倍。2005 年中东地区天然气产量达到 2920×10^8 立方米，出口量也迅速增长，达到 433×10^8 立方米，占世界液化天然气出口量的 23.0%，其中液化天然气出口国主要是卡塔尔、阿曼和阿联酋。

第八章　现代工业离不开石油

第一节　石油与我们的生活

石油是一个国家的血液，它与我们人类的衣食住行紧密缠绕在一起，你目光所及的地方，处处都有石油在扮演着不可或缺的角色。

如果没有了石油，一个国家绝对会在 3 天之内彻底崩溃。

如果没有了石油，汽车、飞机、轮船等交通工具就没了燃料，只能待在原地一动不动，一个国家的交通就会彻底瘫痪，你原本可以日行千里甚至万里的生活将一去不返，而公路也没有了沥青来铺就。

离开了石油，工厂里的机械将无法正常运转，因为润滑油、润滑脂里面大部分成分都是用石油炼制的基础油，有些含量高达 90%。

离开了石油，生活中随处可见的体育用品、轮胎、电线电缆将不见了踪影，因为这些物品是用合成橡胶制作而成，而石油是制作合成橡胶的主要原料。

离开了石油，人们想好好装修一下新居会变得遥不可及，因为各类装修材料、涂料都是石油加工的产物。

离开了石油，你的家里将少了很多色彩，因为你每天都要用到牙刷、脸盆、各种瓶瓶罐罐等塑料制品（图 8-1），它们不仅给生活提供了极大便利，而且拥有生动而丰富的色彩，妆点了我们的家。而这些形态各异、色彩美丽的家伙们，几乎全都是用黑乎乎的石油制作出来的。

如果你觉得这些离你还是有些距离，不能日行千里就不出远门呗，没有塑料制品就拿别的来取代呗，那我们那就从跟你关系更密切的大事，和你根本找不到其他东西来取代、也无法避开不用的必需品谈起。

人吃五谷杂粮，难免有个头疼脑热。如果没有了石油，制药厂将关闭大门，因为治病的良药与石油密不可分——许多药物都是从苯衍生来的，而苯是怎么来的？从石油里制取的。

图 8-1a　石油与人们的生活
——牙刷示意图

图 8-1b　石油与人们的生活
——蜡烛示意图

图 8-1c　石油与人们的生活
——塑料制品示意图

图 8-1d 石油与人们的生活
——生活日用品示意图

　　离开了石油，爱干净的你会发现生活变得很脏，因为很多清洁用品，如洗发水、沐浴乳、肥皂、洗涤剂、牙膏等，里面都含有石油的衍生物。试想一下，如果让你过上一个月没有洗发水洗头，没有沐浴乳洗身体，也没有洗涤剂洗衣服、洗碗碟，甚至没有牙膏刷牙的日子，你的生活将会变成什么样？

　　不仅如此，你还会面对另一个窘况——没有化妆品护理皮肤了。

　　石油精炼或合成出来的油、石蜡、香精等，是制作化妆品的原料，有些含量较高的甚至高达 80%！你不妨留意一下你平时使用的化妆品的成分表，看看里面都含有哪些东西。

　　而你的衣橱，也将变得空空如也，因为涤纶、锦纶等现在占据了布料市场大壁江山的纺织面料，都是石油生产出来的合成纤维。也就是说，你的一生要"穿"掉很多升石油。

　　除了"穿"石油，你这一生，还要"吃"掉 551 公斤石油。是不是看到这里被吓了一跳？不会吧，你说我们一辈子要"穿"掉不少石油已经够震撼了，这怎么还有听起来更匪夷所思的？石油还能吃？怎么吃啊？

　　我们餐桌上很多食物的保鲜、染色、调味等都需要石油产品的参与，比如用来清新口气的口香糖。而以外出时需要人手一瓶的纯净水为例，一瓶 500 毫升的纯净水，从水源地经历开采、净化、装瓶、运输等一系列环节，最后来到你手里的过程，总计需要消耗掉167毫升的石油。

而我们片刻也离不开的石油，是不可再生资源，用一点少一点。

林教授在《名家讲坛》上说过，在历史上，1859年具有划时代的意义，树立了两个里程碑：1859年，查尔斯·达尔文出版了《物种起源》，同年，跨越亚特兰大，在当时拥有33个州的美国，德雷克在宾夕法尼亚州泰特斯维尔（Titusville）附近挖掘了第一口油井。

达尔文提出了所有的物种都将灭绝，人类纪元是有限的；而德雷克的发现宣布了石油时代的开始。从那时起，石油成为个人帝国的奠基石，是石油资源蕴藏丰富国家的财富源泉。

石油既是一种具有使用价值的商品，同时也是一种可交易的国际货币，一直以来都沿用古老的42加仑/桶作为计量单位，用它提炼出来的液体动力染料——汽油，也让人类实现了日行万里的梦想。

石油的全球埋藏量有多少至今仍然是个未知数。在中东地区，为了争夺石油的控制权和对石油枯竭的担忧引发了多次战争。

当代，在全球化的视野下，石油能源问题已经成为国际政治、经济、环境保护等诸多领域的中心议题，甚至成为国际政治的重心。国家间围绕世界能源的控制权所进行的激烈争夺，各国维护自身利益所制定的能源安全战略，以及各国政府积极主导的替代能源开发，使能源问题日益成为国际社会的焦点；油价波动、低碳经济、气候变化以及环境保护诸多问题，不仅是政府首脑、智库学者的案头工作议题，而且成为切切实实的民生问题。

中国在能源领域的国际合作也在不断扩大，从最初的石油天然气为主，扩展到煤炭、电力、风能、生物质燃料、核能、能源科技等各方面，而随着能源问题的国际化，中国也从国际社会的幕后走到台前，承担的责任越来越重。

中国石油作为国有大型骨干企业，承担着履行政治、经济、社会三大责任，承担着保障国家能源安全的重要使命，围绕着建设综合性国际能源公司这一战略目标，积极实施"资源"和"市场"两大战略，注重国内外资源和国内外市场的开拓，取得巨大成就。但是，能源问题不再是一个简单的经济问题，

在国内，要开采更多的石油，需要理论上的突破、技术上的创新、还要大量资金的投入。2006年，我国在川东北深部海相地层发现普光大气田，并一次投产成功，说明我国已经具备开采大型气田的能力；在国外，中国石油企业的海外发展往往伴随复杂的国际政治、经济、社会和环境因素。引人瞩目的中俄石油管线一波三折，中海油收购美国优尼科石油公司的无果而终，无不打着深刻的政治烙印，中国石油企业的海外创业经验，给扩大国际能源合作提出了一系列亟待解决

的重要课题。

石油和天然气是一种重要的能源和战略资源，在当代社会和国民经济中占有极其重要的地位。党中央和国务院对油气资源高度重视，把油气资源与粮食、水资源一同列为影响经济社会可持续发展的三大战略资源。石油已经不仅仅是"工业的血液"，而是渗透到社会生活的方方面面，小到日常生活用品，如牙刷和牙膏等；大到国与国的争端，甚至引发国家之间的战争。所以，石油在国际战略中具有举足轻重的地位，究其原因，有以下几点：

首先，石油和天然气是非常宝贵的燃料。石油是工业的血液，从石油中提炼的汽油、煤油、柴油等是汽车、拖拉机、火车、飞机、轮船的优质动力燃料，超音速飞机、火箭、导弹、飞船等现代化设备的燃料也离不开石油产品；石油和天然气的发热量大、燃烧完全、运输方便和污染小等优点，使其在世界能源消费结构中所占的比重越来越大。据环球能源网资料，2007 年世界能源消费总量为 110.993×10^8 吨油当量，其中石油占 35.6%、煤炭占 26.6%、天然气占 25.6%、水力占 6.4%、核能占 5.6%。石油和天然气占世界能源消费的 61.2%。

其次，石油和天然气还是重要的化工原料。乙烯、丙烯、丁二烯、苯、甲苯、二甲苯、乙炔等化学工业应用的主要基础原料多来自石油和天然气。上述石油化工产品的应用范围很广，既用于制造或提炼各种染料、农药、医药，又用于制造或提炼生产量大、应用面广的合成纤维、合成橡胶、合成塑料，还用于制造或提炼重要的无机化工产品，如合成氨及硫磺等。合成氨是主要的化学肥料，世界上 70% 以上的合成氨都来自天然气或石油。现在已经能够从石油和天然气中提炼出三千多种产品，应用到各个领域，石油化工产品已经成为国民经济和社会生活中不可缺少的重要材料。

第三，石油又是提炼润滑油料的重要原料。从微小精密的钟表到庞大高速的发动机都需要润滑才能转动，所以人们将润滑油料视为机器的"食粮"。

石油和天然气工业在世界经济中占有极其重要的地位。据 2007 年《财富》杂志统计，在世界 500 强公司的排行榜前 10 名中，就有 6 家石油公司，分别是埃克森美孚（ExxonMo-bil）、皇家壳牌（Shell）、英国石油（BP）、雪佛龙（Chevron）、康菲（Conocophilips）和道达尔（Total）。在我国，2005 年有 55 家石油石化企业进入全国纳税百强企业，纳税总额占上市公司纳税总额的 64.8%。

我国是世界产油大国，也是石油消费大国。2007 年我国石油产量是 18665.7×10^4 吨，居世界第五位。随着我国社会经济的高速发展，对石油的需求量也越来越大，继 1993 年我国成为石油净进口国之后，石油需求持续增长，2007 年消费石油 34600×10^4 吨，已经超过日本，成为继美国之后的全球第二大石油消费国。在我国 2006 年的总石油进口量中，从中东地区进口的石油占 41.8%，从非洲进口的占30.0%，从前苏联地区进口的占12.8%。从非洲和中东地区进口的石油都要经过长距离海运，霍尔木兹海峡和马六甲海峡是必经之路。目前，阿拉伯世界纷争不断、大国势力不断介入、世界恐怖主义猖獗、海盗骚扰活动频繁，这些都严重地影响着我国的石油安全。

我国拥有960×10^4平方公里的陆地领土面积和300×10^4平方公里的海洋国土面积，沉积盆地星罗棋布，沉积岩系分布普遍，不仅有面积巨大的陆相沉积盆地，而且拥有海相碳酸盐岩系异常发育的广大区域，蕴藏着丰富的石油和天然气资源。根据新一轮（第三次，2006年）全国常规油气资源评价结果，我国石油远景资源量为1086×10^8吨，石油地质资源量为765×10^8吨，石油可采资源量为212×10^8吨；天然气远景资源量为56×10^{12}立方米，天然气地质资源量为35×10^{12}立方米，天然气可采资源量为22×10^{12}立方米。因此，加强国内石油勘探和开发，仍然是解决我国石油供应和石油安全的基础。在此基础上，应积极拓展海外油气勘探和开发工作。

作为石油地质工作者，林教授认为勘探和开发更多的石油是他义不容辞的责任。

第二节　石油引发的国家间的战争

石油作为一种战略资源，在国际政治中占有越来越重要的地位。以前国际争端是为了领土和主权，现代国际政治争夺的是什么？专家的回答是：石油！从这几十年来国际关系的现实可以看到，石油资源是国家间发生战争和冲突的主要因素，特别是谋求对石油资源的控制，成为国际斗争的焦点之一。两伊战争、伊拉克入侵科威特、海湾战争、阿富汗战争、伊拉克战争、巴以冲突、非洲一些国家的内战等，其背后都存在着深刻的石油因素。随着石油资源的日益紧缺，石油对社会经济发展的制约作用将愈加突出，以各种形式出现的全球能源争夺战也将愈演愈烈。

20世纪的许多战争都因石油而起，而且石油直接决定了战争的结局。

1914年第一次世界大战爆发，石油成为使用汽油，内燃机等新兴军用飞机、坦克、舰艇等新兴军用武器，使用的都是汽油内燃机，石油无疑是这些神器的能源。而威力巨大的炸药，其原料甲苯也由原先的提炼自煤改为同时提炼自石油的。

于是，对石油供应线的攻击，成为交战双方的军事目标。1917年初，德国发挥潜艇的优势，击沉了盟军大量的油轮，导致英国海军部石油只剩不足三个月的存量，只得依靠美国石油的支援。但德国更为不妙，海上石油运输受到盟军的封锁，陆上所唯一仰赖的罗马尼亚油田又被英军破坏，1918年转而通过盟友土耳其谋取俄国的产油地巴库，却已鞭长莫及，10月德军储油已近耗尽，不得不在这一年的11月宣布投降。

当时的法国总理克里孟梭感慨道："汽油在未来战争中像血一样重要，不能供应汽油将会立即使我们的军队瘫痪。"

德国战败后，法国政要语重心长："石油这个'地球之血'是'胜利之血'，德国对其储备丰富的铁和煤的优势还是过于自负，没有充分考虑我们的石油优势。我们是在石油的波涛上漂向了胜利。"

因为吃了石油亏而输了战争的德国痛定思痛，在1941年6月以闪电战突然进袭苏联，其中一个重要的战略意图，就是夺取高加索地区丰富的石油资源。无独有偶，同年12月日本偷袭珍珠港，这场偷袭的重要原因之一，是为掠取东印度石油资源而保护其侧翼。

1973年世界爆发了第一次石油危机，10月6日第四次中东战争开打后，埃及、叙利亚军队在同以色列军队的作战中形势不利。阿拉伯国家拿出了绝招——以石油逐月减产和禁运为武器助战。

结果呢？全世界的油价就像坐直升机一样，在两个多月的时间里就翻了好几番，由每桶2.41美元上涨四倍至每桶10.95美元，触发了第二次世界大战以来最严重的全球经济危机。

美国经济"缩水"三分之一，通货膨胀率从3.4%上升到12.2%，失业率从4.9%上升到8.5%，每天的石油进口减少了两百万桶，许多工厂因而关闭停工，正在受到能源危机困扰的美国政府不得不宣布全国处于"紧急状态"，并采取了一系列节省石油和电力的紧急措施，其中包括：减少班机航次，限制车速，对取暖用油实行配给，星期天关闭全国加油站，禁止和限制户外灯光广告等。甚至连白宫顶上和联合国大厦周围的电灯也限时关掉，尼克松还下令减低他的座机飞行的正常速度，取消了他周末旅行的护航飞机。美国国会通过法案，授权总统对所有石油产品实行全国配给。

石油斗争大大加强了阿拉伯国家的经济实力，仅提价一项就使阿拉伯国家的石油收入由1973年的300亿美元，猛增到1974年的1100亿美元。

这场石油危机持续了整整三年，美国的工业生产下降了14%，日本工业生产受损更严重，直接下降了20%以上。所有工业化国家的工业生产无一幸免，全部出现了负增长。根据2004年1月1日英国国家档案馆解密的文件显示，苦不堪言的美国为结束1973年的石油危机，曾准备发动一场包括入侵科威特在内的战争。

"美国的军事计划包括对战略目标、整个科威特国以及沙特阿拉伯宰赫地区的油田，和盛产石油的阿联酋阿布扎比地区实施空中打击。""美国为了夺取油田倾向于单枪匹马采取一次迅速的军事行动。""通过对油田的切实控制确保有足够的额外石油供给，以满足美国的国内需求，并为美国精挑细选的朋友确保可观的石油供给。"

1978～1979 年世界又爆发第二次石油危机。世界第二大石油出口国伊朗政局发生激烈动荡，巴列维国王的政府被推翻，石油停止出口，世界供油市场格局陡变，以致石油价格在这次危机中每桶由 13 美元飚升至 34 美元，严重地冲击了西方经济。美国的处境更见狼狈，缺油的日子里，汽车拥堵在高速公路上达几十公里而不能动弹，交通因此而瘫痪，工厂停产，商店关门，经济下降 6%，失业人数翻番，一派萧条景象。美国痛定思痛，除了加大投入研发替代能源外，还暗暗制定和规划了以围绕石油等重要经济资源为诉求的全球军事战略。

第二次石油危机，使美国、英国的 GDP 负增长率分别为 0.2% 和 2.4%。

中东地区之所以成为世界上最不稳定的是非之地，与这个地区的地下埋藏有世界上最丰富的石油有很大的关系。中东地区乃至全世界石油储量位列前两位的国家，是沙特阿拉伯和伊拉克，

1980 年 9 月 22 日，伊朗和伊拉克这两个被称为"浮在石油上的国家"正式开战，两国石油生产完全停止，世界石油产量完全受到影响，产量剧减，全球市场上每天都有 560 万桶的缺口。

这场旷日持久的战争持续了 8 年，两个原本靠石油富得流油的国家变得一贫如洗，而支撑它们经济的石油资源也遭受了巨大的损失。

1991 年美国攻打伊拉克，控制石油资源就是其发动战争的根本目的之一。到了 21 世纪，9.11 事件爆发后，2003 年伊拉克战争再次打响，美国掩耳盗铃，以反恐与核安全为借口，却并不能掩盖其仍然是为石油而战的实质。

石油引发的国家间的战争，可并不只是局限于真刀实枪的对搏，还体现在经济贸易领域没有硝烟的战斗，其激烈程度丝毫不比直接开战的火拼逊色。

林昌荣曾经做过一个生动地比喻：世界经济系统的运作，如果没有了足够的石油，就像我们人体进入了脱水状态。众所周知，人体的 70% 是水分，它对维持我们人类的生命起着至关重要的作用。而如果水分供应不足，人体很快就会因为脱水而面临生命危险。而对世界经济来说，当石油供给不足的时候，全球经济系统就会彻底崩溃。

第三节 美国与我国打贸易战的底气

林昌荣于 2018 底写过一篇《石油能源与美国贸易战关系研究》的研究报告，文中分析美国现敢在贸易上到处打压其他国家，底气来自什么？虽然有很多原因，但它的最为重要的底气主要来自于能源的独立，因为到 2018 年底，美国在 75 年来首次成为原油净出口国（上一次还是在二战中的 1943 年），这就是美国打贸易战的底气。

林教授在文中写道："我们来看一下近代人类的发展历史，就很清楚美国打贸易战的底气原因所在。"

"19 世纪中后期，以电力和内燃机为代表的第二次工业革命兴起，石油从此登上了历史的舞台，并发挥了不可替代的作用。没有石油，工厂就不能开工，飞机、军舰、机械化部队就是一堆废铜烂铁，也就没有现代工业。二战前的 1939 年，美国的原油产量为 17094.6 万吨，占世界的一半以上（二战时期更达到 70%），是石油支撑了二战前美国工业化的快速推进，也可以说美国人用石油"淹没"了二战中的德国和日本。由此可见，当时世界石油产地主要集中在美洲，其它地区的原油产量很小，而且主要集中在苏联的高加索地区。在 1939 年以前，中东石油只占世界石油总产量的 5%，无足轻重。"

"通过上述这些数据就可以知道，二战时期的德国为什么要进攻苏联，日本为什么要进攻南洋的印尼等国，因为没有石油，它们的工业化就没有支撑，军事实力也无从发挥。

以当时美洲丰富的石油生产为基础，美国逐渐成为世界上最大、最先进的工业化国家，也完成了自己的基础设施建设。而为了获取能源支撑自己的工业化，德国和日本走上了战争的道路。

欧洲国家在二战后的废墟上实现了重建，从上世纪五六十年代以来日韩经济崛起，加入世贸之后，中国迅速成为世界工厂，基础设施也不断完备。世人需要想一想，真正支撑这些经济体可以发展起来的最基础内容是什么？

国际局势平稳、贸易全球化、美元扩张，等等，都是决定欧亚经济体崛起的因素，但却都不是最基础的因素。其核心因素是，二战之后亚非地区成为世界原油的主产地，而美国大陆自上世纪七十年代中期之后原油产量持续下降，这也是美国制造业不断外迁的一个重要原因。有了支撑亚欧经济体以制造业为支撑而崛起的最基础性条件——石油，也是美国把一般制造业向亚欧大陆不断转移的根源。

二战之后，中东地区陆续发现了大型油田，成为世界上最主要的原油输出地区和国家，支撑了亚欧基础设施的建设和制造业的不断发展。这也让中东成为世界热点地区，可以不夸张地说，谁控制了中东，谁就控制了亚欧主要经济体的命脉。所以，中东打喷嚏，亚欧都要吃感冒药。"

"如今的世界局势，很多人认为只有中美陷入了对抗的状态，这并不全面。俄罗斯也是美国最主要的对手，一旦俄罗斯控制了中东，就控制了亚欧大陆的主要国家，就足以与美国对抗；一旦俄罗斯再次被肢解，各个独立的小国为了自保，就只能加入北约，进入美国的军事势力范围，再加上美国对沙特的控制，美国就基本控制了亚欧大陆的主要能源，就控制了亚欧国家的经济命脉。这是美国孜孜不倦地对俄罗斯进行经济制裁的原因，也是给乌克兰撑腰的根源。美国希望通过经济与军事手段不断打压俄罗斯，推动俄罗斯陷入内乱。

现在，美国已经实现了对石油的控制，加之原来美国粮食不仅完全实现了自供自给而且还可以大量出口，而美元货币是世界货币，所以，美国已经实现了全方位的对整个世界所有国家的全面控制，这就是它可以到处打贸易战的底气。"

在我国，由于前几次石油危机爆发时经济对外开放程度还不高，因而影响不大。但随着经济与世界市场联系的日益紧密，我国对石油的敏感度越来越高。以现在中国每天进口200万桶石油计算，如果国际油价每桶上涨5美元，那麽中国每天就要多支付1000万美元，石油对我国经济的重要性已被提高到战略高度加以重视。

近些年，石油引发了另一种新形式的战争：那就是美国率先提出所谓的："温室效应"，我国要慎重应对，不能落入其圈套。如果真是石油燃料引起全球气候变化，谁的责任更大？

20世纪末和21世纪初，科学家们发现了大气层中由于 CO_2 含量增加而导致温度上升的"温室效应"。随着工业化的进程，特别是大量使用化石燃料，包括煤、油、天然气等，使大气中 CO_2 含量成倍增长。据南极冰岩芯和树木年轮的研究，工业化前的19世纪中期，大气中 CO_2 含量为260-280ppm（ppm为浓度单位，也称百万分比浓度），但是从1955-1980年间，CO_2 含量从315ppm增加到340PPm。而当大气层中 CO_2 含量增加一倍时，会使地球大气圈的温度上升 $1.2℃$。因此，对日益增加的燃烧化石燃料和砍伐森林（特别是热带雨林）现象如任其发展，气候将会有明显上升，从而引起海面的上涨，见下表8-1。

1985年10月联合国环境署、世界气象组织和世界科学联合会共同召开的奥地利菲拉赫（villach）会议认为，到2030年前后 CO_2 倍增，全球平均温度将增暖 $1.5-4.5℃$，全球海面将上升20-140厘米。总之，普遍认为由于温室效应，下一世纪气候将会继续增温，由此而引起的海平面上升问题的严重性不容忽视。

但是，持不同观点者认为，人类的作用是有限的，自然规律难以改变。因此，未来气候变化这一课题仍有待进一步研究。

表8-1 21世纪海面上升的预测

预测方案	预测时段（年、公元）				
	2000	2025	2050	2075	2100
EPA（1983）					
低方案（cm）	4.8	13	23.8	38	56.2
高方案（cm）	17.1	54.9	116.2	211.5	345
据目前趋势估计（cm）	2.0—3.0	4.5—6.8	7.0—10.5	9.5-14.3	12.0—18.0
J.S.Hoffman 等（1986）					
低方案（cm）	3.5	10	20	36	57
高方案（cm）	5.5	21	55	191	368

ERA—美国国家环保局

由于全球气候变化对当前人类持续发展有直接影响，人类是经不起在不同学术观点争论中去冒一次风险的。因此，科学家们提醒人们重视"温室效应"的潜在恶果，呼吁从长计议，采取有效措施，从而使人们不至于在灾变性恶果发生时处于措手不及的境地。林教授直言这种思想是积极的，有可取之处，但是，如果片面夸大人类活动，把近期全球气候的增温全部归罪于是由石油燃料引起，而忽视地球45亿年来曾经多次冷、热交替出现的事实，也是不全面的。

地质历史中多次发生的生物界集群绝灭及其与地内外多种灾变事件之间的耦合关系，对比研究不同灾变事件对不同生态类型生物绝灭的影响特点，对于人类预防自然灾害和尽量减少损失也有重要意义。由此可见，大力开展近100000年来全球自然地理环境变化规律的研究，预测今后100年内的发展趋势，已成为当代地球科学研究的热门课题。

如果人类从事生产活动消费的石油，的确会引起全球的"温室效应"的话，那么，到底谁应该负更大的责任？林昌荣认为，从哪国消费石油最多，和中国人均消费石油水平情况来看，就能一目了然地知道答案。

哪里消费石油最多呢？

2007年，六个国家消耗了世界石油的一半。按照消费量排列，这六个国家从高到低依次是美国、中国、日本、印度、俄罗斯和德国，见下图8-2。加上另外10个国家，总耗量就超过70%。到目前为止，最大的石油消费国是美国。它消耗了全球石油供应量的24%，比任何国家的两倍都多，然而它的人口却只占世界人口的4%。

从人均角度来看，石油消耗有很大不同。沙特阿拉伯、加拿大和美国这三个国家是世界上最大的消费国，分别每人每年消费 28 桶、25 桶、25 桶石油。不同国家之间的人均石油消费量，有很大不同。一般来说，发达国家每人每年使用 10 桶以上石油，不发达国家如中国、印度每人每年使用不到两桶（图 8-3）。因此，哪个国家应该负更大的责任就呼之欲出了。

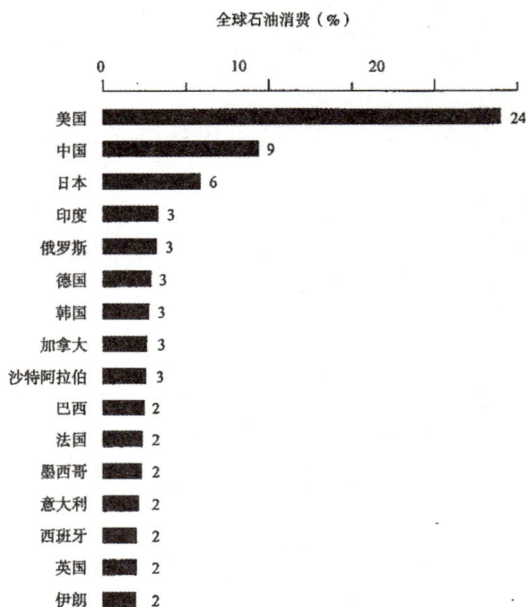

全球石油消费（%）

国家	消费
美国	24
中国	9
日本	6
印度	3
俄罗斯	3
德国	3
韩国	3
加拿大	3
沙特阿拉伯	3
巴西	2
法国	2
墨西哥	2
意大利	2
西班牙	2
英国	2
伊朗	2

图 8-2　全球石油消费比例（按国家划分）
资料来源：世界能源统计年鉴

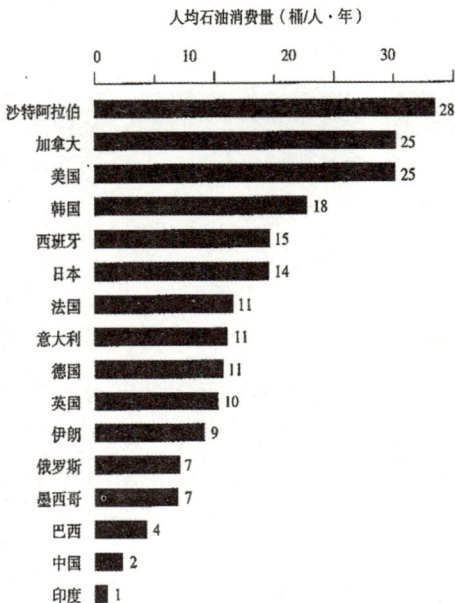

人均石油消费量（桶/人·年）

国家	消费
沙特阿拉伯	28
加拿大	25
美国	25
韩国	18
西班牙	15
日本	14
法国	11
意大利	11
德国	11
英国	10
伊朗	9
俄罗斯	7
墨西哥	7
巴西	4
中国	2
印度	1

图 8-3　世界各国 2007 年人均石油消费量，以桶为单位
资料来源：石油消费量来自世界能源统计年鉴；
人口数量来自美国农业部经济研究局

第四节　石油能源"新宠"国家变迁对我国的警示

在世界石油版图上，中东在过去 50 多年里一直占据中心位置，中东产油国生产了全球约 40% 的石油，中东的微小异动，都可能成为世界石油市场剧烈动荡的根源。也正是围绕着中东石油的掌控权，这里爆发了多次的战争。但随着常规石油产量将达到瓶颈并开始下降，世界能源格局的核心，正悄然从中东向西半球转移。

石油能源供应国家的变迁，石油流向的变化——从中东转移到美洲，加强了美国的能源安全，却意味着我国能源风险的增加。对于象我国这样需要大量进口石油的国家来讲，地缘政治的变化，意义非常重大，随时都需要改变我国的战略思想。

西半球之所以能出现新的能源轴心，就在于在这片大陆发现了三种关键的非常规油气资源。这三个关键地点，分别是拥有油砂资源的加拿大阿尔伯塔省、页岩油气资源丰富的美国北达科他州和得克萨斯州，以及近期发现深海盐下石油的巴西。

在加拿大，油砂已从一个边缘资源跃升为该国的主要资源。加拿大拥有世界上最大的油砂储量，据估计可采量达 31 ~ 50 亿桶以上，仅次于沙特阿拉伯的原油蕴藏量。

目前，加拿大油砂产油量高达 150 万桶 / 天，超过利比亚内战爆发前的石油出口量。专家预计，到下一个 10 年开始时，加拿大油砂产油量很可能翻番。石油总产量有望超过伊朗，位列俄罗斯、沙特阿拉伯、美国、中国之后，成为第五大产油国。

而盐下油则让巴西成为新的世界能源轴心线上另一个重要站点。盐下油，顾名思义，就是储藏在盐层下面的油藏。20 世纪 70 年代，因为确信本国缺乏石油，巴西开始从蔗糖中提炼乙醇。但实际上，2000 年以来，巴西新增的石油产量已超过其整个乙醇产量的 1.5 倍，是盐下油让巴西实现了从贫油到富油的转变。

有报告估计，到 2015 年，巴西盐下油占本国石油开采的份额将从目前的 2% 晋升至 18%，2020 年有望增至 40.5%，相当于委内瑞拉的两倍，届时巴西将成为拉美石油的重心。据报道，巴西目前已确定勘探的盐下层石油的海域，石油储量可能在 500 至 800 亿桶之间，是该国目前已探明储量的 5 倍左右。

而美国，则靠着通过页岩气技术从致密的岩石中提出石油，实现了产油量的突飞猛进。

8 年前，美国北达科他州地下数英里处一个名叫巴肯的岩层，每天产油量只有区区 1 万桶左右。但今天，这里的日产油量达近 50 万桶，这让北达科他州一跃成为美国石油生产第四大州，失业率降为美国最低。在得克萨斯州南部和西部，以及美国其他一些地区，也上演了相似的故事。

2000 年时，美国页岩石油每天开采仅 20 万桶，仅占美国国内总开采量的 3%，现在每天开采 100 万桶。剑桥能源研究所预计，美国到 2020 年底每天可产出 300 万桶，超过目前原油产量的一半，相当于美国产油量的 1/3，而这还是保守的估计，一些估计要大大高过这一数字。

世界各国积极投资美国页岩油，我国也不例外。从 2012 年伊始，中国石化公司与美国德文能源公司签署 25 亿美元的合同，其中包括 5 块页岩油气田，这也是中国石化首次踏入美国页岩油气市场。

类似的投资还有法国道达尔能源公司出资 25 亿美元，收购美国切萨皮克能源公司俄亥俄州页岩油气田 1/4 的股份。中国石油也于近期收购壳牌公司持有的加拿大页岩油气资产 20% 的股份。此前，中海油也在 2010 年和 2011 年购买了切萨皮克能源公司多处页岩油气田股份。

有分析人士认为，中国开采非传统能源的技术还不成熟，但中国油企的海外并购活动是向外国油气企业学习先进勘探和开采技术的一种努力，这也是减少对外国能源依赖的必由之路。

特别是在当前中东局势不稳导致油价波动，以及日本核电站泄漏引发核能安全担忧的大背景下，非常规油气资源开发显得尤为重要。不过，中国需要非常谨慎，需对非常规油田开发复杂的环境和地缘政治等因素进行深入的政策研究，否则将使自己在国际气候谈判方面处于被动地位。

受巨大储量和油价高企的吸引，大量的外国公司在凭借各自的经济实力，收购加拿大阿尔伯塔的油砂矿。

美国、法国、英国、中国、泰国、韩国和挪威都有公司从油砂项目中购买了股票。加拿大石油生产协会的数据显示，在过去 3 年中，国际公司通过融资、加盟和直接收购的形式在阿尔伯塔投资了近 200 亿加元（1 加元约合 6.3 元人民币）。

中国"两桶油"——中石油和中石化 2005 年开始，就已经迈出了与加拿大的油气合作步伐。据不完全统计，自 2005 年中石化收购加拿大北极之光油砂项目，至 2012 年 2 月初中石化收购壳牌在加拿大一油田区块 20% 权益，8 年间，中石油和中石化共参与了 6 个有关加拿大的油气项目合作，涉及投资金额约人民币数百亿元。

而另一个能源新宠国家巴西政府，制定新法规开采盐下层石油。从盐下层石油勘探和开采行业在巴西启动以来，从政府到业界都做了大量工作，其中包括修改原有的石油法规，并制定专门规范盐下层石油勘探和开采的新法案，以适应行业新形势。巴西明确规定，在合作开采中，外资企业必须同巴西最大的国企——巴西石油公司建立合作伙伴关系，在业务和经营上共进退。

油砂、页岩石油等非常规石油的一个显著共同点，就是不能像常规石油一样简单地从地下抽取，而是需要采用能源密集型的新技术。如果没有新科技，这些沉睡地下的非常规石油资源也许很难见到天日。

油砂是一种沥青、砂、富矿黏土和水的混合物。由于油砂这种特殊性质，其开采方法与常规石油完全不同。根据油砂矿的不同条件，目前国际上常用的开采方法主要有露天开采和就地开采。露天开采适合埋藏较浅的近地表油砂，就地开采适合理藏较深的油砂。但无论是露天开采还是就地开采，过去15年中工程技术的长足发展，已使油砂油的大规模商业性开采成为可能。

在巴西，2007年后新的科技突破使其丰富的盐下油被发掘。这之前，这些资源一直沉睡在巴西南部海岸一英里厚的盐带下。

而在开发页岩油方面，得克萨斯州油气开发商乔治·米切尔居功至伟。早在20世纪80年代初期，米切尔就投入巨资研究页岩气开采方法。经过十几年的努力，米切尔的公司终于发明了水压破裂技术。水压破裂技术是指将数百万加仑的水、沙和化学添加剂混合，再用高压将其注入地下打碎页岩，以释放页岩中储藏的天然气，这个技术也可用来开采页岩中的石油。

后来，米切尔公司与掌握着另一种关键技术水平钻井的德文能源公司合并。水平钻井技术是指将油气井垂直打到一定深度后，再以某种角度向侧面钻探。两种技术相结合，解决了从页岩中开采油气的技术和成本挑战，也改变了能源行业前景和全世界对能源储备的计算。

据美国剑桥能源咨询公司的数据，从2007年到2009年，全球范围内每生产1桶石油，就新发现1.6桶石油可供利用。数据认为，目前全球至少还有5万亿桶石油资源，其中1.4万亿桶在技术和经济方面均达到开采标准。

但这意味着更高的开采费用，非常规油气资源由于采用了更为复杂的技术手段，开采成本大大高于传统方式。但随着国际油价重回100美元上方，开发非常规油气资源变得有利可图。

实际上，非常规油气资源并非只存在于北美地区，而是北美能源企业掌握了开发这种能源的技术，因此吸引了很多企业前来投资。

据安永会计师事务所的数据，2011年签订的3170亿美元油气合同中，有660亿是与页岩油气相关的交易，比上一年增加20%。这一强劲增长趋势在2012年仍在持续，特别是在勘探和开采技术先进的美国和加拿大地区。

美国媒体则指出，油砂、盐下油和致密页岩油等非传统石油资源的快速发展，将改变世界石油的"流向"。虽然西半球仍需从世界其他地方获得石油，但需要程度将大大降低。到2020年，西半球从世界其他地方进口的石油数量将减半，这意味着其从中东和西非的石油进口将减少。届时，中东和西非的石油，将大量流向中国、印度、日本等东方国家。

石油流向的变化，必然对国际格局带来深远影响。对美国而言，这些新的石油资源将极大地加强美国的能源安全，美国周边新石油资源的大量开采将使其能源供应体系更具弹性。

在很多人的印象中，美国进口的石油大部分来自中东。而事实上，中东的地位早已被加拿大取代。目前美国近1/4的石油进口来自加拿大，其中有一半源自油砂，且这一份额还在不断扩大。

对西半球来说，新的石油资源的开发，意味着更多的石油财富。加拿大和巴西，甚至包括美国，未来将可能成为世界主要能源出口国。

但对中印等亚洲国家来说，更多石油来自相对动荡的中东地区，意味着能源风险正在增加。如何在新的能源版图中确保自身能源安全，正成为亚洲能源大国面临的重大考验。

地球的石油埋藏量是有限的，这一点是毫无疑问的。由于人类大量地消耗了石油，贪婪地攫取着石油，石油资源的短缺是在所难免的。

根据经济学供求原理推论，既然石油资源不是取之不尽、用之不竭的，那么它必然会随着需求的急剧增长而减少，石油时代的终结近在咫尺。因此，许多专家学者进行了相关预测，石油作为一种商品，究竟何时将终结？

早在1916年，美国矿务局就曾经宣称，"由于国内没有合适的替代能源，美国将会面临一场可怕的能源危机。"，并叫美国能源部在2005年发布了所谓的《赫胥报告》（the Hirsch Report），报告的开场白就是警示性的预言："石油生产高峰的到来，说明美国和全世界即将引来一场史无前例的危机管理问题。随着石油生产高峰期的来临，液态燃料油的价格将会飙升，其价格波动加剧。如果不及时降低风险，整个经济、政治和社会成本将急剧上升。"2007年《科学》杂志报道说："我们都知道石油生产高峰期即将到来。在不久的将来，近一个世纪以来曾经使石油产出翻倍增长的石油工业化生产将会陷入瘫痪状态。即使石油需求量在不断增加，石油产出也不得不停滞不前。这种必然现象的出现只是时间问题。"同样，在2007年美国政府问责局的报告中谈到未来全球石油供给的不确定性时，在假定全球石油生产高峰期即将到来的基础上，得出"从现在到2040年"石油产量将会减少。还有许多研究表明石油生产高峰期将在2020年前到来。

这种令人担忧的类似世界末日的宣判是危言耸听吗？

有的专家却持相反的观点，认为全球石油储量丰富。这种观点的核心意思是石油枯竭并非近在咫尺，前沙特阿拉伯石油大臣Sheikh Ahmed Zaki Yamani 2000年表示，"未来30年我们有足够的石油储量，但是石油购买力不足。大量石油埋藏在地底下。石器时代的结束并不是意味着世界上没有石头了，同样，石油时代的终结也不代表石油短缺了"。

美国能源部（U.S. Department of Energy）能源情报局（Energy Information Administration, EIA）报告显示，我们只发现了液态石油地质储量的4%～7%。从石油公司的高层管理者、能源咨询家到经济学家，都坚信石油产量逼近峰值的观点是错误的，原因有二，其一，世界石油资源储量丰富，我们只消耗了石油地质储量的一小部分；其二，在赚取更多的利润的利益驱动下和供求规律的作用下，石油勘探开发技术将不断提高。

为什么人类对石油资源的未来持怀疑态度？为什么一部分人依据相关数据、分析和理论得出全球石油枯竭的预测，而另外一些人观点恰恰相反，认为目前石油枯竭论的警告不正确，是在喊"狼来了"？这些争论是怎么产生的？林教授就此发表了自己的看法，如下：

要回答上述问题，让我们先假设石油时代即将终结这一感性认识是正确的。

石油时代有几百年的历史，但相对于漫长的人类历史而言，仅仅是沧海一粟，昙花一现。在石油时代，人类将化石燃料作为主要能源。化石燃料主要是地球上极为丰富的动物或植物，由于自然灾害或者其他原因大量死亡，并被埋在地下，堆积起来形成的。它说明太阳直接或间接提供能量，将太阳能转化为化学能源的过程。尽管化石燃料是经过亿万年积累形成的，但是人类开采利用化石燃料的历史是短暂的。追溯历史，放眼未来，相对于人类千万年的历史，"化石燃料的使用就是沧海一粟，突然从零迅速增加到最大，又以同样的速度减少，在整个人类历史上仅仅是短暂的一瞬间（图8-4）。"

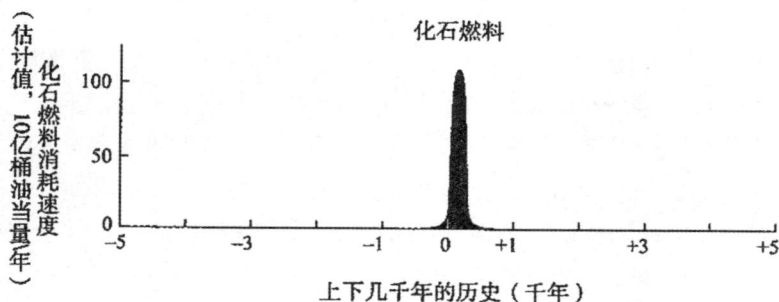

图8-4 从人类一万年的历史看化石燃料的使用
资料来源：化石燃料的利用仅仅是地球历史的短暂一瞬（哈伯特，1956和1981）

在假设全球石油枯竭不可避免的前提下，全球石油资源分析家最关心下面四个问题：（1）石油的探明储量有多少？（2）石油开采趋势怎么样？（3）全球石油消耗的速度是多少？（4）石油时代何时终结？科学家和各类杂志媒体就上述问题展开了深入的讨论。总而言之，大多数分析家关心的是石油时代何时终结，只是他们从不同的角度考察这个问题。分析家们关心的，并不是最后一滴油何时从地底下开采出来，而是石油产量何时达到峰值。他们认为石油产量达到峰值时就是石油时代终结的开始，也就是说，从此以后石油产量不能满足需求。他们认为石油产量达到峰值时，石油时代的终结就近在咫尺。那时，重建这个以石油为基础的社会就迫在眉睫了。

那么，分析家认为石油产量何时达到峰值呢？奇怪的是，结论出人意料的雷同。大部分分析家预计石油生产在 2025 年之前达到峰值；更悲观的预测是峰值已经达到，人们没有意识到而已；乐观一点的预测将峰值推后到 2050 年达到。更令人不可理喻的是，科学家们正在为石油生产峰值达到的时间争论得轰轰烈烈，不可开交。难道石油产量的峰值哪一年到达果真如此重要吗？关键的问题是，如果他们的预测是准确的，那么这个以石油为基础的全球工业社会将在你我的有生之年，面临一次重大的转折。

所以，各国科学家们对世界石油工业未来发展前景的预测至今还没有达成统一的认识。关于"全球石油储量丰富"与"石油枯竭近在咫尺"的观点仍然争论不休。而林昌荣认为这种争论完全没有必要，"全球石油储量丰富"，在 100 ~ 150 年内石油不会枯竭。

第五节　我国石油能源安全的战略思考

2011 年 11 月 24 日上午，国土资源部召开 2010 年全国油气资源动态评价成果新闻发布会称，全国石油地质资源量 881 亿吨、可采资源量 233 亿吨，储量产量稳定增长具有资源保障；同时公布的还有 2010 年全国天然气产量 942 亿方，较 2005 年翻了一番，从"十五"末的世界第 14 位跃升到第 6 位。

对未来油气资源的预测，到 2030 年前，石油年探明地质储量继续保持较高的水平，可探明储量 202 亿吨，年均 10 亿吨。石油年产量保持稳定增长的态势，峰值产量约 2.2 亿吨，2 亿吨水平可延续到 2030 年以后，中西部与海域的接替能力逐步提高，并与东部逐渐形成三分天下的格局。

天然气年探明地质储量仍保持"十五"以来的高速增长态势，20 年可累计探明 10 万亿方以上，年均 6000 多亿方。

未来 20 年我国将迎来油气并举的重要机遇期，石油产量稳定增长，天然气产量快速攀升，油气产量从 2010 年的 2.8 亿吨增加到 2015 年的 3.6 亿吨、2020 年的 4.1 亿吨和 2030 年的 4.5 亿吨。可见，中国石油工业事业的前景并没有象一些人想像的那么糟糕。

林昌荣在他 2017 年写的一份名为《美国能源独立对中国能源安全的战略思考》的报告中曾提到过，中国能源安全核心的问题仍然是原油，不仅决定经济，也决定地缘政治。只要原油安全取得保证，以中国如此大的国土面积、人口数量和经济总量，任何国家都难以动摇中国的根基，安全战略就有所保证。所以，对于我国能源安全需要有个全新的全方位的战略思考。

　　林昌荣 2017 年 9 月 20 日完成了这篇关于《美国能源独立对中国能源安全的战略思考》的研究报告，该文部分内容已经被中国多家媒体刊登或转载，比如：《美国能源独立带给中国能源安全的战略思考》[J]. 中国商界，2019(01)：104–106. 和《美国能源独立对中国能源安全的战略思考》（Ⅰ～Ⅲ）. 时代中国，2019 第188 期:4—8; 第 192 期:8—14; 第 198 期:8—14。该文林昌荣从六个方面入手，包括：（1）美国能源独立的历史背景、（2）石油危机对世界经济的影响、（3）苏联解体与石油价格战的关系、（4）当今油价暴跌对今后各国经济的影响、（5）美国能源独立对世界格局的影响、（6）我国能源安全的战略思考等六个方面的深层次的论述，用其独特的逻辑推理思维方式，有理有据地非常有前瞻性地提出了美国在不久的将来可能会与中国打一场贸易战。林教授的预言很快就被证实了，在 2018 年7 月 6 日，中美贸易战正式开打生效。

　　林昌荣很喜欢围棋，而在他独特的视野里，地球村就是一个围棋的大棋盘。而美国一直热衷于"劫材"，汇率和石油是其乐此不疲运用的武器。尤其是石油，林昌荣断定美国将会把这个武器运用到极致。

　　林昌荣写这篇研究报告的历史背景是这样的：当时油价还处于非常低迷状态（2014 年～ 2019 年），由于那时以美国为首的西方国家控制了全世界的新闻媒体，借助美国自己鼓捣起来的并与中东共阴的低油价，大肆宣传新能源马上就要代替传统化石能源，我国很多专家学者一时头脑发热，没有从我国国情实际情况出发，在国内不同新闻媒体和会议上，大力宣传我国国有企业要走上市场化、私有化，才能像美国那样走向能源独立。林昌荣及时洞察到这是美国在走一盘大棋局、放大招的阴谋，及时提出"凡是涉及到国计民生的战略资源，一定要达到国有化或垄断的高度。在能源和粮食领域，强化国有化，防止战略产业落入私企外企之手（详见《中国商界》的报道，2019(01)：104–106.）。"林昌荣这一正确观点的提出，得到了很有识之士的大力支持和宣传，及时地制止了那些提倡要把我国国有石油公司走上私有化、市场化不正确观点的势头。

　　林教授的关于我国石油能源安全的战略思考的部分观点如下：

　　第一，加大国内的石油开发，立足国内。因为作为能源消耗大国，不开发本国能源资源，将难以保障能源安全；而且我国油气潜力都还相当大，常规油的探明率只有 39% 左右（而美国已超过 50%），平均采收率为 27%，只有美国的一半。

　　第二，通过开发替代能源和提高能源利用率，以减少对石油的依赖。鉴于我国独特得地质条件和地理条件，在当今开发技术条件下，目前我国不宜大规模开发页岩气，天然气最重要的用途是发电和供热，因此，天然气对煤炭具有明显的替代效应。近期也可以通过积极推广清洁用煤，研究煤变油，煤气化技术，中国如果能用清洁煤就能不烧油也环保，走独立自主之路。

第三，加强国际石油资源开发合作努力培养战略复合型人才。具体实施为——能源安全战略"走出去"更要"引进来"，而对于人才的培养，中国油公司今后可以有意识地多培养一些战略复合型人才。因为我国能源企业参与开发海外能源资源，从1982年到现在已经有40年时间了，也已经付出很大的努力和很高的代价了，但为什么目前中国能源企业"走出去"还时寸步难行呢？林教授通过40年长时间的观察研究认为，中国能源企业，尤其是中国能源企业的有的高层老板们，长于技术，短于战略，缺乏战略思想就是我们中国能源企业的短板，所以，中国政府今后可以有意识地多培养一些战略大师们。

第四，深化改革上游能源国有化，适当开放下游以下养上。石油公司国有化的重要性，不以人们意志为转移的，他是在人们从长期的石油生产实践中认识到的，是客观规律的要求。我们可以从第一次石油危机有关国家成立的国家石油公司，到苏联解体后俄罗斯普京强力收回民企石油公司为俄罗斯掌控的石油公司，就可以知道他的重要性之所在。在经历过了1973第一次次石油危机后，西方各国普遍强烈感到了石油对各国经济政治和社会生活的重要性。这期间，日本、韩国、加拿大、英国、丹麦、挪威、马来西亚、苏联等国纷纷成立了国家石油公司。到二十世纪末先后诞生了100多个国家石油公司。凡是涉及到国计民生的战略资源，一定要达到国有化或垄断的高度。在能源和粮食领域，强化国有化，防止战略产业落入私企外企之手。中东之石油故事就是镜鉴。苏联解体后，普京上位后以强力的国进民退，收回了大部分石油公司和资源公司，重新掌握了对俄罗斯石油的控制权，以致于没有发生在这二年多低油价下俄罗斯经济被拖垮，这也是俄罗斯人从1991年苏联被解体获得的宝贵经验教训得来的。所以，在当前我国油气资源开发制度还不健全情况下，不能完全开放油气资源上游勘探作业，适当开放下游油气市场是可以的。

第五，建设一支强大的海空军，但不参与美俄的石油竞争和中东的战事。中国对外需要有保护油路一支强大的海军、空军，把海军护航舰船派到波斯湾地中海去，保护自己的油路；挖开克拉地峡，建新巴拿马运河，中国海军定期巡航马六甲海峡，南建瓜达尔，北建罗津，输油管西出中亚，北接俄罗斯，南出巴铁缅甸，东边建一条跨太平洋到北美的输气管道也是可以的。这是中国的能源之路，需要保护。中国是用油大户，未来更是，中国不参与美俄今后任何形式的石油竞争和中东战事，更不必要介入宗教战争，只要我们站在正义的人道主义的制高点，就能永远立于不败之地。中国有权利对石油价格表示关切，对中东以及非洲等一切产油国的态度也要重视。对于中东战事，中国更不介入，更谈不上与美俄竞争，不会对美国石油公司战略形成干扰，中国没那个必要。

第六，抓紧时间买油增加石油储备。我国与美国相比能源储备很少，社会承受能力更低。除了长远的开源节流之外，加大国内的石油产量，大规模走向海洋、尤其是深海油气开发，还要通过买油增加石油储备。

第七，增加黄金储备以应对国际风云突变之需。众所周知，黄金从古至今以来一直代表着一种信用，代表着一种"恒定"。从历史的眼光来看，无论哪个国家哪个朝代，当纸币（现在世界通用的都是纸币）信用不够完善、不具备大家普遍能够接受和储藏功能的纸币的时候，或当一个国家的经济增长失去原动力，其寿命都是有一定限度的，这些纸币都会遭到抛弃，迟早都会进入历史，而一旦这种纸币的信用崩溃，社会基础就会崩溃了。格林斯潘更呼吁：黄金是人们最终的依靠。美国黄金储备规模依然稳居全球榜首。

世界黄金协会公布的世界黄金储备最新数据显示，在国家排名中，美国仍然毫无悬念地稳居"囤金大户"的榜首，该数据显示，美国的最新黄金储备量达到8133.5吨。德国、意大利、法国分居第二、三、四位。俄罗斯现在也特别重视黄金储备，储量排名世界第六，俄央行数据显示，目前俄罗斯黄金储备为1614.27吨，同比增加15%，2016年俄罗斯央行是世界上黄金的主要买家，仅去年二月份就购入10余吨黄金，专家对俄罗斯在全球经济环境不明朗时期尽量扩大黄金储备的做法都予以积极评价。

中国为全球黄金储备第五大国，但我国人均相对还是非常少的。中国可以有条件地大量储备黄金，发行以人民币计价、可转换成黄金的原油期货合约，这样，就可以消除中东产油国或其他产油国对我国进行原油期货交易的障碍。任何时候黄金代表的是信用，当今世界各国都承认这个本质。所以，美联储库房的黄金几十年不动，德国人把黄金放在海外不放心，现在还把其搬到自家的保险箱里来看管。所以，中国也需要建立一种以黄金为后盾的人民币可兑换机制，目的是实现人民币对原油的购买，让世界各产油国们愿意将人民币带回国。只有如此，才能让这样的期货交易做到长期可持续性。但是，因为任何一国的黄金数量都是有限的，所以，现在我国就要多增加些黄金储备。尤其今后我国要参与国际原油的定价权，增加黄金储备尤显重要。

第八，积极参与国际原油的定价权。2018年3月26日，上海国际能源中心的原油期货正式上市交易。上海原油期货是一项"振奋人心"的期货产品，用人民币计价原油合约的推出是中国期货市场发展的一个重要里程碑。上海原油期货登场，说明中国在原油需求端的议价能力显著提升，中国有能力提升原油定价权，今后中国价格可以影响国际油价走势。

原油的定价大致先后经历了洛克菲勒时代、"七姐妹"时期、欧佩克时期、交易所时期，基本形成了五大现货市场和三大期货市场，定价机制逐步由垄断定价过渡到市场化定价，而定价机制的演变往往伴随着原油贸易格局以及供求双方谈判力量的变化。

展望未来，林昌荣认为我国的油气研究有四大优势：良好的油气资源条件，理论体系现在也比较成熟，科研能力和人才方面更是不逊色于其他国家。

第一，从人才方面讲，我国石油科研人员不仅广博，而且几十年来形成的研究团队是多年自觉形成的多学科交叉的科研团队，全国有众多的国家石油重点实验室和省部级重点实验室，在国内外跨越勘探地球物理、石油地质和信息科学等多个学科，代表了国内外相关领域的优势研究力量，具备了进行基础理论和方法创新研究的能力。研究单位通过联合承担国家科技部、国家自然科学基金委、石油公司的科技研究项目，建立了密切的优势互补的合作关系，形成了理论研究——技术开发——生产应用相结合的科研队伍，为我国发现大型、特大型油气田目标提供了学科和研究队伍的保障。

第二，从研究成果方面讲，自上世纪90年代以来，我国已相继开展了多种国家基金重大科研项目，诸如国家"973"项目，以及国家"863"项目等诸多攻关课题。在国家和企业各级项目支持下，我国石油科技界已在勘探、生产等诸方面呈现重大进展的势头，这些都将为我国发现大型、特大型油气田理论成果的取得与关键技术成果的取得，提供扎实的研究基础。

第三，从环境方面讲，我国研究环境宽松，对外合作条件好，并能得到政府相关部门的大力支持。

第四，从中华民族优良传统方面讲，我国广大科研人员敢于拼搏、不怕困难，自主创新也是我国油气研究的优势。

不过，我国现有的能源消费结构存在一些问题，身怀拳拳爱国之心的林教授对此很是忧心。我国能源消费结构目前存在有不合理的地方，具体表现在：

1. 能源使用浪费，能源利用效率低

1981-2003年，我国的能耗强度分别是美国和日本的5倍和13倍，能源利用效率甚至低于印度，处于相当落后的水平。

2. 重煤轻气，能源消费结构极不合理

我国是煤炭资源比较丰富的国家，从能源消费结构来看，煤炭依然在我国能源消费总量中占主导地位。2005年煤炭消费所占比例为68.7%，天然气消费仅占2.8%，见下表8-2。

表8-2　我国能源消费总量及构成汇总表

年份	能源消费总量（10^4t 标准煤）	占能源消费总量的比例（%）			
		煤炭	石油	天然气	水电
2005	222468	68.7	21.2	2.8	7.3

续表

年份	能源消费总量 （10⁴t 标准煤）	占能源消费总量的比例（％）			
		煤炭	石油	天然气	水电
2004	203227	68.0	22.3	2.6	7.1
2003	174990	68.4	22.2	2.6	6.8
2002	151797	66.3	23.4	2.6	7.7
2001	143199	66.7	22.9	2.6	7.9
2000	138553	67.8	23.2	2.4	6.7
1999	133831	69.1	22.6	2.1	6.2
1998	132214	69.6	21.5	2.2	6.7
1997	137798	71.7	20.4	1.7	6.2
1996	138948	74.6	18.0	1.8	5.5
1995	131176	74.6	17.5	1.8	6.1
1994	122737	75.0	17.4	1.9	5.7
1993	115993	74.7	18.2	1.9	5.2
1992	109170	75.7	17.5	1.9	4.9
1991	103783	76.1	17.1	2.0	4.8
1990	98703	76.2	16.6	2.1	5.1
1989	96934	76.1	17.1	2.1	4.7
1988	92997	76.2	17.0	2.1	4.7
1987	86632	76.2	17.0	2.1	4.7

注：①每吨标准煤按 7000kcal/kg[①] 的热值折算，用 t_{cc} 表示。

②1t 煤 =0.7143t 标准煤；1t 油 =1.4289t 标准煤；1t 气 =1.4851t 标准煤。

③用 t_{oc} 表示吨标准油（或油当量），1000m³ 气 =0.9t_{oc} ；1t_{cc}=0.7t_{oc}。

　　我国成为当今世界上能源结构以煤炭为基础的少数国家之一，远远偏离了世界能源结构以油气为主的发展潮流。能源消费状况和能源消费结构特征将使我国能源发展战略面临两难选择。

　　林教授预见，天然气将成为我国今后的主要能源。

　　从环境保护和优质能源角度审时度势，21 世纪是天然气的世纪。21 世纪我国的发展将不可避免地遇到人口、能源、环境、城市化、区域发展不平衡和信息化6 个基本问题的挑战，其中环境问题特别引起世人的关注。在解决能源和环境问题、改善生态环境及使用节能技术过程中，天然气工业具有独特的地位和作用，天然气的开采和利用将成为我国石油工业发展的新的经济增长点。

我国的环境压力和快速的城市化极大地扩大了天然气市场。未来十几年，天然气需求将高速增长，预计年平均增速将达 11% ~ 13%，2010 年天然气需求量达到 1000×10^8 立方米，2020 年天然气需求量将达到（1800 ~ 2200）$\times 10^8$ 立方米。根据这样的预测，我国能源结构仍不会有大的改变：煤炭仍占 64%，石油占 21%，天然气仅占 10%；到 2020 年，能源结构中煤炭将占 58%，石油占 22%，天然气仅为 10%。偏向产量增长保守的天然气储量与产量预测，见下表 8-3。为满足巨大的天然气需求，在加大勘探开发技术投人的同时，还必须加快天然气价格改革，做好天然气发展战略规划，从长远角度开发国内有限的天然气资源。

表 8-3　我国 21 世纪初期天然气储量与产量预测表

项目 \ 年份（年）		2010	2020
累积天然气探明储量（$10^8 m^3$）		50935 ~ 56035	74175 ~ 81485
生产量预测	气层气（$10^8 m^3$）	590 ~ 690	895 ~ 1115
	溶解气（$10^8 m^3$）	70 ~ 80	75 ~ 85
	全国总计（$10^8 m^3$）	660 ~ 770	970 ~ 1200

在勘探开发我国常规天然气资源的同时，还要加大非常规天然气的专项勘探活动，尤其是煤层气的勘探。

林教授认为，总的来说，我国民生问题上应该力争以一次能源的气体资源，实现跨越式能源战略的转型。如果一次能源的开发和引进不能够解决这种转型，就必须全面扩大二次能源的煤气化合成气、在安全条件下对核电站的蒸汽发电的使用，果断地以二次能源的气体资源替代部分煤、油的使用，确保以天然气为主的气体能源目标的实现。

第六节　被《加西周末》连续报道的石油预言家

《加西周末》是加拿大西部发行量最大的中文周报之一，每周六如期发行。2014 年 1 月 1 日，恰逢新年伊始，在《加西周末》发行的第 222 期周报上，最重要的位置刊登了一篇题目是"如何提高钻前油气预测成功——林昌荣的'地震数据体结构特征法预测油气理论'"的文章，引起了不小的轰动。

"对于从事石油勘探的科研人员而言，能有一双'神眼'，可以穿透地层并准确找到油气的位置，是他们一生的梦想和追求，因为他们科研的终极目标就是找到石油。目前就职于中海油能源发展股份有限公司北京分公司的林昌荣就是这么一个'石油地质人'。"

"拥有神眼，能看到藏在地底下石油的人？"捧着报纸的读者们顿时被牢牢抓住了眼球。

"林昌荣提出的'地震数据体结构特征法预测油气'的理论方法，已经经过十余年的实践检验，正被越来越多的业界人士和石油公司接受。林昌荣也如同中国石油勘探领域突然闯出的一匹黑马，为国外大的石油公司关注，加拿大石油公司最早向林昌荣伸出橄榄枝。但是林昌荣却不以为然，他说，'这几年，还有陆续有美国的大公司力邀我加盟，一些国外的大公司则出高价要买我的技术，都被我谢绝了。我就想用我的所学为自己国家服务。'"

很多读者都牢牢记住了这个名字：林昌荣。

2014年1月15日，位于加拿大温哥华市中心的著名律师事务所——德同国际律师事务所里，人头攒动。以"加拿大石油投资前景的技术分析"为主题的商业投资沙龙，正在这里举办。德同国际律师事务所是全球十大律所之一，而这次商业投资沙龙的主办方正是《加西周末》。

前来参加投资沙龙的，有德华矿业的负责人，也有在加拿大进行石油投资的业内及专业人士。

沙龙开始前，人们兴致勃勃地谈论着："这次邀请的就是上期《加西周末》报道的那位中海油石油物探博士林昌荣教授，听说他从事石油物探工作整整32年了。"

"这位林教授不仅是中海油北京分公司的高级工程师，还是多所大学的兼职博士生导师呢。希望他关于石油投资能提出有建设性的看法。"

"听说这个林教授在找油上就像长了一双神眼，能穿透地层看到石油。待会儿沙龙上我要提几个尖锐的问题，希望所传非虚，林教授能给出满意的答复。"

"据说他发明的那个'地震数据体结构特征法'非常了不起，在预测油气技术方面很有一套。"

"我也听说了，这套技术应用在很多油气田开采上，效果相当不错。我们就拭目以待吧。"

在一双双或满怀期待或充满审视的眼睛的注视下，林昌荣充满磁性的声音在全场响起："以油气为主的化石能源，仍然在较长时间内占据世界能源的主导地位。尽管近年来不断有关于石油枯竭、结束石油主宰和后石油时代等声音出现，但到目前为止，摆在人们眼前的现实是，在可预见的时间内石油仍是最重要的能源。对于人们所期待的石油替代能源，如核能源等，只能是一种动力，短期内还无法代替石油产品。此外，有些新能源还存在效率低、污染环境、存在辐射危险等问题。"

"加拿大拥有丰富的能源资源，是一个能源大国，石油储存量更是高居全球第3位。另外，加拿大国家法律健全，政府的财务、技术、管理方法完善，有良好的投资环境。这些对于本地广大华人投资者来说，是非常有利的先决条件，应该把握住这样的机会。"

"林教授，我们投资者最关注的问题就是如何将投资风险最小化，效益最大化。"一位参会者一上来就提出了最尖锐最敏感的问题："您有什么可行的建议？"

"石油投资风险大回报高，在实施跨国石油投资时，企业及投资者想做到风险最小化、效益最大化，首先要搞清楚投资石油风险在哪里，然后才能谈的上如何规避风险，并获取最大的效益。在加拿大，政治风险和投资环境风险不是问题，市场也只是受全球石油价格的影响，不是针对某个体。比如目前加拿大市场，由于现在天然气价格低迷，所以短期投资最好规避天然气气田。怎样评估优选项目的风险及技术风险十分重要。

项目风险包括勘探与开发，以及油气藏品质和类型优选。石油勘探开发是整个石油业务中最赚钱的，但是勘探开发项目招投标门槛较高，参与企业必须有着较高的技术实力和经验储备，勘探技术至关重要。一般的企业做不了，因为有着很高的风险，有点赌博的意思。"

"勘探项目虽然风险大，但回报率也最高，达到300%到500%，而且周期短。在这类项目的选择上要慎重，把握大的可以少量参股；而开发项目是指已知含油土地进行打井及开采，相对风险小，但回报率低，只有5%到20%，且周期较长。

根据阿尔伯塔省（简称阿省）和萨斯喀彻温省（简称萨省）石油地质条件、勘探成功经验、油藏成因类型和规模等因素，我认为，勘探深层灰岩轻质油的效益最大。因为勘探深层灰岩项目竞争不激烈，运作难度也不大，勘探程度相对较低，经济门槛不高。一旦发现有油藏，规模通常较大、油质好（均为轻质油）、价格高。

但是，真正影响到效益的，还是技术风险。技术风险主要取决于私人企业所拥有的综合技术水平的高低，私人小公司不同于已经发展起来的石油大公司，大公司可以全世界范围内招聘行业尖端人才，或多兵种大规模会战。在其他风险条件等同或不变的情况下，企业所拥有的综合技术水平的高低，决定石油公司成败的关键。"

林昌荣毫无保留地和与会者分享着自己的经验，人们聚精会神地倾听着。

"目前有一项"钻前油气预测"专利技术，可以帮助投资人减少投资风险。利用地震数据体结构特征预测油气的方法，基于原始地震数据体进行研究，具有很好的预测性；预测结果定量、直观，能够较好得刻画含油气储集体空间分布。"

主持人朗声道："'地震数据体结构特征预测油气'的方法，正是由林昌荣教授提出的，该技术在油田实际应用中有很多成功的例子，比如中石油克拉 2 大气田、广安气田、塔里木油田等，以及中石化胜利油田、塔河油田、大牛地气田等。通过近 20 年来在中海油海上对二十多个构造近 30 多口探井的油气站钻前预测统计结果表明，该技术预测准确率可达 80% 以上。"

"此外，该技术适合类型也非常广泛，岩石类型包括陆源碎屑岩、碳酸盐岩、火成岩等；沉积环境包括海相、海陆过渡、陆相等，预测深度范围为 100 米 –8000 米。林先生明确表态了，如果华人石油投资者在投资过程中遇到任何技术方面的难题，都可以随时向他询问，林先生愿意在技术方面给予华人石油投资者最大限度的帮助。"

"这个方法岂不是可以给我们的投资保驾护航？但我有个疑问——在加国投资石油中需要面对的税务及许可问题，怎么解决？"

前来参加沙龙的人们各抒己见，先后提出一些尖锐的问题。林昌荣的表情始终从容，语调也是不疾不徐，不仅解答了所有提问，还与提问者交换了意见。

"我建议本地投资者采用联合勘探的方式，以求将石油投资风险降到最小化、效益最大化。"林昌荣的这个提议，让现场的气氛变得更加热烈。

"单打独斗或购买开发项目不利于私人企业的快速发展。首先，收购成本过高。开发项目价格一般要高出勘探项目 10 倍、甚至 50 倍或更高；而且回收周期长，一般要在 3–10 年，大公司一般要在 15–20 年。另外，加上原来收购成本高和回收成本周期长等因素影响，所面临的多重风险更大。而联合勘探与开发的效益则相对较大。"

为了让自己的提议更生动更形象，更有直观性，林昌荣举例道："开发一口井，勘探投资 100 万美元，日产油 100 桶，出售价至少 700 万美元，除去税收及许可证，每桶纯利润可达 50 美元，收回成本的时间约为 4.2 年。勘探井方面，全世界平均钻井成功率约为 30%，仍按一口井 100 万美元计，10 口井的勘探耗资为 1000 万美元，其中 3 口成功，日产油 300 桶，出售价为 2100 万美金，当月回收成本并收益 1100 万美金。"

"哇……"听着林教授算的这笔经济账，沙龙现场想起了此起彼伏的惊叹声。

"全世界大中型石油公司，无一例外都是靠石油勘探起家的。但是，勘探石油有风险，投资者需量力而行。"林昌荣及时地给这些热血澎湃的投资家们做了风险预警。

"投资石油产业的目的就是盈利，我认为阿尔伯塔省和萨斯喀彻温省是全世界最为丰富的油气资源地区之一，不仅具有寻找和发现大中型油田的物质基础，而且已经有很多成功的实例。"

"林教授，如果购买一块 1000 平方公里的含油土地，您觉得 5 年的时间收益会达到怎样的效果？"

"投资石油产业的预算主要花费在土地、地震、钻井、科研及不可预见费用方面。按购买一块 1000 平方公里的含油土地来段，如果公司总投资 7–10 亿加元，研究 2 年，再连续钻井 2 年，那么第 5 年基本就能达到建产 150–200 万吨油气，5 年后公司市值可增至 70–100 亿加元。而如果该公司充分应用'地震数据体结构特征法预测油气'的专利技术，就可以更快地实现公司年产 150–200 万吨油气的目标。"

林昌荣还分享了如何从地质数据推测出油几率的经验："出油率的高低与基础资料、科研人员及评估结果息息相关。我坚信，成功是给那些有准备、有恒心的人的。加拿大石油产业前景光明，只要准备充分，一定会有所收获。"

沙龙举办得非常成功，与会人士反响积极，来自白石镇的某石油业内人士眼睛闪闪发亮："这次投资沙龙真是来对了！我之前在中国接触过石油投资项目，林先生的论点和技术给我的启发很大。类似这样的投资沙龙，对于广大华人投资者来说，帮助巨大、受益匪浅，不仅可以获取不少有用的信息，还分享了各自在石油投资方面的经验。希望以后还能有机会参加这种满满都是干货的高规格投资沙龙！"

《加西周末》在 2014 年 1 月 18 日发行的第 223 期的刊物上，仍然是在最重要的位置，以《加拿大石油投资：联合勘探规避风险》的醒目标题，详细报道了这次沙龙的情况，以及林昌荣的深度分享，再次引起很大反响。

更多的人记住了"林昌荣"这个名字，以及他创立的超牛的"地震数据体结构特征法预测油气"的专利技术。目前，美国和加拿大很多华人慕名前来，进行询问和咨询的人络绎不绝，林昌荣都非常高兴地无偿地为他们针对关于石油方法的有关问题，进行答疑解难。

第九章 铁汉柔情

第一节 九牧传芳

坐落在福建省泉州南安市白云山下的三堡村，因附近的山上盛产石英石、油页岩和石鼓，而这三种磺石被俗称"三宝"而得名，后来被有心人改为谐音"三堡村"。

别看三堡村村落不大，却文化底蕴丰厚，古称"章田里"，是大名鼎鼎的明代思想家李贽的故乡。曹雪芹就是因为受到这位大思想家李贽的影响，从而创作出了传世名著《红楼梦》。白云山山腹里的白云寺，不时传来悠扬的钟声，映衬得这个村落愈发古朴宁静。

村口一棵枝繁叶茂的大榕树下，几位村民正热火朝天地议论着。

"老林啊，你家三娃可真了不起，上电视了，还是中央台呢！人们叫他那啥，对了，石油预言家！"

"石油那东西可是金贵着呢，听说有好多国家还为这个打仗呢！儿子在城里买了一辆汽车，说是就算一年不敢狠开，也得喝掉几万块钱的油呢！"

"可不是嘛，我家娃仔整天嘀咕，说油价一个劲地往上涨，都快加不起油了。而老林家的三娃娃，竟然能预测出哪里有石油，可太了不起了！"

须发苍白的林和胜，脸上看起来云淡风轻，心中却很是骄傲。他的三儿子林昌荣有大出息，凭一身本领为国家做事，光耀门楣，当父亲的怎么能够不自豪？

看着枝繁叶茂的老榆树，林和胜脑海中跟放电影一样，浮现出一些往事。

一个农家院落里，一位年轻的女人娥眉轻蹙，看着桌子上一个放米的陶罐。陶罐早已经见了底，所剩无几的米粒散落着，让人愈发心慌。

女人抬头看了一眼不远处的丈夫林和胜，7岁的大儿子林俊良和4岁的二儿子林俊儒。他们个个满脸菜色，瘦弱得仿佛一阵风就能吹倒。

年轻的女子叹了口气，像数珍珠一样，从陶罐里小心翼翼地数出十几粒白米，放进了一个大锅里熬煮。接下来把一小把萝卜缨子切碎，放入锅里搅拌成一大锅粥，这就是全家人的晚饭了。

说是粥，其实稀得跟水差不多。

一个时辰后，女人拿起一把大汤勺，把已经被熬煮得体积膨大了一倍多的白米一粒粒捞起，放进了一个有些破损的空碗里，端到了丈夫面前。大儿子和二儿子眼巴巴地看着，偷偷咽了一口唾沫。

"小炎，把米分给孩子们吧……"一直沉默不语的林和胜鼻子一酸。

没等妻子郑炎答话，刚满一岁的小儿子就懂事地摇着头："米给爸爸吃，小荣儿不要。"

妻子看向最小的儿子。这孩子刚出生不久，就遇到了这忍饥挨饿的年景。穷人的孩子懂事早，一岁的娃娃刚刚蹒跚学步，却已经知道米要留给身体不好的爸爸。因为小家伙记得妈妈说过，爸爸是家里的顶梁柱，可不能倒下。

女主人抱住小儿子，因为愁苦而略显呆滞的眼睛里，泛起一丝柔光。荣儿这孩子小小年纪就跟着全家一起饿肚子，小嘴巴却巧得很，这才刚满一周岁，基本上什么复杂的话都会说了。

大人都饿得支撑不下去了，更何况是孩子。看到三个娃娃饿得实在难受，心疼而无奈的林和胜和妻子只得叮嘱他们早早入睡，睡着了就不饿了。

日子过得如此艰难，却并不妨碍小林昌荣快乐地成长，长大几岁的他经常跑到村口的那株大榕树下，听着白云古寺不时传来悠扬的钟声。

林和胜是三堡村有名的土秀才，识文断字，更写得一手好毛笔字，在村里很受尊重。每到了快过年时，乡亲们就提着对联纸排着队上门，请他给自家撰写对联。那些对仗工整、喜庆而又脱俗的对联内容，都是林和胜自己想出来的。全村那么多幅对联写下来，往往一气呵成，无一重复。而且，全都是读起来唇齿生香、颇有韵味的格律诗。

虽然不收取一分钱的费用，而且还要白白搭上不少纸墨，林和胜却热情地接待着每一位找上门来的乡亲。

每当这时，小小的林昌荣就扑闪着明亮的大眼睛，帮着父亲铺纸、磨墨，心中很是自豪。

"我长大后也要成为一个有学问的人！"

小小少年的梦想，却很快就遭遇了挫折。

村子里的人们观念陈旧，觉得把孩子送去念书一点儿用处也没有，还不如帮着家里干点儿农活。这样一拖二靠的，别说什么学前班、幼儿园了，林昌荣上小学的年龄也是一拖再拖，直到10岁才第一次走入校园，成为一名一年级的新生。

那个时代的教育不是很正规，林昌荣甚至都不记得自己小学究竟读了五年还是四年了。林和胜这个当父亲的却记得清楚："也难怪孩子记不清了，因为人家读书都是一级级读，荣娃聪明，从二年级直接跳到了四年级。"

是啊，别人家的孩子小学和初中总计需要读9年，林昌荣却用9年的时间读完了从小学到高中的全部课程。这下把晚上学的时间全找补回来了，19岁上大学，跟那些6岁开始读小学的孩子们一样，一点儿也没耽搁。

林姓是泉州的大姓，千百年来繁衍生息，成为福建望族。

据史书记载，唐代时福建林氏第十六代有位披公，为官清廉，常施德政。披公生了九个儿子，不仅全都考取了功名，而且都担任过刺史（也称为州牧），家族显赫一时，后世称这一传奇世家为"唐九牧"。

巧的是，宋代林氏尊公的九世孙杞也生了九个儿子，也都登第并都任过知州，后世称其为"宋九牧"。

林姓两次九人同任州牧，被传为佳话，九牧传芳由此而来。

林和胜把"九牧传芳"这四个字，用毛笔端端正正写在了住宅的门额上。望子成龙的他，对待子女非常严格，教导他们"做人要诚信、简朴、努力开拓，有进取的精神；不该做的事不做、不该说的话不说、不该听的音乐不听、不该看的书不看"。

在三个孩子的眼里，林父以身作则，生活非常简朴。他当过十多年小学语文教师，后来进入南安市教育局工作，在福建省出版过两部诗词专辑，却始终过着粗茶淡饭的日子。在林昌荣的记忆中，几十年来父亲从来没有为自己专门过过一次生日。

林和胜严肃，宽厚，守信，恪守着中华文化的老传统，但不懂得变通，很容易莫名其妙地得罪他人。

而林昌荣的母亲郑炎一直在家务农，是典型的贤妻良母。她大字不识一个，却很有见识，家里家外所有杂事，都是她拿主意做决定，办理得有条不紊。这位质朴的母亲，对林昌荣世界观的形成和人生塑造影响非常深刻。她虽然大字不识，没有文化，智商不高但情商奇高。泉州的各种祭拜习俗很是繁琐，母亲却无师自通，精熟各种祭拜、祭祀礼仪。家族中祭祖、拜坟的种种程序，她都特别在行，是村里当之无愧的顶级高手。邻居们红白喜事都喜欢找她拿主意，在村里的威望丝毫不亚于父亲。

相比起林父智商高而情商低，林母为人处世不仅有诚信而且会变通，与他人关系非常融洽，待人非常大气，从不斤斤计较，谁家有困难能帮就帮，不求回报。家里有客人来了，不管是什么样的亲戚朋友，她总是把家里最好的东西拿来招待客人。

林父对此叹为观止："你妈妈这是典型的智商不高情商超高。"

林母笑得温柔："那是我没机会读书。所以，更得让娃们好好念书，等长大了出去看看外面的世界是什么样子。"

大哥林俊良年长林昌荣6岁，18岁当兵，24岁退伍回农村，结婚后就独立门户自己生活了。二哥林俊儒年长林昌荣3岁，因为家庭困难，只读了一年高中就辍学当了石匠。

1977年恢复高考后，二哥和身为应届高中毕业的弟弟林昌荣一起在南安一中复习，后来林俊儒考上福建省梅山大学（大专），毕业后成为南安市人民法院的一名法官。

林昌荣还有一个妹妹林玉竹，比林昌荣晚4年出生。家庭困难的林家供不起这么多孩子读书，懂事的林妹妹初中没读完就回家务农了。对此，林昌荣心中很是酸楚。两位哥哥和妹妹读书都很刻苦，也是读书的好苗子，可他们却为了补贴家用，早早选择辍学。

"我要加倍努力，不辜负手足们的良苦用心。"林昌荣常在心中默念。

童年时的玩伴没事就喜欢捏泥巴，林昌荣却捧着一本水浒看得津津有味。虽然没上过学，但零星跟着林父学过一些字，加上有时候跟着和哥哥们那群大孩子们混，聪慧的小家伙很快就认识了很多字，闲暇时会拿着一根树枝在地上比划，加深记忆。

这本水浒因为年岁久远很多地方已经破损，林昌荣小心地修粘贴起来。这是一个多么精彩的世界！108条好汉是如此鲜活，谦恭仁义的宋江，粗中有细的鲁达，勇猛率性的武松……而他们的故事跌宕起伏，让人看一眼就忘不掉，比如李逵杀虎救母。李逵性格憨厚，却又暴躁容易冲动，但是他对于母亲的亲情却无比真挚。

而水浒传中的人们，来自五湖四海，没有血缘关系，是因为种种原因聚到了一起，却彼此之间有着能为对方全力付出的兄弟之情，很是让人佩服。

还有借来的《三国演义》《隋唐五义》，都被林昌荣翻了无数遍，"义气"两个字深深刻在小家伙的心上。

"你小小年纪，却能有'讲义气'的想法，很是难得。"林父看着最小的儿子，很是骄傲。

"讲义气很好，但是也要讲原则。"林昌荣接下来的这一句，让林父很是吃惊，心中暗想："这孩子，长大了一定能出落成个能人儿。"

一阵微风拂过，榕树的叶子发出沙沙的响声。林和胜的思绪，被拉到了林昌荣上大学之前的岁月。

有苗不愁长，仿佛是一眨眼的功夫，三娃子就19岁了，准备报考大学。林和胜虽然是村里备受尊重的土秀才，可对报学校、选专业却一窍不通。结果，林昌荣的班主任尤老师自告奋勇，一手包办了。

而小儿子也不负众望。录取通知书邮寄来的那天，林和胜夫妇忍不住红了眼眶。这可是林家第一个大学生，考取的还是名牌大学——上海同济大学。

"奶奶，我要去上海上大学了。"临行前夜，林昌荣依偎在奶奶身边。

"上海很远吧？我的小孙儿第一次出远门，就要自己一个人去那么远的地方。"从没出过村子的老人，并不知道上海是个什么地方。因为担心，她年迈的有些浑浊的眼睛微微泛红。老人颤巍巍地伸出手，想去抚摸最小孙儿的额头，却发现他已经长到了 1 米 8 多，比自己足足高出一个头。

林昌荣和父母及家人在福建老家过年照片，2018 年 2 月

林昌荣懂事地半蹲下身子："等我放假回来，给您带上海小吃。不仅是上海的，我还要让奶奶吃遍全国的小吃！"

"好，好，奶奶在家等着。"老人满是皱纹的脸，笑得无比灿烂。

光阴荏苒，儿子很快大学毕业了，被大学老师一手包办分配了工作，干得相当不错。后来又报考了研究生，也就是那时候，林和胜决定把儿子的名字改成"林昌荣"。

三娃娃以前叫林向荣，取欣欣向荣之意。而现在，林和胜觉得"向"字不足以表达他对孩子的肯定和祝福，就改"向"为"昌"，昌荣，意为繁荣昌盛。

"可不能小看农村的土秀才，很能与时俱进呢！"回忆起小儿子对改名的反应，林和胜忍不住笑了。

而今天，这个从小村落里走出的娃娃，已经在北京定居，成长为国家的栋梁之材。他不仅是林家的骄傲，也是整个三堡村的骄傲。村子里的乡亲们，经常会拿林家的三娃子来做榜样。

"好好读书，将来成为跟林家伯伯那样了不起的人儿！"

"孩子，我们村可走出了一位厉害的科学家！你也要好好用功。"

因为工作忙碌，林昌荣只有过年时才能回家探亲，而且不是每年。每当这时，村里读书的娃娃们和他们的父母就会一起跑到林家小院里，用崇拜的目光看着这位原本只能在电视上才能见到的大科学家。

林和胜和妻子热情地招待着乡里乡亲们，不时看一眼一如从前，略点腼腆而又亲热地和家乡人闲话家常的三儿子，眼角溢出幸福而满足的笑容。

第二节　被妻子扔在一边的奖杯

"你回来了？"正在厨房里忙活的妻子戴素伟听到门响，从厨房里探出脑袋。

丈夫林昌荣前几天去外地接受颁奖，今天如期归来。

"回来了。好香啊，你做得什么好吃的？"林昌荣贪婪地吸了吸鼻子，目光落在饭桌上金灿灿的蚵仔煎和上面飘着香葱的鱼丸汤上，兴奋地搓了搓手。

戴素伟看着丈夫孩子般开心的笑脸，忍不住嘴角上扬："你先去洗手。我再做一个醋溜白菜和木须肉，就可以开饭了。"

醋溜白菜和木须肉是北方的家常菜，加上颇具南方特色的蚵仔煎和鱼丸汤，这顿饭可谓是南北大荟萃。

"媳妇儿，这可是我最重要的奖杯，你打算把它放在哪儿呀？"林昌荣从行李箱里拿出一个金光闪闪的奖杯，笑着问道。

戴素伟漫不经心地朝着储藏室的方向努努嘴："还放那里面呗。"

储藏室的架子上，已经摆放了一大堆的证书和奖杯。而这些证书和奖杯的由来，有些戴素伟还能记得，有些她早就搞混了，因为实在是太多了：中国海洋石油总公司南海西部石油公司优选井位竞赛评比三等奖；国家科技进步二等奖；2007 年教育部颁发《国家重大科研项目》的科技成果完成者证书；2018 年度中国经济十大创新人物；2019 年被评为中国未来研究会优秀工作者……

而关于丈夫的头衔，戴素伟更是掰着手指也数不过来：1989 年被中国海洋石油总公司 (CNOOC) 聘任为石油工程师；1993 年被中国海洋石油总公司 (CNOOC) 聘任为高级工程师；2008 年被同济大学聘任为兼职教授；2011 年被中国海洋石油总公司 (CNOOC) 聘任为教授级高级工程师；2011 年被长江大学聘任为博士生导师；2019 年被聘任为中国管理科学研究院学术委员会特约研究员，中国未来研究会常务理事……

看着妻子又如此"草率"地处理自己的奖杯，林昌荣忍不住打趣道："别人家的媳妇，如果自家老公捧回奖杯，一定会小心翼翼地接过去，找个最显眼的地方摆放起来。你倒好，简单粗暴地把我的奖杯随手就扔到角落里了。"

妻子温柔而亲昵地白了林昌荣一眼，转身回厨房继续忙活手中的活计去了。多年夫妻，她怎会不知道丈夫向来淡泊名利？

戴素伟和林昌荣是同一个单位，作为中国海洋石油总公司 (CNOOC) 能源发展股份有限公司北京分公司财务部的工作人员，她平时的工作也很忙碌，但在事业上兢兢业业的同时，戴素伟把家打理得井井有条，把孩子们也照顾得很好，从不让丈夫有任何的后顾之忧，全身心投入到科研工作和发明创造上来。

看着厨房里妻子轻盈忙碌的背影，林昌荣不由想起来多年前的往事。

那时候正风华正茂的林昌荣，就职于南海西部石油勘探开发科学研究院（广东省）。他一边努力工作，一边利用所有闲暇时间，闷着头复习准备考研。

研究院的人都是统一吃食堂，而林昌荣永远都是吃食堂剩菜剩饭的那个人，因为每次都是他去得最晚。这天傍晚，等到林昌荣又一次姗姗来迟时，却无意中发现一位老者正上上下下打量着自己。林昌荣被看得有些不自在，羞涩地别开了目光。老者紧盯着他看的眼睛，却越来越亮。

后来林昌荣才知道，原来是热心的同事，也是当时的院领导给他介绍对象，而这位老者就是自己未来的岳丈老戴同志，他是来打头阵的，如果连他这一关都过不了，那就没必要见他的女儿了。院领导这个媒人也是有趣，也不提前告诉人家老戴同志他要介绍的小伙子的名字，只告诉他"你自己注意啊，就是总是最晚去吃饭的那个小伙子"。于是，老戴同志就干脆自己跑到食堂来现场考察来了。

老戴同志也是当时西部领导人之一，属于南下干部。原本坚持让身为北方人的女儿也找个北方人，先不说别的，首先能吃到一块儿去。要是找个南方的，过年的习俗都不一样，听说他们大年三十的晚上不吃饺子而是吃汤圆。汤圆那不是北方十五吃的元宵嘛，过年的时候竟然吃它？没有饺子的大年，哪有什么年味啊？

所以，听到介绍人说林昌荣是土生土长的南方人，还没见到人老戴同志已经打起了退堂鼓。

"碍于介绍人的面子，就碰个面吧。寒暄几句我就走，可不能让宝贝女儿真嫁个南方人，去过那种连过年吃不上饺子的日子。"老戴暗自思忖。

可等真见到林昌荣，老戴却早把他的原则抛到爪哇国去了。多好的小伙子啊，高大，帅气，能力出众，人品贵重，眼神真挚而清澈，一看就知道为人踏实而又淳朴，这可是打着灯笼都难找的贤婿。

"这可真是千里姻缘一线牵啊。南方人怎么了？可不能有那地域偏见！"老戴盯着毫不知情的林昌荣，越看越喜欢："就是他了！得尽快安排女儿跟他见一面。"

"啊呀，那是谁刚才还嚷嚷着北方姑娘绝对不能嫁南方姑爷的？这么快就改主意了？"

介绍人忍不住笑着揶揄几句。打趣归打趣，看到老戴对自己介绍的小伙子如此满意，介绍人很有成就感，第二天就把林昌荣叫到了自己家里，也不说是相亲，只说去家里吃饭。这位同事和林昌荣是忘年交，隔三差五就邀请他去自己家做客，所以林昌荣也没多想，爽快地答应了。

等到了同事家，看到沙发上坐着一位不认识的年轻姑娘，不知内情的林昌荣礼貌地打个招呼，还以为姑娘是同事家的亲戚或者邻居来串门。

就这样稀里糊涂地见了面，一起吃了饭。等到告辞的时候，同事送了出来："小林啊，你觉得刚才那姑娘怎样？"

"嗯？"林昌荣一愣，随口回答一句"挺好的"，心下却有些奇怪，同事怎么会这么问？

"哈哈，你要是对人家印象也不错，那这事就八九不离十了。"同事爽朗地笑了起来。

被蒙在鼓里的林昌荣这才回过神来。敢情今天这顿饭，是相亲宴呀！这不靠谱的同事，咋也不提前知会自己一声，至少让他换换衣服啥的。瞧，身上穿的都是平日的衣服，会不会让人家女方觉得自己不够重视？

同事笑得见眉不见眼："换啥衣服呀？就这样本色出演最好！不知情的情况下，你会更自然更放松，气氛没那么紧张尴尬，人家姑娘也能更好地考察你嘛！"

"我正准备考研究生，这时候相亲不太合适吧？"林昌荣有些羞涩，又有些为难。如果考中了就要重回校园读研究生，这一去就是几年，到时候人家姑娘怎么办？

"这有什么不合适的！考研究生是好事，但得先有个家，这两件事互不耽搁。"

就这样，林昌荣和戴素伟两个人的婚事就被敲定了下来。怕准女婿没有安静的地方读书，戴父直接把林昌荣邀请到家里备考，并把他平日不让别人进的书房让了出来。

戴素伟此时才羞涩地告诉已经成为其恋人的林昌荣："其实，我早就认识你了。"

"啊？不能吧？"林昌荣愣住了。早就认识？可明明在院领导家那次，是他们俩个第一次见面呀。

"早就听说要给我介绍的人，是每次都最晚去吃饭的那个小伙子。"戴素伟笑得温柔而明媚："恰好我父母分的房子，就在你们研究院的家属区内。每一次下班，我就会站在阳台上，看最晚去吃饭的那个人。"

没过多久，两人举行了隆重的婚礼，公司人事部的领导专门为他们主持了婚礼。很快，新婚的林昌荣就收到了捷报，他被北京石油勘探开发科学研究院录取为研究生，离别的日子也进入倒计时了。

林昌荣凝视着月光下美丽的新娘，心中满是内疚："素伟，我们正新婚燕尔，我却要离开，觉得很对不住你。"

戴素伟满脸温柔："你放心去吧。不过，听人说很多人爬高了，感情就变了……"

林昌荣深情地抚摸着妻子的秀发："把心稳稳放下，我绝对不会变成那样。"

世间安得两全法，不负如来不负卿？为了学业，林昌荣只能忍痛告别新婚的妻子，前往北京读书，并在心中暗暗承诺，一定要学有所成，等到团聚时好好补偿对妻子的亏欠。

婚后，老丈人曾经担心的南北饮食的差异，因为林昌荣和戴素伟一结婚就开始两地分居，并不曾体现出来。后来小夫妻一起生活了，这倒的确成了一个问题。民以食为天，这样的差异几乎每天都会引起碰撞。

林昌荣爱吃泥鳅，而戴素伟一想到她拿来喂鱼的泥鳅是老公最爱的美食之一，而且吃起来那叫一个利索，就忍不住犯嘀咕。

嫁给林昌荣之前，戴素伟很少吃米饭。北方人普遍长着一个爱面食的胃，馒头啦烙饼啦面条啦吃起来特别香，戴素伟也不例外。夏天的时候，戴素伟简直一天也离不开面条。刚出锅的劲道的手擀面，浇上各种卤汁，或者用黄瓜炒个酱，拌一拌吸溜着吃，要多过瘾有多过瘾。

对林昌荣来说，就完全是另一回事了，面条越吃越多，最后坨成了一大碗，看着都发愁。世界上怎么会有越吃越多的食物？

戴素伟看得来气："多好吃的美食，怎么被你给搞出吃中药的感觉？"

"后悔找个南方老公了？你一定在想早知道这样，不如找个北方的，一起啃馒头，吸溜面条。不过你可要想好了，因为吃饭就要换掉老公，兹事体大。"

看着丈夫一本正经的样子，戴素伟"噗嗤"一声笑出了声。就像自己吃米饭吃不饱一样，林昌荣吃面条和馒头也吃不饱。算了，既然不能互相改造，那就求同存异。

于是，夫妻两个开启了馒头与米饭并存的模式，蒸馒头的时候顺便也蒸上一点儿米饭。你吃你的馒头，我吃我的米饭，各得其所，相安无事。

而拿什么来做菜，两夫妻也发生过不少趣事。比如这天，餐桌上摆着的竟然是一盘炒丝瓜。这玩意儿确定能吃？它不是用来刷碗的吗？

看着林昌荣小心地夹起一块炒丝瓜，翻来覆去地盯着看，却迟迟不敢放进嘴里，戴素伟忍不住翻个白眼："放心吃吧。丝瓜老了之后，才拿里面的瓤来刷碗。而鲜嫩的丝瓜，却是很好的食材，你尝一口不就知道了？"

在妻子"虎视眈眈"的目光下，林昌荣把心一横，手指有些颤抖地把丝瓜放进了嘴里，在他的印象中，种丝瓜就是为了里面的丝，因为那东西刷起碗来的确好用。如果拿来当菜，呃……

林昌荣已经做好了味同嚼蜡的准备。一股清淡而又鲜美的味道，却从舌尖弥漫开来。微眯着眼睛的林昌荣蓦地瞪大眼睛："好吃，真好吃！"

妻子一脸骄傲："早就跟你说好吃啦！丝瓜切丝或者切块，倒点生抽放点蒜末清炒一下，不用放多余的作料，味道就很是鲜美。对啦，你不是喜欢喝汤吗，用它做个丝瓜汤也非常美味。"

不过更多的时候，饭桌上是几乎一成不变的食材。

"菜市场有几百种菜呢，咱家怎么永远都是土豆、白菜、黄瓜、扁豆呀？"林昌荣伸长脖子，看着餐桌上的土豆丝苦哈哈地问。他记得昨晚刚吃的炒土豆片。

这个季节，正是笋上市的季节。北京很少有卖鲜笋的，但老家寄来了不少笋干，总可以时不时炒上一盘吧？

还有，偶尔陪媳妇逛菜市场的时候，林昌荣看到莴笋、秋葵等南方饭桌上常见的食材有卖，但媳妇几乎从不问津。

戴素伟很认真地思索起林昌荣的问题。父亲辈是冬天只吃熬白菜过来的，而那样的成长环境也对自己影响深远，所以饮食习惯过于固定。

第二天，戴素伟就买回了莴笋和秋葵。林昌荣系上围裙，用莴笋炒了个腊肉，而秋葵只是简单焯水，然后用自制的"林氏酱汁"一拌，看起来翠绿鲜嫩，让人很有食欲。

"别说，这两道菜做出来真漂亮，就是不知道味道怎么样。"戴素伟试探地夹了一筷子，眼睛顿时亮了："哇……"

后来，家里的餐桌就丰盛多了，不再是土豆、白菜"一统江山"的局面，莴笋和秋葵等蔬菜也成了常客。前来做客的朋友，看着餐桌上琳琅满目南北方混合的菜系，大为羡慕："啊呀，你家的餐桌可真是丰富！不像我们家，做来做去也就是那几样。"

"这倒是，找个南方的丈夫，吃了很多从前没吃的东西，像蚕豆啊，烟笋啊，腊肉啊。"戴素伟一脸幸福地回答。

回想到这里，林昌荣笑得像个孩子。

"想什么想得这么入神？"此时，戴素伟正把做好的木须肉和醋溜白菜端上桌，看着坐在那里一脸傻笑的丈夫，心底满是柔情。

嫁给这个南方汉子，虽然伴随着的是丈夫地位的一路提升，可是爱和安全感在他们的婚姻里从未缺席。戴素伟记得，丈夫新婚时郑重承诺："我以后对你来说，就是一个透明人，没有任何秘密。"

多年以来，虽然自己从未要求，但林昌荣工资全部上缴，手机全部敞开。朋友们都开玩笑，说林教授从来不知道自己有多少工资，更不知道家里现在有多少存款。

从燕郊迁到北京的时候，需要缴 3 万块。那时候的 3 万块可不是小数字，就为了把户口落到北京，戴素伟不舍得。

林昌荣却拿着两本户口本，满脸憧憬："媳妇儿，这可不是北京户口不北京户口的事儿。你看，现在我们两个一个人一个户口本，看起来不像两口子。我特别希望，我媳妇的名字能和我出现在同一个户口本上。"

戴素伟娇嗔地瞥了丈夫一眼，心中满是感动。

唯一的遗憾，就是林昌荣太忙了，陪伴她的时间有些少。戴素伟曾经半真半假地投诉，说感觉对老公来说，工作比她还重要。但身为妻子，她深深懂得丈夫的梦想，无条件地理解并支持他。

第三节　名家三博士

林昌荣家里的客厅正中，并没有如普通人家那样挂了山水或者名人字画，而是放着一个精致的牌匾，上面龙飞凤舞地写着几个大字：名家三博士。何谓《名家三博士》？

林昌荣教授是博士，但林家怎么会有三个博士？

原来，林昌荣的儿子林耀庭和儿媳妇周伟都是博士生，儿子学地球物理专业，儿媳妇学测井专业，现在都在搞国家资助的国家基金攻关课题。而且林昌荣教授曾经两次被邀请做客《名家讲坛》进行演讲，故有《名家三博士》之称。

一家子出了三个了不起的大博士，科技部专家深有感触，挥笔疾书写下了这个"名家三博士"的牌匾，赠给了林昌荣。

科技部专家书赠林昌荣教授《名家三博士》牌匾，2012 年

每当家庭聚会的时候，林家可热闹了，虽然三人的研究方向并不完全相同，但知识就像一座金字塔，越往上越相通。一边吃着美味菜肴，一边聊着家常，三

个大博士往往就不知不觉开始了深度的探讨。两个小孙子林四达和林鸿达，一个7岁一个2岁，虽然听不懂他们的谈话，却睁大黑宝石般清澈的大眼睛，乖巧地坐在旁边。小小年纪的兄弟俩，早就知道爷爷林昌荣的夙愿——四达，鸿达，你们长大后可要和爸爸妈妈一样，为祖国的繁荣昌盛的伟大事业，作出应有的贡献。

"课题攻关进行得咋样了？"看着坐在眼前的一对小夫妻，林昌荣由衷地感到骄傲。妻子想给儿子报特长班的往事仿佛就发生在昨天，一眨眼自己的小耀庭就已经长大成人了，结婚生子，成家立业。

林昌荣一家在福建老家过年照片，

2018 年 2 月

林昌荣儿子林耀庭一家照片，

2020 年 8 月

"邻居家孩子报了好几个特长班呢，我们同事的孩子也是。"儿子上小学三年级的时候，林昌荣刚下班回到家，妻子就跑来跟他商量："我们是不是也给耀儿报一个？"

"我并不认为花费更多的时间在学业上，就能促使孩子成年后更有成就，或者让他们变得更有学习和成功的欲望。"林昌荣摇头："太多的压力只会适得其反。这个年龄的孩子，就应该给他们一些自由的时间，可以用来玩耍，或者发掘个人的兴趣，对智能和情感的发展都会非常有帮助。"

"可是，别人家的孩子都在争分夺秒学特长，我们的孩子会不会被落下呀？"戴素伟有些担心："就拿英语来说吧，很多孩子都报了外教班，那听力和口头表达能力肯定比不上外教课的要好多了呀。就算不是外教课，那些补课的孩子等于又学了一遍，肯定知识掌握得更扎实。"

"做事专注要比补课更有用。要是一堂课都能专心听讲，把老师讲的内容全都掌握了，效果可丝毫不亚于补课。"林昌荣眼神坚定："我不赞同上课时走神儿，下课后再额外去花时间，补习上课时讲过的内容。那岂不是等于变相地鼓励孩子上课可以走神，反正没听懂或者干脆没听也不打紧，反正还有一次正大光明补课的机会？"

听到爸爸妈妈对话的林耀庭高兴得一蹦三尺高。别人家的孩子天天被逼着去各种辅导班里学习，自家老爸却支持他有自由的时间，可以用来玩耍。

林耀庭连声高呼："老爸万岁！"

看着儿子活泼可爱的样子，林昌荣和戴素伟不约而同笑出了声。一家三口其乐融融，享受着美好的小日子。

但林耀庭很快却笑不出来了，因为爸爸是不逼迫他去上辅导班，可也不打算辅导他写作业。人家孩子的爸爸妈妈，可是一下班就耗上，全力辅导孩子的作业的。而自己的爸爸呢？"自己想办法"简直成了他的口头禅。而且在这件事情上林昌荣特有原则，丝毫也不肯让步。

不知情的邻居很是羡慕，像隔壁家吕叔叔就常常跑来感叹，夸赞自己好福气："我才高中毕业，早就没法辅导我家孩子的作业了。小耀庭啊，你有个大博士的爸爸真是幸福，他辅导你的功课可是占尽优势。"

"我爸爸才不会辅导我写作业呢……"林耀庭嘀咕道。

看着儿子的小嘴巴撅得老高，林昌荣忍俊不禁。不过，他的确没怎么辅导过孩子的作业。在林昌荣的观念里，培养自学能力无比重要，所以在耀庭很小的时候，就培养他的自主性，从简单的知识入手，建立孩子的自信感和成就感。

遇到个"懒"爸爸能咋办？没办法，林耀庭只好自己想招，一点点解决困难。一开始真是难啊，小耀庭常常被急得抓耳挠腮。不过还别说，时间长了，林耀庭发现自己越来越独立，也越来越自信，遇到问题第一个反应不再是寻找外援，而是"我能搞定。"

以后再遇到学习中的难题，林耀庭第一个反应就是"我能自己想办法解决"。为了能"自力更生"，不求助"懒惰"的爸爸，小耀庭上课时更加认真，腰板挺得直直的，竖起小耳朵听讲，唯恐错过老师讲的每一个字。结果小家伙的成绩比那些有爸爸妈妈辅导的孩子都要优异，是班里受到老师表扬最多的小榜样。

虽然开始很有意见，不过小耀庭不得不承认，爸爸的"懒"很有效。在这样的教养模式下，"求助无门"的他被逼着自己动脑子，想答案。时间久了，养成了遇到问题自己动脑解决的好习惯。而当问题迎刃而解后，小小的少年很是得意，觉得自己很棒，很自然地有了学习兴趣，对学习充满了激情。

"林耀庭，听说你爸爸不逼你上辅导班，还让你自己的事情自己做主？"

"真羡慕啊！我爸爸老逼着我做这做那的。"

"要是我爸爸也不管我，该多好！我的耳朵都快被他唠叨出茧子来了！"

同学们听说林耀庭的爸爸很是民主，从不强迫也不横加干涉自己孩子的事情，一个个羡慕得不行，林耀庭却听得很是无语。那哪叫不管啊？是管的方式不一样好不好？！老爸定的规矩很多好不好？

林昌荣在教育上很有自己的一套，他认为兴趣是最好的老师，但只有兴趣是不够的，还得养成规矩。做任何事情都要遵循一定的规矩，比如学习时要养成管理时间的习惯。因此，小耀庭要是拖延或者磨洋工，可是要被罚的。

林昌荣认为，家庭教育最可贵的是给孩子梦想。要从小培养孩子的志向感，因为有了明确的志向，才能有针对地朝着这个方向努力。这样无形之中就培养了孩子的目标意识，能让孩子坚定地走下去，不会有迷茫感。

父母身教重过言传，创造读书氛围很重要。

上二年级时林耀庭已经习惯捧着一本书，安安静静地坐在专心办公的林昌荣身边阅读，跟那些这个年龄根本坐不住，动不动就搞出各种动静的孩子大相径庭。

究其原因，是因为家里读书氛围浓厚，林昌荣每天都要专心读上半个小时的书，他的妻子戴素伟也是。小耀庭天天看到这种场景，耳濡目染，自然而然就养成了每天阅读的习惯。

有一点林耀庭最是满意，那就是爸爸从不会当着别人的面来批评自己。当小耀庭犯错的时候，爸爸只在他们独处的时候才会提出来，而且态度总是很温和，会先耐心倾听儿子诉说事情的经过，然后有理有据地分析。就算是批评孩子，爸爸也会说出他的道理来，让林耀庭心服口服，体现了一位父亲对孩子无限的尊重。

而每次一家人亲热地坐在一起吃饭，是林耀庭的记忆里最温馨的时光。大家有说有笑，爸爸绝不会在这个时候去说孩子的问题。

听说同学们的爸爸可不是这样，经常把饭桌当成了发脾气桌，好好的一顿饭吃得鸡飞狗跳的，惹得同学们饭吃了一半就不想吃了，或者勉强吃了个饱，也会因为难过而消化不良。他们的爸爸还不分场合批评孩子，有时候当着很多人就开始教育，丝毫不顾及小小男子汉也是有自尊心的。

在儿子林耀庭的眼里，爸爸对他的教育可以用"两个极端"来形容。一个极端是——你什么都能干！自己有什么想法，想做什么尝试，林昌荣从不限制和阻挠，而是鼓励他去试试。相比其他孩子的爸爸诸多限制，这也不能做那也不能干的，林耀庭觉得自己幸运极了。

不过让人苦恼的是，这个看起来很民主的爸爸，还有另一个极端，那就是在有些事情上要求非常严格。林昌荣认为外面的诱惑很多，小耀庭还不具备辨别是非的能力，所以要严格管教。

还有，爸爸对别人特别慷慨，可对自己有时候却很"小气"。在林耀庭的记忆里，他的要求常常被拒绝，包括买计算机。

"老爸，给我买台计算机吧，我们班同学大部分都有！"这天一放学，儿子林耀庭就兴冲冲地跑到林昌荣跟前，小脸上满是期待。

"买它做什么呢？它只是一种工具而已，而你现在还用不到，买回来只是增加一些计算机知识而已。"

"爸爸也太小气了。"儿子的小嘴巴撅得都能挂一个油瓶了："再说了，计算机怎么会只是一种工具？那可是热门行业！等我高考的时候，就报计算机专业！等我学成了，能做的事情可多了！"

"有一天你会明白的，那只是一种工具而已。"林昌荣也不强迫儿子现在就接受自己的观点，表情平静。

林耀庭气鼓鼓地回到自己的房间，他突然羡慕起妹妹林琲京来。同为爸爸的孩子，女孩子受到的待遇就截然不同了。老爸跟女儿说话的那个口气，是他这个做儿子的从来没有体会过的温柔。

看着妹妹守着老爸卖萌，动不动就求表扬，而大博士一脸宠溺，各种赞美的词毫不吝啬地罗列一大堆，林耀庭就暗暗吐舌头。要是自己遇到事情敢这样做，老爸早就吹胡子瞪眼睛了。

哎，没办法呀，谁让老爸推崇养男孩要皮实，而女儿要富养，结果自己就这么被皮实着区别对待了。

而在妻子戴素伟的眼睛里，儿子和爸爸的性格有很多相似之处。这天放学后，林耀庭就跑进厨房要零花钱。

"妈妈，班里的篮球已经磨损得差不多了，给我点儿零花钱再买一个新的吧。"

戴素伟无奈地摇头："你呀，跟你爸爸一个脾气。"

受到生性慷慨的丈夫的影响，儿子把班里本应该凑钱买的篮球和足球全都包了，这一包就是几年。儿子平日里不舍得花、一点点儿攒下来的零花钱，几乎全都用在这一项支出上了。

光阴荏苒，小耀庭一天天长大，个头差不多要追上林昌荣了，站在那里挺拔如一棵白杨，属于他的高考时分也即将到来了。

填报高考志愿的时候，林耀庭真就报考了计算机专业。本以为会遭到老爸激烈的反对，没想到人家坐在那里，表情一点儿变化都没有。一直悬着心的林耀庭，忍不住暗暗松了口气。

爸爸一脸淡定，妈妈戴素伟却有些坐不住了："儿子执意要报考计算机专业，你怎么也不管管？"

"现在阻止他，只会适得其反，让他产生逆反心理。有些道理，始终是要自己亲身体会了才能领悟。而有些路，一定要自己亲自用脚去走，试过了才知道是否适合自己。所以，我们等等看，给他些自己摸索的时间。"林昌荣温柔地开解着妻子。

就这样，不久以后林耀庭接到了大学录取通知书，作为计算机专业的一名新生高高兴兴地入学了。

"我会让老爸看看，这一次他是错的。计算机专业多好啊，怎么可能只是工具？"离家求学的前夜，林耀庭在心中暗暗发誓。在他的脑海中，还深深地刻着这么多年来林昌荣为了编制程序而在电脑前反复修改、测试和完善的场景。为了确保自己编制出的程序的准确性，爸爸极其缜密，不厌其烦地在电脑上进行一系列验证，而林耀庭觉得通过这个可以断定，计算机专业是可以派上大用场的。

可等到了大二寒假，放假回家的林耀庭刚放下行李就径直走到林昌荣面前，表情严肃："爸爸你说得对，计算机只是一种工具，我要改行！"

"你想好了？"林昌荣放下书本："那你打算改到哪个专业呀？"

林耀庭郑重点头："我想好了，就改到石油专业！"

林昌荣轻拍了一下儿子的肩膀："既然想好了，那就全力以赴。"

就这样，林耀庭从计算机专业调到了石油专业。改专业之后的他一发不可收拾，本科毕业后继续攻读研究生，研究生毕业后考取了博士生，主攻地球物理专业。

在读博士期间，林耀庭与攻读测井专业的周伟情投意合，两人很快就结为伉俪。

"林博士的博士儿子小林博士，娶了个博士媳妇，一家子有三个博士了！"一时之间，这条消息像长了翅膀，在左邻右舍间传播开来，一时间传为佳话。老师傅们纷纷因为小孩辅导功课的事求上门来，林昌荣有求必应，经他辅导的小孩都考上了大学。

自家儿子的学业和婚姻没让做家长的操一丁点儿心，班里一个老师傅却专门来找林昌荣，请他帮忙劝劝自己的孩子，好好找个对象结婚。老师傅的儿子已经27岁了，按照当地风俗早就该成家立业了，可他接连谈了好几个对象，却都嫌弃人家姑娘，觉得配不上家庭条件不错颜值也比较出众的自己。

"林博士这事就拜托了！你连说话都与众不同，天生带着农村具有的淳朴气息，我儿子肯定会听你的！"

结果还真如老师傅所料，林博士和老师傅的儿子谈完话后不久，他就爽快地结婚了。

小林博士夫妇和妻子戴素伟很是好奇林昌荣是怎么做到的，林博士笑道："其实很简单，我提出了两个观点，他儿子全都听进去了。第一，我问他想不想结婚，他说想，只是早晚问题，他说就是没有合适的，那些姑娘不是这有问题就是那有问题。有了第一个回答，我就提出了我的第二个观点，我说你现在就把自己想象成皇上了，在全国挑选女孩子，你挑选的就是皇后，那皇后就没有缺点啊，你以为皇上和皇后就没有矛盾啊，问题更多更大。你发现人家都是毛病，说不定人家还认为你的毛病更多，再说了，你能把全身都是缺点的一个女孩子，在结婚后，把她改造成全身都是优点的女孩，这才是你的真本事，我佩服你；如果你娶了个很优秀的女孩子，结果把自己弄成个废物，算什么本事啊。所以，差不多就可以了，抓紧找对象结婚吧，免得你老爸整天为你操心，没想到，我们的这次谈话还很有效，没过多久他就结婚了。"

回想到这里，林昌荣忍不住嘴角上扬。

看到爸爸沉浸在往事中的样子，围坐在饭桌上的林耀庭和妻子周伟对视一眼，会心地笑了起来。

林昌荣早已经是享誉海内外的能源专家，他的风采和求索精神，激励了很多科研工作者。在这为找油而风雨无阻的40年里，林昌荣曾经经历过无数艰难困苦——思想上的打击，油田上严寒的侵蚀，蚊虫的叮咬，但他们的爸爸性格乐观豁达，始终乐观面对，从不言败，永不放弃，砥砺前行。

自从大学毕业起，林昌荣就一直在石油勘探这个领域里辛勤跋涉，这40年的足迹既是他作为一个中国石油神探的找油历程，也是他无怨无悔献身石油事业的真实写照。40年了，如果当初大学毕业后被顺理成章分配到石油行业，是石油对林昌荣发出的盛情邀请，那么林昌荣走到今天，用40年的时光交付了一份答卷。这是一份怎样的答卷啊，所有字眼用来形容都显得苍白无力，只有"传奇"两个字，能概括其中的一切尽在不言中。

小夫妻俩知道，林昌荣对他们寄予厚望。他们也会全力以赴，学习爸爸厚积薄发、上下求索、开拓创新的精神，用扎实的理论功底和专业水平，为祖国的石油事业作出贡献。唯有如此，才不辜负林昌荣的厚望，无愧于他们为之共同奋斗的石油事业。

林昌荣和林耀庭还有一个父子间的小秘密。因为林昌荣一直在设想关于油气成因的碳氢说，所以父子两人商定好，等到手头的课题告一段落，就一起研究人为进行石油制造的课题。

石油塑造着现代世界的面貌，如果真的有一天，我们能够人为制造出现代经济的血脉——石油，为人类造福，那该是多么功德无量的一件大事！

主要参考文献

1. Lin Changrong, Application of Grey System Theory to Gas Pool Prediction of 3D Seismic Data Prior to Drilling, Society of Petroleum Engineers(SEP54274), 1999, 1–10.

2. Lin Changrong,Wang Shangxu,and Zhang Yong, Predicting the distribution of reservoirs by applying the method of seismic data structure characteristics: Example from the eighth zone in Tahe oilfield，Applied Geophysics, 2006, 3(4), 234–242.

3. Wang Shangxu and Lin Changrong, The analysis of seismic data structure and oil and gas orediction，Applied Geophysics, 2004, 1(2), 75–82.

4. Lin Changrong, Zhang Shaohong, The Aplication of High Resolution Seismic Prospecting in the Exploratin of Karstic Collapse Column in Coalfield, Journal of Coal Seience & Engineering(China),2008, 14(4),648–650.

5. Zhang shaohong, Lin changrong, Study on the genesis of karstic collapse column and characteristics of high resolution seismic data in one coal field[J]. 2008

6. Zhang shaohong, Lin changrong, improving high–resolution and removing random noise using technique of wavelet frequency–division in seismic data process, near–surface geophysics and human activity, 2008(06): 121–124.

7. Brown L F, Fisher W L Jr，Seismic stratigraphic interpretation and petroleum exploration [J]. AAPG.. 1980(16): 24–28.

8. Sun Yinglan, Breakthroughs and Innovations——Interpreting the Life Stories of China's Leaders of Science and Technology, Foreign Languages Press, 2017

9. 林昌荣，中国不是"贫油国" [J]. 瞭望，2010(12):49–51.

10. 林昌荣，告别贫油的路径 [N]. 科技日报，2009–09–25(006).

11. 林昌荣，美国能源独立带给中国能源安全的战略思考 [J]. 中国商界,2019(01):104–106.

12. 林昌荣，王尚旭，局部指数拟合异常提取法在普光气田的应用 [J]. 地球物理学报,2011,54(01)：218–226.

13. 曾大乾，林昌荣，张世民，彭鑫岭，应用地震数据体结构特征法预测普光

气田储层含气性 [J]. 中国工程科学 ,2010,12(10)：91-96.

14. 林昌荣，牛庄油田沙三段砂体成因类型及其形成机理探讨 [J]. 石油勘探与开发 ,1990(01):39-46.

15. 林昌荣，张启明，沉积相类型划分的相命名法则和相标志的研究 [J]. 中国海上油气 ,1990(04):57-63.

16. 林昌荣,孙立春,崇仁杰 . 地震数据结构特征与油气预测 [J]. 中国海上油气 . 地质，2000(06):52-56.

17. 林昌荣，应用灰色系统理论预测石油产能的初探，中国海上油气，1989，第四期，17-21.

18. 林昌荣，王尚旭，张骥东，储层物性参数预测技术在大牛地气田开发中的应用，天然气工业，2007 年第 27 卷（增刊 B），44-47.

19. 林昌荣，王尚旭，张勇，应用地震数据体结构特征法预测油层分布规律，中国石油大学学报（自然科学版），2008 年第 32 卷第 2 期，39-42.

20. 林昌荣，王尚旭，马在田，陈双全，方敏华，地震数据体结构特征时空关系与油气预测，石油勘探与开发，2008, 36(2),208-215.

21. 林昌荣，王尚旭，应用地震数据体结构特征法预测孔缝洞型储层中的油气层，石油地球物理勘探，2008 年第 43 卷第 4 期 ,415-421.

22. 林昌荣，王尚旭，夏强，川东北地区飞仙关组地震反射特征及地震相分析，油气田地面工程 ,2007, 26(4)，10-12.

23. 张绍红，林昌荣，砂泥岩地层概率神经网络岩性反演技术应用研究，西安石油大学学报（自然科学版），2008 年第 23 卷第 4 期 ,1-4.

24. 张绍红，林昌荣，小波分频技术在地震数据高分辨率去噪处理中应用研究，第 3 届环境与工程地球物理国际会议 ,2008(06): 257-260.

25. 林昌荣，石油是怎样形成的 ?[上]. 大众科技报，2011-09-20(B08).

26. 林昌荣，石油是怎样形成的 ?[下]. 大众科技报，2011-09-27(B08).

27. 林昌荣，中国油气开采简史 [N]. 大众科技报，2011-11-29(B03).

28. 林昌荣，石油时代真的将要终结吗 ?[J]. 科技潮，2011(10):46-49.

29. 林耀庭，林昌荣，周伟，美国能源独立对中国能源安全的战略思考（Ⅰ）.时代中国，2019 第 188 期：4-8.

30. 林耀庭，林昌荣，周伟，美国能源独立对中国能源安全的战略思考（Ⅱ）.时代中国，2019 第 192 期：8-14.

31. 林耀庭，林昌荣，周伟，美国能源独立对中国能源安全的战略思考（Ⅲ）.时代中国，2019 第 198 期：8-14.

32. 孟伟，地震结构灰色关联在塔河油田 4 区奥陶系储层预测中的应用，新疆地质，Vol.22，No.3.

33. 李谋杰 , 郭海敏 , 林昌荣 , 郑佳奎 , 董勇 . 利用地震数据体结构识别和划分有利含油单元——以玉北油田 YB1 井区为例 [J]. 石油天然气学报 ,2013,35(12):67–72.

34. 张绍红 , 林昌荣译 , Seismic Unix 地震数据处理系统 : SU3. 3 处理操作系统指南，(美) John W. Stockwell, Jack K. Cohen 著；石油工业出版社，2007

35. 孙英兰，突破与创新——解读中国科技，外文出版社，2016

36. 周立军，我们家纵横 10000 米，清华大学出版社，2014

37. 石兴春，曾大乾，张数球，普光高含硫气田高效开发技术与实践，中国石化出版社，2014

38. 何生厚等，普光高酸性气田开发，中国石化出版社，2010

39. 刘雯林，油气田开发地震技术，石油工业出版社，1996

40.A.R. 布朗，三维地震资料解释，石油工业出版社，1996

41. 邓聚龙，灰色系统社会·经济，国防工业出版社，1985.12

42. 邓聚龙，灰色系统基本方法，华中理工大学出版社，1987.11

43. 邓聚龙，灰色预测与决策，华中理工大学出版社，1986.1

44. 邓聚龙，灰色控制系统，华中理工大学出版社，1985.1

45. 王英民 . 地震相分析讲座（一）[J]. 岩相古地理 . 1991(2): 36–37.

46. 徐怀大，王世凤，陈开远 . 地震地层学解释基础 [M]. 武汉：中国地质大学出版社，1990.